中国・社会主義市場経済と国有企業の研究

鉱工業部門についての考察

村上 裕

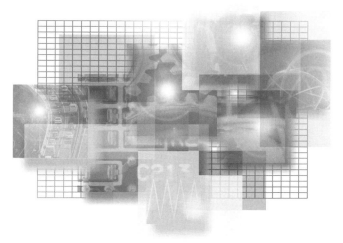

八朔社

目　次

序　章　課題と方法 …………………………………………………………… 1
　　問題関心の所在 …………………………………………………………… 1
　　理論的枠組みと視点 ……………………………………………………… 13
　　本書の概要 ………………………………………………………………… 13

第1章　中国の社会主義市場経済についての諸見解の検討 ……… 19
　　はじめに …………………………………………………………………… 19
　　第1節　社会主義市場経済についての呉敬璉の見解 ……………… 21
　　　1.1　生産の社会化，社会主義についての呉の見解の概要と検討　22
　　　1.2　市場経済と計画経済との比較についての呉の見解の概要と検討　40
　　　1.3　呉の見解についてのまとめ　52
　　第2節　社会主義市場経済についての中兼和津次の見解 ………… 54
　　　2.1　社会主義経済から資本主義経済への移行についての
　　　　　中兼の見解の概要と検討　54
　　　2.2　国有企業の民営化に関わる中兼の見解の検討　66
　　　2.3　中兼の見解についてのまとめ　73
　　おわりに …………………………………………………………………… 75

第2章　国有企業の地位の再評価——鉱工業部門に関する考察—— …… 77
　　はじめに …………………………………………………………………… 77
　　第1節　国有企業と非国有企業との区分と先行研究の事例 ……… 80
　　　1.1　『中国統計年鑑』における区分　80
　　　1.2　先行研究の事例　86
　　　1.補論　『中国統計年鑑』の企業の区分　102
　　第2節　企業の区分——筆者の考察における区分—— ………………… 108

第3節　国有企業の実態 …………………………………………………………………110
　3.1　企業の概要　110
　3.2　企業の収益性・成長性・生産性　113
　3.3　資本の集中・賃金の伸びと付加価値の伸び　124
おわりに ……………………………………………………………………………………127

第3章　国有企業の企業統治
　　　　――所有者・経営者・労働者に関する考察――…………………………………130
はじめに ……………………………………………………………………………………130
第1節　川井伸一『中国上場企業―内部者支配のガバナンス』の
　　　　大株主支配と内部者支配の「重合」の検討 ……………………………………132
　1.1　大株主支配，内部者支配，それらの重合の概要と検討　133
　1.2　内部者支配における経営者と従業員との関係の概要と検討　141
第2節　所有・支配・経営の関係についての考察 ………………………………………143
　2.1　所有・支配・経営に関する先行研究の考察　143
　2.2　国有株式会社，親会社とその支配株主との関係図　153
　2.3　国有株式会社と集団公司との関係　158
　2.4　国有資産監督管理委員会　161
　2.5　集団公司と国有資産監督管理委員会との関係　166
　2.6　小括　167
第3節　株主・経営者・従業員の関係，性格についての考察 …………………………168
　3.1　株主と経営者との関係，性格　168
　3.2　経営者と従業員との関係，性格　173
　3.3　中国の経営者と従業員との収入格差　176
　3.4　小括　183
おわりに ……………………………………………………………………………………185

第4章　国有企業の利潤分配に関する考察 ………………………………………………187
はじめに ……………………………………………………………………………………187
第1節　川井伸一の利潤分配についての見解の検討 ……………………………………189

第2節　株式上場企業の利潤分配の状況 196
　　2.1　上場企業の概要　199
　　2.2　上場企業の利潤分配状況　205
　　2.3　日本の上場企業の利潤分配状況　209
　　2.4　上場企業の国有企業と実質私営企業との利潤分配に関わる比較　218
　　2.5　日本の上場企業との比較から見る中国の利潤分配の特徴　241
　おわりに 246

第5章　国有企業の労働生産性と資本の効率に関する考察 252
　はじめに 252
　第1節　中国の鉱工業企業の生産性に関わる先行研究 265
　第2節　生産性・利潤に関わる一般的な現象，法則 276
　　2.1　売上高利益率，総資産利益率，1人当たり利益額について　277
　　2.2　利潤率の低下，利益率の低下について　282
　　2.3　機械と労働の生産力について　290
　第3節　株式上場企業（国有，実質私営）の
　　　　　労働生産性・資本効率の特徴 308
　　3.1　労働生産性・資本効率を表すグラフ　308
　　3.2　個別の企業の労働生産性・資本効率の特徴　312
　　（補足）鉄鋼と建設機械との営業利益の変動についての比較　340
　　3.3　小括　355
　おわりに 359

終　章　中国経済の総括と見通し 372
　刊行によせて　　　　　　　　　　　　宮川　彰 381
　あとがき
　参考文献
　索　引

序章　課題と方法

問題関心の所在

　1991年12月にソ連邦(ソヴェト社会主義共和国連邦)が崩壊し，その翌年，中国では中国共産党が1992年10月の中国共産党第14回全国代表大会で「社会主義市場経済体制」を確立するという方針を採択した。この大会の報告によると，「中国の特色のある社会主義建設」についての理論の主な幾つかの内容の中には，中国の社会主義の発展段階は「わが国はまだ社会主義の初級段階にある」，中国の社会主義の根本任務は「生産力の発展を最優先させ，経済建設を中心として，社会の全面的進歩をうながす」，経済体制の改革の目標は「公有制と労働に応じた分配を主体とし，これを他の経済要素と分配方式で補うやり方を堅持し，その土台のうえに社会主義の市場経済体制を確立し，それを完全なものにする」，社会主義建設の政治的保証については4つの基本原則の堅持(すなわち，①社会主義の道を堅持，②人民民主主義独裁を堅持，③中国共産党の指導を堅持，④マルクス・レーニン主義と毛沢東思想を堅持)，が記されている[1]。そして，社会主義市場経済体制の内容については，その所有制の構造は公有制経済を主体として，これを個人経済，私営経済，外資経済で補う，市場に国有企業を含む全ての企業が参入し，平等な競争を通じて国有企業に主導的な役割を発揮させる，また分配制度については，労働に応じた分配を主体として，これを他の分配形態で補い，効率と公平の双方に配慮する，と記されている[2]。

---

1) 「改革・開放と現代化建設のテンポをはやめ中国の特色を持つ社会主義事業のさらなる勝利をかちとろう―中国共産党第14回全国代表大会における報告(1992年10月12日)」『北京週報』日本語版，第30巻第43号，1992年10月27日，別冊付録文献(5)7頁。
2) 同上『北京週報』12頁で，「社会主義の市場経済体制は，社会主義の基本制度と結びついたものである。所有制の構造においては，全人民所有制と集団所有制を含む公有制経済

そして現在も中国共産党規約で，中国は社会主義の初級段階にある，階級闘争は既に主要な矛盾ではなくなった。社会主義建設の根本的任務は，公有制を主体とし多種類の所有制の経済がともに発展をとげる基本的経済制度を堅持し，労働に応じた分配を主体とし多種多様な分配方式が共存する分配制度を堅持する。中国共産党は人民を指導して社会主義市場経済を発展させる，などと規定されている[3]。[4]

社会主義市場経済と所有制について，この第14回大会直前の1992年９月に当時の中国のいわゆる著名な経済学者と呼ばれる研究者達は論文を発表し，ほとんどの論文で，生産手段の所有制度の土台が公有制であれば社会主義である[5]

を主体として，これを個人経済，私営経済，外資経済で補う。さまざまな経済構成要素が長期にわたって共に発展するほか，異なる経済構成要素が自由意思で各種形態の連合経営をすすめてもよい。国有企業，集団企業およびその他の企業がみな市場に参入し，平等な競争を通じて国有企業に主導的な役割を発揮させる。分配制度においては，労働に応じた分配を主体として，これを他の分配形態で補い，効率と公平の双方に配慮する」と述べている。

分配制度の具体的な内容は，「国，集団，個人というこの三者の利益を統一的に考慮し，国と企業，中央と地方の分配関係を調整し，租税納付と利潤上納の分離，国税と地方税を区分する分税制を逐次実行にうつす。賃金制度の改革を速め，企業，事業体，機関のそれぞれの特徴に適した給与制度と正常な昇給メカニズムを次第につくりあげる」と記されている（同上『北京週報』13頁）。

3 ）「指導」は中国語原文の「領導」の和訳として用いられているが，『中日辞典』（小学館，1997年）によれば，中国語の「領導」は率いることに重点があり，「領導」は名詞として指導者を意味する。中国語の「指導」の意味は教え導くことに重点があり，名詞として指導者の意味は無い。つまり，中国語の領導は日本語の教えるという意味の指導よりも，統率する，指揮する，従えて行く，とのニュアンスが強いだろう。なお，『広辞苑』（第３版，岩波書店，1983年）によれば，日本語の「領導」の意味は，治め導くこと。

4 ）2012年11月14日，中国共産党第18回全国代表大会で一部改正のうえ採択され，同日から発効した『中国共産党規約』の総綱による（「中国共産党規約―中国共産党第18回全国代表大会で一部改正のうえ，2012年11月14日に採択―」Web Site『チャイナネット（中国網日本語版）』2012年11月16日，http://japanese.china.org.cn/politics/18da/2012-11/16/content_27137902.htm，2013年５月１日参照）。

5 ）日山編（1992）『著名学者論社会主義市場経済』人民出版社。書名の意味は『著名学者が社会主義市場経済を論ずる』（筆者訳）。この文献の中のいくつかの論文が中村平八他により和訳され，それは神奈川大学経済学会『商経論叢』の第32巻第４号（1997年５月），第33巻第１号（1997年７月），第34巻第２号（1999年１月），第38巻第３号（2003年３月）に掲載されている。

と主張している。しかしながら，公有制がどのような公有制かという点にまでは言及していない。例えば，元社会科学院経済研究所長の董輔礽は「社会主義的市場経済と資本主義的市場経済は，市場経済としては，両者に本質的差異はない。しかし社会主義的市場経済と資本主義的市場経済には本質的差異がある。概括的に言って差異は２つある。第１に，所有制の土台が異なる。資本主義的市場経済は私有制を土台にしており，社会主義的市場経済は公有制を土台にしている。第２に，所得分配が異なる。（中略）わが国の社会主義的市場経済においては（中略）財産の所有による格差がひとびとの所得格差の大きさを生みださせないようにすべきである[6]」と述べている[7]。

ソ連邦崩壊後のロシアの経済は，市場経済と一般には表現されるケースが多く，この場合の市場経済は資本主義経済と同義と理解することが一般的な理解であろう[8]。これに対して，国家権力を掌握する中国共産党は，上述の通り，

---

6) 中村平八他訳「市場経済と計画経済（４）」『商経論叢』第38巻第３号，神奈川大学経済学会，2003年３月，88頁。
7) 董以外にも，中村他訳によれば，例えば，薛暮橋は「社会主義経済と資本主義経済の本質的差異は，生産手段の所有制が異なる点にあり，社会経済の運行方式や経済調整方式にあるのではない」（『商経論叢』第32巻第４号，97頁），馬洪は「われわれが建設しようとする社会主義的市場経済制度は，所有制構造や分配形態において，資本主義的市場制度と大きく異なっている。われわれは一面では公有制の主導的地位を堅持し，他面では共通の豊かさの実現に努力するのである」（『商経論叢』第32巻第４号，107頁），呉敬璉は「社会主義的商品経済と資本主義的商品経済とは，所有制の土台に相違があり，他に相違はない。社会主義的市場経済と資本主義的市場経済の区別は，当然ただこれだけである」（『商経論叢』第33巻第１号，245頁），劉国光は「資源配分の方式としての市場経済は，社会制度を区別する標識ではありません」（『商経論叢』第33巻第１号，275－276頁），「市場志向は，私有制を土台にしておらず，公有制を土台にしています」（同，279頁），と述べている。
8) ソ連邦崩壊後のロシアを含む旧・ソ連邦諸国の状態について，例えば，酒井正三郎は「ソ連を構成した15の共和国は政治的には独立国家となり，それぞれが社会主義から資本主義への体制転換，経済システムに関していえば，計画制システムから市場制システムへの移行経済に向って歩みを開始した」と述べている。酒井（2001）「旧ソ連諸国とロシアにおける市場経済化」林昭・門脇延行・酒井正三郎編著『体制転換と企業・経営』ミネルヴァ書房，39頁。小川和夫は「ロシアは，経済的には，ソ連時代の極度に中央集権的であった計画経済（統制経済）システムを放棄し，自由競争が原則の市場経済システムへの転換をはかっている」と述べている。小川（2002）『日本・ロシア経済関係の新展開』ジェトロ（日本貿易振興会）21頁。中村平八は「東欧およびソ連で共産党

自国の経済を「社会主義市場経済体制」と称し，それは公有制経済が主体，等々の用語により表している。そこでは「社会主義」という表現も「市場経済」という表現もあり，どちらかに比重が置かれているわけではない。上記注の通り中国の著名な学者たちは，両者は対立・対峙する関係にはないとの説明を与えている。しかしながら，その後の歴史の歩みの現実においては，後に一瞥する通り，国づくりの路線をめぐる中国国論を二分する厳しい論争を惹き起こすことになった。どちらが優勢なのか，どちらへより重点をもって進むのか，が判りにくい。同様に，中国共産党は，社会主義市場経済体制は公有制経済を主体とすると述べ，さらに中国の著名な学者たちは，「公有制経済」が主体であるのならば社会主義であると示しているが，「公有制経済」も私営経済などの「非公有制経済」も併存する中で「公有制経済」と「非公有制経済」とのどちらが優勢なのか，どちらへより重点をもって進むのか，が判然としない。そして，この社会主義市場経済がどのような方向へ進むのかは，国際社会の経済活動の面にはもとより経済改革が成功するか否かは経済学の理論政策の新しい課題にとっても影響を持つものである。

　将来の経済発展の動向，趨勢を見通すためには，現在の中国の「社会主義市場経済」と称される経済構造はどのような実情にあるのかを現実に即して客観的に認識することが最大の課題であり，本書は，中国の現在の経済構造について，特に経済改革の焦点を成してきた公有制経済の部分を注視して，その実態を掘り下げる視角から社会主義市場経済の性格規定を再考するものである。

　1992年から始まった社会主義市場経済体制は，その後，中国経済に高い成長をもたらすが，その高い経済成長とともに2000年代に入ると，貧富の格差拡大などの経済・社会の諸問題が現れて来る。例えば，都市部住民1人当たり年収の最低レベル層と最高レベル層の格差は，1998，1999年はそれぞれ4.40倍，

政権があいついで崩壊し，それにともない，これらの国では20世紀末の現在，『社会主義＝計画経済体制』から『資本主義＝市場経済体制』への移行がはかられている」と述べている．中村（2006）『ソ連邦からロシアへ―ロシアはどこに行くのか―』白桃書房，127頁。

4.59倍だったが，2002年には7.99倍に急速に大きく拡大する(3)（2003年以降2012年までは約8〜9倍で横ばい）。同時期は，1997年の中国共産党第15回全国代表大会にて国有経済部門に株式会社制度の導入が決定され，2001年末のWTOに加盟した時期と重なる。

　このような中国経済について，中国の経済学界の態度は，効率性重視・機会の平等を強調する「新制度派」（中国語で西方経済学……近代経済学の意，中でも新自由主義が主流）と，公平性重視・結果の平等を強調する「新左派」（マルクス主義経済学）との，大きく2つの潮流がある。中国の経済学界では，新制度派が主流となっている。この2つの派は，経済格差などの経済・社会の諸問題の原因と解決策について対立した主張を行ない，両派による論争は2004-2005年頃から始まっている。新制度派は，問題の原因は，市場経済が未熟で市場メカニズムが十分に機能していないために生じている，政府の市場への不適切な介入により社会の富の所有と分配が不公平になっている，旧体制の既得権益階層が，弱者層の利益を損なう行為を行なっている，と主張し，その解決策は，現在の改革を堅持，市場化の改革を加速，国有企業は経営効率の改善が見込まれないので民営化を徹底，私有財産権の確立と市場経済に基づいた所得分配，を主張している。他方の新左派は，問題の原因は，行き過ぎた市場経済化自体が問題であり，新しい既得権益階層が生まれて社会に不公正をもたらしている

---

9)　都市部住民1人当たり年収の高低に応じて7段階に区分し（住民の人数を所得の低い方から高い方へ10％，10％，20％，20％，20％，10％，10％に分類），その「最低レベル（10％）」と「最高レベル（10％）」の格差を見ると，1998年：4.40倍，1999年：4.59倍，2000年：5.00倍，2001年：5.37倍，2002年：7.99倍，2003年：8.50倍→2005年：9.25倍と最高値→2009, 10, 11年：8倍台→2012年：7.59倍，と推移している。数値は『中国統計年鑑』各年版より筆者が計算。

10)　2003年10月14日，中国共産党第16期中央委員会第3回総会にて採択された「社会主義市場経済体制整備の若干の問題に関する党中央の決定」は，諸問題について，「社会主義市場経済体制が初歩的に構築され，公有制を主体に，複数の所有制度が共に発展する基本経済制度が確立され，（中略）同時に問題も存在している。経済構造が不合理で，分配関係が不正常で，農民の所得の伸びが遅く，雇用問題が際立ち，資源・環境の制約が強まり，経済全体の競争力が弱いなどである」と記している（「社会主義市場経済体制整備の若干の問題に関する党中央の決定，2003年10月14日，中国共産党第16期中央委員会第3回総会で採択」Web Site『北京週報』日本語版，第46巻第49号，2003年12月4日，http://www.bjreview.cn/jp/jp/2003.49/200349-wx1.htm，2011年11月17日参照）。

（例えば，国有企業の民営化の過程で経営者がMBOなどを通じて国有資産を侵食している），と主張し，その解決策は，公有制の維持，所得の再配分などの政府機能の強化，を主張している。さらに旧体制については，旧体制の中にはこれまでに見逃されている優位性があった，という見方をしている[11]。

　以上のような経済・社会の諸問題の原因とそれへの対応について，中国共産党第16期中央委員会第3回総会（2003年10月）における社会主義市場経済体制整備に関する決定は，原因は「わが国が社会主義初級段階にあり（中略）生産力の発展が体制上の諸々の障害に直面している」，対応策は「改革を加速し，生産力をさらに解放し，発展させて，経済発展と社会の全面的進歩の強大な原動力としなければならない」，その経済を発展させる改革の主要な項目の1つとして「国有企業改革を深める[12]」，「株式制を公有制の主要な実現形態にする」と述べている[13]。また，中国共産党第17回全国代表大会における報告（2007年10月）は，基本的国情は社会主義の初級段階にある，社会の主要な矛盾は人民の物質・文化面の需要と遅れた社会的生産との間の矛盾，と規定し，そして，発展ということを中国共産党の執政と国家振興における第一義的な重要任務とする，発展の中心は経済の建設であり社会生産力を解放し，発展させなけ

---

11) 2つの潮流については，関志雄（2007）『中国を動かす経済学者たち』東洋経済新報社，宮川彰（2010）「中国のマルクス経済学研究はどうなっているか―『新左派』（マルクス経済学）vs.『新制度派』（西方経済学）の論争再燃―」『季刊中国』第101号（2010年夏季号），『季刊中国』刊行委員会（2010年6月）3-26頁，凌星光（2006）「新自由主義論を巡る中国での論争（上，下）」『世界経済評論』（世界経済研究協会）第50巻6号，23-31頁，第50巻7号，34-42頁，2006年6，7月，加藤弘之（2008）「中国の資本主義はどこに向かうか―『新西山会議』をめぐって―」西村成雄・許衛東編『現代中国の社会変容と国際関係』汲古出版，13-30頁，を参考とした。

12) 国有企業改革は市場経済を発展させるうえで必須な位置付けになっている。1997年の中国共産党第15回全国代表大会の報告では，「国有企業の改革をりっぱにおこなうのは，社会主義市場経済体制の確立（中略）に対し，きわめて重要な意義をもっている」と記されている（『鄧小平理論の偉大な旗印を高く掲げて中国の特色をもつ社会主義を建設する事業を全面的に21世紀に推し進めよう―中国共産党第15回全国代表大会における報告（1997年9月12日）」『北京週報』日本語版，第35巻第40号，1997年10月7日，文献（4）19頁）。

13) 「社会主義市場経済体制整備の若干の問題に関する党中央の決定（2003年10月14日，中国共産党第16期中央委員会第3回総会で採択）」Web Site『北京週報』日本語版，第46巻第49号，2003年12月4日，http://www.bjreview.cn/jp/jp/2003.49/200349-wx1.htm，2011年11月17日参照。

ればならない，そして，国有企業改革については国有企業の公司制・株式制改革を深化させる，と述べている[14]。つまり，経済・社会の諸問題の原因は，現在の中国が未だ社会主義の初級段階であり，生産力の発展が充分ではない，と指摘し，その諸問題への対応策は，発展，経済建設により問題が解決される，経済建設に関して株式制を導入する国有企業改革を進める，と述べている。この中国共産党の決定・報告の内容は，経済学界のような明快な表現による主張ではないが，経済改革を加速させる，経済を発展させる，という点で，2つの潮流のうちの新制度派のロジックに似てはいないだろうか。

　なお，2つの潮流の論争やその論争を引き起こした背景または要因である貧富の格差拡大などの問題について，凌星光（2006）は次のような見解を示している。論争については，それを封じるべきではないが，論争は学術問題であり政治の問題にすべきではない，政府がどの理論が正しい，または正しくないと判断を下すのは問題である，「共産党の指導する中国においては，マルクス主義理論が指導的地位を占めることはけだし当然であるが，権力によって西方経済学を抑え込むようなことがあってはならない」と述べている[15]。そして，貧富の格差拡大などの問題については，「計画経済の仕組みを市場経済の仕組みに変えていったのは正しかった。商品ばかりではなく生産要素の市場化を進めたのも必然の成り行きであった」，しかし「市場万能論の影響による政策的ミス」により問題が拡大し，政治問題に発展した，と述べ，政策的ミスについては，「教育，医療，土地制度分野において，無原則的に市場経済化が進められ

---

14)　「中国の特色のある社会主義の偉大な旗じるしを高く掲げ小康社会の全面的建設の新たな勝利をかちとるために奮闘しよう―中国共産党第17回全国代表大会における報告（2007年10月15日）」Web Site『北京週報』日本語版，2007年11月1日，http://japanese.beijingreview.com.cn/zt/wxzl/txt/2007-11/01/content_84185.htm，2011年7月6日参照。
　　2007年10月21日，中国共産党第17回全国代表大会で一部改正のうえ採択された『中国共産党規約』総綱でも「わが国が今なお，しかも今後長期的にわたって社会主義の初級段階にある。（中略）発展ということを党の執政と国の振興における第一義的な重要任務とする」と規定されている（「中国共産党規約―中国共産党第17回全国代表大会で一部改正のうえ，2007年10月21日に採択―」Web Site『チャイナネット（中国網日本語版）』http://japanese.china.org.cn/politics/archive/17da/2007-10/26/content_9129717.htm，2011年12月19日参照）。
15)　凌星光（2006）『世界経済評論』第50巻7号，40-41頁。

たことは間違っていた」と述べている[16]。すなわち，凌星光は，市場経済化そのものは正しいが政策のミスにより問題が発生したとの見解を示している[17]。凌星光の立ち位置は，新制度派と新左派とのどちらの派に対しても一定の賛意を示しているようであり，不明瞭であるが，新制度派を擁護しているようでもある。

　日本での中国経済を研究するなかには，新制度派の見解に似ている見解が多く見られ[18]，それが日本での主流なものであるかのようにも見える。ただし，日本では，現在の中国経済を実質的に資本主義の経済，または資本主義経済であるという見解も同時に見られる。この見解にも，国有企業は非国有企業よりも資本の効率が低いなどの意見が見られる。

　この2つの潮流について，それらの主張の違いを確認すると，それは，新制度派の目指す方向は市場経済化の徹底，民営化の徹底であり，新左派の主張は市場経済化の行き過ぎを抑制，民営化の中止である，という点において明瞭である。
　なお，2つの潮流の主張の比較は表序−1の通り。
　この2つの潮流は，それらの主張は上記の通り対立しているが，現在の中国の基本的なまたは支配的な経済構造が社会主義的性格を帯びているという評価

---

16) 凌星光（2006）『世界経済評論』第50巻6号，28−29頁。
17) 凌星光（2006）『世界経済評論』第50巻7号，41−42頁でも，「新自由主義経済論の影響を受けて，今までの改革開放政策には少なからずミスもあった」，しかし改革開放政策は「基本的に大きな成果を収め，（中略）基本的に正しい，（中略）今中国が直面しているさまざまの問題は政策的ミスによるものであり，改革開放政策の基本が間違っていたわけではない」と，同様の見解が述べられている（ただし，凌星光のこのような見解と，筆者の本書の見解とは異なっている。本書では，貧富の格差拡大は政策的ミスではなく，市場経済化そのものにより必然的に発生していることを明らかにしている）。
18) 例えば，本書第1章で検討の対象にとりあげる日本の中国経済に関する著名な研究者である中兼和津次は，中兼（2010）『体制移行の政治経済学』名古屋大学出版会にて，「中国の現実の体制移行の道は，（中略）民営化は不十分な体制になっている」（269−270頁），「大型国有企業の多くは独占的，寡占的産業組織によって巨額の利潤を上げているのであり，国有企業だから効率的であるわけではない」（290頁），「われわれの考えでは，中国の社会主義市場経済論のユニークさ，ないしは意義は，（中略）『社会主義』を看板としながらも堂々と資本主義を推進してきたことにある」（291頁），と述べており，中国の「新制度派」に通じる主張も見られる。

表序-1　新左派と新制度派との主張

（対立要点）	「新左派」 （マルクス政治経済学） （非主流派）	「新制度派」 （西方経済学＝近代経済学） （新自由主義，主流派）
	（新左派の主張）	（新制度派の主張）
[所有制の改革] …生産関係・所有関係	公有制	非公有・私有制
[資源配分・生産の方式]	計画による資源配分と，計画的生産統制，市場への不信	市場による資源配分調整と，私益追求の自由放任，市場への信頼
[生産物成果の分配方式]	労働に応じた分配	諸生産要素の貢献に応じた分配
[不公平，格差拡大などの諸問題の原因]	**行き過ぎた市場経済化**，市場経済化自体の問題，国有企業の民営化による資産流失	政府の不適切な市場介入＝**市場経済化の不徹底**，旧体制の弊害，中途半端な改革の矛盾
[対策方法と国有企業改革の行方]	公平性の重視…結果の平等を強調，政府機能の強化，社会主義公有制の堅持，**国有企業の民営化反対**	効率性の重視…機会の平等を強調，小さな政府，市場経済化の徹底，**国有企業の民営化促進**

出所）宮川彰（2010）「中国のマルクス経済学研究はどうなっているか―『新左派』（マルクス経済学）vs.『新制度派』（西方経済学）の論争再燃―」『季刊中国』第101号（2010年夏季号），『季刊中国』刊行委員会（2010年6月）21頁の図2を引用して筆者が作成。

の点で共通していることは，疑問を呈することはない。また，2つの潮流は中国共産党の方針や決定にたいして異議を唱えることが無いのは言うに及ばない。つまり，両方の潮流の主張とも，中国共産党の方針や決定の通り，改革開放政策を堅持して社会主義市場経済を進め，生産力の発展を最優先させて経済建設を行なう，経済建設の具体策の1つである国有企業改革では株式制を導入するということが前提になっている。

　しかしながら，この2つの潮流の国有企業に関する見解を注意深く見てみると，さらに，次のような共通点が見えてくる。「新制度派」は，「国有のままでは企業の経営効率の改善が見込まれず，逆に赤字の補填などが国の負担になっているのであれば，その資産を大事にしてくれる経営者に所有権を譲ったほう

が良い[19]」と考え，民営化を促進すると主張している（表序-1参照）。したがって，「新制度派」は，国有企業が経済発展に対して抑制的な性格を持っているとの評価をしていることが明瞭に分かる。つまり，民営企業または非公有制企業は国有企業より経営効率が高い，すなわち生産性や収益性が高い，ゆえに国有企業の民営化を促進して市場経済化を徹底し，経済発展を加速するとの主張である。一方「新左派」は，国有企業改革について，国有企業の民営化に際して国有資産が流失しているなどの問題を提示し，「法制度が整備されないままの民営化は（中略）所得と富の二極分化の原因にもなっているとし，『公平性』の観点から，民営化を直ちに中止すべきである[20]」と主張している（表序-1参照）。「新左派」は公平性の観点から国有企業の民営化に異議を唱えているのであり，すなわち，法整備が不備な段階での民営化という国有企業改革の方法について異議を唱えているのであり，国有企業改革の必要性や株式制導入による民営化，国有企業の経営効率が低いとの認識[21]，について異議を唱えているのではない。したがって，「新左派」は，民営化の行き過ぎには批判的だが，国有企業が経済発展に対して抑制的であり改革されなければならないと見る点で「新制度派」と一致した評価であることが分かる。両派の主張は，諸困難の原因とその対策については対立しているが，国有企業についての評価，認識はほぼ一致している。すなわち，国有企業の民営化は市場経済化の徹底・経済の発展を促進する，国有企業の存在は逆に市場経済化の徹底・経済の発展を抑制する作用をしている，という共通の認識である。なお，両派の主張には，ともにこうした共通の認識が両派に存在するという事情について殊更に立ち入って確

---

19) 関志雄（2007）8頁。
20) 関（2007）8頁。
21) 2つの潮流の論争があった数年前の1998，1999年時点（国有企業に株式会社制度導入の奨励を決定した1997年の中国共産党第15回全国代表大会直後の時点）の国有企業の売上高利益率と私営企業のそれとを比較すれば，国有企業の売上高利益率は低く，このような状態を基にして，新左派も，新制度派と同様に国有企業の経営効率は低いと認識したとも推察される。但し，この論争があった2004～2006年当時も含めて2000年以降は常に国有企業の売上高利益率は私営企業のそれを上回っているが，両派ともこの実態について顧慮していない（売上高利益率の推移は，本書第2章第3節3.2「企業の収益性・成長性・生産性」を参照）。

認し，自覚的に表明している様子は見当たらない。

　したがって，2つの潮流のあいだの意見の相違は，改革開放政策，社会主義市場経済という前提の上での市場経済化や民営化の速度を速めるのか，緩めるのか，などいろいろな政策に関わる論争になってしまわざるを得ないのである。まさに，前述の凌星光の見解の通り市場経済化を進める改革路線という共通の枠組みが確認される。

　また，前述の凌星光の見解の通り，中国が直面している問題は政策的ミスにより発生した，つまり市場経済化や民営化の速度をどの程度にするかの政府の経済政策のミスにより発生した問題であるとしよう。すると，その問題の解決を勤労大衆が政府に対して要求しようとしても，中国は，中国共産党規約で規定している通り「社会主義の基本制度を確立し，社会主義の経済，政治と文化を発展させてきた」[22]社会主義の国であり，この社会主義の国という前提の上に立てば，勤労大衆の大部分である労働者は国家権力を掌握している筈であるから，政府に問題の解決を要求する労働者自らが問題を発生させた政策の決定者である，との陥穽におちいりかねない。そのような決定者（労働者）が自ら決定した改革開放政策という前提の上の政策を否定することはできない，というジレンマの論理もあり得る。

　一方，以上のような現在の経済・社会の諸問題の原因を，基本的に正しい政策である改革開放政策のなかの幾つかの政策的ミスにより発生したと，判断するのではなく，現在の中国の経済構造は，資本主義的生産方法による生産活動が主流をなすとすれば，現在の経済・社会の諸問題は資本主義的生産方法に起因して現れる現象であると性格付けることができるだろう。そうであれば，経済・社会の諸問題の要因は，上記のような2つの潮流のあいだの政策論争の中に閉じ込められることなく，経済構造の矛盾として把握できる途が開けるだろう。また，国家権力を掌握しているかのような歪められた形式的論理で，問題

---

22)「中国共産党規約―中国共産党第17回全国代表大会で一部改正のうえ，2007年10月21日に採択―」Web Site『チャイナネット（中国網日本語版）』http://japanese.china.org.cn/politics/archive/17da/2007-10/26/content_9129717.htm，2011年12月19日参照。

解決や責任究明の途で自縄自縛に陥るという弊も無くなる。

　経済・社会の諸問題の解決については，新制度派の主張のような新自由主義的な論理では解決しない。それらの論に従えば，いずれは資本主義の最大の浪費であり悲劇である，例えば2008年のリーマン・ショックのような恐慌状態へ行き着くほかないであろう。それは解決とは無縁な問題の引き延ばしと拡大につながるだけである。それでは新左派の計画経済の部分を減少させずに公有制を維持して社会主義へ向かうという解決策はどうかと言うと，いまだ検討すべき論点は多い。そのような新左派の主張は，新制度派から投げかけられているように，公有制，計画経済は，実現性が乏しい，私有制，市場経済よりも劣る，ソ連邦は崩壊した，毛沢東時代の計画経済から現在の社会主義市場経済へ移行して大きな経済発展を実現した，等々の批判にさらされる。以上のように新制度派も新左派も共に適切な問題解決策を提示しているとは言い難い。

　新制度派と新左派とは共に，公有制または国有企業について，それは市場経済化の徹底・経済の発展に対して抑制的な性格を持つとの認識であるが，この両派の認識と異なり，国有企業が非国有企業と同様に資本主義的生産方法の性格を持ち，経済成長に対して同様にプラスの役割を果たしているとすれば，国有企業についての位置付けも見直しを余儀なくされ，経済・社会の諸問題の原因とその対策についての見解も再検討を迫られることになろう。すなわち，新制度派の主張通りに国有企業を縮小させれば，新制度派が目指す市場経済化の徹底・経済の発展を促進するのではなく抑制する結果につながるであろうし，新左派の主張通りに国有企業を維持しようとすれば，新左派が目指す市場経済化の徹底・経済の発展を抑制するのではなく促進する結果につながるであろう。新制度派，新左派ともに自分達の主張する方向への経済政策（つまり市場経済化・民営化の促進または抑制）を実行しようとすれば，彼らの主張する国有企業の民営化促進または民営化抑制を見直す必要が生じてくるであろう。現在の経済構造がどのようなものかを実態に即して客観的に真の姿を認識することは，中国の将来の経済発展の動向，趨勢を見通すうえで必要であり有意義であろう。

理論的枠組みと視点

　上記の問題についての考察，検討を進めるにあたって，どのような理論的枠組みに依拠して進めるかという点は，次の通りである。それは，資本主義市場経済の歴史的発展動向を法則的に解明した『資本論』を主な参照基準とする。『資本論』は，19世紀のイギリスの資本主義を分析したものであり現代の成熟した資本主義には通用しない，あるいは1人の資本家が所有し経営する古典的企業と，所有と経営が分離された高度に分業化された現代的企業とでは様相が異なるのではないかなど，ときに留保や批判が投げかけられる。しかしながら，『資本論』では株式企業に関して，多数の株主と株主から経営を委託された経営者との関係をめぐる克明な考察成果がある（『資本論』第3巻第5篇「利子と企業者利得とへの利潤の分裂　利子生み資本」第23章「利子と企業者利得」，第27章「資本主義的生産における信用の役割」）。まさに企業分析においては，資本主義の発生から現代企業までを射程に収める『資本論』を，本書の検討にあたっての，いわゆる経済や企業の仕組みを解明・評価する基準の中心に据えるものである。

　なお，本書は，上部構造に立ち入らないという限定の下で論述するものであり，その限りで暫定的結論を導き出すものである。

本書の概要

　第1章では，中国の現状を考察する基礎認識のために，公有制 vs. 私有制，計画経済 vs. 市場経済という基本的対立点をめぐる予備的検討を行なう。私有制・市場経済は，公有制・計画経済に比較して実現の可能性が高い，もしくは，いわゆる"より増し"であるとか，公有制・計画経済には将来的実現の可能性が無いという議論を検討する。この検討では，呉敬璉と中兼和津次の見解を取り上げる。呉は，中国の2つの潮流の中の新制度派とみられ，公有制は実現したが企業の大規模化は実現していない，つまり資本の集積・集中は必然的に進展しない，計画経済は市場経済と比較をすると選択されない，という見解

を示している[23]。中兼は，市場経済と私有制とは適合的で持続可能性があるが，計画経済と公有制の社会主義経済は持続性が無く，また公有制と市場経済は社会システムとして不整合性を内包しており成立しない，「社会主義体制から資本主義体制への移行は標準的だ[24]」，すなわち，この移行は歴史発展の自然的行程であると述べている。そして，現在の中国の実態は「中国的特色のある資本主義[25]」である，と言う。この中兼の見解も，日本における中国経済研究分野ではかなり賛同を集めており，マイナーな見解とは言えないだろう。

以上の見解についての検討から，呉の見解の中にはマルクス，エンゲルスの理論を歪めての論理展開が存在し，また両名の見解は，計画経済と市場経済の基本的対立点の比較方法において比較すべき諸点が充分に俎上に載せられておらず，適切ではない比較になっており，呉の見解の計画経済は選択され得ない，ならびに中兼の見解の私有制と市場経済とが優位に立つ，とは断定できないことを明らかにする。

第2章では，国有企業または国有経済部門（または，広義の国有企業，国有及び国有株支配企業[26]）の実態を把握するために，中国の鉱工業部門について，統計データに基づいて考察を行なう[27]。考察は中国経済の高い成長が始まる1990

---

23) 呉敬璉（2007）『現代中国の経済改革』（青木昌彦監訳，日野正子訳）NTT出版, 8－10頁。
24) 中兼和津次（2010）『体制移行の政治経済学』名古屋大学出版会, 18頁。
25) 中兼（2010）292頁。
26) 国有企業の呼称（表記）は，一般に国有企業または国有経済部門などと呼称されるが，その対象となる企業は，いわゆる狭義の国有企業（その企業の資産の100％を国が所有する非会社制企業）とするのか，国有株支配企業（その企業の資産は国を含む複数者の出資者が所有する企業であり，且つ，その各々の所有者の所有シェアの中で国が筆頭であり，その企業をコントロールする出資者が国であるという企業）をも包含するのかが曖昧な事例も散見される。本書では国有企業または国有経済部門の対象に国有株支配企業も含め，「国有経済部門」，「国有企業」，「広義の国有企業」，「国有及び国有株支配企業」を同義として表記する（国有株支配企業は，その中国語表記：国有控股企業とも表記する。なお，一般に「国有経済部門」と表記するケースは多くない）。詳しくは本書第2章第2節「企業区分―筆者の考察における区分―」を参照。
27) 国有企業または国有経済部門を分析するに当たっては価値を生産する部門である製造業を対象から外すことはできない。また，この分析では，国有企業と非国有企業とを分類するにあたり，その分類は企業登記に基づく組織形態の別による区分ではなく，企業の支配という視点を重視して企業の所有の別（企業の出資金，資本金の所有者の別）に

序章　課題と方法　15

年代末より10年間を対象とする[28]。2000年前後の時期は，国有企業への株式会社制度の導入が決定された1997年，WTOに加盟した2001年の時期に該当する。

　考察にあたって，まず，国有経済と私営経済の区分・分類の仕方を整理するとともに，その区別・分類が適切でない研究者の見解を摘出する。それらは国有経済部門の対象を，「国有企業」（国の所有が100％）にとどめ，「国有株支配企業」（国の所有が100％未満だが，国が筆頭所有者）を私営なりその他の範疇に含め，国有経済部門が縮小し，非国有経済部門が拡大している，民営化が進んでいる，と主張する見解である。これに対して筆者の「国有株支配企業」を国有経済部門に含める見方を対置する。

　次に，国有経済部門と非国有経済部門とを比較する考察により，鉱工業総産値については非国有経済部門が優勢である。しかし，企業の収益性や成長性，生産性などを，売上高利益率，ROA，付加価値生産量，従業員1人当たり付加価値生産量，などの諸指標により見れば，加えて，これらの諸指標を企業規模の大きい重工業と規模の小さい軽工業との別によって見れば，その発展の趨勢は国有経済部門が優勢であることが明らかになる。特に，国有経済部門のうちで中国経済を主導している主要企業は，国有株支配企業であるという実情が判明する。そして国有株支配企業では資本構成の高度化と利潤率低下の様子が見て取れる。また，資本の集中の面では，製造業の営業収入について，上位企業のシェアが拡大し，その中核は国有株支配企業である。賃金と剰余価値率の上昇の比較においては，賃金の伸び以上に剰余価値率が伸び，特に国有株支配企業の剰余価値率の伸びが顕著である。これらのことを明らかにする。

　第2章での考察を通じて，いわゆる主流の見解である，民営企業が中国経済の発展にポジティブに作用しているかのような見解は，実情を反映していないことが明らかになる。中国の経済を主導する企業群は組織・設置形態では国が

　　　よる区分を用いるが，『中国統計年鑑』では鉱工業部門のみが，企業の分類を企業登記に基づく組織形態の別による区分と企業の所有の別（企業の出資金，資本金の所有者の別）による区分との2種類の分類によるデータを示している。以上より，本書では鉱工業部門のデータを用いる。
28）　1990年代末から10年が過ぎた2008年頃を境に経済成長に変化が出て来ている。例えば，売上高利益率や総資産利益率はそれまでの上昇基調から横ばい・低下に変化し，この変化は国有経済部門のみならず私営経済，外資経済など全ての経済部門に見られる。

所有する「国有および国有株支配企業」でありながら，企業の経営・支配の実態では資本主義的生産方法によって顕著に発展している。すなわち，中国経済は，強力な生産力増進の手立てとして，実質的に資本主義的生産方法を発展させて来ている，という実情が明らかになる。

　第3章では，国有企業の企業統治，すなわち国有企業の所有・支配・経営の関係，所有者（株主，出資者）・経営者・労働者（従業員）の関係を考察する。

　社会主義建設の根本的任務は，公有制を主体とし，多種類の所有制の経済（1992年の中国共産党第14回全国代表大会の報告によれば，多種類の所有制は個人経済，私営経済，外資経済が該当する）[29]がともに発展をとげる基本的経済制度を堅持することであると中国共産党規約で規定されている。[30]このように，もし公有制が，中国が社会主義であることの証左であるとするならば，公有制企業の中核である国有企業には私有経済部門や資本主義国の企業とは異なる何らかの事象や特徴が存在する筈であろう。国有企業と私営企業との最大の違いは所有者の違いである。この所有者の違いによって所有・支配・経営の関係，株主・経営者・従業員の関係に何らかの違いが存在するのか否かを考察する。考察にあたっては，まず初めに川井伸一の「大株主支配と内部者支配との重合」とみなす見解[31]やバーリー＆ミーンズの「経営者支配」論など企業の支配に関わる見解をも取り上げて，[32]「所有と支配の分離」，「所有と経営の分離」について検討したうえで，中国の株式上場企業のなかの国有株式会社の組織形態や株主・経営者・従業員の関係や性格を取り上げて，同じ株式上場企業のなかの実質私営株式会社（私人である株主がコントロールしている会社）のそれらと比較をしつつ分析する。

---

29)　『北京週報』日本語版，第30巻第43号，1992年10月27日，別冊付録文献（5）12頁。
30)　「中国共産党規約―中国共産党第18回全国代表大会で一部改正のうえ，2012年11月14日に採択―」Web Site『チャイナネット（中国網日本語版）』2012年11月16日，http://japanese.china.org.cn/politics/18/2012-11/16/content_27137902.htm，2013年5月1日参照。
31)　川井伸一（2003）『中国上場企業―内部者支配のガバナンス』創土社，20-22頁。
32)　Berle and Means（1932）*The Modern Corporation and Private Property*, The Macmillan Company.（北島忠男訳『近代株式会社と私有財産』文雅堂銀行研究社，1958年初版，1966年4版，88-112頁，並びに森杲訳『現代株式会社と私有財産』北海道大学出版会，2014年，66-85頁）

第3章での考察を通じて，上場企業である国有株式会社の所有・支配・経営の関係には，所有と経営の分離は存在するが所有と支配の分離は存在せず，実質私営株式会社や資本主義経済の一般的な株式会社と大きな違いはなく，国有株式会社の株主・経営者・従業員の関係や性格にも，実質私営株式会社や資本主義経済の一般的な株式会社の株主・経営者・労働者の関係が成立している，という実情が明らかになる。もしくは近い将来広範囲にこの関係が出現する可能性があると見通すことが出来よう。

　第4章では，第3章に引き続いて株式上場企業の国有株式会社の利潤分配を取り上げて，その実情には社会主義経済であることに起因する，または大株主が国であることによって，同じ株式上場企業のなかの実質私営株式会社の利潤分配とは異なる事象が存在するのか否かを考察する。

　中国共産党規約には本章冒頭の「問題関心の所在」に記したように，社会主義建設の根本的任務は，労働に応じた分配を主体とすると規定されている。社会主義市場経済体制の導入を決定した1992年の中国共産党第14回全国代表大会の報告でも同様に労働に応じた分配との決定がなされ，さらに，同報告では分配制度について，「国，集団，個人というこの三者の利益を統一的に考慮し，国と企業，中央と地方の分配関係を調整し，租税納付と利潤上納の分離[33]」と示されており，国有株式会社の利潤分配も中国共産党規約やこれまでの中国共産党の諸決定の「分配」の対象である。国有株式会社の利潤分配には社会主義経済であるがゆえの特徴が現れているのか，その特徴はどのような実態なのかを本章では確認・分析する。分析にあたっては，先行研究のなかの利潤分配に関わる分析をも検討し，また，実質私営株式会社との比較だけではなく，参考として，日本の高度成長期（1960年代）の株式会社の利潤分配の状況との比較も行なう。

　第4章での考察を通じて，中国の国有株式会社の利潤分配には，実質私営株式会社の利潤分配との違いは見出せず，日本の高度成長期の上場企業で見られないような特徴も見つからず，中国の国有株式会社の利潤分配には資本主義経済における利潤分配との差異を見出すのは困難であることが明らかになる。

---

[33]　『北京週報』日本語版，第30巻第43号，1992年10月27日，別冊付録文献（5）13頁。

第5章では，2000年前後より高い経済成長を示していた中国経済は，2008年頃を境に変化を見せている。それは，企業の売上高や総資産は依然として増加しているにも拘わらず，売上高利益率や総資産利益率が低下傾向を示すようになって来ている。このような変化は国有企業のみならず全企業に現れている。このような変化が発生した要因を探るべく考察を行なう。

　考察にあたっては，鉱工業部門の幾つかの産業部門における株式上場企業の中の個別の国有株式会社と実質私営株式会社とを対象に，労働の生産性と資本の効率（または利潤率）についての国有株式会社と実質私営株式会社との実情の比較分析を通じて，上述の変化の要因について考察する。また，参考として，日本の高度成長期の同じ産業部門の個別企業の状況との比較も行なう。

　第5章での考察を通じて，社会主義市場経済の主体である公有制経済のなかの中核である国有株式会社，実質私営株式会社ともに労働生産性，資本の効率，資本の有機的構成の高度化などの諸指標には，『資本論』に記されている資本主義経済の特徴が表れていることが確認される。

　終章では，第1章から第5章までで明らかにした先行研究や経済の実態をまとめて再確認し，国有企業の発展は資本主義的生産方法によってなされていることを確認する。そして，中国経済の今後の見通しについては，中国経済の改革と発展の径路が国有企業の資本主義的生産方法に主導され，それによって牽引されるものであるとするならば，経済的富の分配構造すなわち第一次分配機構もその資本主義的な分配諸法則によって規定されざるをえないのであり，資本主義的な格差問題等の制約を免れることは出来ない。社会主義市場経済のもとで富の分配の公正をはかるとしたら，第一次分配機構ではなく，再分配機構の領域で，それを追求することが見通されてくる，と提示する。

第1章　中国の社会主義市場経済についての諸見解の検討

はじめに

　中国の社会主義市場経済を考察する基礎認識のために，公有制vs.私有制，計画経済vs.市場経済という基本的対立点をめぐる予備的検討を行なう。それは，呉敬璉と中兼和津次の見解を取り上げて検討する。

　呉敬璉は，「改革開放当初から一貫して競争原理に基づく市場経済の形成の必要性を主張し，今日の中国経済改革はほぼ彼〔呉敬璉〕の提言通りに展開されている（中略）〔呉敬璉は〕政府の政策に強い影響力を持ち続けてきた[1]（〔　〕内筆者。以下同様）」経済学者である。また，呉敬璉（2007）『現代中国の経済改革』のなかで，「中国が好ましい市場経済に向って進むことを支持しようではないか[3]」と述べている。このように，呉の見解は，市場経済の推進を主張し，中国共産党の方針・政策の正しさを強調する立場にあり，本書の序章で記した新制度派の学者と見られている[4]。なお，呉の考察の基盤は「近代経済学の分析用具，とくに比較制度分析を利用[5]」と記されている通りである。本章の呉についての検討は，呉（2007）を対象としつつ，加えて呉敬璉（1995）『中

1）　関志雄（2007）『中国を動かす経済学者たち』東洋経済新報社，111-112頁。
2）　呉敬璉（2004）『当代中国経済改革』上海遠東出版社（青木昌彦監訳，日野正子訳『現代中国の経済改革』NTT出版，2007年）。以下，邦訳版を呉（2007）と表記する。呉の『当代中国経済改革』上海遠東出版社は1999年に初版，2004年に改定版，2010年に再度改定し『当代中国経済改革教程』（教程はテキストの意味）を出版，邦訳版は2004年版の翻訳。
3）　呉（2007）「序文」ⅳ頁（当該序文は2003年11月20日付け）。
4）　関（2007）7頁。
5）　呉（2007）「日本語版への序文」ⅴ頁（当該序文は2006年3月31日付け）。

国の市場経済[6]』をも参照して行なう。

　呉（2007）は，マルクス，エンゲルスの著作を引用し，それらを説明して，マルクス，エンゲルスの「所有権の社会化に関する論断は，今日に至るもきらめく光芒を放っている[7]」と述べ，すなわち私有制から公有制への転換，資本主義から社会主義への転換は実現すると主張している。しかしながら，資本の集中と企業の大型化をベースに社会全体が1つの大工場に変わるとのマルクス，エンゲルスの説は，現代においては妥当ではない[8]，と主張している。そして，呉（1995）は，社会全体が1つの大工場に変わることを否定して，この否定を土台として「社会主義経済は依然として商品経済の性格をもつことを確認し，さらに公有制を基礎とした企業の独立経営，すなわち，社会主義商品生産者と経営者になる道を探求する[9]」と結論を示している。次に，呉は計画経済と市場経済とを比較して，資源配分の面で市場経済は計画経済よりも効率的であると述べ，「計画経済と市場経済の間でいかに取捨選択するかは，実際には選択の余地はない[10]」と主張している。しかしながら，呉の主張のなかに，特に呉のマルクス，エンゲルスの理論についての説明のなかに，本来のマルクス，エンゲルスの理論に照らし合わせて適切でない部分が有るとすれば，呉の主張は適切性を欠いてしまい，呉の主張の通りに公有制が出現し，なおかつ市場経済のみが実現する，とは断定できなくなるのではなかろうか。さらに，社会主義が資本主義に取って代わる必然性も無くなるのではなかろうか。本章第1節では，以上の呉の見解の当否を検討し，それが適切でないことを明らかにする。

　中兼和津次は，（2010）『体制移行の政治経済学』のなかで，経済体制の移行に標準的パターンがあり，それは「社会主義体制から資本主義体制への移行は標準的だ[11]」と述べている。そして社会主義経済モデルは資本主義市場経済モ

---

6)　呉敬璉（1992）『通向市場経済之路』北京工業大学出版社（凌星光・陳寛・中屋信彦訳『中国の市場経済』サイマル出版会，1995年）。以下，邦訳版を呉（1995）と表記する。
7)　呉（2007）9頁。
8)　呉（2007）10頁。
9)　呉（1995）68頁。
10)　呉（2007）24頁。
11)　中兼和津次（2010）『体制移行の政治経済学』名古屋大学出版会，18頁。

デルに比較して体制としての持続性に欠ける，社会主義体制には内在的な，そして致命的な欠陥があった，（社会主義体制から資本主義体制への）体制移行は「歴史の必然」に近かった，と述べている。中国については，「〔中国の社会主義市場経済は〕『社会主義』を看板としながらも堂々と資本主義を推進してきた（中略）実態は『中国的特色のある資本主義』である。（中略）中国が社会主義理念とは無縁の『資本主義の道』を歩んでいる」，と述べている。このように，社会主義体制はそれに内在する欠陥ゆえに自ら崩壊して資本主義体制へ移行する，経済発展が目覚ましい中国も同じである，との社会主義自壊と資本主義への道を主張する。

本章第2節では，中兼（2010）に加えて，中兼和津次（2002）『経済発展と体制移行』，同著（1999）『中国経済発展論』をも対象として，それらの中で述べられている，社会主義体制から資本主義体制への移行の必然性という見方，また中兼の中国の国有企業の民営化についての見解をめぐって，批評を加える。

第1節　社会主義市場経済についての呉敬璉の見解

呉（2007）は，上述（「はじめに」）に示した通り，その冒頭の第Ⅰ部「総論」第1章「改革問題の提起」でマルクス，エンゲルスの「科学的社会主義」の理論を批評し，「生産の社会化」をキーワードにして公有制が私有制に取って代わるが，社会全体が1つの大工場に変わることは現代においては妥当ではない，社会主義経済は依然として商品経済の性格をもつ，と述べている。続いて資源配分の面で市場経済は計画経済よりも効率的であり，計画経済を選択する余地はない，と述べている。本節では呉の社会主義市場経済についての見解を，先ず，生産の社会化ならびに社会主義について，次に，市場経済と計画経済との比較について検討する。

---

12) 中兼（2010）80頁。
13) 中兼（2010）103頁。
14) 中兼（2010）291-292頁。
15) 中兼和津次（2002）『シリーズ現代中国経済1　経済発展と体制移行』名古屋大学出版会。
16) 中兼和津次（1999）『中国経済発展論』有斐閣。

1.1 生産の社会化，社会主義についての呉の見解の概要と検討

1.1.1 生産の社会化，社会主義についての呉の見解の概要

呉の「社会全体が1つの大工場に変わると断定することは妥当ではない」との見解が導き出される呉の説明の概要は次の通りである。

呉（2007）は，マルクス，エンゲルスの理論を次のように説明する。まず，『空想から科学への社会主義の発展』の一部分を要約，紹介[17]した後，「マルクス，エンゲルスによると社会主義が資本主義に取って代わる理由は，資本主義社会における生産力と生産関係の間の，すなわち社会化した生産力と資本主義の私的占有制度との間の衝突に源がある。産業革命後の工業発展の中で，社会的分業が進むにつれ，生産は一連の個人的行動から一連の社会的行動へと変化し，製品も個人的製品から社会的製品へと変化した」と説明し，資本主義の基本的矛盾は「『ブルジョア階級が掌握する社会化された生産手段を公共の財産に変える[18]』ことによってのみ解決できるのである」と説明している[19]。続けて呉は，『資本論』第1巻第7篇「資本の蓄積過程」第23章「資本主義的蓄積の一般的法則」第2節「蓄積およびそれに伴う集積の進行途上での可変資本の相対的減少」のなかの文[20]，並びに第24章「いわゆる本源的蓄積」第7節「資本

---

17) 『マルクス＝エンゲルス全集』第19巻「空想から科学への社会主義の発展」大月書店，1968年，206－208頁（独語版210－211頁）（以下，独語版を独と表示し頁は略す）の部分を要約して紹介している。なお，当該部分は同全集第20巻「反デューリング論」276－277頁（独249－250）に該当する。以下，『マルクス＝エンゲルス全集』大月書店は『ME全集』と表記する，マルクス，エンゲルスの原書の発行年は省略する。

18) 『ME全集』第19巻，前掲書，225頁。なお，『ME全集』第19巻の訳文は「ブルジョアジーの手からすべりおちてゆく社会的生産手段を，公共の財産に転化する」であり，呉の使用した引用文では，ブルジョアジーの手からすべりおちてゆく，とのニュアンスが表現されていない。

19) 呉（2007）8頁。

20) 『資本論』第1巻第2分冊，816－817頁（独654－656）のなかの，「商品の安さは……より大きい資本はより小さい資本を打ち倒す」（816頁），「かりにある1つの事業部門で集中が極限に達することがあるとすれば……はじめて到達されるであろう」（817頁）の部分を引用。本書では，カール・マルクス『資本論』からの引用は，マルクス＝エンゲルス全集刊行委員会訳『資本論』大月書店，1968年，を使用し，該当巻数及び頁数を表記し，原書の頁数を丸括弧に表記する，その表記の例は『資本論』第1巻第2分冊，816頁（独654）。

主義的蓄積の歴史的傾向」のなかの文を引用しつつ[21]、「マルクス、エンゲルスによると、公有制が私有制に取って代わること、あるいは所有権の社会化は、人間の主観的願望が決めるのではなく、一種の歴史過程である。(中略) 生産の社会化が進むにつれ、資本は大規模に集積し、集中した。(中略)『1つの社会において、社会の総資本が合併されて唯一の資本家の手中にある、あるいは合併されて唯一の資本家会社の手中にある場合にはじめて、集中は極限に達したといえる[22]』。(中略) ごく少数で生産手段を独占している資本家に対する社会の収奪が完成し、社会全体が生産手段の公有制の基礎の上に作られた全社会規模の大工場になる。早期の社会主義者の考えと同じく、こうした『社会の大工場』式の経済においては、商品生産、貨幣交換、市場関係はなくなるであろう」と説明している[23]。

以上の説明に続いて呉(2007)は、マルクス、エンゲルスの理論を次のように解釈、批評する[24]。①マルクスの「所有権の社会化に関する論断は、今日に至るもきらめく光芒を放っている。しかし、彼のある予言は実現していない。まず、マルクス、エンゲルスによる、競争は資本をますます少ない巨大資本家の手中にますます集中させるであろうという予言は、19世紀の工業発展の中で生産の社会化と企業の大型化が同時に進行する状況にもとづいてなされたものである。ここから、彼らが企業の大型化を生産の社会化と見なしたのは必然の帰結であった」と、公有制や社会主義は実現したが企業の大型化は実現していないと述べ、②次に「生産の社会化と企業の大型化という2つの概念について、前者〔生産の社会化〕が指すのは、分業の深化にともなう生産間(原文ママ)の相互依頼と相互関係の強化であり、後者〔企業の大型化〕が指すのは、資本の集積と集中による生産単位の規模の拡張である」、③続いて「高度に分業化した生産者間の交換は、生産の縦方向の一体化、すなわち企業の大型化によっ

---

21) 『資本論』第1巻第2分冊、994-995頁(独790-791)のなかの、「今度搾取されるのは……労働者を搾取する資本家である」(994頁)、「資本独占は、それとともに……収奪者が収奪される」(995頁)を引用。
22) 『資本論』第1巻第2分冊、817頁(独655-656)。
23) 呉(2007)4-7頁にて、早期の社会主義者とは空想的社会主義者を指し、トマス・モア、ロバート・オーウェンについての説明を記述している。
24) 呉(2007)8-9頁。

ても実現出来るし,相対的に小さな企業の間の市場交換によっても実現できる」,そして20世紀後半におけるサービス業の拡大,ハイテク産業の勃興を示して「小企業がいくつかの業種において自己の優位性を際立たせることとなった」,と解釈,批評を進め,④したがって,「資本の集中と企業の大型化を唯一の傾向と見なし,これをベースに社会全体が1つの『大工場』に変わると断定することは妥当ではない」,と結論を述べている[25]。

以上の呉(2007)の「生産の社会化,企業の大型化」について,呉(1995)は呉(2007)よりも詳細な説明をしている。なお,この呉(1995)の説明は,社会主義制度のもとでは「『1国家―1工場』の実現とそれによる商品貨幣関係の消失という考え方[26]」について,それは,現代においては正しくないとの論述[27]をする中での説明である。呉は生産の社会化について「資本主義の基本的矛盾に関するマルクス,エンゲルスの論述を詳しく推敲(原文ママ)すると,彼らの念頭には『生産の社会化』の概念は二重の含意があったことがわかる。1つは社会生産の一体化であり,もう1つは生産単位の大型化である。前者は現代経済の発展により実証されており,それは社会的生産関係の革命的変革を引き起こした。後者については,全社会生産を包括するところまで発展しつづけるものではないことが立証された[28]」と述べている。なお,ここで呉が述べている「生産の社会化」の2つの含意の中の,1つである「社会生産の一体化」とは何を意味しているのかが解り難いが,呉(1995)の「生産の社会化」に関わる別の記述を見ると,呉はマルクス,エンゲルスら社会主義者の理論を「『1国家―1工場』の理論と,社会主義は必然的に資本主義に取って代わるという科学的社会主義の基本理論とは,生産の社会化という同一の前提によって導き出されたのである[29]」と解釈している。また,呉は「エンゲルスは『生産の社会化』を,まず生産手段(生産用具と工場を含む)の大型化と定義し

---

25) 呉(2007)9-10頁。
26) 呉(1995)52頁。
27) 呉(1995)第1章「計画経済か,市場経済か―歴史的結論」第1節「マルクス主義への新思考」41-80頁での論述。
28) 呉(1995)53頁。
29) 呉(1995)52頁。

第1章　中国の社会主義市場経済についての諸見解の検討　　**25**

て，そのあと初めて前者を踏まえての一体化（分業と協業の発展は生産過程を融合して社会生産過程にさせる）と定義したのである[30]」と主張している。このような呉の解釈や記述からは，「社会生産の一体化」は，資本主義から社会主義への変革や公有制の出現を引き起こす根拠，または「生産の社会化」を指しているようである。そして，呉は「われわれは生産の社会化と生産規模の巨大化とを区別しなければならない。前者は現代的発展の長期的趨勢であり，財産所有権の社会化（すなわち公有制の出現）は歴史的必然性である。そして後者は，むしろ大工業が発展する一定時期に存在する現象にすぎず，それはかならずしも技術のよりいっそうの変革につれて一直線に発展し，最終的には全社会の生産を『1つの巨大工場』に含めてしまうということにはならない[31]」と主張している。以上の通り，呉（1995）の主張は，①社会主義，公有制は実現する，それは歴史的必然性である，②社会全体が1つの大工場に変わることは必然ではないし実現していない，である。

　次に，呉（1995）は，マルクス，エンゲルスの念頭にあった「生産の社会化」の概念に「生産単位の大型化」が含まれているとマルクス，エンゲルスの理論を解釈して唱えているが，呉はこのような解釈の根拠を，『反デューリング論』第3篇「社会主義」2「理論的概説」の一部分を引用して次のように示している。最初に，「彼〔エンゲルス〕が言うには，資本主義生産が出現する以前は，労働手段はすべて個人のものであって，『もっぱら個人的な使用を目あてとしたものであった。だから，必然的にちっぽけな，矮小な，制限されたものであった』[32]」と示し，[33] 次に，「だが，マルクスが『資本論』第4篇で論証しているように，『ブルジョアジーは，生産手段を個々人の生産手段から，人々の総体によってしか使用できない社会的な生産手段に変えないでは，これらの制限された生産手段を強大な生産力に変えることはできなかった。糸車や手織機や鍛冶屋の槌に代わって，紡績機や力織機や蒸気ハンマーが現われ，個々人の仕事場に代わって，幾百人，幾千人もの協同〔呉の原文ママ，『ME

---

30)　呉（1995）54頁。
31)　呉（1995）67頁。
32)　「反デューリング論」（『ME 全集』第20巻）278頁（独250）。
33)　呉（1995）53-54頁。

全集』では協働である〕を必要とする工場が現われてきた。そして，生産手段と同様に，生産そのものも，一連の個人的行為から一連の社会的行為に変わり，生産物も，個々人の生産物から社会的生産物に変わった』」[34]と示している[35]。そして，以上の引用を用いての説明に続いて，「明らかなことは，このくだりの論述でエンゲルスは『生産の社会化』を，まず生産手段（生産用具と工場を含む）の大型化と定義して，そのあと初めて前者を踏まえての一体化（分業と協業の発展は生産過程を融合して社会生産過程にさせる）と定義したのである」[36]と呉の解釈を提示している。このような呉の理解による『反デューリング論』についての解釈は，「生産の社会化」と「生産単位の大型化」との位置付けについて，「生産の社会化」とは「生産単位の大型化（または生産手段の大型化）」である，さらに，「生産の社会化」とは「生産単位の大型化」を土台として，その上に形成された社会生産過程（または一体化）である，と述べているようである。なお，呉の主張する「一体化（分業と協業の発展は生産過程を融合して社会生産過程にさせる）」が前述の「社会生産の一体化」と同様に「生産の社会化」を指しているとすれば，上記の呉の解釈は，「生産の社会化」と「生産単位の大型化」との位置付けについて，「生産の社会化」とは「生産単位の大型化」であり，さらにそれを土台として，その上に形成された「生産の社会化」である，と述べているようである。つまり，呉の理解によるマルクス，エンゲルスの理論は，「生産の社会化」と「生産単位の大型化（または生産手段の大型化）」とは同一の現象（生産の社会化＝生産単位の大型化），もしくは同時並行して発生して来た，という理論であるかのように述べられている。このような呉のマルクス，エンゲルスの理論についての理解と本来のマルクス，エンゲルスの理論との比較は後述する呉の見解の検討で取り上げる。

　以上の呉の『反デューリング論』を引用しての記述において，呉は資本主義的生産以前についての最初の引用部分とブルジョアジーによる生産についての後の引用部分との間に存在するエンゲルスの叙述部分には全く触れていない。

34）「反デューリング論」（『ME全集』第20巻）278頁（独250）。
35）　呉（1995）54頁。
36）　呉（1995）54頁。

すなわち,「分散した,局限された生産手段を集積し拡大して,強力に作用する現代の生産の槓杆に変えること,これこそが,資本主義的生産様式とその担い手であるブルジョアジーとの歴史的役割であった。この両者が,15世紀このかた歴史的に,単純協業とマニュファクチュアと大工業という三つの段階をつうじてこのことをなしとげた[37]」という部分に触れていない。つまり,資本主義的生産の出発点をなしている単純な協業を可能にする資本の集積（ならびに資本の集積によって可能になる生産手段と労働者の集積）については触れていない。また,呉の「一体化（分業と協業の発展は生産過程を融合して社会生産過程にさせる)」との記述は分業と協業とが並列的に発展したかのような表現である。以上の「協業と資本の集積」や「分業と協業」については後述する呉の見解の検討で取り上げる。

そして,呉（2007）の現代では「社会全体が1つの『大工場』に変わると断定することは妥当ではない」について,呉（1995）は次のように述べている。呉（1995）は,20世紀後半における,日本の中小企業の発展や米国の反独占法違反企業処罰,巨大企業の組織形態が単一組織から独立採算制の複数の事業部制に改変された事例を示して,「現代工業発展の事実は,生産単位の規模の大小は,決して生産社会化の程度の単純な増関数ではないことを示している。生産面において,社会的規模の巨大な工場に発展する趨勢は現われなかった。とりわけ新技術革命で生まれた高度な技術は,一部の生産領域で小型分散化をうながした。これに適応して,社会主義の条件のもとでの公有制企業の分散化と独立経営の傾向は必然的であり,避けることができない[38]」と述べている。

以上の呉（1995），呉（2007）の見解の要旨は，①マルクス，エンゲルスの理論についての呉の理解によれば,生産の社会化が進むにつれて生産単位の大型化と公有制の実現（社会主義は必然的に資本主義に取って代わる）とが現れる,生産の社会化の概念には生産単位の大型化と公有制とが含まれている。②マルクス，エンゲルスの理論についての呉の解釈，批評は,公有制は歴史により実証されたが,生産単位の大型化は実証されていない。公有制または社会主義は

---

37)「反デューリング論」（『ME全集』第20巻）278頁（独250）。
38) 呉（1995）79頁。

実現したが企業の大型化または社会全体が1つの大工場に変わることは実現していない，である．

次に，これらの点について，そもそも，マルクス，エンゲルスの理論と，呉によるマルクス，エンゲルスの理論の説明，批評との間には，乖離はないのかを確認する．特に，「生産単位の大型化と公有制」，「生産の社会化と社会的分業」，「生産の社会化と資本の集積・集中」，「生産の社会化と企業の大型化」，「企業の大型化と小企業の優位性」について，次の呉の見解の検討で取り上げる．

1.1.2 生産の社会化，社会主義についての呉の見解の検討

(1)「生産単位の大型化と公有制」について　呉は『反デューリング論』または『空想から科学への社会主義の発展』を引用してマルクス，エンゲルスの理論通りに「公有制は実現した」が，「生産単位の大型化」はマルクス，エンゲルスの理論通りには実現しないと主張するが，このような主張を『反デューリング論』（「または『空想から科学への社会主義の発展』」という記述を省略）に示されている「公有制，社会主義が出現する」に至る過程に照らして確認すると，「生産単位の大型化」が実現しなければ，「生産単位の大型化」の後に現れる「公有制，社会主義」も実現しなくなる．呉の主張を，呉自身が引用する『反デューリング論』を基準にして検証すると，呉の主張は矛盾を抱えている主張であると言わざるを得ない．

『反デューリング論』によって公有制，社会主義が出現するに至る過程を概観すれば，①大きな仕事場や手工制工場へ生産手段が集積し多数の労働者が協働する（「多くの人々が計画的にいっしょに協力して労働する」[39]）ことによって生産手段と生産は社会的なものになり，生産物も社会的生産物になったが，その生産物は資本家によって取得し続けられ，社会的生産と資本主義的取得とのあいだの矛盾が明るみにでる．これは資本主義的生産様式に内在する矛盾である．②商品生産がひろがるにつれて，ことに資本主義的生産様式が現れるとともに，市場における競争が力強く作用し，全体としての社会の生産が，無計画性，偶然性，無政府性によって支配されていることが明白になり，この無政府

---

39)『資本論』第1巻第1分冊，427頁（独344）．

状態はますます強まっていった．③生産企業内での社会的生産と資本主義的取得とのあいだの矛盾は，いまや個々の工場内における生産の組織化と全体としての社会における生産の無政府状態との対立として現れる．④生産の無政府状態の下で資本の集中が進み，資本家は生産の規制を目指し，1産業部門全体がただ1つの大株式会社に変わる．⑤結局は資本主義の公式の代表者である国家が生産の指揮を引き受けなければならなくなり，生産手段を国家的所有に転化させる必要が現れてくる．⑥近代国家は資本家の国家であり，観念上の総資本家である．国家がますます多くの生産力を引き継いでも資本関係は廃止されない．⑦生産，取得，交換の様式を生産手段の社会的性格と一致されるように，プロレタリアートは国家権力を掌握し，生産手段を国家的所有に転化する．⑧これによって生産の計画的な社会的規制が現れる[40]，と示されている．

　呉の主張と『反デューリング論』とを照らし合わせると，(1)『反デューリング論』の論理に，呉の生産単位の大型化，資本の集中の極限としての社会全体が1つの大工場に変わることが実現しないとの主張を適用すれば，上述の『反デューリング論』に示されている④の状態が実現せず，上述の⑤の国家が生産の指揮を引く受ける必要性は出現せず，生産手段を国家所有に転化させる必要性も現れず，⑧の計画的な生産，すなわち計画経済が成り立たなくなる．さらに，呉は「計画経済の実質は社会全体を単一の大工場に組織することである[41]」との定義を示しているのであるから，社会全体が1つの大工場に変わることが実現しないとの見通しに立つとすれば，計画経済は実現しなくなるはずである．呉は，以上のように計画経済が実現しないという論理を導く．それにも拘らず，実際にはこの論理には触れずに，近代経済学に拠って計画経済と市場経済との比較をして計画経済が選択される余地はないと主張している．(2)一方，呉はマルクス，エンゲルスの理論を用いて計画経済は実現されないとは主張していない．そして呉は，公有制は実現したと主張している．これらの計画経済の実現を否定せずに，公有制の実現を主張する呉の見解を『反デューリン

40）「空想から科学への社会主義の発展」(『ME全集』第19巻）208-221頁（独211-224），または「反デューリング論」(『ME全集』第20巻）278-290頁（独250-262）．
41）　呉（2007）22頁．

グ論』の論理に適用すれば,上述の『反デューリング論』に示されている⑦の状態が実現している。もし,このような呉の捉え方を敷衍するとするならば,上述の⑦の状態に連携して,上述の④の状態(社会全体が1つの大工場に変わる)が既に実現しており,呉がマルクス,エンゲルスの理論を用いて否定していない⑧の状態(計画経済)が実現される可能性がある,との論理が成り立つ。

以上のように,上記の(1)と(2)とは矛盾している,すなわち呉の見解は矛盾を抱えていると見なさざるを得ない。この矛盾は呉が自己の主張に適合する根拠をマルクス,エンゲルスの理論と近代経済学とに求めていることに起因するのであろう。呉の見解には,マルクス,エンゲルスの理論のなかの自己の主張に適合する文言を用い,マルクス,エンゲルスの理論の全体を承認していないかのような様子が見られる。

(2) 「生産の社会化と社会的分業」について　具体的な検討の前に,「生産の社会化」について一般にひろく承認されていると見なされる内容を確認しておく。『大月　経済学辞典』によると「生産の社会化とは,1工場内に生産手段と労働者が集積し労働過程の協業的性格と工場内分業が深まり,生産物は直接的に社会的・共同的な労働の成果となる過程である。同時にこの過程は社会的分業の発展によって社会的労働が分化・専門化するにつれて市場をつうじる諸部門間の結合がますます深まる過程でもある。生産の社会化は資本主義のもとではじめて可能となり,資本の集積・集中によって飛躍的に発展した。かかる生産の社会化は,資本主義から社会主義への移行の物質的基礎をなし,取得の資本制的形態との矛盾を激化させる(中略)生産の主体的側面である労働に力点をおいて生産の社会化を労働の社会化とよぶことがある[42]」と。すなわち,生産の社会化は工場内分業によっても社会的分業によっても現れる。

さらに,工場内分業と社会的分業との違いについて『資本論』によると,「社会のなかでの分業と1つの作業場のなかでの分業とのあいだには多くの類似や関連があるにもかかわらず,この二つのものは,ただ程度が違うだけではなく,本質的に違っている[43]」と明確に記し,これら2つの分業の主な違いを

---

42) 『大月　経済学辞典』大月書店,1979年,560頁。この項目は伍賀一道の執筆による。
43) 『資本論』第1巻第1分冊,465頁(独375)。

次のように示している。工場内分業（マニュファクチュア的分業，作業場内分業）では，部分労働者は商品を生産せずに部分労働者の共同の生産物が商品になり，諸部分労働の連関はさまざまな労働力が同一の資本家に売られて結合労働力として使用されることによって媒介され，1人の資本家の手中に生産手段が集積され，資本家のもつ無条件的な権威を前提に，計画的な分業がおこなわれる。つまり，工場内分業は資本主義的生産様式のまったく独自な創造物であり，相対的剰余価値を生みだすための，または資本の自己増殖を労働者の犠牲において高めるための，1つの特殊な方法でしかなく，労働の社会的生産力を，労働者のためにではなく資本家のために発展させる。そして，1つの個別資本の内部において生産をする者と生産物を取得する者とが異なる，この形態によって社会的生産と資本主義的取得との間に矛盾が発生する。

社会的分業では，個々の生産者が独立して商品を生産し（すなわち独立した商品生産者は資本主義経済では資本家である），社会の内部における分業はさまざまな労働部門の生産物の売買（すなわち等価交換）によって媒介され，互いに独立した多数の商品生産者の間に生産手段が分散され，競争という権威の下で独立の商品生産者たちは互いに対立させられ，無計画的な分業がおこなわれる。社会的分業では剰余価値は生まれず，さらに資本主義だけではなくそれ以前のさまざまな経済的社会構成体にも属するのであり，資本主義に特有な矛盾は発生しない。また，生産物の取得をする者である資本家は，自ら社会的生産と資本主義的取得とのあいだの矛盾を無くそうとはしない。このように工場内分業と社会的分業とは異質な分業であり，社会的分業は工場内分業に取って代われない。[44]

以上の通りの「生産の社会化」の概念を基準にして呉の「生産の社会化，社会的分業」に関わる見解を検討する。呉（2007）は生産の社会化について，「マルクスとエンゲルスによると，社会主義が資本主義に取って代わる理由は，資本主義社会における生産力と生産関係の間の，すなわち社会化した生産力と資本主義の私的占有制度との間の衝突に源がある。産業革命後の工業発展の中で，社会的分業が進むにつれ，生産は一連の個人的行動から一連の社会的行動

---

44)『資本論』第1巻第1分冊，466（独377），471（独380），478（独386）参照。

へと変化し，製品も個人的製品から社会的製品へと変化した。」と述べている。この叙述の前半部分の「社会化した生産力と資本主義の私的占有制度との間の衝突」は資本主義の基本的矛盾について述べられている部分であり，上述の工場内分業と社会的分業の違いから分かるように，この部分の「社会化した生産力」が，工場内の分業にもとづく協業によって現れる「生産の社会化」に該当するのは一目瞭然である。一方，この叙述の後半部分の「産業革命後の工業発展の中で社会的分業が進むにつれ，生産は一連の個人的行動から一連の社会的行動へと変化し」と述べるなかの「生産の社会化」は，社会的分業によって現れると明確に記述され，工場内分業によって現れる生産の社会化ではない。上述の工場内分業と社会的分業の違いから分かるように，この社会的分業による「生産の社会化」は資本主義的取得とのあいだに矛盾を発生さない，このことは明白である。

　したがって，このような社会的分業による社会化した生産力は，私的資本主義的取得形態（呉の用語によれば，資本主義の私的占有制度）とは衝突しないのである。呉（2007）の当該部分の叙述は，「社会的分業」ではなく「工場内の分業にもとづく協業」と記述しなければならないのである。社会的分業からは呉の主張する社会主義が資本主義に取って代わることも社会主義の下での公有制の出現も発生しない。呉の主張のなかに矛盾が現れてしまう。以上のように，呉によるマルクス，エンゲルスの理論の説明は，本来のマルクス，エンゲルスの理論から外れている。

　また，前述（1.1.1「生産の社会化，社会主義についての呉の見解の概要」）で指摘した通り，呉（1995）の「一体化（分業と協業の発展は生産過程を融合して社会生産過程にさせる）」との記述からは分業と協業とが並列の位置関係にあるように述べられている。協業と工場内分業との関係は『資本論』によると，「協

---

45) 呉（2007）8頁。
46) 呉（1995）54頁。
47) ここでの協業は狩猟民族のあいだにも古代世界でも見られる協業とは区別される。『資本論』によると，「人類の文化の発端で，狩猟民族のあいだで，またおそらくインドの共同体の農業で，支配的に行なわれているが見られるような，労働過程での協業は，一面では生産条件の共有にもとづいており，他面では個々の蜜蜂が巣から離れていないように個々の個人が種族や共同体の臍帯からまだ離れていないことにもとづいている。この

業によって発揮される労働の社会的生産力が資本の生産力として現われるように，協業そのものも，個々別々な独立な労働者や小親方の生産過程に対立して資本主義的生産過程の独自な形態として現われる」協業は「資本主義的生産の出発点をなしている」，「協業はつねに資本主義的生産様式の基本形態なのである」，「分業にもとづく協業は，マニュファクチュアにおいてその古典的な姿を身につける」と示されている通り，協業が備わっていることによって，協業が土台となって，工場内分業による生産は資本主義的生産となるのである。分業と協業とは単に並列の位置関係ではない。

(3) 「**生産の社会化と資本の集積・集中**」について　呉(2007)は「マルクスとエンゲルスによると（中略）生産の社会化が進むにつれ，資本は大規模に集積し，集中した」と述べ，これは，資本の集積，集中が生産の社会化によってもたらされるかのような表現になっている。また呉(1995)でも，前述(1.1.1「生産の社会化，社会主義についての呉の見解の概要」)で指摘した通り，『反デューリング論』の引用に基づいて「エンゲルスは『生産の社会化』を，まず生産手段（生産用具と工場を含む）の大型化と定義し」と述べ，マルクス，エンゲルスの理論では「生産の社会化」と「生産単位の大型化」とが同一の現象（生産の社会化＝生産単位の大型化），もしくは同時並行して発生して来たように定義されている，と呉の見解を提示している。さらにその引用においても呉の見解のなかでも資本主義的生産の出発点をなす生産手段の集積については触れられていない。これらの呉によるマルクス，エンゲルスの理論の解釈内容を本来のマルクス，エンゲルスの理論により検証する。

呉(2007)の表現している生産の社会化が工場内分業によって現れる生産の

　　二つのことは，このような協業を資本主義的協業から区別する。大規模な協業の応用は古代世界や中世や近世植民地にもまばらに現われているが，これは直接的な支配隷属関係に，たいていは奴隷制に，もとづいている。これに反して，資本主義的形態は，はじめから，自分の労働力を資本に売る自由な賃金労働者を前提にしている」と示されている，『資本論』第1巻第1分冊，438頁（独353-354）。

48)　『資本論』第1巻第1分冊，439-441（独354-356）。
49)　呉(2007) 8頁。
50)　呉(1995) 54頁。
51)　呉(1995) 54頁。

社会化を指すのか，社会的分業によって現れる生産の社会化を指すのかは明記されていないので，工場内分業による場合と社会的分業による場合との両方のケースを検討する。まず，工場内分業によって現れる生産の社会化であるとするならば，その生産の社会化の起源について，『反デューリング論』の記述を確認する。それは「〔資本主義的生産以前には労働手段は個々人の所有であり，それはちっぽけな，矮小な，制限されたものであった。〕これらの分散した，局限された生産手段を集積し拡大して，強力に作用する現代の生産の槓杆に変えること，これこそが，資本主義的生産様式とその担い手であるブルジョアジーとの歴史的役割であった。(中略)ブルジョアジーは，生産手段を個々人の〔所有する小さな〕生産手段から，人々の総体によってしか使用できない社会的な生産手段に変えないでは，これらの制限された〔個々人の小さな〕生産手段を強大な生産力に変えることはできなかった。(中略)そして，生産手段と同様に，生産そのものも，一連の個人的行為から一連の社会的行為に変わり，生産物も，個々人の生産物から社会的生産物に変わった[52]」と示されており，資本家は生産手段を集積・個々の労働力を結合労働力に変えて使う⇒工場内における分業に基づく協業が深化⇒生産物が社会的生産物になる，という生産の社会化が現れる姿を描いている。ここでは，出発点に生産手段の集積と労働力の結合がある。生産の社会化が生産手段の集積を引き起こしたのではない[53]。

さらに『資本論』では，「労働の社会的生産力を増大させるための方法は，すべて，同時にまた剰余価値または剰余生産物の生産を増加させる方法であり，(中略)剰余価値から資本への連続的な再転化は，生産過程にはいる資本の量が増大していくこととして現れる。この増大〔生産過程にはいる資本の量の増大〕はまた，生産規模の拡大の基礎となり，それにともなう労働の生産

---

52) 「反デューリング論」(『ME全集』第20巻)278頁(独250)。なお，当該部分は呉(1995)，54頁で引用されている。
53) 呉(1995)の『反デューリング論』の当該部分の引用は，本書のこの引用部分の内の資本主義的生産の出発点に該当する生産手段の集積・拡大に関する記述を除いた残りの部分を引用して，エンゲルスは「生産の社会化」は「生産手段の大型化」であると定義した，と述べている，53-54頁。

力の増大方法の基礎となり，剰余価値の加速的生産の基礎となる。こうして，ある程度の資本蓄積が独自な資本主義的生産様式の条件として現われる（中略）各個の資本は生産手段の大なり小なりの集積である」$^{54)}$と示されている。これは，剰余価値の生産が基礎となって，資本の量の増大，資本の蓄積，資本の集積が進み，工場内分業が拡大し，生産の社会化も進むことを表している。

また，資本の集中は，「〔資本の〕蓄積は，一方では生産手段と労働指揮との集積の増大として現われるが，他方では多数の個別資本の相互の反発として現われるのである。このような，多数の個別資本への社会的総資本の分裂，またはその諸部分の相互の反発にたいしては，この諸部分の吸引が反対に作用する。（中略）それは，すでに形成されている諸資本の集積であり，それらの個別的独立の解消であり，資本家による資本家からの収奪であり，少数のより大きな資本への多数のより小さい資本の転化である。（中略）これは，蓄積および集積とは区別される本来の集中である」$^{55)}$と示されており，資本の蓄積に起因して個々の独立した資本間での相互の競争・反発の結果として，反発の反対の吸引が起こり，小さな資本が大きな資本に吸収合併されていくのである。そして，資本の集中によって産業資本家の活動の規模が拡大し，「産業施設の規模の拡大は，（中略）個々ばらばらに習慣に従って営まれる生産過程を，社会的に結合され科学的に処理される生産過程にますます転化させて行くための，出発点になるのである」$^{56)}$。これは資本の集中によって，複数の資本が1つの資本になり，より大規模な生産過程に転化する過程である。これを分業，生産の社会化の視点で見てみると，社会的分業を形成している複数の資本が1つの工場内分業に転化して，生産の社会化が拡大する過程である。そして，このことは，生産または労働の社会化が進展すると同時に，生産手段の少数の資本家への集中が進展する。したがって，資本主義的生産様式の基本矛盾である社会的生産と資本主義的取得とのあいだの矛盾が，ますます深化する過程である。

このように，『資本論』によれば，資本の集積・集中が進めば，個別資本の

---

54)　『資本論』第1巻第2分冊，814-815頁（独653）。
55)　『資本論』第1巻第2分冊，816頁（独654）。
56)　『資本論』第1巻第2分冊，818頁（独656）。

大規模化が進み，その個別資本の中での工場内分業が拡大し，生産の社会化が発展する。つまり，資本の生産過程における集積・集中が生産の社会化を発展させているのである。マルクス，エンゲルスの理論を説明する呉（2007）の表現は，生産の社会化が原因となって資本の集積・集中が結果として結びついているような，因果関係を転倒させたかのような表現になっている。または呉（1995）の表現は，生産の社会化と生産単位の大型化とが同一の現象（生産の社会化＝生産単位の大型化），もしくは同時並行して発生して来たような，因果関係の有無が判り難いような表現になっている。以上のように，呉によるマルクス，エンゲルスの理論の解釈・説明は，本来のマルクス，エンゲルスの理論に十分に則っているとは言い難い。

次に，呉の表現している生産の社会化が社会的分業によって現れる生産の社会化を指している場合について検討する。上記の資本の集積・集中についての確認からも分かるように，社会的分業による生産の社会化からは剰余価値は生まれず，資本の量の増大も資本の蓄積もなく，資本の集積は進まない。社会的分業による生産の社会化と資本の集積や生産単位の大型化とは直接には関係しないので，呉のマルクス，エンゲルスの理論についての解釈，説明は誤っている。なお，もしも生産の社会化は社会的分業によってのみ現れると規定し，工場内分業に目をつぶってしまえば，呉自身の主張を正当化しようとするために引き合いに出したマルクス，エンゲルスの理論の誤った解釈となるであろう。

(4) **「生産の社会化と企業の大型化」について**　　呉（2007）は「生産の社会化と企業の大型化」という2つの概念について次のように述べている，「前者〔生産の社会化〕が指すのは，分業の深化にともなう生産間（原文ママ）の相互依頼と相互関係の強化であり，後者〔企業の大型化〕が指すのは，資本の集積と集中による生産単位の規模の拡張である。高度に分業化した生産者間の交換は，生産の縦方向の一体化，すなわち企業の大型化によっても実現できるし，相対的に小さな企業の間の市場交換によっても実現できる[57]」と述べている。ここでは，生産の社会化を分業の深化にともなう生産者間の相互依頼と

---

57)　呉（2007）9-10頁。
58)　当該「分業」は中国語原本によれば，呉（2004）『当代中国経済改革』10頁では「分業」

相互関係の強化と述べているので、ここでの生産の社会化は社会的分業による生産の社会化であり、工場内分業による生産の社会化は存在していない。また、生産の縦方向の一体化は工場内分業を指し、企業の間の市場交換は社会的分業を指すのであるから、高度に分業化した生産者間の交換は、工場内分業でも社会的分業でも実現できるとの主旨を呉は述べている。つまり両方でも可能であるが、片方だけでも可能であると呉は述べている。しかしながら、すでに確認している通り、工場内分業と社会的分業とは同一ではなく互換性も無い。高度に分業化した生産者間の交換は、工場内分業でも社会的分業でも実現できる、との呉の主張は成立しないのである。

そして、以上の検討結果と前述の(2)、(3)の検討結果とから分かるように、呉の主張する生産の社会化が社会的分業の進化によるとの論理であれば、生産の社会化は個別資本の相互の反発、その反作用としての吸引、には繋がるだろう。しかしながら、社会的分業は市場を基礎とするならば無計画的な分業であり資本主義の独自な分業ではないので、剰余価値の資本への転化、資本の蓄積・集積、には必ずしも繋がるものではない。まさに、生産の社会化は資本の集中に結びつかない。つまり、マルクス、エンゲルスは、資本の集積・集中の進化により生産の社会化が発展、個別の企業が大型化する姿とその論理を丁寧に詳しく示したが、これに対して、呉の論理によれば、産業革命後の社会的分業の進化による生産の社会化は、資本の集中に結びつかず、企業の大型化をもたらさない、という帰結になる。この帰結は、呉の主張である「資本の集中と企業の大型化を唯一の傾向と見なし、これをベースに社会全体が1つの『大工場』に変わると断定することは妥当ではない」に通じる。また、呉の主張する生産の社会化が社会的分業の進化によるものとの論理であれば、生産の社会化と資本主義の私的占有制度との間に衝突が起きず、社会主義が資本主義に取って代わることは無い。呉の「社会主義が資本主義に取って代わる」との主張は、自らの「生産の社会化は社会的分業の進化による」との主張によって否定されてしまう。以上のように、呉によるマルクス、エンゲルスの理論の解釈、

と表記されている。但し、呉（1999）『当代中国経済改革』13頁では「社会的分業」と記述されている。

批評ならびに呉の主張は，マルクス，エンゲルスの理論から外れている。呉の論理によれば，機械制大規模工場という工業化社会の普遍的特質を見逃してしまうことになろう。

(5) 「企業の大型化と小企業の優位性」について　呉（2007）は，20世紀後半の小さな企業と大きな企業とを比較をして，「小企業がいくつかの業種において自己の優位性を際立たせることとなった」，企業の大型化は唯一の傾向ではない，と述べており[59]，そのような状況を表す事例を提示している。しかしながら，小企業の優位性を示すそれらの事例を見てみると，十分に小企業の優位性を示しているとは断定できにくい面も存在しているように思われる。

呉は，「西側諸国で19世紀末から採られた反独占の措置によっても業界独占の発生可能性は非常に狭まり，経済全体の少数企業による独占についてはいうまでもない[60]」と企業の大型化が唯一の傾向ではない状況を述べている。これは言い換えれば，人為的な反独占の規制がなければ独占が進む，無計画的な市場経済では独占が進む，競争の存在する市場経済では，独占や寡占が，すなわち資本の集中による企業の大型化が進展するとの現実の事実を，呉が認めているのである。

たしかに現代のIT産業などのベンチャー企業を見れば，小さな企業が大きな存在感を示していることは事実である。企業の規模を，ある時点で，その大小を比較すれば，一般的には，歴史が古くその技術が成熟している産業では企業数は少なく企業規模は大きい，歴史が新しくその技術が発展中の産業では企業数が多く企業規模は小さい，という傾向は誰しもが認める状況である。このように，ある時点では，歴史の長い大企業と歴史の短い小企業が併存する。一方，これら企業の時間的または歴史的な推移を見てみれば，小企業が大企業に拡大して行くことが分かる。新しく生まれた産業は，最初に，その産業規模が急拡大する成長期には多くの企業が発生，参入し，その後，その産業も歴史を重ねて成熟期に入り，その産業の成長が緩慢になるにしたがい，企業間競争によって淘汰される企業が発生し，そこで生き残った企業は大企業に成長して行

---

59)　呉（2007）10頁。
60)　呉（2007）10頁。

く。このような傾向の存在も誰しもが否定できないだろう。

　このような産業または企業の歴史的な推移について，現在のハイテク産業の代表例である液晶ディスプレイ産業について見てみると，次の通りである。1973年にシャープが電卓の表示方式として液晶を世界で初めて応用・製品化した。その後，新規企業の参入，企業間の提携や合弁などの資本集中が進み，生き残りを掛けた競争が進行し，生き残っている企業の規模は既に大規模になっている。[61] これはハイテク産業の小さな芽が急速に大きな産業に成長している事実をよく表している。

　呉の主張は，時間の流れまたは歴史の流れを見ずに，ある時点を抜き出して，大型の企業だけではなく小さな企業が存在している，との説明になっているようである。呉の見方は，あたかも，企業の状況を観察する際には，損益計算書と貸借対照表の歴史的推移を見なければならないものを，ある時点の貸借対照表だけを見ているかのようである。そのような一面的な見方で，大型の企業と小さい企業の併存の状態を説明しているのである。呉の見解は，歴史的推移を見ないで，現時点の状況を見てたどり着いた結論であると言わざるを得ないだろう。

　なお，2000年代の中国においては，呉の主張通りではない企業の大型化の実態が見られる。それは，製造業企業の営業収入の動向を見ると営業収入の大きい上位企業は製造業全体の営業収入に占めるシェアを拡大し，下位企業を徐々に押しのけており，資本の集中が進展している。このような実態については本書第2章第3節「国有企業の実態」3.3「資本の集中・賃金の伸びと付加価値の伸び」にて示す通りである。

61）　液晶ディスプレイのトップ企業であるサムソン電子は1969年設立であるが，現在（2014年12月末）の総資産規模は23兆円，一方，鉄鋼のトップ企業である新日鉄住金のそれは（2015年3月末）7兆円である（出所：Web Site サムソン電子「2014 SAMSUNG ELECTRONICS ANNUAL REPORT」http://www.samsung.com/us/aboutsamsung/investor_relations/financial_information/downloads/2015/SECAR2014_Eng_Final.pdf，2015年9月3日参照。Web Site 新日鉄住金株式会社「2015年3月期決算短信」http://www.nssmc.com/ir/library/pdf/20150428_500.pdf，2015年9月3日参照）。

1.2 市場経済と計画経済との比較についての呉の見解の概要と検討

1.2.1 市場経済と計画経済との比較についての呉の見解の概要

　呉（2007）は，「近代経済学の高みから社会主義計画経済を再検討したとき，それ〔社会主義計画経済〕についての固有の弊害がよりはっきりと把握されるはずである[62]」と，計画経済を検討する基礎を述べ，「計画経済の実質は，社会全体を単一の大工場に組織することであり，中央計画機関が行政的手段によって資源を配分する。この配分方式の要点は。ワンセットのあらかじめ編成された計画により資源を配分することである[63]」と定義付けている。続いて，この資源配分方式が「有効に運営できるための陰の前提は，第1に，中央計画機関が全社会のすべての経済活動に対し，物的資源と人的資源の状況，技術の実行可能性，需要構造などを含むすべての情報をもつこと（完全情報を仮定），第2に，全社会の利益を一体化し，相互に分離した利益主体と異なる価値判断が存在しないこと（単一の利益主体を仮定）である[64]」と，2つの条件の必要性を提示し，「この2つの条件を備えていないと，集中計画制度は情報コストとインセンティブ・コストが高すぎるため，効率よく運営することが難しくなる。問題は，現実の経済生活においてこの2つの前提条件を備えることが難しいことにあり，したがって，この資源配分方式を採ると，意思決定とその実行時に，容易に克服できない困難に遭遇することになろう。[65]」と述べている。

　そして，計画経済と市場経済とにおける情報コスト，インセンティブ・コストについての比較検討を行ない，それらのコストは計画経済では高くなり，市場経済ではそれらのコストが引き下げられる。したがって，市場経済は効率のよい資源配分方式である，計画経済が選択される余地はない，との結論を提示している[66]。

62）　呉（2007）22頁。
63）　呉（2007）22頁。
64）　呉（2007）22‐23頁。
65）　呉（2007）23頁。
66）　呉（2007）23‐24頁。

呉は，この結論を引き出す為の検討は「取引費用の分析を通して」行なうと述べている。なお，この「取引費用」とは，ロナルド・H・コースの理論に拠っていると推定される。ロナルド・H・コース（1988）によると，「企業の拡張が進められるのは，（中略）追加的な取引を自らの企業内に組織化するための費用が，その同じ取引を公開市場で交換という手段で実行するための費用，もしくは他の企業のなかに組織化される際の費用と，等しくなるところまでである」，すなわち，現在よりもさらにもう一つ追加的な取引を自らの組織内に組織化するための費用は逓増するので，企業が大きくなるのにともない企業家の機能に関して収穫逓減する，つまり，「経営管理についての収穫逓減」が働くので，ある企業規模において，自らの企業内に組織化する費用が公開市場で交換取引を実行するための費用よりも大きくなる，と示されている。呉は，コースの企業の拡張と計画経済制度の大型化とは同様であり，計画経済制度の大型化のもとでの情報やインセンティブを得るコストよりも市場でそれらを得るコストの方が低くなると見なしている。

そして，呉は，情報コストについてハイエクの理論に拠って「分散して発生する無数の資源の相対的希少度に関する知識をタイムリーに把握できる全知全能の管理者はいないのであるから，それらはただ価格体系の仲介を通してのみ，効率よく全社会に伝達することができ，関係者に意思決定を行うのに必須となる情報を得させることができるのである」と述べ，計画経済の方式よりも

---

67) 呉（2007）23頁。
68) 呉は，この計画経済と市場経済との比較検討の部分では，取引費用についての説明はしていないが，呉（2007）120頁で企業についての記述でロナルド・H・コースの取引費用を引用しており，呉（2007）23頁の取引費用はロナルド・H・コースの理論であると推定される。
69) Ronald Harry Coase（1988）*The Firm, The Market, and The Law*, The University of Chicago Press, Chicago and London.（宮沢健一・後藤晃・藤垣芳文訳『企業・市場・法』東洋経済新報社，1992年）取引費用は当該書の第2章「企業の本質」に含まれる。
70) コース（1988）48-50頁（頁は邦訳版）。
71) 呉（2007）23頁。このハイエクの見解は呉（2007）23頁の注36）によればFriedrich von Hayek（1945）"Use of Knowledge in Society", *The American Economic Review*, Vol. 35, No.4.（嘉治元郎・嘉治佐代訳『ハイエク全集』第3巻，「社会における知識の利用」春秋社，1990年，107-125頁）による。なお，呉（2007）23頁の注36）には，邦訳版の頁は記載が

価格体系の仲介による方式の方が優れていることを主張している。なお，このハイエクの理論について確認すると次の通りである。ハイエクは価格機構について，「価格機構についての最も重要な事実は，この機構が機能するのに要する知識が節約されていること，すなわち個々の市場の参加者たちが正しい行為をすることができるために知っている必要のあることがいかに少なくてすむかということである。簡単に述べれば，一種のシンボルによって，最も本質的な情報のみが，そしてそれに関係のある人々だけに伝達されるのである。(中略)価格機構は，変化を記録するための一種の機械にたとえられ，また個々の生産者たちを，価格の動きに反映されるものとしてしか知り得ない変化に対してその活動を調整するために，ちょうど技術者が幾つかのダイアルの針を見守るように，幾つかの指針の動きだけを見守っていればすむようにする電気通信の組織にたとえられるのである。(中略)ある１つの原材料が不足するといったような場合に，命令が発せられるわけでもなく，(中略)何千何万の人々が，その原材料もしくはその原材料から作られた製品を今までよりも節約して用いるようになるのは誠に驚くべきことである。要するに人々は正しい方向に動くのである[72]」，「〔価格機構を通して〕分業のみならず，同じように分割された知識に基礎を置く資源の整合的な利用もまた可能になった[73]」と述べている。以上の呉，ハイエクの説明によると，市場経済では，(1)価格情報は，商品の希少度合いの変化を表す，(2)経済活動に必要な情報の量については，個々の生産者にとっては価格情報だけで活動できる，との主旨が述べられている。

このように，コースとハイエクとの理論によって呉は計画経済のコストが高いと主張し，市場経済については，「市場競争により形成された各資源の相対価格は（中略）各資源の全社会の無数のその他資源に対する相対的な希少度の情報を載せており，社会の個々の成員は商品の相対価格を通してカギとなる情

　　ない。なお，呉は「価格体系の仲介」と記述しているが，『ハイエク全集』では「価格機構」と記述されている。なお，『ハイエク全集』第３巻，は Friedrich von Hayek (1949) *Individualism and Economic Order*, Routledge & Kegan Paul, London. に収められた12の論文の全訳。
72)　『ハイエク全集』第３巻，119-120頁。
73)　『ハイエク全集』第３巻，122頁。

報を取得して正確な意思決定を行えるため，情報コストを大幅に引き下げることができる[74]」と主張している。インセンティブ・コストについても，「市場活動の各参加者は競争による制約を受け，また所有権による制約も受けるため，監督コストを大幅に引き下げることができる[75]」，市場経済は取引費用を節約でき，効率の良い資源配分方式であるとの結論に至っている。

以上の呉の見解のなかの，価格情報に関わる「商品の希少度合い」と「必要な情報量」，並びに「インセンティブ・コスト」について，次の呉の見解の検討で取り上げる。

1.2.2 市場経済と計画経済との比較についての呉の見解の検討

(1)「商品の希少度合い」について　商品の希少度合いの変化とは，市場における競争のもとでの需要と供給の相関関係における希少度合いの変化であり，例えば，或る商品が或る時点で他の商品に比べて入手が困難であるとか，或る商品が現在のところ以前に比べて入手が困難になったとか[76]，つまり，或る商品の希少度合いが強まれば，すなわち需要が高まるか供給が減れば，その価格は高くなり，逆に希少度合いが弱まれば，すなわち供給が高まるか需要が減れば，その価格は低下するのである。価格情報，すなわち価格の変動はこの希少度合いの変化なのか，それとも希少度合い以外の変化をも表すのかについて，『資本論』を参照しつつ確認をすると，それは次の通りである。

価格の変動について，『資本論』では，まず，「価格は，商品に対象化されている労働の貨幣名である。（中略）商品の価値量は，社会的労働時間にたいする或る必然的な，その商品の形成過程に内在する関係を表わしているのである。価値量が価格に転化されるとともに，この必然的な関係は，1商品とその外にある貨幣商品との交換割合として現われる[77]」と，価格は価値量を表し，価値量は社会的労働時間の量であり，すなわち，価格の根本は労働の量である

---

74) 呉（2007）24頁。
75) 呉（2007）24頁。
76) 当該例は，『ハイエク全集』第3巻，116頁参照。
77) 当該部分は『資本論』第1巻第1篇「商品と貨幣」第3章「貨幣または商品流通」第1節「価値の尺度」の記述，『資本論』第1巻，第1分冊，135頁（独116-117）。

という，価格の基本を示している。次に価格の変化が起きる要因について確認する。

①最初に，価格が価値から乖離する場合，すなわち，需要・供給関係などにより価格が価値よりも高くまたは低く変化する場合である。このケースは，呉やハイエクの主張する希少度合いによる価格変化のケースである。それは，上記の価格の基本についての叙述に続いて，「この割合〔1商品とその外にある貨幣商品との交換割合〕では，商品の価値量が表現されるとともに，また，与えられた事情のもとでその商品が手放される場合の価値量以上または以下も表現されうる。だから，価格と価値量との量的な不一致の可能性，または価値量からの価格の偏差の可能性は，価格形態そのもののうちにあるのである。このことは，けっしてこの形態の欠陥ではなく，むしろ逆に，この形態を1つの生産様式の，すなわちそこでは原則がただ無原則性の盲目的に作用する平均法則としてのみ貫かれるような生産様式の，適当な形態にするのである」[78]と指摘し，さらに，『資本論』では需要・供給関係について，「商品量がそれにたいする需要よりも小さいかまたは大きいならば，その場合には市場価値からの市場価格の偏差が現われる」[79]と示され，続いて，商品量（供給）が少なくなったり多くなったりする場合，および逆に供給は変わらないが需要が減ったり増えたりする場合，さらに供給と需要との両方の側に変化が起きる場合，そこに起きる要因と結果（すなわち，過剰生産か過少生産）についての詳しい指摘がなされている[80]。このように，商品の価格は価値の相対的表現の法則があてはまるが，価値から乖離することがあり，それは需要・供給関係などにより価格が価値よりも高くまたは低く変化するようなケースである。そして，このような現象は価格形態の欠陥ではなく，資本主義的生産様式のもとでは，価格形態によって種々の生産部門へ生産手段や労働が適切に配分されるということであり，価格形態の市場適合性が現れたものである，と示されている。

---

78) 『資本論』第1巻，第1分冊，135-136頁（独117）。
79) 『資本論』第3巻第2篇「利潤の平均利潤への転化」第10章「競争による一般的利潤率の平均化　市場価格と市場価値　超過利潤」の記述，『資本論』第3巻，第1分冊，233頁（独195）。
80) 『資本論』第3巻，第1分冊，234頁（独195）。

第1章　中国の社会主義市場経済についての諸見解の検討　45

　しかしながら，商品の価格は需要・供給関係の変化以外の諸要因によっても変化する。

　②それは，まず，貨幣価値の変化や商品価値の変化により価格が変化する場合である。『資本論』では，「商品価格の運動に関しては，一般に，以前に展開された単純な相対的価値表現の諸法則があてはまる[81]」と[82]，すなわち，商品の価格の変動は貨幣価値の変化や商品価値の変化によって生じると，指摘している。例えば，「商品価格が一般的に上がるのは，貨幣価値が変わらなければ，商品価値が上がる場合だけであり，商品価値が変わらなければ，貨幣価値が下がる場合だけである」[83]等々。すなわち，商品の生産力の上昇・低下により生産コスト（ここでは，生産コストは費用価格である）が低下・上昇すれば，貨幣価値が一定であれば，その商品価格は低く・高く変化するし，商品価値が一定であれば，貨幣の生産力の上昇・低下により生産コスト（ここでは，生産コストは費用価格である）が低下・上昇すれば，その商品価格は高く・低く変化する。

　③また，紙幣の発行の量が，紙幣によって象徴的に表される金（または銀）が現実に流通しなければならないであろう量に制限されるべきであるにもかかわらず，その量を超えて流通に投入されることにより価格が変化する場合である。『資本論』では，「〔紙幣の量が2倍になり〕1ポンド・スターリングは，たとえば1/4オンスの金の代わりに1/8オンスの金の貨幣名となる。結果は，ちょうど価格の尺度としての金の機能が変えられたようなものである。したがって，以前は1ポンドという価格で表わされていたのと同じ価値が，いまでは2ポンドという価格でも表わされることになるのである」[84]と，すなわち，商品

---

81)　『資本論』第1篇第1章「商品」第3節「価値形態または交換価値」A「単純な，個別的な，または偶然的な価値形態」2「相対的価値形態」b「相対的価値形態の量的規定性」にて，商品生産に必要な労働時間が，生産力の変動につれて変動する場合，この変動が価値量の相対的表現に影響を及ぼす。商品Aと商品Bとの間での価値量の表現の4パターンが説明されている。『資本論』第1巻，第1分冊，72-74頁（独67-69）。

82)　『資本論』第1巻第1篇第3章「貨幣または商品流通」第1節「価値の尺度」の記述，『資本論』第1巻，第1分冊，131-132頁（独114）。

83)　『資本論』第1巻，第1分冊，131頁（独114）。

84)　『資本論』第1巻第1篇第3章「貨幣または商品流通」第2節「流通手段」c「鋳貨価値章標」の記述，『資本論』第1巻，第1分冊，167頁（独142）。

の量が変化せず紙幣の量が増大すれば,商品価格は高く変化する,と指摘している。

以上のように,価格の変化は,①の希少度合いの変化の外にも②,③の変化がある。なお,貨幣の量の変化,貨幣の流通速度の変化は,商品間の相対価格の変化はもたらさない。

そして,価格の変化が,上記②の個々の商品の生産力の変化によって,それ以前の価格から変化し,且つ,他の商品との相対価格も変化するという場合は,個々の生産者にはどのような影響を及ぼすのか。それは,個々の生産者は,希少度合いの変化以外の要因により価格が変化した場合であるにも拘らず,その変化を希少度合いの変化であると誤った判断をしてしまう。その結果,個々の生産者は誤ったことに気付かずに,ハイエクの言う「人々は正しい方向に動く」,呉の言う「社会の個々の成員は正確な意思決定を行える」という行動を行なうだろう。そして,後になって個々の生産者または成員は,それらの行動が正しい方向でも適切な意思決定でもなかったということを,大きいまたは小さい犠牲すなわち代償コストを伴って知ることになるだろう。価格情報は,商品の希少度合いの変化を表すもの,ということでは不十分なのである[85]。

さらに,需給関係の変化が商品価格に反映されるが,その需要そのものが架空の需要である場合について,『資本論』で指摘されている。それは,商人資本は,①生産的資本のためにW–Gを短縮し,②近代的信用制度のもとで「すでに買ったものを最終的に売ってしまわないうちに,自分の買い入れを繰り返すことができる[86]」,すなわち,商人資本は最終消費者の需要よりも大きな架空

---

85) 呉(2007)23頁で,「〔計画経済制度が採られた状況下では〕情報の変形が避けられない」と述べられているが,個々の生産者にとって価格情報は商品の希少度合いの変化を表すものと信じていたら,それ以外の変化をも表していたことを後になって気が付くという事態は,まるで情報の変形が起きていたようなものであろう。

86) 『資本論』第3巻第4篇「商品資本および貨幣資本の商品取引資本および貨幣取引資本への転化(商人資本)」第18章「商人資本の回転 価格」の記述,『資本論』第3巻,第1分冊,380頁(独316)。この架空需要の創出については,『資本論』第2巻第1篇「資本の諸変態とその循環」第2章「生産資本の循環」第1節「単純再生産」で「W'が,たとえば糸を買った商人の手で,さらに流通を続けるとしても,そのことは,この糸を生産して商人に売った個別資本の循環の継続には,直接には何の関係もない。全過程がそのまま歩み続けて行き,またそれとともに,それを条件とする資本家や労働者の個人消費も続いて行

需要を創出する場合がある。したがって，最終消費者の需要ではない，架空需要にもとづいて価格情報が創られるのであるから，その価格情報は本当の商品の希少度合いの変化を表していない。そのような場合に，個々の生産者は架空需要にもとづく価格情報の変化を本当の最終消費者の需要に基づく商品の希少度合いの変化であると誤って判断してしまう場合が発生する。[87]

　(2)「必要な情報量」について　　個々の生産者は経済活動をするにあたって，価格情報だけで活動できるのか，価格情報だけでは不十分なのかを，確認する。個々の生産者，すなわち企業（または企業の所有者・経営者）にとっては，企業の意思決定において最重要な視点が利益であることは言うまでもない。企業は資源の最適配分のために活動しているのではなく，利益獲得のために活動している，資本家はより高い利潤率を求めて活動している。その利潤率（$p'=m/(c+v)$）の算出式に限れば，企業は，価格情報だけを必要としている。呉やハイエクの，どちらの経済体制が効率的かという論議は，利潤率上昇を求める体制ならば，価格情報以外の情報を必要とせずにコストが低い。つまり，市場経済が（それは資本主義の市場経済であろう）より効率的である，ということに通じるだろう。一方，計画経済は，それが社会主義計画経済であれば，利潤率の上昇のみを求めているのではなく，事業目標の達成のためには価格情報のみではこと足りないのである。

　資本家間または企業間が激しい競争を行なっている資本主義の市場経済の下での経済活動に必要な情報量について見てみると，企業は企業外・企業内の各種の情報を，それもいち早くより多く集めて意思決定をしている。その情報によって資本家間または企業間競争での勝敗が決する場合が多々ある。また各種の情報が売買されてもいる。各企業が支払う情報に関わるコストは膨大である。そのような事例を，次に見てみる。

　例えば，古くは，ネイサン・ロスチャイルドが1815年のワーテルローの戦いの際に，英国・ウェリントン将軍勝利の事実をウェリントン将軍からの報告が

　　く。この点は，恐慌を考察する場合に重要である」と示されている。『資本論』第2巻，93頁（独80）。
87)　後述の(2)「『必要な情報量』について」で記す「KOMTRAX」の事例は，架空需要を廃して最終消費者の需要を把握する事例でもある。

ロンドンに伝えられる前に知ることによって，ロンドン証券取引所での公債売買で莫大な利益を得ている。これは，英国勝利の報が公に伝わる前に値下がりした公債を買い集め，英国勝利が公になり値上がりした公債を売却して莫大な利益を得ることができた，と伝えられている[88]。

　最近の事例では，株式会社小松製作所（以下，コマツ）は「KOMTRAX」というGPS・各種センサーや衛星通信回線などによる建設機械の遠隔管理システムを，競合他社に先駆けて開発実用化し，このシステムにより，顧客が使用しているコマツ製建設機械の稼働情報を瞬時に全世界レベルで把握している例がある。コマツは中国で当該システムにより2004年春に他社よりも早く，当時の経済引き締めの顧客に対する影響を察知した。その結果，他社よりも早く生産を止めて販売在庫量を素早く減らし，経済引き締めによるマイナスの影響を他社よりも非常に少ないものにした。逆に，同じ中国で，2004年経済引き締め以降は，景気回復，拡大が続いたが，それに対する懐疑的な見方が他社には多かった。しかし，KOMTRAXによる情報収集の結果，需要の堅調さを把握し，他社とは一線を画して生産を拡大し，他社が追随出来ない早さで需要増大に即応した。これらの事例は，コマツが市場における需要の減少・増加（または希少度合い）の動きを価格情報から知るのではなく，その動きが価格情報に現れる以前に，最終消費者である顧客の現場から直接に，KOMTRAXにて入手していた例である。その結果，他社よりも早く，生産の増減に関する正しい意思決定を行ない，競合他社との競争に勝ち抜くことができた[89]。

　ロスチャイルドもコマツも価格情報を通じて意思決定するのではなく，発生している事象が価格に反映される以前にその事象の情報を得て意思決定をしている。そのために，情報収集について莫大な費用を費やしている。

　また企業内においては，各企業とも，例えば，社内仕掛品・在庫の量とその期間を削減するために20世紀後半よりコンピューター技術を使って社内情報収集と処理を行なってきた。そのために多大なコストを費やしてきている。さらに現在は，例えば，個別企業内に留まらずその川上・川下にあたる原料仕入先

---

88) 広瀬隆（1991）『赤い楯：ロスチャイルドの謎（上）』集英社，39-40頁。
89) 坂根正弘（2011）『ダントツ経営』日本経済新聞出版社，49-55頁。

や製品販売先の小売販売店までを含めたSCM（サプライ・チェーン・マネジメント）によって在庫を徹底的に削減して効率化を図っている。そして，このようなシステムを可能にする ICT（Information and Communication Technology）のコストも技術の発達とともに拡大し続けている。企業の情報に関わるコストは膨大に拡大し続けている[90]。

　このように，企業の意思決定においては，実践の現場においては，企業の外の価格情報だけではとうてい十分とはいえない事実が明白になっている。企業は企業内外の各種の情報を，それも企業外の価格情報よりもいち早くより多く事前に集めて意思決定をしている。その情報によって企業間競争での勝敗が決する場合が多々あるのである。

　以上の通り，呉やハイエクの価格という情報についての論理は，価格は資源に対する相対的な希少度を反映させており，その価格情報を通して社会の個々の成員は正確な意思決定を行なえる，と述べているが，価格には希少度以外の重要な情報も含まれているので，そのような認識の論理は市場経済において不十分で舌足らずな論理である。また，必要な情報の量についても，個々の企業内での情報に関わるコスト[91]を除外した上で，社会全体の情報コストを論じており，不十分な論と言わざるを得ない。このような認識から，市場経済が計画経済より効率的である，計画経済というものは選択されない，と結論付けるのは，説得力に欠けると言うほかない（後述する図1－1参照）。

　(3)「インセンティブ・コスト」について　　単一の利益主体についてのインセンティブ・コストに関わる若干の検討結果を記す。呉（2007）は市場経済の場合は，「市場活動の各参加者は競争による制約を受け，また所有権による制約を受けるため，監督のコストを大幅に引き下げることができる。したがって，後者〔市場経済の場合〕は取引費用を節約でき，それゆえ効率のよい資源配分方式である[92]」と述べている。すなわち，市場経済では，(1)競争による制

90）　森田道也（2004）『サプライチェーンの原理と経営』新世社，162－176頁，参照。
91）　個々の企業の情報量と情報処理能力についての実情やそのコストについては，いずれの企業も明らかにしない。個々の企業が競合している市場経済の下では，情報量と情報処理能力は，企業の命運を決める非常に重要な企業秘密である。
92）　呉（2007）24頁。

約，(2)所有権による制約，があるので計画経済または社会主義よりも資源配分の効率がよい，と主張している。

競争による制約とは，他社との競争に勝たねばならないとのインセンティブ（または誘因）があると言い換えられる。すなわち企業には，利益を最大限に確保するという最も基本の企業目標の条件または制約があり，利益を最大限に確保するためには生産コスト（または費用価格）を最小にして剰余価値（または利益額）を最大にせねばならない，という条件または制約があるので，企業は，このような条件または制約の下で，他社よりも生産コストを小さくし利益を大きくして，競争に勝たねばならない。インセンティブという用語を用いるならば，競争による制約とは，他社との競争の下で利益を大きくするというインセンティブ（または誘因）が存在することを意味する。

このように複数の企業が独立して競争をしている状態では，市場に存在する各企業を，企業外から計画的に監督する者は存在せず，したがって，呉の説明での指摘の通り，社会全体に関わる監督のコストは存在しない，または大幅に引き下げることができる。市場経済は計画経済の対極に存在するのであるから，言い換えれば市場経済は無計画経済であり，無計画なところに監督のコストが存在しないことは自明である。しかしながら，個々の企業の中は，外部からの強制や監督は必要とせずに，自ら効率的に生産を遂行するために完全に計画的に監督されている。その監督のコストは決して小さいなどと言えるものではない。企業の中では，生産設備が大規模になるにしたがって，生産性が向上するにつれて，生産に直接的に関わる人間が少なくなる。その傾向に伴って，生産に直接的に係る費用（いわゆる直接部門の費用。なお設備や原材料のコストは含まない）よりも管理監督に関わる費用（いわゆる間接部門の費用）が相対的に大きくなることは，一般的な傾向である。すなわち社会としての監督コストはかからないが，市場活動の各参加者の内部の監督コストは大きいのである。

所有権による制約とは，所有権をもつ者が，その所有する財産を維持管理拡大しなければならないとのインセンティブ（または誘因）があると言い換えられる。すなわち市場活動の各参加者は自己の利益追求をして自己の所有する企業という財産を大きくする，そのために企業を維持管理拡大する，という最も基本の使命または条件，制約がある。インセンティブという用語を用いるなら

ば，所有権をもつ者には，その所有する財産を維持管理拡大するというインセンティブ（または誘因）が存在することを意味する。

このように複数の企業が独立して競争している状態では，社会に存在する各所有者の財産の全てを統一的にまとめて維持管理拡大する者は存在しない。したがって呉の説明の通り，社会全体に関わる監督のコストは存在しない，または大幅に引き下げることができる。しかしながら，個々の企業については，財産を維持管理拡大する者は，その所有者すなわち所有権を保有する者であって，他の何人でもない。所有権保有者は自己の私的利益追求のためであるから，外部からの強制や監督は必要とせずに，自ら財産の維持管理拡大をする。例えば信託銀行のような外部の財産管理者に財産の維持管理拡大を委託すれば，委託に見合ったコストは支払わなければならない。コスト無しで他人の財産の維持管理拡大する者はいない。企業という財産を維持管理拡大するためのコストは，先の競争による制約の企業の中の管理監督コストが大きいということと同様である。さらに，企業の所有者または株主が，所有者ではない経営者にその企業の維持管理拡大を委任すれば，経営者に対する報酬が必要である。近年は赤字経営であっても，その経営者に異常なまでの高額の報酬を支払っていることは，種々の報道に見られる周知の事実である。すなわち社会としての財産を維持管理拡大する監督コストはないが，市場活動の参加者の財産の管理監督コストは大きいのである。

以上のように，資本主義の市場経済の下では，競争と所有権とによる制約により，社会全体の企業に関わる監督コストは存在しない，または大幅に引き下げられる。しかし，各企業内では莫大な監督コストが存在している。呉の論理は，資本主義の市場経済の下での各企業内の監督コストを除外しての社会全体での監督コストと，社会主義の計画経済の下での社会全体の監督コストとを比較することから導き出されている。比較条件の不十分な下での比較にもとづく主張と言わざるをえない。このような論理からでは，取引コスト・パフォーマンスに関して市場経済が計画経済より効率的である，と結論付けるには至らない（図1-1参照）。

図1-1 計画経済と市場経済との情報・インセンティブの状態

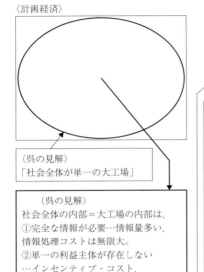

出所）筆者作成。

1.3 呉の見解についてのまとめ

呉の生産の社会化に関わる見解は，生産単位の大型化と公有制との関係について，そして特に重要な生産の社会化と分業，資本の集積・集中，個別資本の大規模化との関係について，生産の社会化が現れる原因を正しく認識していない，または資本主義的生産様式との関連が適切に認識されていないようである。また現時点での大企業と小企業を比較するのみで，企業発展の歴史を見ずに，小企業の優位性の過大評価を導いている。その結果，資本の法則に反して資本の集積・集

中すなわち企業の大型化が唯一ではない，企業の内部での分業の発展による生産の拡大は，企業外における生産者間の分業の発展による生産物の交換によって代替できる，という現実離れしたユートピア的見解に行き着いている。

こうした把握を基に，呉が出している「資本の集中と企業の大型化を唯一の傾向と見なし，これをベースに社会全体が1つの『大工場』に変わると断定することは妥当ではない。次に，公有制の条件下で社会全体が1つの『自由人の連合体』になることについては，歴史経験から見て現実的可能性はない[93]」という結論は適切でない。

計画経済と市場経済とを比較して計画経済は選択不可能であるとの呉の見解は，その根拠に挙げられた第1の完全情報の存否という点については，市場経済での価格情報というものを需要と供給からのみ限定して一面的に理解しており，適切さを欠くことが明らかになった。また市場経済での情報コストについては，個々の企業内での情報に関わるコストを除外した上で，社会全体の情報コストだけを論じているものでしかない。したがって，市場経済での適切でない質・量にわたる情報と適切でない量の情報に基づく情報コストと計画経済での情報コストとの比較であり，適切な比較ではない。第2の単一の利益主体という点については，市場経済の下での各企業内の監督コストを除外しての社会全体での監督コストと，計画経済の下での社会全体の監督コストとの比較である。したがって，市場経済での適切でない量の監督コストと計画経済での監督コストとの比較であり，適切な比較ではない。完全情報，単一の利益主体の双方とも市場経済での個別の企業の内部に目を覆っての比較からは，「計画経済と市場経済との間でいかに取捨選択するかは，実際には選択の余地はない[94]」，つまり計画経済は選択不可能である，と結論を引き出すことはできない。

以上の通りの検討の結果，呉の主張通りに公有制が出現する，社会全体が1つの大工場に変わることはない，市場経済のみが実現する，とは断定できなく，さらに，呉の主張によれば，社会主義が資本主義に取って代わるという必然性についての見通しも保持できなくなる，と言わざるを得ない。

---

93) 呉（2007）10頁。
94) 呉（2007）24頁。

第 2 節　社会主義市場経済についての中兼和津次の見解

　中兼（2010）は，体制移行の概念について，経済体制を構成する主要な制度である資源配分制度と所有制度との2つの制度が，現実に，資源配分制度は計画制度から市場制度に，所有制度は公有制から私有制に移行してきた，と見る。すなわち，経済体制は社会主義体制から資本主義体制に移行してきた。次に政治体制は民主制と独裁制との2種類の制度があり，この政治体制と経済体制との組み合わせとしての政治経済体制は，①国家社会主義体制（「社会主義経済と権威主義的政治」，「公有制，計画メカニズム，共産党という独裁政党による支配」），②先進資本主義体制（自由民主主義体制）（「資本主義経済と民主主義的政治」，「私有制，市場制度，民主制」），③開発独裁体制（「資本主義経済と権威主義的政治」，「私有制，市場制度，独裁制」），④理想的社会主義体制（民主市場社会主義体制）（「社会主義経済と民主主義的政治」，「公有制，市場制度，民主制」）との4種となる。その①の政治経済体制からの移行は，①→②，①→③があるが，①→④の移行については④が現実に出現していない，と述べている[95]。そして，経済体制の移行に関して「社会主義体制から資本主義体制への移行は標準的だ」[96]と述べており，その移行の理論的根拠が中兼（2010）第3章「体制移行の理論的根拠」[97]で示されている。本節では中兼の言うところの経済体制の移行，つまり経済体制としての社会主義体制から資本主義体制への移行についての見解を，なかでも計画制度から市場制度へ，公有制度から私有制度への移行の根拠を中心にして検討する。

2.1　社会主義経済から資本主義経済への移行についての中兼の見解の概要と検討

2.1.1　社会主義経済から資本主義経済への移行についての中兼の見解の概要

　中兼は経済体制としての社会主義体制から資本主義体制への移行は現実であ

---

95)　中兼（2010）6-9頁。
96)　中兼（2010）18頁。
97)　中兼（2010）65-107頁。

第1章　中国の社会主義市場経済についての諸見解の検討

ったが，それだけに留まらず，社会主義体制には移行が不可避になる基本的欠陥が内在していると述べている[98]。中兼（2010）は，その基本的欠陥を説明するにあたり体制の持続可能性，または逆に持続不可能性を示している。その持続可能な経済体制とは，次の3つの条件を満たさなければならない[99]，と述べている。

① 「情報量と情報処理能力の対応」のバランスがとれている…情報量の増大に応じた情報処理能力が必要である。経済全体の情報処理制度は，市場か計画しかない。

② 「情報の対称性と刺激ないしは刺激（誘因）両立性（incentive compatibility）[100]」…例えば，企業内の企業長と労働者間での垂直的な情報は非対称であってはならない，企業長と労働者間に刺激（incentive）が両立していなければならない。

③ 「体制自体が不断に発展していくダイナミズム」…体制を構成しているアクターが自ら将来のことを自律的に判断出来る，そうした行動を刺激するシステムがそなわっていなければならない。多くの人々を長期に安定的に突き動かす動機付けの方法は，社会的関係の維持や自己利益の保持だと思われる。

以上が3つの条件である。

続いて以上の3つの条件と表裏一体の関係になるが，社会主義経済モデルの非持続性として次の4つの理由があげられている[101]。

① 「資本主義市場経済モデルは巨大な情報処理メカニズムである市場を核に据え，補助的に計画メカニズムを用いる，その結果，政府が処理する情報量は社会主義経済モデルよりもはるかに少ない」，計画経済モデルでは情報量が資本主義市場経済モデルよりも増大し，計画当局が情報を処理しきれない。

---

98) 中兼（1999）205頁，中兼（2010）75頁。
99) 中兼（2010）第3章「体制移行の理論的根拠」第3節「体制の持続可能性」で述べられている，76-80頁。
100) 中兼は刺激，誘因という用語に英訳を付しており，それは，「刺激（誘因）両立性（incentive compatibility）」……中兼（2010）77頁，「誘因または刺激非両立性（incentive incompatibility）」……中兼（1999）206頁であり，複数の刺激・誘因が矛盾なく存在する状態を表す「刺激（誘因）両立性」は，本章第1節で示した呉敬璉の主張する「単一の利益主体」と共通性がある。
101) 中兼（2010）80-81頁。

②　「資本主義市場経済モデルでは，全てのアクターに自律的決定権が与えられている」，経済体制を動かす主たるアクターである企業と消費者とは一部が他と切り離されても存続できる，社会主義，とくに集権的計画経済モデルでは中央制御部分を壊すと経済全体が大混乱に陥る。

③　「資本主義市場経済モデルの方が〔社会主義経済モデルよりも〕制度間の整合性が比較的よくとれている」。この制度間の整合性は，経済体制について「資本主義体制では私有制と市場との組み合わせが，国家社会主義体制では公有制と計画の組合せが，それぞれ『親和的』な構造を作っていると考えられる。市場と私有制がより親和的であることは，歴史的にも理論的にも確かめられる」[102]，と述べられている，また「公有制と市場は整合的」かについては，市場は所有権の自由な移転により成り立っているが，公有制は所有権の自由な移転が困難であり，公有制と市場は整合性が無い[103]，と述べられている。

④　「資本主義市場経済モデルでは競争メカニズムが働き，企業と人々（家計）は時には競争相手を叩きのめそうとするすさまじいダイナミズムを持つ」，「社会主義計画経済モデルでは官僚的統制が効き」，下位はいつも上をみて行動する，行動が外向きではなく内向きである，社会主義体制は「自律的ダイナミズム」に欠ける。

以上が4つの理由である。

また，中兼（1999）は計画経済の致命的な欠陥として次の3点を提示している[104]。

①　「情報処理能力の不足，あるいは情報量と情報処理能力のアンバランス」…計画体制が採用されない理由は，消費者の意思を無視する，現実に必要とされる膨大な数の財やサービスを国家が計画することは不可能だからである。

②　「誘因または刺激非両立性（incentive incompatibility）」…中央の計画当局と企業，企業のトップと労働者といった，異なる人間や組織の間の誘因が一致せず，嘘や偽善が蔓延する。

---

[102] 中兼（2010）86-87頁。
[103] 中兼（1999）208頁。
[104] 中兼（1999）第6章「市場体制への移行—比較体制論的考察」第2節「社会主義市場経済と市場社会主義」で提示されている，205-207頁。

③　「能動的精神と欲望の創出の失敗」…社会や経済をダイナミックに発展させる精神あるいは欲望と，その精神を生みだす制度的装置がない。社会主義計画体制は結果平等主義の精神であり，人々を内向きにする。
　以上が3つの欠陥である。[105]
　以上の中兼の提示する持続可能な経済体制の3条件，社会主義経済モデルの非持続性の4つの理由，計画経済の致命的な3つの欠陥を纏めてみると，社会主義計画経済の非持続性は次のようなものに纏められるだろう。
　①　「情報量と情報処理能力」については，社会主義計画経済モデルでは情報量が増大し情報処理能力が不足する。
　②　「誘因または刺激」については，社会主義計画経済モデルでは，その各組織・成員の間の誘因・刺激（インセンティブ）が一致しない。
　③　「ダイナミズム」については，社会主義計画経済モデルでは自律的決定権，自律的ダイナミズムに欠ける。
　以上の3点は，先に示した3条件，4つの理由，致命的な3つの欠陥に共通な事項である。さらに，
　④　「制度間の整合性」については，資本主義市場経済モデルの方が社会主義計画経済モデルよりも制度間の整合性が比較的よくとれている。
　以上の4点に纏められる。
　そして，以上の4点は，前述（第1節「社会主義市場経済についての呉敬璉の見解」）で確認した呉の市場経済と計画経済との比較において呉が提示している計画経済における資源配分が成り立つための2つ条件，「完全情報」と「単一の利益主体」とが必要（単一の利益主体については，市場経済では利益による制約，所有権による制約が存在する）とに相通ずる。
　以上の根拠により，計画経済は非持続的であり，公有制は計画経済と親和性

105）中兼（2009）「今日の時点から見たブルスとコルナイ：偉大なる社会主義経済研究者の理論に対する批判的検討」『比較経済研究』第46巻第2号，2009年6月，Web Site (http://www.jstage.jst.go.jp/article/jjce/46/2/2_25/_pdf/-char/ja/) 20011年4月18日参照，26頁にて，（国家）社会主義をイ）公有制，ロ）計画（ないしは非市場），ハ）独裁制，の3つの構成要素からなるものと定義すると，その欠陥は3点ある，と記しているが，それらも，当該3つの欠陥（中兼〔1999〕205-207頁）と同様の内容である。

があるが，その計画経済が成り立たずに，または公有制は市場との整合性が無く，非持続的である，したがって，経済体制としての社会主義体制から資本主義体制への移行は不可避と帰結されている。以上の中兼の見解のなかの，「情報量と情報処理能力」，「誘因または刺激」と「自律的ダイナミズム」，「制度間の整合性」について，次の中兼の見解の検討で取り上げる。

2.1.2 社会主義経済から資本主義経済への移行についての中兼の見解の検討

(1) 「情報量と情報処理能力」について　　中兼の論理は，「資本主義市場経済モデルは巨大な情報処理メカニズムである市場を核に据え，補助的に計画メカニズムを用いる。その結果，政府が処理する情報量は社会主義経済モデルよりもはるかに少ない。計画経済モデルでは，計画当局は全ての企業と地域（場合によっては消費者）に対して指令を下すわけであるから，その分情報量が増大する。（中略）新しい欲求といった未知の情報を処理できないし，嘘の情報が流れたとき，たちまちの内にシステム全体はダウンしてしまう[106]」と，つまり，計画経済は市場経済に比較して情報量が多くなりその情報を処理しきれなくなる，と述べている。この中兼の主張は，前述（1.2「市場経済と計画経済との比較についての呉の見解の概要と検討」1.2.1「市場経済と計画経済との比較についての呉の見解の概要」）で確認した呉の主張する計画経済における資源配分が成り立つための2つ条件の内の1つである「完全情報」に関する呉ならびにハイエクの論理に共通している。

　中兼の論理は市場経済の政府と計画経済の政府とを比較して，その政府が処理しなければならない情報量，すなわち政府が必要とする情報量の多少を取り上げているが，この論理は，前述（1.2「市場経済と計画経済との比較についての呉の見解の概要と検討」1.2.2「市場経済と計画経済との比較についての呉の見解の検討」(2)「『必要な情報量』について」）の呉の見解についての検討結果と同様に市場経済の政府が必要とする情報量には個々の企業が必要とする情報量は含まれておらず，個々の企業内の情報量を含めた社会全体で見てみると，市場経済と上記のような計画経済とでは，どちらが必要とする情報量が多いのかは断定

106）中兼（2010）80頁。

できない。このように個々の企業内での情報に関わるコストを除外した上で，社会全体の情報コストを論じても，それは不十分な論と言わざるを得ない。ゆえに市場経済と計画経済の比較において必ずしも市場経済が効率的である，または持続可能な制度である，と結論付けるのは，説得力に欠けると言うほかない。

(2)「誘因または刺激」と「自律的ダイナミズム」とについて　中兼 (2010) は，誘因または刺激，および自律的ダイナミズムを説明するにあたり，企業内の状態を取り上げている。それは，「経済体制内の各組織・成員間に刺激が両立（compatible）しなければならない。(中略) いま企業を1つの制度として考えてみると，企業長と労働者間に刺激が両立していなければ，企業はバラバラになってしまい，生存できなくなる[107]」と述べている。この企業内の状態に着目して検討を進める。

中兼は，誘因または刺激について，「企業はさまざまな刺激制度を考案し，採用し，労働者が企業目的実現のために協働するように刺激・動機付けるのである。同様な刺激非両立性問題は企業と計画当局（国家）の間でも発生する[108]」，すなわち，企業の中の状態は計画経済の国家の中の状態と同様である，と述べている。一方，企業の外，すなわち独立した複数の企業が存在する市場については，「〔情報処理能力，刺激，ダイナミズムの〕3つの難問を何とか克服できる唯一の経済機構，それが競争的市場である。(中略) その中でリスクに挑戦する企業家が誕生し，新たな欲望が生まれ，それに呼応して新しい技術や産業が勃興してくる[109]」と，個々の独立した企業家，資本家が市場の中に私益を求めて参入し，企業同士の競合を行ない，時には敗退する，そのような市場における企業家同士の競争が情報処理能力，刺激能力，ダイナミズムの問題を解決できると述べている。

自律的ダイナミズムについては，中兼は，「資本主義市場経済モデルでは競争メカニズムが働き，企業と人々（家計）は時には競争相手を叩きのめそうと

---

107) 中兼 (2010) 78頁。
108) 中兼 (2010) 78頁。
109) 中兼 (1999) 207頁。

するすさまじいダイナミズムを持つ[110]」,「この競争は,自由な参入と退出があって初めて有効になる。さらに,こうした競争は『私的帝国』を制度的に可能にする私有制があって初めて意味をもつ[111]」と,私有制の土台の上で個々の独立した企業や企業主,資本家が市場における競合状態の中で生き抜こうとする刺激・動機付けを示している。ここでの自由な参入と退出とは,市場での企業の設立と倒産を意味する。一方,「社会主義経済モデルには基本的に競争を排除する,ないしはできるだけ小さくしようとする性向が見られる[112]」,「〔社会主義体制は〕『自律的ダイナミズム』に欠けているのである[113]」と述べている。同様に企業内の状況についても,上記の通り「企業はさまざまな刺激制度を考案し,採用し,労働者が企業目的実現のために協働するように刺激・動機付けるのである[114]」と,企業の中には自然な,必然の刺激・動機付けが無く,人為的に刺激・動機付けをする必要性があると,述べている。ここでの人為的な刺激・動機付けを実施することは,呉の「監督コスト」の発生を意味する。以上の通り,中兼は,社会主義計画経済モデルでも企業内でも刺激は両立せず,自律的ダイナミズムは無い,それは資本主義市場経済モデルとは対極の位置関係にあると述べている。なお,この中兼の主張は,前述(1.2「市場経済と計画経済との比較についての呉の見解の概要と検討」1.2.1「市場経済と計画経済との比較についての呉の見解の概要」)で確認した呉の主張する計画経済における資源配分が成り立つための2つ条件の内の1つである「単一の利益主体」に関する呉の論理に共通している。

　以上の市場の状態は,言い換えれば,市場経済のなかの各参加者,つまり各企業主,各資本家,は各々が独立していて,市場の中で互いに激しく競合して反目して,その競争の中で利益を求めて生き抜いている,言わば弱肉強食の世界で行動している。個々の参加者間では互いに私利私欲の実現を求めて競争をしており,各経済主体を超越するような同一の目的を持つものではない。また

---

110) 中兼(2010)81頁。
111) 中兼(2010)82頁。
112) 中兼(2010)82頁。
113) 中兼(2010)81頁。
114) 中兼(2010)78頁。

競争の中を生き抜くために互いに手を組むことなく，自律的にダイナミックに動く。しかしながら，各参加者は全体としては，利益を求める場である市場経済を維持拡大するという共通の目的，すなわち単一の目的を持っている。したがって，特に刺激・動機付けをしなくとも，自律的にダイナミックに動き，経済体制内の各組織・成員間に刺激が両立しているのである。

以上の通り，市場経済の各参加者間にも，個々の企業の内部の企業長と労働者間にも，中兼や呉の言う計画経済に存在しない誘因または刺激の両立性があるとは言えない。あるのは，各参加者間で競合する自律的ダイナミズム，企業長と労働者間の対立する自律的ダイナミズムである。このような自律的ダイナミズムは，誘因または刺激の両立をしばしば困難にする力を持つものである。各参加者が存在する市場も企業長と労働者が存在する各企業の内部も，誘因または刺激の両立性はなく，誘因または刺激の両立性を困難にする自律的ダイナミズムが存在する組織である。つまり，市場には市場経済を維持拡大するという誘因または刺激の両立性があっても，その市場の中に存在する個々の企業の内部には誘因または刺激の両立性は本来的に無いのである。中兼の論理を借りれば，誘因または刺激の両立性が無い体制は非持続的である，したがって，企業も非持続的であると結論付けなければならない可能性がある。刺激の両立性，自律的ダイナミズムとは，以上のようなものである。このような点に目を向けると，市場制度が持続的安定的であるとは断定し切れない。

(3)「制度間の整合性」について　中兼 (2010) は所有制度として私有制と公有制とを，資源配分制度として市場制度と計画制度とを，提示しており，これらを組み合わせると，①私有・市場，②公有・市場，③私有・計画，④公有・計画の4つがあり得る。そして，中兼 (1999) は，①私有と市場とが整合的，②公有と市場とは整合的ではない，と述べ，中兼 (2010) は「資本主義

---

115) 企業の内部における「企業長と労働者の対立」，すなわち「経営者と従業員の対立」については，本書第3章第1節「川井伸一『中国上場企業―内部者支配のガバナンス』」の大株主支配と内部者支配の『重合』の検討」1.2「内部者支配における経営者と従業員との関係の概要と検討」ならびに同じく第3章第3節「株主・経営者・従業員の関係，性格についての考察」3.2「経営者と従業員との関係，性格」を参照請う。
116) 中兼 (2010) 7－9頁。
117) 中兼 (1999) 208－209頁。

体制では私有制と市場との組み合わせが，国家社会主義体制では公有制と計画の組合せが，それぞれ『親和的』な構造を作っていると考えられる。市場と私有制がより親和的であることは，歴史的にも理論的にも確かめられる」[118]と述べている。そこで私有と市場の組合せ，私有と公有との比較，公有と市場の組合せの3点についての中兼の論理を検討する。

私有と市場の組合せについて，中兼（2010）は，体制移行において民営化が必要であった理由の一つを，国家社会主義経済体制から資本主義経済体制への移行に当って「国有＋市場は不合理であり，私有＋市場という組み合わせが必要だったからである。それは（中略）競争市場の補完的制度として私有制が必要だったからである」[119]と説明している。つまり，私有制と市場の関係において，私有制は市場を「補完する」位置付けになっている。しかしながら，このような中兼の説明は適切ではない。私有制が無ければ資本主義経済体制の市場がないのである。私有制によって個々の生産者の関係は互いに独立して互いに競争しあい，互いに連携し計画的にというのではなく無計画的に生産活動をし，生産された商品は市場で交換される。さらに商品所有者が利潤を実現させるためには，商品を生産して保有していても実現できるとはかぎらず流通過程すなわち市場において商品を販売してはじめて利潤が実現する。このように，まず私有制が根本にあって，そして市場があるから資本主義経済体制になるというだけである。私有制は競争市場の「補完制度」ではない。国家社会主義体制から移行して資本主義経済体制になるにあたっては国有＋市場は不合理であり，私有＋市場という組み合わせが必要だった，という選択上の結果として私有＋市場が選ばれたかのような把握，表現ではなく，私有制＋市場によって資本主義経済体制となり，この組み合わせ以外の選択対象候補はない，という表現にしなければならない。

なお，市場は，資本主義経済体制にのみ存在するのではなく，資本主義経済以前から存在しているのである，ただし，資本主義経済の市場は，それ以前には無かった労働力という商品が取引される市場である，また，資本主義経済体

---

118) 中兼（2010）86-87頁。
119) 中兼（2010）182頁。

第1章　中国の社会主義市場経済についての諸見解の検討　63

制でもこの経済体制の核ではない部分として自営業者のような労働力の取引をしない部分や私有ではなく国有企業も存在することは言うまでもない。

　私有と公有との比較について，中兼（2010）は，「国有企業の経営効率は民営企業のそれを下回るか，たかだか等しい。なぜなら，民営企業の所有者（私人）の方が企業利益の追求に熱心であるし，所有者が選んだ経営者は所有者の目的を実現するために必死になって努力するからである」[120)121)]と述べている。一方，「ごく特殊な状況，たとえば極端に不確実性やリスクの高い事業（例として宇宙開発）を除き，またある特定の政策目的を実現するためという場合を除き，少なくとも企業ガバナンスの面で国有企業が民間企業よりも優れているという積極的理由は何もない」[122)]とも述べている。つまり，国有企業は，私有企業が手掛けない不確実性やリスクの高い事業，特定の政策目的を実現するための事業において，民営企業よりも企業ガバナンスが優れている，と示唆している。

　以上の状態を言い換えれば，利益を求める私有企業が不確実性やリスクの高い事業に手を出す筈がないのは当然であり，そして，技術等の進歩によってそれらの事業から不確実性やリスクが少なくなれば，または消滅すれば，私有企業はそれらの事業に参入する，または参入したがるのは当然である。利益が得られる場合，または利益が期待できる場合に限って私有は公有または国有に取って代わる。また，特定の政策目的を実現するための事業とは，利益を求める事業ではないので私有企業が参入しない事業である。さらにその政策目的が，産業振興などという目的で民間企業が必要とするようなインフラを民間企業に提供する事業であったりする場合には，その事業を運営する公有または国有企

---

120) 中兼（2010）190頁。
121) 中兼は民間企業の「所有者が選んだ経営者は所有者の目的を実現するために必死になって努力する」と述べており，これは所有者と経営者との利害が一致しており，対立することが無いかのような表現である。しかしながら，所有者と経営者との利害は一致する場合も対立する場合もある。この利害の一致・対立については，本書第3章第3節「株主・経営者・従業員の関係，性格についての考察」3.1「株主と経営者との関係，性格」3.1.1「利潤分配に関わる株主と経営者との利害一致・対立」，3.1.2「従業員に対する株主と経営者との利害一致」を参照請う。
122) 中兼（2010）189頁。

業に対する民間企業またはそれに繋がる政治勢力による企業ガバナンスの侵害が起こり易い。そしてその事業運営企業の利益も民間企業に移っていく仕組みになり易い。

　これらのことは，公有または国有企業の歴史を見てみれば分かる。日本では，明治時代には繊維産業が官営事業として出発し，次第に官営事業の対象はより高度な技術・より多額の費用を要するもの，例えば鉱山，鉄鋼，へと移り，それらは順次に民間に売却されていった。それは民間が政府を動かして安く入手したというケースも有った。この2, 30年間を見れば，国鉄や日本電信電話公社などが民営化されたことも同様である。しかし未だ宇宙開発の全ては民営化できない，が通信衛星打ち上げ事業などの一部は民間企業が着手している。以上の事例の通り，利益が得られる場合，または利益が期待できる場合に限って私有は公有または国有に取って代わるのである。

　以上のように私有企業が事業で利益を生み，公有企業が事業で利益を生まないのは，その事業が私有と公有とではそもそも異なっているのであり，私有と公有との比較の土俵が違うのである。そして以上のように，資本主義経済体制では，利益が見込める事業は私有であり，私有企業が利益を見込むことができない事業や利益は見込まれないが国民が必要とする事業（またはサービス，インフラなど）は公有または国有である。したがって，公有または国有では，利益が生まれない，または生まれにくく，この意味で公有または国有は私有に劣る・効率の悪いもの，ということになるのは必然である。このようなことから経済体制の如何を問わずに超歴史的に公有または国有は私有に劣る・効率の悪いものと見なされがちである。さらに，旧ソ連邦など社会主義と称した国が崩壊したことは当然なのであるが，このことも，そのような見方を裏付けるかのような役割を果たした。

　公有と市場の組合せについて，中兼（2010）は，ブルス・モデルについて，このモデルは消費財の需要動向は市場から生産企業に伝わるが，生産企業が増産する意思決定を下しても，その増産のための設備投資の決定権は政府にあるので適切な増産が出来難い，すなわち，このモデルの欠陥は「所有制に手を触

れずに市場を活用しようとしたことである[123]」と述べ，また，「消費財は市場に，生産財（投資）は計画にという市場間の不整合性が内在していた（中略）資本という生産要素の市場が形成されず，公有制と市場との不整合が発生することになる[124]」と述べて，ブルス・モデルの事例を取り上げての公有と市場の組合せの不整合性を示している。また，中兼（2009）「今日の時点から見たブルスとコルナイ：偉大なる社会主義経済研究者の理論に対する批判的検討」では，「同一の競争条件で国有企業が非国有企業と市場競争に敗れたとき，そしてその可能性がきわめて高いが，彼〔ブルス〕の求める市場社会主義は消滅することになるのではないか[125][126]」と述べている。

中兼のこのような主張は，ブルス・モデルを取り上げて，それを，不整合を証明する裏付け資料としているようだが，そのような1つの事例をもって経済体制の如何を問わずに超歴史的に公有と市場の組合せの不整合と断定できるのか疑念がのこる。さらに同一の競争条件での国有と非国有との比較を論じているが，上記の私有と公有との比較についての検討で示したように，利益を見込める部分では民間企業すなわち私有企業が，利益を見込むことができないまたは見込まない部分では公有または国有企業が活動するという棲み分けが出来て

---

123) 中兼（2010）68－69頁。
124) 中兼（2010）87頁。
125) 中兼（2009）27頁。
126) 佐藤経明は「ブルス：『現存した社会主義』経済体制批判における『修正主義』」『比較経済研究』第46巻　第2号，2009年6月，Web Site（http://www.jstage.jst.go.jp/article/jjce/46/2/2_11/_pdf/-char/ja/）20011年9月13日参照，18頁にて，「中兼（2008，pp. 3-5）の『所有と市場』についての議論には異論がないわけではない。"on equal footing"においたら『市場社会主義』は『消滅』するのではないかと書いているが，（中略）中東欧の『現実過程』では，その可能性はついに検証されずに終わったことを強調しておきたい。『政治革命』によって『中断』されたからである」と指摘している。中兼（2008，pp. 3-5）は「今日の時点から見たブルスとコルナイ：偉大なる社会主義経済研究者の理論に対する批判的検討」（暫定稿），比較経済体制学会2008年秋季大会パネル討論ペーパー，10月17日であり，当該部分は中兼（2009）27頁，の部分（「同一の競争条件で国有企業が非国有企業と市場競争に敗れたとき，そしてその可能性がきわめて高いが，彼の求める市場社会主義は消滅することになるのではないか」）に該当する。中兼（2010）は「市場と私有制がより親和的であることは，歴史的にも理論的にも確かめられる」と記しているが，このような見解に対して佐藤は少なくとも歴史的には検証されていないとの主張を提示している。

いる。この棲み分けという前提条件の下で国有企業と非国有企業とを比較しても，それは同一の競争条件での比較ではない。中兼の想定する「同一の競争条件で国有企業が非国有企業と市場競争に敗れたとき」の「同一の競争条件」における市場での競争がそもそも無いのである。したがって，このような論理から，市場において公有が私有に敗れるとストレートに結論付けることはできないだろう。

以上の通り，市場と私有との組み合わせについては，複数ある制度間の組み合わせの中で比較したらより親和的であるかというと，そうではない。資本主義体制ではその組み合わせが要件であるということである。私有制と公有制とを比較すると私有が効率的で利益を獲得することに優れている制度であるかというと，必ずしもそうとは言えない。そもそも利益を獲得できない部分に私有は存在せず，公有セクターが担当するのである。また公有と市場との組み合わせの不整合性も，それを断定するに至る論理が必ずしも適切とは言い切れない。したがって，私有制が優れているとは結論付けられない。

以上の検討の結果，市場と私有制が親和的だから市場と公有制は不整合とか，同一条件の下での比較ではないにも拘らず国有企業は非国有企業に敗れるとか，の結論付けはできない。

なお，2000年代の中国の市場経済においては，中兼の主張通りではなく，国有企業が非国有企業に比べて，その収益性・成長性・生産性の面で優れている実態を示している。このような実態については本書第2章第3節「国有企業の実態」3.2「企業の収益性・成長性・生産性」にて示す通りである。

2.2 国有企業の民営化に関わる中兼の見解の検討

中兼は公有制から私有制への移行に関わって私有化または民営化，実質的私有化との表現を用いているが，その表現の内容を吟味すると，そこには曖昧さが見られる。この曖昧さについて以下の通り検討する。

2.2.1 「民営化」の概念

中兼 (1999) は，「『私有化』と『民営化』（資本の一部は公有であるが，経営は民間が行う）とを区別する考え方もあるが，両者とも英語に訳せば"privatization"

第1章　中国の社会主義市場経済についての諸見解の検討　67

となり，本質的な差はないように思われる[127]」と述べている。この私有化は民間（または私）の資本所有比率が過半数以上であり且つ経営を民間が担当する状態を指しているのだろう。民営化は記されている通り，その所有は公有と私有の混合であるが経営は民間が担当する状態を指している。そして，それら2つの間に差異は無いとの主張である。つまり，所有関係はともかく経営を民間が担当すれば同じであるとの主張であろう。一方，中兼（2002）は[128]，「民営化とは何か。（中略）企業（ないしは経済単位）における公的資本（あるいは資産）の比重が低下し，私的資本（あるいは資産）の割合が高まる過程と定義しておこう。したがって，資本は公有のままで経営権を私人に渡すような，たとえばリース経営や請負経営の進展は民営化とは呼ばないことにする[129]」と主張している。この民営化は経営を民間が担当しようとも所有が公有であれば民営化ではないとの主張である。以上の前者は経営を行なう者の性格に着目し，後者は所有関係のあり方に着目して民営化を説明していることが判る。前者の民営化は，資本の一部は公有であるが，経営は民間が行なう場合であるから，そのような形態は，もしも資本の過半数以上が公有であれば，後者の主張によるとそのような状態は民営化とは呼ばれない。前者の民営化の概念と後者のそれとは完全に一致した概念とは言えない，両者の間には曖昧さがある。このような曖昧さが存在してしまうのは，資本の所有比率と企業の支配ならびに企業の経営との関係についての曖昧さに起因しているだろう。

　資本の所有比率と企業の支配ならびに企業の経営との関係に注目して民営化または私有化の概念を整理すると以下の通りである。資本の所有比率の点については，単に低下・上昇と表現するだけではなく，所有の比率に応じて所有者として企業を支配できる条件を得るかどうか，が問われなければならない。たとえ所有者ではない経営者に経営を任せようとも法的に，企業の定款上，ルール上，支配できる条件を得る所有比率，という点が重要である。所有と経営との分離の下で，支配の実態はどうかが問題なのである。それは，一般的には単

---

127) 中兼（1999）208頁。
128) 中兼（2002）『シリーズ現代中国経済1　経済発展と体制移行』名古屋大学出版会。
129) 中兼（2002）182頁。

一の民間人・民間企業が過半数以上所有すればその所有者は当然に企業の支配権を持ち、それは絶対的な民営化であり私有化であるし、また複数の所有者のうちの単一の民間人・民間企業が筆頭の所有者になって当該企業を支配できれば、それは民営化であり、私有化である。ただし、国有の少数株に株主総会での拒否権が付いている条件、例えば黄金株などがあれば、所有の比率に拘わらず民営化とは言い切れないことは言うまでもない。逆に、国有比率が過半数以上または筆頭である場合、たとえ経営を民間に任せようとも、そのような企業は国によって支配され、それは国有企業であり民営化はなされておらず、私有化がなされていないと判断するのが適切である。

以上の視点が無ければ、極端な事例だが、企業の株式の100％が国有という企業において10％を民間に売却して国有90％・民間10％となった場合でも、中兼（2002）の定義では"公的資本（あるいは資産）の比重が低下し、私的資本（あるいは資産）の割合が高まる過程"となり、この企業は民営化された企業となる。しかしながら、このような事例の企業は国有が支配を継続しており民営化且つ私有化に該当しないことは明白である。また中兼（1999）の定義では企業の資本比率が国有90％・民間10％となり、且つ経営が民間に委託された場合は私有化ではいだろうが、民営化となるのだろう。中兼のどちらの定義でも、民営化、私有化の概念が所有、支配、経営の関係についての曖昧さと混在しており、中兼の概念は企業の実情を適切に表現する概念になりうる、とは言い切れない。

以上より分かるように、民営化とは、または私有化とは企業（ないしは経済単位）における公的資本（あるいは資産）の比重が低下し、私的資本（あるいは資産）の割合が高まり、私的資本（あるいは資産）の所有者がその企業の支配を可能に出来る資本所有比率を達成した状態、と捉える必要がある。そして、この状態は民営化も私有化も同一である。

また、国有企業の株式会社化についても、その株式会社は民営なのか国有なのかについて、曖昧さがある。それは上記の民営化の捉え方の曖昧さに起因するものである。株式会社化された企業について、中兼（2010）は「既存国有企業、とくに大企業の民営化（ミクロ民営化）にかんする限り、それほど進んでいるようには思えない。（中略）大型の、しかも基幹産業に対しては株式会社

第1章　中国の社会主義市場経済についての諸見解の検討　　**69**

化と上場化は行っても，抜本的な所有権改革まではあまり進んでいない」[130]，また中兼（1999）は「国有企業が株式化したとしても国家株が依然として主体であり，しかもそれは売買できない[131]」と述べている。これは，企業の形態（通常は法令に基づく登記上の区分による形態）ではなく所有関係の視点に着目して適切な評価を行なっているものである。しかしながら，同じ中兼（1999）は「〔国有企業の株式会社化について〕中国が目指すのは，いまのところあくまでも民営化までであって，私有化は依然として忌避されている[132]」，さらに中兼（1999）は「株式の大半を国家が持つが，一部個人株も加わるような株式会社形態，つまり民営化された国有企業も『公有』として認知される余地が生まれた[133]」，と述べている。これらでは所有の視点が無くなり国有株の比率に関係なく，株式化と民営化とは同義になっている。さらに「民営化された国有企業」との表現もあり，民営化と私有化とは異なっている。

　中兼の見解は，民営化と私有化とは同義なのか，民営化と株式会社化とは同義なのか，民営化と私有化とは異なるのか，それともいずれの概念でも良いのか，が曖昧になっている。さらに，中兼（1999）は「国有企業も株式化すると，非国有企業との合併や連合が一層促進され，国有企業がわれわれのいう意味で事実上私有化されることになる[134]」と述べているが，ここでは国有株の比率には触れられていない。つまり，国有企業はその国有株の比率の変動如何に拘わらず，株式会社化，民営化，私有化が同一であると解釈できる余地が生まれる。

　中兼の見解は所有関係のあり方の点に着目するのか企業の登記などの設置形態の点に着目するのかについての曖昧さがある。このような曖昧さは中兼以外の研究者の著作にも現れている[135]。そして，この点は中国の企業，とくに国有

130）中兼（2010）193頁。
131）中兼（1999）247頁。
132）中兼（1999）247頁。
133）中兼（1999）248頁。
134）中兼（1999）354頁。
135）中国の国有企業と非国有企業とに関わる先行研究のなかには，国有企業と非国有企業の区分が適切でない，または曖昧である研究があり，その適切でない，または曖昧である区分に基づく国有企業と非国有企業との現状の評価に問題が見られる事例が存在する。

企業の現状をどのように評価するかに関わる鍵となる点である。

2.2.2 「実質的私有化」の概念

中兼は，国有企業が事実上私有化または実質的に私有化されていると主張している。中兼（1999）は，「公有制と言っても地方政府や企業が資本を『我がものにする』実質的私有化が進行している」と。なお，この"地方政府や企業"という表現は具体的には当該公有制企業の資本の所有者である地方政府の幹部または国有企業の場合の管理担当政府である地方政府の幹部や当該公有制企業の幹部，を指しているのだろう。中兼（2002）は，「事実上の民営化とは，法的，制度的に公有企業であっても，事実上その資本が『私有化』されている場合である（中略）それには2種類ある。一つは公企業の経営者が自分の企業の資本や資産を全く自分のもののように占有・利用している場合であり，いわば公有企業の私物化ともいえよう。もう一つは，本当は私的資本なのに，形式上意図的に公有企業の看板を掲げている場合である[137]」と。中兼（2010）は，「有力国有企業の支配を通して官僚やその家族たちが国有資産を実質的に『私有化』している[138]」，また国有企業の管理層の持株比率が上場などをも利用して上昇している事例から，「国有企業といわれる公的企業の経営陣が株式市場を通じて巨大な『資本家』に着々と昇華していった（中略）彼らは共産党内部にいて『社会主義』の旗の下に資本家になりえたのである[139]」，と述べている。

以上の例の内，「本当は私的資本なのに，形式上意図的に公有企業の看板を掲げている場合」以外は，公有または国有企業を国民全体のためにではなく，所有者ではない一部の人々が「我がものにする」形態での実質的私有化であり，その現状を指摘する記述は妥当であろうが，実質的私有化が発生する要因などについてはもう少し吟味する必要があり，次の通り検討する。

呉敬璉，中兼の事例も含め，それらの先行研究の事例は本書第2章第1節「国有企業と非国有企業との区分と先行研究の事例」1.2「先行研究の事例」に示した通りである。
136）中兼（1999）209頁。
137）中兼（2002）182－183頁。
138）中兼（2010）206頁。
139）中兼（2010）207頁。

第 1 章　中国の社会主義市場経済についての諸見解の検討　71

　実質的私有化が発生する要因について，中兼（1999）は「制度化の遅れは計画経済をいとも簡単に歪んだ私的経済に転落させがちである。（中略）事実上の私有化が進むと，しばしば行政が私人と結託し，権力をもって私的利益を追求したり，公有資産を流失させ，特定の個人が私物化してしまう[140]」と，制度化の遅れが歪んだ私的経済，事実上の私有化を起こすと指摘し，そのような状況を腐敗，不法な現象と述べている。中兼（2002）も事実上の民営化が発生する大きな要因として「制度の未形成ないしは未発達[141]」を指摘している。中兼（2010）は，「近代における経済発展の歴史は同時に制度進化の歴史でもあった。市場化が生み出す発展のダイナミズムはほぼ必然的に明確な財産制度を生み出し，そのことが私有制の促進と，他方私有制を暴走させないための公的制度の展開を可能にしたのではないか（中略）中国における民営化は曖昧な財産権のもとに始められ，それが不正や腐敗の温床にもなった[142]」と，明確な財産制度があれば不正や腐敗を防ぐことが出来たと指摘している。以上のように実質的私有化，それは腐敗や不正と見なされている，が発生する要因には，移行期における制度化の遅れにより，特に所有権の曖昧さにより発生する現象であるかのように指摘されている。これでは，国家の統治が不十分で乱れているから，一時的偶発的に，発生するかのように思われる。しかしながら，もっと根深い，国家権力に関係する実質的私有化の原因があり，それは次の通り確認する。

　一般的には，公有制であろうと私有制であろうと企業の所有者は，その企業の活動から生み出されるもの，例えば利潤の獲得をめざす。公有制企業または国有企業（以下，国有企業について検討を進める）とは公すなわち国民が所有者であるという企業であり，国有企業の利潤は所有者である国民全体に配分される，と通常は解釈される。しかし，現在までに存在した国有企業の実情は必ずしもその通りでは無かったことが多い。国有企業の活動から得られるもの，例えば利潤，をどのように処理するかは，一般的には所有者である国民から信託

140）中兼（1999）319頁。
141）中兼（2002）187頁。
142）中兼（2010）209頁。

された政府に任されている。その政府は国有企業を支配しているので，政府すなわち権力の性格によって処理の仕方は異なる。それは国民全体に配分する前提・ルールの場合であっても，政府または権力を持っているまたは権力を動かしうる人々の集団なり階層である国民の一部の者が，自分たちに厚く配分する場合もあろう。このような場合に，国有企業の事実上の私有化または私物化という状態が起こりうる。

　例えば，古くは，エンゲルスは『空想から科学への社会主義の発展』のなかで，国有化＝社会主義とする論を批判して，幾つかの事例を挙げている。ビスマルクの国有化について，「最近ビスマルクが国有化に熱中しだしてからは，国有化ならどんなものでも，ビスマルクのそれでさえ，文句なく社会主義だと宣言する，ある種のにせ社会主義が現われてきて，（中略）ビスマルクが，なんらの経済的必然性もないのに，戦争の場合に鉄道幹線をよりよく組織し利用できるようにし，鉄道従業員を政府の従順な投票者群にそだてあげ，また主としては，議会の決議に依存しない一つの新しい財源を手に入れようという，それだけの目的で，プロイセンの鉄道幹線を国有化した」[143]と，国民全体のためにするものではなくビスマルクまたはその政権のために国有化している姿を描写している。これは国有企業の実質的私有化である。エンゲルスはさらに上記のビスマルクの事例に続いて，「王立海外貿易会社も，王立陶器製造所も，また陸軍の中隊付縫工でさえ，それどころか，フリードリッヒ・ヴィルヘルム３世の治下の〔18〕30年代にある抜け目のない男が大まじめで提案した─女郎部屋の国有化まで」[144]と，国有化が社会主義の産物ではない事例を示している。

　日本の例では，中兼（2010）は，国鉄（日本国有鉄道）について採算性や経済性よりも政治的利害によって赤字ローカル線が建設されたと記している[145]。中兼は政治的利害とはどのようなものかについては言及していないが，そのような事例は，当時の政権党である自由民主党または自由民主党にとって利用したい政治勢力や他政党のために，国鉄を政治的利用したのである[146]。ときの政

---

143)「空想から科学への社会主義の発展」(『ME 全集』第19巻) 218頁。
144)「空想から科学への社会主義の発展」(『ME 全集』第19巻) 218頁。
145) 中兼 (2010) 212-213頁。
146) 自由民主党は1955年に保守合同により立党したが，その立党に際しての「党の使命」

第1章　中国の社会主義市場経済についての諸見解の検討　73

権または国家権力が国鉄という国有企業を利用していたということは，国民全体のためではなく一部の人々のために政治的利用していたのであり，その一部の人々が実質的私有化をしていたことになるのである。

　このように，国有企業から得られるもの，例えば利潤の配分，または利潤がなくとも国有企業から得られる資産やサービスの配分は，国有企業を支配している政権または国家権力の性格によって基本的に決定される。それは，資本主義の国であろうが社会主義と称した旧ソ連邦や中国であろうが，国有企業によりもたらされるものの処分の方法はその国の権力の性格により決まる，ということである。もしも中兼の見解が，実質的私有化は体制移行期に発生するもの，発生の原因は国家の統治の乱れや制度の不備に起因するもの，と言う見解であれば，それは適切な見解ではないだろう。

　なお，旧ソ連邦の場合でも，また中国でも，国有企業から得られるものが，国民全体のために，または，一部の人々のために，のいずれのために使われていた，または使われているのかについては，いろいろな見解があろう。いろいろな見解がある以上，社会主義と称するから国民全体のために使われた，使われていると即断するわけにはいかないし，社会主義と称するからと言ってその国を社会主義の国と即断するわけにはいかないだろう。

2.3　中兼の見解についてのまとめ

　中兼の社会主義経済から資本主義経済への移行について，その資源配分と所有についての見解を検討したが，これらの見解には適切でない論理があることが判った。その幾つかの点は第1節で検討した呉敬璉の論理に似たものがある。中兼の見解についての検討の結果の要点をまとめると，次のようになる。

　中兼の見解は，資源配分制度と所有制度の移行の面では，計画制度から市場

には"共産主義勢力，階級社会主義勢力と徹底的に闘う"，「党の政綱」には"健全な労働組合運動を育成強化して労使協力体制を確立するとともに，一部労働運動の破壊的政治偏向はこれを是正する"ということを掲げており，党の性格は明瞭であるし，その支持基盤の人々の性格も明瞭である。「党の使命」，「党の政綱」については，自由民主党・公式サイト（http://www.jimin.jp/aboutus/declaration/）2011年9月16日参照，による。

制度へ，公有制度から私有制度へ移行するとの見解である。それらの移行は標準的であるということの根拠となる情報量と情報処理能力，誘因または刺激，および自律的ダイナミズム，制度間の整合性，という点についての検討結果は以下の通りとなった。

　第1点目の情報量と情報処理能力については，市場制度と計画制度の比較において，市場経済の各参加者の必要とする膨大な情報量を含めた社会全体というベースでの情報量とその処理能力を検討すれば，市場制度には持続可能性があり計画制度には持続可能性がないとは断定できない。

　第2点目の誘因または刺激，および自律的ダイナミズムについては，市場経済では，自律的ダイナミズムが原因となって，市場経済の各参加者間にも，個々の企業の内部の企業長と労働者間にも，誘因または刺激の両立性がない。市場制度が持続的であるとは断定できない。

　第3点目の制度間の整合性については，市場と私有との組み合わせは，より親和的であるかというと，資本主義体制ではそれが必須条件なのである。また，私有制が利益を獲得できて公有制はできないのかというと，そもそも利益を獲得できない部分には私有企業は存在せずに公有セクターが担当するだけである。したがって，市場と私有制が親和的だから市場と公有制は不整合とか，公有より私有が優れているとかの断定はできない。

　また，中兼の民営化に関わる見解は，その民営化の概念に次のような曖昧さがある。①国有企業が民営化されたと評価する場合の参照基準，物差しが，経営を民間が担当するとか，国有資本のシェアの減少，つまり資本シェアの動向のみに着目したものであり，国家の支配権がなくなったのかどうかについての物差しがない。国家が支配出来るシェアか出来ないシェアかの物差しに触れられていない，という曖昧さがある。②民営化と私有化とが同義，民営化と株式会社化とが同義，民営化と私有化とは異なるなどのいろいろな関係を表す記述が出現する。企業を支配する者，所有する者，経営をする者の性格を表すにあたって，曖昧さがある。

　次に国有企業の実質的私有化の概念については，中兼の記述では，国家の統治が乱れているから，一時的偶発的に発生するかのように捉えられている。しかし，実質的私有化の原因は，もっと根深く国家権力に関係したものである。

国有企業の性格は政権または国家権力の性格によって決まる。したがって国有企業によりもたらされる利潤やサービスの処分の方法は政権または国家権力を握っている者のために使われる，という点を軽視することはできない。一部のものが政権または国家権力を握っているならば，その者たちによる私物化という意味に近い「実質的私有化」となる。

以上の通りの検討の結果，中兼の計画制度から市場制度へ，公有制度から私有制度へ移行する，それらの移行は標準的であるとの見解には，適切とは言い切れない論理が存在しており，中兼の見解が適切であるとは断定できない，と言わざるを得ない。

おわりに

以上，第1節と第2節において，中国の現状を考察する基礎認識のために公有制 vs. 私有制，計画経済 vs. 市場経済という基本的対立点をめぐる予備的検討として，呉，中兼の見解を検討した。その結果，呉の計画経済を選択するのは現実性がない，中兼の所有制については公有制の，資源配分については計画経済の，実現の可能性または現実性がないという帰結を引き出すことが，必ずしも説得力を持ち得ないということが明らかになった。また，国有企業の民営化の概念についての中兼の見解には，概念規定の曖昧さや不適切さが含まれていることも明らかになった。

呉と中兼との論理展開は，資源配分についてはほぼ同様であるが，所有制については異なる結論を引き出している。呉は公有制が実在しているとの結論を示している。この公有制または社会主義を核にして呉の論理展開を確認すると，まず，序章で示した通り呉は1992年に「社会主義的商品経済と資本主義的商品経済とは，所有制の土台に相違があり，他に相違はない」と述べ，社会主義と商品経済とが両立することを主張している。そして，社会主義である証左は公有制，または公有制であれば社会主義であるとの主張である。この主張に到達するためには，呉は，公有制と，計画経済の可能性を否定しての唯一の市場経済とが両立する，との結論を出さねばならない。つぎに，公有制の実現が必然であると証明するために生産の社会化を根拠とする。しかしながら，その

生産の社会化が計画経済に繋がらないようにするためには，生産の社会化を引き起こす要因のうちの社会的分業のみを取り出して，工場内分業，資本の集積・集中を否定せざるを得なくなる。以上の確認から，呉の適切でない論理展開の起点には，中国で社会主義が実現している，その社会主義では計画経済ではなく市場経済のみが実現性がある，との前提が存在しているように推察される。もしも，呉が，中国は未だ社会主義に到達しておらず社会主義を希求してそれに向かっている途上であり，その経済体制には市場経済の産業も計画経済の産業も，公有性も私有制も，また資本主義の生産・流通の方法も存在している，または存在せざるを得ない段階であるとの前提にもとづいて論理を展開すれば，マルクス，エンゲルスの理論を歪めての論理展開をする必要はなかったであろう。

　本章の検討結果は，中国経済の今後の方向にとどまらず，ソ連邦崩壊後の資本主義経済の一般的な進展の処方箋をめぐる考察についても，有効な示唆を与えてくれるであろう。私有と市場経済とを進めることが当然視される風潮の中で，私有制 vs. 公有制と，市場経済 vs. 計画経済との比較において，私有制と市場経済とが"より増し"であるというという論理が説得力をもちえず，疑わしい論理であることが明らかになるからである。

第2章　国有企業の地位の再評価
──鉱工業部門に関する考察──

はじめに

　本章では中国の鉱工業部門についての統計データに基づいて，国有企業の実態を把握すべく考察を進める。

　2000年代前半の非公有制経済部門が目覚ましく拡大する状況の下で，序章の通り，中国経済学界の中の新制度派と新左派との間で社会主義市場経済の進め方について論争が起きたが，そのような非公有制経済部門が拡大し始めるまでの中国の経済政策を簡単に確認する。中国の社会主義市場経済が提起されて以降の国有企業の改革は，1992年の中国共産党第14回全国代表大会並びに翌1993年の中国共産党第14期中央委員会第3回総会にて，政府と企業の機能を分離して，国有企業を非会社制から会社制へ転換させて独立採算制の実施を図ると示された[1]。この段階では国有企業の形態の転換であり，企業の所有，つまり企業の資産の所有者の転換までは踏み出していない。次に1997年の中国共産党第15回全国代表大会で，公有制経済部門での株式会社化を促進する，非公有制経済部門は社会主義市場経済の重要な構成部分であると示され[2]，非公有制経済部門の拡大が始まる。この段階から企業の所有制の面で非公有制経済部門の大

1）「改革・開放と現代化建設のテンポをはやめ中国の特色を持つ社会主義事業のさらなる勝利をかちとろう─中国共産党第14回全国代表大会における報告（1992年10月12日）」『北京週報』日本語版，第30巻第43号，1992年10月27日，別冊付録文献（5）12-13頁，並びに「社会主義市場経済体制を確立するうえでの若干の問題についての中国共産党中央委員会の決定（1993年11月14日，中国共産党第14期中央委員会第3回総会にて採択）」『北京週報』日本語版，第31巻第47号，1993年11月23日，別冊付録文献（5）5頁。

2）「鄧小平理論の偉大な旗印を高く掲げて中国の特色をもつ社会主義を建設する事業を全面的に21世紀に推し進めよう─中国共産党第15回全国代表大会における報告（1997年9月12日）」『北京週報』日本語版，第35巻第40号，1997年10月7日，文献（4）19頁。

きさに比較して公有制経済部門の大きさの相対的な低下が始まる。さらに2002年の中国共産党第16回全国代表大会並びに翌2003年の中国共産党第16期中央委員会第3回総会にて国有企業の積極的な株式会社化とその所有部面での国有単独出資から国有資本と国有以外の資本との混合所有制経済を発展させると示され[3]，非公有制経済部門は一層拡大した。このような経過をたどって，公有制経済部門の（例えば，生産額などの）大きさに比較して非公有制経済部門の大きさが相対的に拡大し，また，国有企業の所有の面でも非国有部門からの出資が拡大または国有資本の撤退（民間への資本譲渡）による国有企業の民営化が進み，このような経過と同時に中国経済が大きく発展してきた。

　以上のとおりの非公有制経済部門が拡大する状況について，特に統計データを用いた国有企業の評価についての先行研究では国有企業よりも非国有企業を経済発展についてポジティブに評価する事例が多い。公有制経済部門の大きさに比較して非公有制経済部門の大きさが相対的に拡大している状況下での評価であるから，そのような評価結果が出易いのかもしれないが，その評価の方法に立ち入って検討すると，適切な分析による評価とは言い難い点，例えば以下のような先行研究の事例も散見される。

　非国有企業を経済発展についてポジティブであるとの評価を下す先行研究には主に次のような適切とは言い難い評価方法が見られる。それらは，第1に，企業の区分について国有企業を狭義の国有企業（国の所有が100％の非会社制企業）に限定するという適切とは言い難い区分による評価がある。これでは有限会社や株式会社の出資金のマジョリティーを国が所有して国が支配する企業が非国有企業の区分に含まれてしまい，実像が把握されない。第2に，企業の評価にあたって，国有企業全体と非国有企業全体との間の，生産高などの大小に

3）「いくらかゆとりのある社会を全面的に建設し，中国の特色ある社会主義事業の新局面を切り開こう─中国共産党第16回全国代表大会における報告（2002年11月8日）」Web Site『北京週報』日本語版，第45巻第48号，2002年11月28日，http://japanese.beijingreview.cn/zt/dahui/2007-08/23content_73613.htm，2011年7月6日参照，並びに「社会主義市場経済体制整備の若干の問題に関する党中央の決定（2003年10月14日，中国共産党第16期中央委員会第3回総会で採択）」Web Site『北京週報』日本語版，第46巻第49号，2003年12月4日，http://www.bjreview.cn/jp/jp/2003.49/200349-wx1.htm，2011年11月17日参照。

よる規模についての評価と，ROA（総資産利益率）などの投下資本の効率の高低による企業の質についての評価がある。規模の評価は企業の区分が適切であれば実態が判るが，企業の質については資本効率による評価だけでは企業の実情を明らかにするに十分とは言えないだろう。資本の効率（つまり利潤率）からだけでは付加価値生産（つまり剰余価値生産）の実情は充分には把握できず，中国の増大するGDPに対して最もプラスに寄与しているのは国有企業なのか，それとも非国有企業なのかが判り難いだろう。資本の効率の良し悪しの比較によって国有企業と非国有企業との中国経済発展への作用のプラス，マイナスの評価結果を引き出すのは早計であろう。さらに，個々の産業部門には個々の特性がある（例えば，一般的に資本集約型産業は労働集約型産業よりも資本効率が悪く，資本集約型産業に国有企業が偏在していれば国有企業全体の資本効率が低いのは当然である）ので，その特性に目をつぶって全産業レベルでの比較では適切な評価を得ることが出来るとは言い難いだろう。以上の評価の方法に関わる事項は些細な留意点のような事柄であるが，それらは経済構造の実態の評価を大きく左右し，正反対の結論を導き出す場合もある。特に上記の第1の企業の区分の点が適切でなければ，第2の点の評価はすべて適切な評価結果を引き出すことが出来なくなる。中国の経済構造を解明するに際しては，その区分と評価とのよりどころとなる参照基準が重要な鍵となる。適切な方法による評価が必要である。

　本章では，国有経済部門での株式会社化が促進され，非公有制経済部門の拡大が始まる1990年代末より約10年間を分析の対象とする。[4] 第1節で統計データにおける国有企業と非国有企業との区分を明らかにし，国有企業の評価についての先行研究（1990年代末より約10年間になされた先行研究）を幾つか取り上げてその企業区分と評価の方法または評価に用いるデータ（企業の規模や内容，質の分析に用いるデータ）とを確認する。特に，中国と日本との両方の著名な経済学者である呉敬璉，中兼和津次をはじめ，幾つかの先行研究を検討する。第2節で筆者の企業区分を示す。第3節で統計データにより国有企業と非

4）　中国経済は2000年代を通じてほぼ一貫して右肩上がりの発展であるが，2008年のリーマン・ショック以降に，それまでの拡大基調に変化が現れる。2008年の前後の状況については本書第5章で分析をする。

国有企業とを比較検討する。それは規模や資本効率のみに頼ることなく，収益性等々のデータをも用いて企業の質，国有企業と非国有企業の質の比較の実情を明らかにし，また，国有企業と非国有企業との比較も重工業部門と軽工業部門との各々における比較をすることにより比較障害を少なくして考察する。さらに，国有企業と非国有企業とにおける資本の集中や剰余価値の拡大の現象の現れを確認する。「おわりに」で以上の考察の結果，国有企業が資本主義的生産方法によって中国の社会主義市場経済と称される市場経済を主導，牽引していることを示す。

第1節　国有企業と非国有企業との区分と先行研究の事例

　国有企業または国有経済部門の実態を把握するにあたり，その前に統計データにおける国有企業と非国有企業との区分または国有経済部門と非国有経済部門との区分を明らかにし，この区分に関わる先行研究の事例も見てみる。

1.1　『中国統計年鑑』における区分

　『中国統計年鑑』の鉱工業部門[5]の企業別分類は，大きくは次の2種により区分されている。1つは登記に基づく組織形態の別，すなわち国家統計局・国家工商行政管理局が1998年に公布した「企業登記類型の区分に関する規程」による企業登記に応じた組織形態の別による区分である。もう1つは企業の所有の別，すなわち同局が1998年に公布した「統計上経済構成の区分に関する規程」による国（＝中国政府）が資本金を出資，中国内の私＝民間が資本金を出資，外国からの資本金の出資，等という資本金の出資者＝所有者の性格の別による区分である[6]。この区分の概要は表2-1[7]の通りである。

---

5) 『中国統計年鑑』の工業部門という項目の対象産業には石油採掘・石炭採掘などの採掘業や電力なども含まれている。したがって，この工業部門という項目は日本語の鉱工業部門に該当すると解釈できる。
6) 当該2種の区分については，徐涛（2009）「中国鉱工業企業公表統計データの吟味」『アジア経済』第50巻第2号，アジア経済研究所，2009年2月，26-61頁の中の28-32頁を参照した。
7) 表2-1の企業名称，指標の日本語表記は，主に『中国経済データハンドブック』2005,

表2-1の上表と下表とを,「国有企業」と「国有控股企業(和訳:国有株支配企業)」とに注目して比較してみる。上表の「国有企業」とは,その企業の資産の100％を国が所有する非会社制(非公司制)の企業であり,下表の「国有控股企業(国有株支配企業)」とは,国を含む複数の出資者が所有する企業で,その企業をコントロールする出資者が国であるという企業である。上表の「国有企業」の鉱工業総生産額は57,013億元であり,その2010年・鉱工業総生産額の全体に占める比率は8.16％である。下表の「国有及び国有控股企業(国有株支配企業)」の鉱工業総生産額は185,861億元であり,その2010年・鉱工業総生産額の全体に占める比率は,26.61％となる。この両者の数値の差異の128,848億元の大半が「国有控股企業」の鉱工業総生産額である。この128,848億元の大半である国有控股企業は,企業の組織形態と数値から見れば,そのほぼ100％が上表の有限責任公司の一部と股份有限公司(和訳:株式有限公司)の一部とに該当している。さらに外資企業のなかにも外資の出資比率よりも国有の出資比率が大きく実質的に国がコントロールする合弁企業が存在するので,そのような企業を加味すれば,国有経済部門は26.61％を超過する。

したがって国有企業または国有経済部門を,表2-1の上表の組織形態別による区分の国有企業とするか,または下表の所有の別による区分の国有及び国有控股企業(国有株支配企業)とするかによって,国有企業または国有経済部門の大きさには大きな差異が生じる(参考:組織形態別による区分の各企業の概要は表2-2の通り)。

なお『中国統計年鑑』における区分についての詳細ならびに表2-1の上表の国有企業と下表の国有及び国有控股企業との比較の詳細は本節の末尾の1.補論「『中国統計年鑑』の企業の区分」を参照されたい。

2011年版,日中経済協会,2005,2011年に準じて記述し,一部は筆者の訳語にて記述した。適切な日本語表記がない用語については,『中国経済データハンドブック』では中国語表記をそのまま用いており,表2-1でも同様に中国語表記をそのまま用いた。本書では表2-1の日本語表記および中国語表記を併用する。

表2-1 組織形態別による区分と所有

（企業登記に応じた組織形態の別による区分・2010年鉱工業企業）

上表・下表の中の〔 〕内は『中国統計年鑑』の中国語の表記		企業数
総計（内資，外資（港澳台を含む）の合計）		（社）452,872
（内資企業）	〔内資企業〕	378,827
国有企業	〔国有企業〕	8,726
集団企業	〔集体企業〕	9,166
株式合作企業	〔股份合作企業〕	4,481
聯営企業	〔聯営企業〕	704
国有聯営企業	〔国有聯営企業〕	130
集団聯営企業	〔集体聯営企業〕	222
国有・集団聯営企業	〔国有与集体聯営企業〕	175
その他聯営企業	〔其他聯営企業〕	177
有限責任公司（有限会社）	〔有限責任公司〕	70,078
国有全額出資有限公司	〔国有独資公司〕	1,479
その他有限責任公司	〔其他有限責任公司〕	68,599
株式有限公司（株式会社）	〔股份有限公司〕	9,562
私営企業	〔私営企業〕	273,259
私営単一人全額出資企業	〔私営独資企業〕	59,926
私営合名企業	〔私営合伙企業〕	10,432
私営有限責任公司	〔私営有限責任公司〕	192,614
私営株式有限公司	〔私営股份有限公司〕	10,287
その他企業	〔其他企業〕	2,851
（外資企業）		74,045
（香港・澳門・台湾系企業）	〔港，澳，台商投資企業〕	34,069
合弁企業（香港・澳門・台湾）	〔合資経営企業（港或澳，台資）〕	10,583
合作経営企業（香港・澳門・台湾）	〔合作経営企業（港或澳，台資）〕	1,223
香港・澳門・台湾全額投資経営企業	〔港，澳，台商独資企業〕	21,671
香港・澳門・台湾投資株式有限公司	〔港，澳，台商投資股份有限公司〕	592
（外資系企業）	〔外商投資企業〕	39,976
中外合弁企業	〔中外合資経営企業〕	15,036
中外合作経営企業	〔中外合作経営企業〕	1,237
外資全額投資企業	〔外資企業〕	23,027
外資投資株式有限公司	〔外商投資股份有限公司〕	676

（所有（出資）の別による区分・2010年鉱工業企業）

		企業数
総計		（社）452,872
（内資企業）		378,827
国有及び国有株支配企業	〔国有及国有控股企業〕	20,253
（国有控股…複数者が所有する企業で，国が支配している企業）		
私営企業		273,259
その他（国有及び国有控股企業，私営企業を除く内資企業）		85,315
（外資企業）		74,045
外資系企業と香港・澳門・台湾系企業	〔外商投資与港澳台商投資企業〕	

注）工業は採掘業部門も含む…日本の鉱工業部門に同じ。〔工業総産値（当年価格）〕の『中国統計年鑑』における英文表記は，Gross Industrial Output Value（current prices）。
出所）『中国統計年鑑』2011年版，及び筆者追記。

第 2 章　国有企業の地位の再評価　83

別による区分との比較・2010年鉱工業企業

鉱工業総生産額（名目価格）〔工業総産値（当年価格）〕	（鉱工業総生産額の構成比）	資産総計	（資産の構成比）
（100Mil.元）698,591		（100Mil.元）592,882	
508,673	72.81%	444,330	74.94%
57,013	8.16%	79,888	13.47%
10,383	1.49%	5,473	0.92%
3,789	0.54%	2,629	0.44%
1,237	0.18%	1,422	0.24%
723	0.10%	1,023	0.17%
218	0.03%	106	0.02%
154	0.02%	180	0.03%
143	0.02%	113	0.02%
156,232	22.36%	168,139	28.36%
27,305	3.91%	43,488	7.34%
128,928	18.46%	124,651	21.02%
63,804	9.13%	68,099	11.49%
213,339	30.54%	116,868	19.71%
38,809	5.56%	15,275	2.58%
6,254	0.90%	2,526	0.43%
154,715	22.15%	90,447	15.26%
13,561	1.94%	8,619	1.45%
2,876	0.41%	1,812	0.31%
189,918	27.19%	148,552	25.06%
65,358	9.36%	52,495	8.85%
22,976	3.29%	20,369	3.44%
1,977	0.28%	1,625	0.27%
37,459	5.36%	27,451	4.63%
2,944	0.42%	3,051	0.51%
124,560	17.83%	96,057	16.20%
56,652	8.11%	43,253	7.30%
2,485	0.36%	2,204	0.37%
60,596	8.67%	45,120	7.61%
4,826	0.69%	5,480	0.92%

鉱工業総生産額（名目価格）〔工業総産値（当年価格）〕	（鉱工業総生産額の構成比）	資産総計	（資産の構成比）
（100Mil.元）698,591		（100Mil.元）592,882	
508,673	72.81%	444,330	74.94%
185,861	26.61%	247,760	41.79%
213,339	30.54%	116,868	19.71%
109,473	15.67%	79,702	13.44%
189,918	27.19%	148,552	25.06%

表 2-2 〔参考〕組織形態別に

企業の組織形態　〔　〕内は『中国統計年鑑』の中国語の表記	
内資企業	〔内資企業〕
非会社制企業	〔非公司制企業〕
国有企業	〔国有企業〕
集団企業	〔集体企業〕
株式合作企業	〔股份合作企業〕
聯営企業(*)	〔聯営企業〕
国有聯営企業	〔国有聯営企業〕
集団聯営企業	〔集体聯営企業〕
国有・集団聯営企業	〔国有与集体聯営企業〕
その他聯営企業	〔其他聯営企業〕
会社制企業(*)	〔公司制企業〕
有限責任公司（有限会社）	〔有限責任公司〕
国有全額出資有限公司	〔国有独資公司〕
その他有限責任公司	〔其他有限責任公司〕
株式有限公司（株式会社）	〔股份有限公司〕
私営企業暫定条例／合伙企業法／公司法の企業	
私営企業	〔私営企業〕
私営単一人全額出資企業	〔私営独資企業〕
私営合名企業	〔私営合伙企業〕
私営有限責任公司	〔私営有限責任公司〕
私営株式有限公司	〔私営股份有限公司〕
外資企業	
香港・澳門・台湾系企業	〔港，澳，台商投資企業〕
合弁企業（香港・澳門・台湾）	〔合資経営企業（港或澳，台資）〕
合作経営企業（香港・澳門・台湾）	〔合作経営企業（港或澳，台資）〕
香港・澳門・台湾全額投資経営企業	〔港，澳，台商独資経営企業〕
香港・澳門・台湾投資株式有限公司	〔港，澳，台商投資股份有限公司〕
外資系企業	〔外商投資企業〕
中外合弁企業	〔中外合資経営企業〕
中外合作経営企業	〔中外合作経営企業〕
外資全額投資企業	〔外資企業〕
外資投資株式有限公司	〔外商投資股份有限公司〕

注）＊企業を支配する出資者が国である企業は，国有株支配企業〔国有控股企業〕と呼称される（法規に基づく分類・呼称ではない）。

　　国有株支配企業には，国有資本の支配に応じた以下の2種の呼称がある（法規に基づく分類・呼称ではない）。

　　①国有株絶対支配企業〔国有絶対控股企業〕：企業の全ての出資金における国家資本（持ち株）の占める比率が50％を上回る企業（政府の過半出資会社）。

よる区分の各企業の概要

企業の概要	支配的所有形態
企業法人登記管理条例に基づき登記，全ての資産が国家所有	国有
企業法人登記管理条例に基づき登記，全ての資産が集団所有	
合作制，従業員が共同出資して株式所有	(出資比率等により決まる)
2者以上の共同での投資・設立された経済組織	
	国有
	集団（公有）
	(出資比率等により決まる)(*)
	(出資比率等により決まる)(*)
公司法（会社法）に基づく企業	
公司法に基づく公司登記管理条例に基づき登記，1者以上50者以下の出資	
国が授権した投資機構／部門が出資	国有
国有独資及び私営以外の有限責任公司	(出資比率等により決まる)(*)
公司法に基づく公司登記管理条例に基づき登記，株券の発行を通じて資本調達，発起人は2者以上200者以下，上場企業は当該形態	(出資比率等により決まる)(*)
自然人が投資設立または株式支配	
私営企業暫定条例に基づき登記，1名の自然人が投資経営，無限責任	私有
合伙企業法に基づき登記，2名以上の自然人が投資経営，無限責任	私有
公司法と私営企業暫定条例に基づき登記，2名以上の自然人が投資，または1名の自然人が出資金を支配する有限責任公司	私有
公司法に基づき登記，5名以上の自然人が投資，または1名の自然人が株式を支配する株式会社	私有
香港・澳門・台湾の投資が設立企業の全資本の25％以上	
中外合資経営企業法に基づく香港・澳門・台湾の投資者と内地の企業の合弁	(出資比率等により決まる)
中外合作経営企業法に基づく香港・澳門・台湾の投資者と内地の企業の合作	(出資比率等により決まる)
外資企業法に基づく香港・澳門・台湾の投資者が全額出資	外資
香港・澳門・台湾の投資者の持分が25％以上の株式会社	(出資比率等により決まる)
外国の投資が設立企業の全資本の25％以上	
中外合資経営企業法に基づき外国の投資者と内地の企業の合弁	(出資比率等により決まる)
中外合作経営企業法に基づき外国の投資者と内地の企業の合作	(出資比率等により決まる)
外資企業法に基づき外国の投資者が全額出資	外資
外国の投資者の持分が25％以上の株式会社	(出資比率等により決まる)

②国有株相対支配企業〔国有相対控股企業〕：企業の全ての出資金における国家資本（持ち株）の占める比率が50％を上回らないが，その他の出資者より大きい（筆頭株主），または小さくとも出資者間の契約や協議により，国が実際の支配権を持つ企業。

出所）『中国経済ハンドブック』日中経済協会，2005年，今井健一・渡邉真理子（2006）『シリーズ中国経済4　企業の成長と金融制度』名古屋大学出版会，『中国統計年鑑』2010年版より筆者作成。

1.2　先行研究の事例

1.2.1　呉敬璉の事例

（1）　その1：呉（2007）『現代中国の経済改革』[8]の事例　　呉（2007）第5章「民営経済の発展」にて，「21世紀にかけて，民営経済はすでに中国の国民経済において最大の割合を占める経済部門となり，中国の経済成長を支える基礎的勢力となった」と述べ，表2-3を示している。[9]

この呉のデータに対応する『中国統計年鑑』の固定資産投資についての経済類型に基づく区分によるデータは表2-4の通りである。[10][11]

表2-3と表2-4とを比較してみれば，表2-3の呉の「国有」「集団」「私有」は，それぞれ表2-4の「国有経済」「集体経済」「国有経済と集体経済を除くそれ以外の全ての経済類型（企業形態）を含めたもの」に合致する。また，呉（2007）第5章の「民営経済」は広く非国有経済一般を指す，と定義しているので[12]，この定義に則れば，呉の「民営経済」とは，表2-3の「私有」と「集団」の合計であり，それは表2-4の「国有経済」以外の全てに合致する。その表2-4の「国有経済」以外の部分には，例えば，股份制経済（株式制経済）には国有株支配企業が含まれ，さらに外資企業（外商投資経済と港澳台投資経済）にも，外資の出資比率より国の出資比率が大きい実質的な国有株支配企業が含まれているから，呉の表2-3の「私有」または「民営経済」の中には国有株支配企業が含まれているのである。したがって，所有別による区分

8）　呉敬璉（2007）『現代中国の経済改革』（青木昌彦監訳，日野正子訳）NTT出版。
9）　呉（2007）180頁。
10）　表2-4のデータは『中国統計年鑑』の「固定資産投資」の項の全社会固定資産投資のデータであり，これは鉱工業部門を含む全産業を対象としたデータである。表2-4の経済類型分類による区分は，『中国統計年鑑』2006年版まで用いられた区分。2007年版からは登記類型分類（区分は国有・集体・股份合作・聯営・有限責任公司・股份有限公司・私営・個体・その他，港澳台商投資・外商投資）に変更される。2006年版までの「股份制経済（Share Holding Economic Units）（株式制経済）」のほとんどは，2007年版以降の区分では有限責任公司と股份有限公司（株式有限公司）に分類される。
11）　表2-4の「個体経済」は個人経営経済という意味。その対象は経営者個人が出資する従業員7人以下の自営の企業。
12）　呉（2007）163頁の注1）。

第 2 章　国有企業の地位の再評価　87

表 2-3　呉敬璉の事例（その 1）
民営経済の社会的安定の維持に果たす役割　　　　　　　　　　　　　（％）

年		1997	1998	1999	2000	2001	2002
固定資産投資	国有	52	54	53	50	47	43
	集団	16	15	14	15	14	14
	私有	32	31	32	35	38	43
都市部就業者数	国有	53	42	38	35	32	29
	集団	14	9	8	6	5	5
	私有	33	49	54	59	63	67

出所）『中国統計年鑑』（各年），CICC. 本表は呉（2007）180頁の表。

表 2-4　呉敬璉の事例（その 1）に対応する『中国統計年鑑』のデータ
全社会固定資産投資・経済類型別投資金額（億元）／構成比率（％）

年		1997	1998	1999	2000	2001	2002
投資総額（億元） 経済類型分類		24,941.11	28,406.17	29,854.70	32,917.73	37,213.49	43,499.91
国有経済	（億元）	13,091.72	15,369.30	15,947.76	16,504.44	17,606.97	18,877.35
	（％）	(52.5%)	(54.1%)	(53.4%)	(50.1%)	(47.3%)	(43.4%)
集体経済	（億元）	3,850.87	4,192.24	4,338.55	4,801.45	5,278.57	5,987.43
	（％）	(15.4%)	(14.8%)	(14.5%)	(14.6%)	(14.2%)	(13.8%)
個体経済	（億元）	3,429.42	3,744.37	4,195.70	4,709.36	5,429.57	6,519.19
	（％）	(13.8%)	(13.2%)	(14.1%)	(14.3%)	(14.6%)	(15.0%)
聯営経済	（億元）	123.12	60.49	97.90	94.73	94.52	138.19
	（％）	(0.5%)	(0.2%)	(0.3%)	(0.3%)	(0.3%)	(0.3%)
股份制経済	（億元）	1,387.21	1,947.01	2,478.88	4,061.88	5,663.49	8,328.81
	（％）	(5.6%)	(6.9%)	(8.3%)	(12.3%)	(15.2%)	(19.1%)
外商投資経済	（億元）	1,955.94	1,639.61	1,433.40	1,313.21	1,415.40	1,685.42
	（％）	(7.8%)	(5.8%)	(4.8%)	(4.0%)	(3.8%)	(3.9%)
港澳台投資経済	（億元）	937.14	1,334.20	1,218.07	1,293.05	1,583.29	1,765.33
	（％）	(3.8%)	(4.7%)	(4.1%)	(3.9%)	(4.3%)	(4.1%)
その他経済	（億元）	165.68	118.95	144.44	139.61	141.68	198.19
	（％）	(0.7%)	(0.4%)	(0.5%)	(0.4%)	(0.4%)	(0.5%)

出所）『中国統計年鑑』各年版，及び構成比率は筆者が計算作成。

の視点に立って見れば,呉の「私有」または「民営経済」は過大に示されていることになり,呉の「私有」または「民営経済」という区分は適切ではない。

なお,『中国統計年鑑』には国有控股企業(国有株支配企業)の固定資産投資額のデータが無いので,呉の表2-3の「私有」には国有株支配企業や外資の内の実質的な国有株支配企業が含まれているという付記がなされることが適切である。表2-3の都市部就業者数についても,固定資産投資と同様である。

(2) その2:呉(2007)『現代中国の経済改革』の事例　呉(2007)第10章「転移期のマクロ経済政策」にて,「民間の自主的投資の力強さが,社会投資の増加回復をリードした」と述べ,表2-5を示している[13]。なお,民間という語については,「民営企業の発展により,民間投資はすでに投資における主要部分となり[14]」という記述があるので,民間と民営は同じ部門と判断する。

この呉のデータに対応する『中国統計年鑑』の固定資産投資についてのデータは表2-6の通りである。

表2-5の増加率は表2-6の各々の増加率に一致する。ただし,表2-5の共同経営経済の欄の1998,1999,2000年は表2-6の「その内」のなかの「共同経営経済」+「その他」の数値が使用されている(但し,1998年はマイナスがプ

表2-5　呉敬璉の事例(その2)
各経済タイプの固定資産投資の増加(年対年%)

年		1998	1999	2000	2001	2002
全社会平均		13.9	5.1	10.3	13.0	16.9
国有経済		17.4	3.8	3.5	6.7	7.2
集団経済		8.9	3.5	10.7	9.9	13.4
個人経済		9.2	7.9	12.2	15.3	20.1
その他経済		11.6	5.3	28.5	28.9	36.2
その内,	株式制経済	40.3	27.3	63.9	39.4	47.1
	外国企業投資	-16.2	-12.6	-8.4	7.8	19.1
	香港・台湾投資	42	-8.7	6.2	22.4	11.5
	共同経営経済	37.9	35.1	-3.2	-0.2	46.2

出所)『中国統計年鑑』(各年),本表は呉(2007)366頁の表。

---

13) 呉(2007)366頁。
14) 呉(2007)365頁。

第2章 国有企業の地位の再評価 89

ラスに表示されている)。

呉の民間投資は表2-5の「個人経済」と「その他経済(株式経済+外国企業投資+香港・台湾投資+共同経営経済)」の合計,またはさらに集団経済を加えた合計が対応すると判断できる。この経済タイプの民間投資には,呉の事例(その1)と同様に,「その他経済」の内資の部分に,とくに金額の大きい「株

表2-6 呉敬璉の事例(その2)に対応する『中国統計年鑑』のデータ
各経済タイプの固定資産投資の金額(億元)と増加(年対年%)

年		1997	1998	1999	2000	2001	2002
		(億元)	(億元)(%)	(億元)(%)	(億元)(%)	(億元)(%)	(億元)(%)
全社会総額 全社会平均		24,941.11	28,406.17 13.9%	29,854.70 5.1%	32,917.73 10.3%	37,213.49 13.0%	43,499.91 16.9%
国有経済		13,091.72	15,369.30 17.4%	15,947.76 3.8%	16,504.44 3.5%	17,606.97 6.7%	18,877.35 7.2%
集団経済		3,850.87	4,192.24 8.9%	4,338.55 3.5%	4,801.45 10.7%	5,278.57 9.9%	5,987.43 13.4%
個人経済		3,429.42	3,744.37 9.2%	4,195.70 12.1%	4,709.36 12.2%	5,429.57 15.3%	6,519.19 20.1%
その他経済		4,569.09	5,100.26 11.6%	5,372.69 5.3%	6,902.48 28.5%	8,898.38 28.9%	12,115.94 36.2%
その内	株式制経済 (股份制経済)	1,387.21	1,947.01 40.4%	2,478.88 27.3%	4,061.88 63.9%	5,663.49 39.4%	8,328.81 47.1%
	外国企業投資 (外商投資経済)	1,955.94	1,639.61 -16.2%	1,433.40 -12.6%	1,313.21 -8.4%	1,415.40 7.8%	1,685.42 19.1%
	香港・台湾投資 (港澳台投資経済)	937.14	1,334.20 42.4%	1,218.07 -8.7%	1,293.05 6.2%	1,583.29 22.4%	1,765.33 11.5%
	共同経営経済 (聯営経済)	123.12	60.49 -50.9%	97.90 61.8%	94.73 -3.2%	94.52 -0.2%	138.19 46.2%
	その他	165.68	118.95 -28.2%	144.44 21.4%	139.61 -3.3%	141.68 1.5%	198.19 39.9%
上記の,「共同経営経済」+「その他」		288.80	179.44 -37.9%	242.34 35.1%	234.34 -3.3%	236.20 0.8%	336.38 42.4%

出所)『中国統計年鑑』各年版,及び構成比率は筆者が計算作成。

式制経済」のなかに国有株支配企業の投資が含まれている。さらに，外資企業（含む港澳台）の中にも実質的な国有株支配企業が存在している。したがって，呉の事例（その1）と同様に，表2-5の民間投資の中には国有株支配企業の投資が含まれており，民間投資が過大に示され，呉の「民間投資」の区分は適切ではない。

なお，前の事例（その1）と同様に，表2-5に，「『その他経済』の区分には国有株支配企業や外資の内の国が支配している企業の固定資産投資が含まれている」，との付記がなされていれば適切である。

1.2.2 中兼和津次の事例

(1) その1：中兼（2002）『経済発展と体制移行』[15]の事例　中兼（2002）第4章「中国における移行政策の展開」にて，「国有企業の外部にある私有企業の成長によって，国民経済全体に占める国有部門の比重を下げたことに中国の民営化の特色がある」と述べ，表2-7を示している[16]。表2-7の下半分の工業総生産額を取り上げてみると，「国有企業」の比重低下と「私有企業」の成長ということに対応する区分は，「国有」と「個体とその他の合計」という区分とに該当する。

この中兼のデータに対応する『中国統計年鑑』の2000年の鉱工業総生産額のデータは表2-8の通りである。

表2-7の2000年の「国有」，「集団」，「個体とその他の合計」は，それぞれ表2-8の左欄の「国有企業」，「集体企業（集団企業）」，「国有企業と集体企業（集団企業）を除くそれ以外の全ての企業形態（外資も含む）の合計」に合致する。そして前述（1.1）の説明のとおり，表2-8の左欄の「国有企業と集体企業を除くそれ以外の全ての企業形態（外資も含む）の合計」の内資には表2-8の右欄の国有腔股企業（国有株支配企業）が，外資には実質的な国有株支配企業が含まれている。これを2000年の数値で見てみると，中兼の言うところの「国有企業の外部にある私有企業」は，表2-7の全体から「国有」：23.53％と

---

15) 中兼和津次（2002）『シリーズ現代中国経済1　経済発展と体制移行』名古屋大学出版会．
16) 中兼（2002）156-157頁．

表2-7 中兼和津次の事例（その1）
中国における民営化の進展

	1985	1990	1995	1997	2000
従業員の割合（％）					
国有経済	18.03	16.19	16.57	15.87	11.39
私営経済		0.62	2.69	4.03	3.38
個体企業	5.92	4.85	7.13	8.51	7.13
外資企業	0.04	0.24	1.45	1.74	0.90
計（1）	5.59	5.71	11.27	14.28	16.41
計（2）	67.27	69.47	71.13	75.52	86.51
工業総生産額の割合（％）					
国有	64.86	54.61	33.97	25.52	23.53
集団	32.08	35.63	36.59	38.11	13.90
個体	1.85	5.39	12.86	17.92	
その他	1.20	4.37	16.57	18.45	
個体とその他の合計	3.06	9.76	29.44	36.36	62.57

注）計(1)は農民を除く従業員の中の非公有部門割合，計(2)は農民を含めた割合をそれぞれ指す。また個体企業とは従業員7人以下の個人企業のことを示す。
出所）『中国統計年鑑』各年版より計算，本表は中兼（2002）157頁の表。

「集団」：13.90％とを除いた「個体とその他の合計」：62.57％である。一方，所有別による区分の視点に立って全体から国有企業と集団企業を除いた部分を求めれば，表2-8右欄の全体から「国有及び国有株支配企業」：47.34％と表2-8左欄の「集体企業」：13.90％とを除いた部分となり，その数値は38.76％となる。すなわち，国有企業と集団企業との外部にある部分は中兼の述べる62.57％というほどには大きくなく，それは「国有及び国有株支配企業」の47.34％よりも小さい。なお，「国有株支配企業」には外資の中の実質的な国有株支配企業は含まれていないので，この実質的な国有株支配企業をも加味すれば全体から「国有及び国有株支配企業」と「集体企業」を除いた部分は38.76％より小さくなる。

　これらのことから，国有企業の比重低下は，私有企業と国有株支配企業との増加によるものであり，株式所有を通じた支配を含めて国の支配する企業は中兼の表2-7のデータほどには減少していないことが判る。

表2-8 中兼和津次の事例（その1）に対応する『中国統計年鑑』のデータ
2000年の企業区分別鉱工業総生産額

（組織形態別）	鉱工業総生産額（億元）	（構成比）	（所有別）	鉱工業総生産額（億元）	（構成比）
総計（内資，外資）	85,673.66		総計（内資，外資）	85,673.66	
（内資）	62,209.11	72.61%	（内資）	62,209.11	72.61%
国有企業	20,156.29	23.53%	国有及び国有控股企業	40,554.37	47.34%
集体企業	11,907.92	13.90%			
股份合作企業	2,897.26	3.38%			
聯営企業	900.55	1.05%			
内，国有聯営	230.33	0.27%			
内，集体聯営	245.23	0.29%			
内，国有と集体聯営	293.91	0.34%			
有限責任公司	10,926.38	12.75%			
内，国有独資公司	4,510.74	5.27%			
股份有限公司	10,090.29	11.78%			
私営企業	5,220.36	6.09%	私営企業	5,220.36	6.09%
その他企業	110.06	0.13%			
			その他(注)	16,434.38	19.18%
（外資）	23,464.55	27.39%	（外資）	23,464.55	27.39%
港澳台商投資企業	10,574.30	12.34%	港澳台商投資企業	10,574.30	12.34%
外商投資企業	12,890.25	15.05%	外商投資企業	12,890.25	15.05%

注）その他の中の主な企業は（集体企業）と（有限責任公司＋股份有限公司より国有控股を除いた残り）となる。
出所）『中国統計年鑑』2001年版，及び筆者が計算作成。

なお，中兼は表2-7を示すに至る部分で，「国有企業の株式化の進展は，当然のこととしてこれまでの所有観を変えることになる。すなわち，100％の国家保有から国家が支配株を握れば（控股）国有と見なされることになった[17]」と述べているが，表2-7の中に国有株支配企業の総生産額データを示していない。

---

17) 中兼（2002）156頁。

(2) その2：中兼（2010）『体制移行の政治経済学』[18]の事例　中兼（2010）第6章「民営化の経済学」にて，「中国における民営化の進展はやや特殊である。〔中兼の〕『表6-1　民営化の動き』からは，旧社会主義国ほどではないが，着実に民営化が進んでいるような印象を受ける。（中略）改革開放以後，雨後の竹の子のように無数の民営企業が誕生し，ある場合には国有企業を圧倒し，ある場合にはそれと対等に競争し，中国経済成長の大きな源泉になった（〔　〕内筆者。以下同様）」と述べ，表2-9を示している[19]。

この表2-9からは中国の民営部門とはどのような部分を対象にしているのかは不明瞭であり，出所の対象となっているデータを見ると，それは，「表2-10　中兼和津次の事例（その2）に対応するGarnaut et al.（2005），10頁のデータ」の通りである[20]。

表2-10の区分の性格をGarnaut et al.の注書きによって見てみると，①State Controlledとは国有及び国有株支配企業に相当しているようで，それらを"国有"と見なしているようである，②Collectives（official）は集団企業，つまり"公有"であり，その半分は事実上の私有，残りの半分は"公有"（非国有である）と見なしている，③Domestic private（official）は内資から①，②を除いた残りの部分となり公式にも事実上も"私有"と見なしており，その主なものは有限責任公司と股份有限公司（株式有限公司）の中の国有株支配以外の部分に相当する。④外資は，その3分の1は事実上の内資に，残りの3分の2は外資にと分けられているが，全て"私有"と見なしている。以上より，⑨非国有（Non state）は国有及び国有株支配企業以外の全てとなり，⑦事実上の私有（Private, real）は，②集団の半分，③内資の私有，④外資の全ての合計，または非国有より農業と公有である集団企業の半分を除いた部分となる。国有株支配企業に着目しているようであり，前の事例（その1）よりは実態を反映している。

しかしながら，外資の全てを事実上の私有としているのは実態を無視している。外資の実態に立ち入って事実上の内資と外資に分類しているのであるから

---

18) 中兼和津次（2010）『体制移行の政治経済学』名古屋大学出版会。
19) 中兼（2010）193頁。
20) Garnaut, Ross, Ligang Song, Stoyan Tenev, and Yang Yao（2005）*China's Ownership Transformation: Process, Outcomes, Prospects*, International Finance Corporation. p.10.

表2-9：中兼和津次の事例（その2）
民営化の動き（民営部門GDPの割合）　　　　　　　（％）

	1992	1994	1996	1998	2000	2002	2004	2006	2007
CEE									
SEE				（筆者が省略）					
バルト海諸国									
CIS									
中国				31.0	36.0	40.0			

注）CEEなどの地域別民営化率は，各国の民営化率をその国，その都市のGDPをウエイトにして平均化したもの。
出所）旧社会主義国は *Transition Report* 各年版，中国はGarnaut et al.（2005）p.10より作成，本表は中兼（2010）193頁の表。

こそ，その内資の中の実態に応じた分類を行なって国有支配の部分を摘出する，または国有支配の部分が存在することを付記するという表示があれば適切であろう。このようにGarnaut et al.（2005），10頁のデータは実態を適切に表現しているとは言い切れなく，それを引用した中兼（2010），193頁，「表6-1　民営化の動き」も同様の表現と言わざるを得ないだろう。

また，中兼は「『集団所有』といわれた郷鎮企業も，そのかなりの部分は事実上私営企業（これは『赤い帽子の企業（紅帽企業）』といわれた）だったし，1990年代後半からの制度改革の過程でほとんどが民営化した（これらの実質民営化企業の比率は〔中兼の〕『表6-1　民営化の動き』の統計に含まれている）。それゆえ，中国ではミクロ的民営化よりもマクロ的民営化の方が進んだ[21]」と述べている。この集団企業の実質民営化企業については，表2-10において②集団企業の半分が事実上の私有と見なされている点を考慮して述べている模様であり，そして，この民営化が中国経済全体の民営化を増加させているように述べている。つまり，中兼は集団企業の実質民営化が表2-9（中兼の「表6-1」）の数値（1998年：31.0％，2000年：36.0％，2002年：40.0％と増加している）をプラスに作用する要因であるかのように述べている。しかしながら，表2-10にて1998年から2002年の間に⑦事実上の私有（Private, real）が31.0％から40.0

21）　中兼（2010）193頁。

表2-10 中兼和津次の事例(その2)に対応するGarnaut et al. (2005), 10頁のデータ

TABLE 1.2 COMPOSITION OF CHINA'S GDP BY OWNERSHIP TYPES, 1998-2003

(Percent)

Year		1998	1999	2000	2001	2002	2003
State Controlled	①	41	40	39	38	36	34
Collectives (official)	②	22	20	18	17	14	13
Domestic private (official)	③	12	13	14	16	19	22
Foreign (official)	④	8	10	12	13	14	15
Private (official)	⑤	20	23	26	29	33	37
Domestic private (real)	⑥	26	26	28	29	31	34
Private (real)	⑦	㉛	33	㊱	38	㊵	44
Agriculture	⑧	18	17	17	16	16	15
Nonstate	⑨	59	60	61	62	64	66

(↑筆者が追記)

All the original data are from *Statistical Yearbook of China*, 2004.

注) 表中の◯印の中の数値は, 表2-9 (中兼 (2010) 193頁の表6-1) に表示されている数値。
上記のTABLE1.2の数値の算出方法についての注書きの要旨は次の通り。
①+②+③+④+⑧=100%
②…事実上, 私有企業である"赤い帽子"とよばれる企業 (それは"改制"企業 (民営化された企業) と同様のもの) を含んでいる。
③…含む, 個体戸 (個人経営)。
⑤…③と④の合計 (⑤=③+④)。
⑥…(②×1/2) と (④×1/3) とを含む (⑥=②×1/2+③+④×1/3)。
②の半分は事実上の内資・私有, 外資の3分の1は事実上の内資・私有, と判定する。
⑦…事実上の内資・私有と外資・私有との合計 (⑦=⑥+④*2/3)。外資の3分の2は事実上の外資の私有。
⑦=⑥+④×2/3=(②×1/2+③+④×1/3)+④×2/3=②×1/2+③+④=②×1/2+⑤
⑧…農業はほぼ全てが私有。
⑨…100%から①を減じたもの (⑨=100%−①=⑦+②×1/2+⑧)。
出所) Garnaut et al. (2005) 10頁の表。

%へ9.0ポイント増加した中身を見てみると, それは②集団企業 (official) の内の事実上の私有の部分：−8.0ポイントの半分相当である−4.0ポイント, ③内資の私有 (official)：＋7.0ポイント, ④外資 (official)：＋6.0ポイントであり, 集団企業の実質民営化は全体の民営化の増加にはプラスではなくマイナスの作用をしている。中兼の表現は実態を適切に表していない模様である。

さらに，中兼は表2-9（中兼の「表6-1」）を示して，既存国有企業の民営化については「基幹産業に対しては株式会社化と上場化は行っても，抜本的な所有権改革まではあまり進んでいない」と述べているが，この上場化された企業を国有と見るのか非国有と見るのかについては触れていない。また，表2-9（中兼の「表6-1」）の数値がGarnaut et al.（2005），10頁の引用であると注記されているが，Garnaut et al.（2005），10頁の数値算出方法は示されていないので，読者は表2-9（中兼の「表6-1」）からだけでは，この数値の適切さを判断できない。

以上のようにGarnaut et al.（2005），10頁の内容は実態を適切に示しているとは言えなく，それを引用した中兼（2010）193頁，「表6-1」も同様であり，また中兼のデータの説明などには判り易く適切に示したとは言い難い表現がみられる。

なお，Garnaut et al.（2005），11頁は，「一般的に私有部分は他の部分より生産性が高い」と述べているが，この生産性に関しては，本章第3節にて取り上げる。

1.2.3 今井健一・渡邉真理子（2006）『シリーズ現代中国経済4　企業の成長と金融制度』[23]の事例

今井は，今井・渡邉（2006）第4章「企業所有の収斂：民営化への途」にて鉱工業部門の付加価値の推移について「注目する必要があるのは，国有資本支配会社を含む広義の国有部門のシェアの推移である。旧来型国有企業だけでみた狭義の国有部門のシェアは急速に低下し，（中略）だが旧来型国有企業の縮小を補う形で国有資本支配会社がシェアを高めており，広義の国有企業シェアは，むしろやや上昇傾向にある[24]」と述べており，国有株支配企業について的確な認識を表し，国有企業の区分を適切に行ない，それによって国有企業の経済全体に占める大きさを適切に評価している。

---

22)　中兼（2010）193頁。
23)　今井健一・渡邉真理子（2006）『シリーズ現代中国経済4　企業の成長と金融制度』名古屋大学出版会。本書は，第Ⅰ部（第1～4章）は今井が，第Ⅱ部（第5～8章）は渡邉が担当（「あとがき」348-349頁より）。
24)　今井・渡邉（2006）130-131頁。

次に国有企業の内容・質についての評価は，第2章「国有企業改革：市場経済化のなかのジレンマ」にて国有企業の資本の効率を取り上げて評価をしている。今井は，2000～2002年平均の各企業のROE（株主資本利益率）について，中国の上場企業：6.2（％），中国の私営企業（私営の上場並びに非上場の株式会社形態の企業）：11.9，先進工業国（米：23.8，英：19.9，仏：16.2，独：14.6，日：7.7）であり，また総資本回転率について1996～2002年の中国上場企業：約0.6（回／年），先進工業国の中では相対的に低い日本の上場企業：約1.0であるから，中国上場企業の資本効率は低いと述べている。この中国の上場企業の約8割は国有株主が筆頭株主であるから，中国の上場されている国有企業（つまり国有株支配企業のなかの上場企業）は資本の効率が悪いと評価している。そして，今井は，国有大企業の会社化が推進されたが，会社形態への転換それ自体が効率的な企業統治の実現を意味するわけではなかったと述べ，さらに，国有大企業の会社化および株式の上場は大企業の経営権を民間人や民営企業に譲渡するという民営化を回避した形で行なわれた結果，上場企業の資本効率は低い，と評価結果を示し，国有株売却による大企業民営化により国家が企業の所有と経営から退出する過程の更なる進展の必要性を示唆している。つまり，今井は，国有企業は中国経済の発展に対してプラスではなくマイナスの作用をしている，または更なる国有企業の民営化によってプラスの作用を図ることを期待するかのような主張をしている模様である。

 このような今井の評価結果であるが，ROEは一般に労働集約的企業の方が高くなるので，上場企業には資本集約的な企業が多く，私営企業には労働集約的企業が多ければ，上場企業のROEは低くて当然である。また総資本回転率も同様の傾向である。今井の考察は企業の実態を十分に明らかにしたとは言えず，その評価結果も適切であるとは言い切れないだろう。

---

25) 今井・渡邉（2006）73-74頁。
26) 今井・渡邉（2006）69頁。
27) 今井・渡邉（2006）84-85頁。
28) 今井・渡邉（2006）140頁。
29) 今井は国有企業のシェアについて労働集約的な軽工業では低く，参入障壁が高い重工業・資源エネルギー産業などでは高い，と述べているが，企業の規模と資本の効率の関係については言及していない，今井・渡邉（2006）131頁。

98

1.2.4 加藤弘之・久保亨（2009）『叢書 中国的問題群5 進化する中国の資本主義』の事例[30]

加藤は，加藤・久保（2009）第1章「中国の資本主義を考える」にて国有企業の対象について，「国有企業の割合は『国有控股企業』（国が主たる株式を保有する準国有企業）を含めても29.5％に過ぎない」と述べ[31]，国有控股企業（国有株支配企業）について的確な認識を表し，国有企業の区分を適切に行なっている。

続いて，加藤（2009）は，Huang（2008）[32]の企業類型別シェアのデータについて適切な検討結果を示している。加藤は，Huang（2008）のデータ，それは1998，2001，2005年の各年について全ての企業を私有企業（資本の50％以上が個人所有），法人企業（法人所有が50％以上），外資企業（外資の比率が50％以上），国有企業の4種類に分類して計測した結果（全体に占める4種類の各々のシェア）を示したデータ[33]，を引用して図示し，このデータについて，私有企業，法人企業，外資企業を非国有企業とすれば，全体に占める非国有企業の割合は1998年：28.9％→2005年：71.5％に増加しているが，法人企業の多くは国有企業もしくは「国有控股企業」という法人が株式を所有しているので，法人

---

30) 加藤弘之・久保亨（2009）『叢書 中国的問題群5 進化する中国の資本主義』岩波書店。本書は，「はじめに」，第1，5章は加藤，第2章は久保が担当し，第3，4章は両者の共同執筆（「はじめに」xviii頁より）。
31) 加藤・久保（2009）15頁。国有企業の区分に国有腔股企業を含める加藤の認識は，加藤（2013）『「曖昧な制度」としての中国型資本主義』NTT出版でも，より明確に，国有企業とは「国有企業および国有支配企業」（92-94頁）をさす，と示されている。
32) Huang, Yasheng（2008）*Capitalism with Chinese Characteristics*, Cambridge University Press.
33) Huang（2008）は，工業部門のプライベート・セクターについて，OECDの基準により企業の分類を行ない，付加価値及び利潤による企業別構成の計測をして，例えば2005年は私有企業：19.1％，法人企業：31.4％，外資企業：20.7％，計71.2％と示している（15頁，表1-1）。（加藤は71.5％と記述しているが，それは誤記と思われる）。Huang（2008）の計測結果によると国有企業は（100％-71.2％＝）29.8％となり，この数値を『中国統計年鑑』のデータにより検証してみると，2005年の国有及び国有控股企業の全体に占めるシェアは，付加価値（増加値）のシェアは37.7％，利潤額のシェアは44.0％でありHuangの数値との差異が大きい。この差異はOECDの基準による企業分類では「国有及び国有控股企業」を把握できない為によると推定される。

企業の全てをもし準国有企業として捉えるならば、非国有企業の割合は私有と外資の合計である2005年：39.8％に過ぎないと検討結果を記している[34]。加藤は、以上の検討結果をも考慮して国有経済の占める割合は決して小さくない、一般的にいえば、資本集約的産業では国有経済の割合が高く、労働集約的産業ほど国有経済の割合が低いと述べている[35]。

さらに、加藤は、企業の内容、質について、国有企業と非国有企業との利潤率（この利潤率は工業生産額に占める利潤総額の割合）の1990〜2006年の変化を示し、その数値が2000年以降は国有企業が非国有企業を上回る姿を確認し、「今日、平均的な国有企業は平均的な非国有企業よりも利潤率が高いことが確認できる[36]」と述べている。この限りでは国有企業の実態を適切に表しているが、国有企業の資本の効率には触れておらず、国有企業の実態を十分に示しているとは言い切れないだろう。

なお、加藤・久保（2009）の狙いが「進化する中国の資本主義」であるため、国有経済・非国有経済の性格や動向という視点による企業の収益性、成長性、生産性についての国有・非国有の比較に深く立ち入った考察はされていなく、国有企業の実態を十分に示すに至っていない点は致し方ないだろう。

1.2.5 徐涛（2009）「中国鉱工業企業公表統計データの吟味[37]」の事例

徐涛は、1980年以降の中国鉱工業統計の所有制分類、業種分類について、これまでに1980年基準、1992年基準、1998年基準と、基準の変更があったために統計概念の非連続性という問題がある、一貫性のある分類基準をもってデータを見るためには、データの加工方法の検討などが重要な点となる、と指摘している。そして、鉱工業統計指標の概念を示し、鉱工業統計データの問題を分析している。

徐涛（2009）は、「国家資本の支配力を判断するには、企業に対する投資の

34）　加藤・久保（2009）16頁。
35）　加藤・久保（2009）17頁。
36）　加藤・久保（2009）18頁。
37）　徐涛（2009）「中国鉱工業企業公表統計データの吟味」『アジア経済』第50巻第2号、アジア経済研究所、2009年2月、26-61頁。

多少にかかわらず一律に国家資本を集計するのではなく，国家資本が支配している企業を集計して分析した方が妥当だと考えられる。そのため，国有資本支配企業のデータの整備が期待される。本稿では，国家資本が100％の企業と国家資本が実質的に支配している企業を総称して『国有支配企業』と呼ぶ。統計資料の不備は様々な点で見られる。たとえば，国家資本が支配している聯営経営，外資系企業，ならびに会社制企業の鉱工業業種別集計データが公表されていない[38]」と述べている。このように，統計資料に表される国有支配企業の他に，例えば外資企業のなかにも国の出資が多く国が支配している企業の存在を指摘し，それら国が支配している企業についてのデータの公表がなされていない事実，つまり，現在の統計データの不十分さを的確に指摘している。ただし，徐の論稿はデータの非連続性を対象にしており，国有経済・非国有経済の比較という視点による企業の内容，質についての考察ではないために，それらについては言及されていない。

1.2.6　ハスビリギ・竹康至（2009）「中国上場企業の資金調達構造[39]」の事例

　ハスビリギ・竹康至（2009）[40]は，上場企業を国家支配企業と非国家支配企業とに分類し，上場企業のなかの国家支配企業の資金調達の特徴を表した。ハスビリギ・竹康至（2009）は，国家支配企業を国有株持株比率50％以上と定義しているが，国有絶対控股企業（国有株持株比率50％以上）と国有相対控股企業（国有株持株比率30〜50％）の差異をも認識しており，国有控股企業（国有株支配企業）について的確な認識を表し，国有企業の区分を適切に行なっている。ハスビリギ・竹康至（2009）は，その考察の対象が上場企業，特に上場の

38）　徐涛（2009）29頁。
39）　ハスビリギ・竹康至（2009）「中国上場企業の資金調達構造」『アジア経済』第50巻第9号，アジア経済研究所，2009年9月，2-22頁。
40）　ハスビリギ・竹康至（2009），5頁にて，当該稿における国家支配企業の定義を「上場株式企業でかつ国家株比率と国有法人株比率を合わせた国有株比率が50％以上である企業」としている。著者は国有絶対控股企業（国有株持株比率50％以上）と国有相対控股企業（国有株持株比率30〜50％）の差異を認識したうえで，資金調達の分析を行なう都合上，当該稿では50％以上という国有絶対控股を国家支配企業と定義したと記している。

国家支配企業の資金調達であり，国有経済と非国有経済の全体（上場企業のみならず非上場企業をも含めた全体）の比較という視点による企業の考察ではないために，それらについては言及していない。

1.2.7　先行研究の事例のまとめ

呉（2007）や中兼（2002, 2010），他の幾つかの文献に見る企業類型区分や企業区分の事例，並びにそれらの企業類型の評価（企業類型毎の実態……経済全体に占めるボリュームと企業の内容，質などとについての評価）をまとめてみると，次のような特徴がみられる。

①国有という範疇に「国有控股企業（国有株支配企業）を含める」，「含めない」，または「含めているのか含めていないのかが不明瞭」な3種の事例がある。

②国有という範疇に「国有控股企業（国有株支配企業）を含めない」，または「含めているのか含めていないのかが不明瞭」な事例は，企業の所有ないしは株式所有を通じた支配という視点からは，適切な分類ではない，または不明確な分類，と言わざるを得ない。このような事例は，市場経済の発展と，経済全体に占める大きさに関して非国有企業の伸長と公有または国有企業の後退とを説明し，このことから非国有経済が中国経済発展にポジティブに作用しているという評価を下す論調において多く認められる。

③国有という範疇に「国有控股企業（国有株支配企業）を含める」事例は，程度の差はあっても，国家の影響が国有控股企業（国有株支配企業）に及んでいる，と認識している。そして，「国有及び国有控股企業（国有株支配企業）」の中国経済全体に占める大きさを強調する論調において多く認められる。

④しかしながら，国有という範疇に「国有控股企業（国有株支配企業）を含める」事例であっても，「国有及び国有控股企業（国有株支配企業）」の内容，質に関してはポジティブとネガティブの両方の傾向を認める論調が見られる。それは，資本効率を指標にして評価をするとネガティブの傾向になり，売上または生産額にしめる利潤の割合を指標にして評価をするとポジティブの傾向になり，それらは相反する評価結果に行きついている。

1. 補論 『中国統計年鑑』の企業の区分

1. 補論.1 組織形態別による区分

　『中国統計年鑑』2011年版の組織形態の別による区分に基づく2010年・企業単位数・鉱工業総生産額・資産総計は前述（1.1）の表2－1の上表の通りである。

　この区分は，まず内資企業と外資企業に区分される。それらの企業の形態は次の通り（併せて，表2－2「〔参考〕組織形態別による区分の各企業の概要」を参照されたい）。

＜内資企業＞

　内資企業の大きな分類は，「会社制形態でない企業」，「会社制形態の企業」，「個人（＝自然人）が設立または所有する私営企業」，となる。それぞれは次の通り。

① 「会社制形態でない企業」……企業法人登記管理条例により登記される非公司制（和訳：非会社制）の法人であり，「国有企業」や「集団企業」，「株式合作企業」，「聯営企業」が該当する。国有企業は国がその企業の資産の100％を所有する企業，集団企業（中国語表記は，集体企業）は，集団の所有による企業である（国有ではない）。

② 「会社制形態の企業」……中華人民共和国公司法（略称，公司法，和訳：会社法）に基づく公司登記管理条例により登記される企業で，「有限責任公司（有限会社）」や「株式有限公司（株式会社）」が該当する。この公司法は，まさに日本の会社法に対応するものであり，有限責任公司は有限責任の会社であり，株式有限公司は有限責任の株式会社という意味である（株式有限公司の中国語表記は股份有限公司：公司は日本語の会社の意味，股份は日本語の株式の意味である）。このような区分方法であれば，国有企業がその組織形態を有限責任公司に転換すれば，国の所有が100％であっても有限責任公司として区分されることになる（株式有限公司は，その発起人が2者以上であるから，国が単独で株式有限公司の100％を所有することはできない）。なお，株式有限公司の多くは株式市場に上場されている。上場しないのであれば株式を発行する煩わしさを避けて有限責任公司のままとしている。有限責任公司から株式有

限公司へ転換する目的は上場である。
③「私営企業」……私営企業は，個人（＝自然人）により出資設立または所有される企業や1名の自然人が出資金持分または株式を支配する企業であり，その組織形態により公司法，合伙企業法（合伙は日本語の合名の意味），私営企業暫行条例により4種（私営単一人全額出資企業，私営合名企業，私営有限責任公司，私営株式有限公司）に細区分されて登記される。

＜外資企業＞

外資企業とは登録資本の25％以上が外国から出資されている企業であり，この外資企業は更に香港・マカオ（澳門）・台湾からの出資の場合は「港・澳・台商投資企業」に，それ以外の外国からの出資の場合は「外商投資企業（または中外投資企業，外資系企業）」に区分され，各々ともその組織形態により中外合資経営企業法，中外合作経営企業法，外資企業法等によって4種に細区分されて登記される。このような区分方法であれば，例えば外資の所有が30％，国の所有が70％であっても外資企業として区分される。なお，港・澳・台および外国からの出資が25％未満の企業は内資企業に含まれる。

これらの区分の総生産額データから見れば，注目すべき企業は国有企業，有限責任公司，株式有限公司，私営企業（特に，その内の私営有限責任公司），外資企業，となる。それ以外（「集団企業」，「株式合作企業」，「聯営企業」，「その他企業」）は非常に小さい構成比を占めるに過ぎない。

1. 補論.2　所有別による区分

『中国統計年鑑』2011年版の所有（出資）の別による区分に基づく2010年・企業単位数・鉱工業総生産額・資産総計は前述（1.1）の表2－1の下表の通りである。

この表の区分は，「国有及び国有控股企業（国有株支配企業）」，「私営企業」，「外資企業（外商投資と港澳台商投資企業）」の3区分に分類され，これら3区分の合計と鉱工業部門総額（上表の総計）との差は「その他」となる。3区分のそれぞれは次の通り。

①「国有及び国有控股企業（和訳：国有株支配企業）」……"国有企業"と"国有控股企業"との合計を指す。『中国統計年鑑』の説明によると，この"国

有企業"は，前述（1.1）の表2-1の上表の中の「国有企業」，さらに，聯営企業の内の「国有聯営企業」，有限責任公司の内の「国有全額出資有限公司」を含む。これら「国有企業」，「国有聯営企業」，「国有全額出資有限公司」はいずれも国が全額出資する企業である。"国有控股企業"は，国を含む複数者の出資者が所有する企業（すなわち出資金または資本金の出資者が複数にわたる企業で，混合所有制と呼称される）であり，且つ，その企業をコントロールする出資者が国であるという企業である。中国語の控は，制する，コントロールするという意味で，股は，株，出資金という意味である。"国有控股企業"に含まれる可能性のある表2-1の上表の企業は，有限責任公司の内の国有全額出資有限公司を除いた「その他有限責任公司」，「株式有限公司」及び聯営企業の内の「国有・集団聯営企業」，「その他聯営企業」である。国有控股企業（国有株支配企業）は，国による株式支配（または出資金支配）の程度により，国有絶対控股企業（国有株絶対支配企業）（企業の全ての出資金または資本金における国家資本〔持株〕の占める割合が50％を上回る企業，すなわち政府の過半出資企業）と国有相対控股企業（国有株相対支配企業）（企業の全ての出資金または資本金における国家資本〔持株〕の占める割合が50％を上回らないが，相対的にその他の出資者よりも大きい出資をしている〔出資者のなかで筆頭出資者〕，または，その他の出資者より小さいが出資者間の契約・協議などにより国が実際の支配権を有する企業）とに，分類できる。[41][42]『中国統計年鑑』の説明では，国有株支配企業とは，企業の資産または株式，出資金の中に占める各々の所有者の保有割合の中で国が筆頭になっている企業，と記されている。『中国統計年鑑』では絶対か相対かのデータは示されていないが，いずれにしても国が支配している企業ということであり，この鉱工業部門において国のコントロールの状況を示すものである。

　また，外資企業の中にも，上記と同様に国が支配するまたは支配できる企

---

41) 『中国経済データハンドブック』日中経済協会，2005年，59頁。
42) 国有控股企業（国有株支配企業）の出資者である国家資本（持株）とは，例えば株式会社の場合であれば，国有株を指す。国有株には国家株と国有法人株がある。国家株とは政府が保有している株式。国有法人株とは国有企業法人が所有している株式。……以上は，ハスビリギ，竹康至（2009）4-5頁より。

業がある。前述（1.補論.1）の外資企業にて例示したように，出資金の内，外資の保有割合が国の保有割合を下回るという形態が多々あるが，それらは法令により外資企業となる。このような内資・外資による合弁企業の場合，その企業の運営については合弁企業設立契約により予め取り決めるが，一般的には所有比率の高い者が優越する。つまり，外資企業の中に実質的な国有株支配の企業が含まれている。但し，外資企業の中に，このような実質的な国有株支配企業がどの程度存在するかのデータは『中国統計年鑑』に表されていない。

　なお，本書では，国有株支配企業の表記にあたっては，中国語の通りに「国有控股企業」という表記，および日本語の意味を表す「国有株支配企業」という表記，を併用する。
② 「私営企業」……前述（1.補論.1）の私営企業と同じ。
③ 「外資企業（外商投資と港澳台商投資企業）」……前述（1.補論.1）の外資企業（外商投資企業と港澳台商投資企業）と同じ。

1. 補論.3　組織形態別による区分と所有別による区分との比較—「国有及び国有控股企業（国有株支配企業）」について

　前述（1.1）の表2−1の上表と下表とを，「国有及び国有控股企業（国有株支配企業）」に注目して比較してみる（表2−11を参照）。前述（1.1）の表2−1の下表の通り，表2−11の右欄の国有及び国有株支配企業の鉱工業総生産額は185,861億元であるが，その内訳の数値は『中国統計年鑑』に記載ない。この内訳を前述（1.補論.2）での説明に基づき算出すれば，国有企業は85,041億元，国有腔股企業（国有株支配企業）は100,820億元となる（表2−11を参照）。①表2−11の左欄の会社制形態の企業の鉱工業総生産額は「有限責任公司」と「株式有限公司」との合計額であり，これは220,036億元であるが，この数値の58.1〜58.2％は，「国有及び国有控股企業（国有株支配企業）」である。②表2−11の左欄の会社制形態の企業の中の複数の出資者により所有されている企業の鉱工業総生産額は有限責任公司の一部である「その他有限責任公司」と「株式有限公司」との合計額であり，これは192,732億元であるが，この数値の52.2〜52.3％は「国有控股企業（国有株支配企業）」である。すなわち，有限責任公司と株式

表2-11　組織形態別による区分と所有別区分による区分との比較・2010年鉱工業
　　　　　―国有及び国有控股企業（国有株支配企業）について―

〈組織形態別による区分〉		〈所有別による区分〉	
2010年・鉱工業総生産額（億元）		2010年・鉱工業総生産額（億元）	
国有企業	57,013	国有及び国有控股企業（国有株支配企業）	185,861
集団企業	10,383	（内）国有企業（57,013＋723＋27,305）	85,041
株式合作企業	3,789		
聯営企業	1,237	国有控股企業（国有株支配企業）	100,820
（内）国有聯営企業	723	（国有及び国有株支配企業と	
集団聯営企業	218	国有企業との差＝185,861－85,041）	
国有・集団聯営企業	154		
その他聯営企業	143		
有限責任公司（有限会社）	156,232		
（内）国有全額出資有限公司	27,305		
その他有限責任公司	128,928		
株式有限公司（株式会社）	63,804		
（＊）会社制企業（有限責任公司と株式有限公司の合計）は，220,036億元。			
私営企業	213,339	私営企業	213,339
その他企業	2,876		
外資企業	189,918	外資企業	189,918
		その他	109,473
総計	698,591	総計	698,591

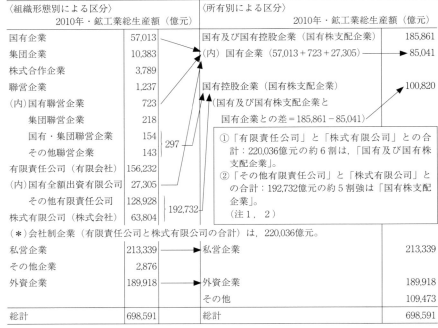

①「有限責任公司」と「株式有限公司」との合計：220,036億元の約6割は，「国有及び国有株支配企業」。
②「その他有限責任公司」と「株式有限公司」との合計：192,732億元の約5割強は「国有株支配企業」。
（注1，2）

注1）「国有及び国有株支配企業」の数値（185,861億元）より左欄の国有企業（57,013），国有聯営企業（723）及び国有・集団聯営企業とその他聯営企業との合計額の内の幾らか（0～297の範囲内の数値）を減じた数値：127,828～128,125億元は，「有限責任公司」と「株式有限公司」との合計：220,036億元の58.1～58.2％に相当。
　　（国有・集団聯営企業，その他聯営企業の内の国有株支配企業の数値は，『中国統計年鑑』に記載なく不明であり，0～297の範囲内の数値である）
　2）「国有株支配企業」の数値（100,820億元）より左欄の国有・集団聯営企業とその他聯営企業との合計額の内の幾らか（0～297の範囲内の数値）を減じた数値：100,523～100,820億元は，「その他有限責任公司」と「株式有限公司」との合計：192,732億元の52.2～52.3％に相当。
出所）『中国統計年鑑』2011年版，及び筆者が計算作成。

第2章 国有企業の地位の再評価　107

有限公司の約6割を国が支配し，且つ，有限責任公司と株式有限公司の中の複数の出資者により所有されている企業の約過半数以上を国が支配している。

なお，表2-11より，「国有及び国有株支配企業」のほぼ100％は表2-11の左欄の国有企業，有限責任公司，株式有限公司であり，「国有株支配企業」のほぼ100％は表2-11の左欄の有限責任公司と株式有限公司の中の複数の出資者により所有されている企業（その他有限責任公司，株式有限公司）であることが判る。

1. 補論.4　組織形態別と所有別との区分の違いによる国有経済部門の違い

前述（1.1）の説明の通り，国有企業または国有経済部門を，組織形態別による区分の（表2-1の上表の）「国有企業」とするか，所有別による区分の（表2-1の下表の）「国有及び国有株支配企業」とするかによって，国有企業または国有経済部門の大きさには大きな差異が生じる。その差異の状況は表2-12の通りである。

国有企業または国有経済部門を「国有企業」とすれば，その鉱工業総生産額の全体に占める構成比は1999年から2010年までに約4分の1に縮小しているが，国有企業または国有経済部門を「国有及び国有株支配企業」とすれば，その構成比は1999年から2010年までに約2分の1の縮小でしかなく，2010年時点で全体の約4分の1の構成比を占めており私営企業や外資企業の構成比との差異も大きくない。

表2-12　鉱工業部門の総生産額の推移
―組織形態別による区分と所有別による区分との違い―

鉱工業総生産額の構成比（％）	〈組織形態別による区分〉		〈所有別による区分〉	
	1999年 →	2010年	1999年 →	2010年
国有経済部門	（「国有企業」とする）		（「国有及び国有株支配企業」とする）	
	30.6 →	8.2	48.9 →	26.6
私営	4.5 →	30.5	4.5 →	30.5
その他（有限，股份を含む）	38.8 →	34.1	20.5 →	15.7
外資（含む港澳台）	26.1 →	27.2	26.1 →	27.2

注）組織形態別による区分の「国有企業」は表2-11の左欄の「国有企業」であり，表2-11の右欄の「国有及び国有株支配企業」の内訳の国有企業部分ではない。
出所）『中国統計年鑑』各年版，及び筆者が計算作成。

第 2 節　企業の区分——筆者の考察における区分——

　筆者は，所有の別に基づく区分により考察を進める。すなわち，「国有及び国有控股企業（国有株支配企業）」，「私営企業」，「外資企業（含む，港澳台）」，および「その他」の 4 区分とする。「国有及び国有株支配企業」は国有企業または国有経済部門（いわゆる広義で使用される国有企業）に該当する区分とし[43]，「国有及び国有株支配企業」以外の 3 つの区分を非国有企業または非国有経済部門として考察を進める。また，「国有及び国有株支配企業」の内訳については，"国有"の部分は組織形態別による区分の（表 2-1 の上表の）「国有企業」とする。"国有株支配"の部分は「国有及び国有株支配企業」から組織形態別による区分の（表 2-1 の上表の）「国有企業」を差し引いた残りとする（国有全額出資有限公司は，会社制企業である点，国が支配する企業である点に着目し，複数の出資者により所有されている「その他有限責任公司」の中の国有株支配企業と同じく"国有株支配"の部分に含める[44]）。

---

[43] 国有企業の呼称（表記）は，一般に国有企業または国有経済部門などと呼称されるが，その対象に国有株支配企業が包含されるのかが曖昧な事例も散見される。本書では「国有経済部門」，「国有企業」，「広義の国有企業」，「国有及び国有控股企業（国有株支配企業）」を同義として表記する（なお，一般に「国有経済部門」と表記するケースは多くない）。また，組織形態別による区分の（表 2-1 の上表の）「国有企業」のみを指す場合は「狭義の国有企業」，「非公司制（非会社制）の 100％国有企業」，「100％国有企業」と表記する。
　株式有限公司（株式会社）の中の国有株支配企業は，国有株式会社とも表記する（株式会社についての詳細は，本書第 3 章第 2 節「所有・支配・経営の関係についての考察」を参照）。
　「非会社制の 100％国有企業」と「国有株支配企業」とを対比させて並べて記す場合は，各々，「国有」，「国有控股（または国有株支配）」と略して表記する場合もある（例えば，本章第 3 節「国有企業の実態」での表記など）。

[44] 「国有及び国有株支配企業」の内訳に関わっての区分や呼称について，今井健一は今井・渡邉（2006）131頁の「表 4-5　国有企業数とシェアの推移（鉱工業部門）」で，「純国有」と「資本支配」とに区分，呼称し，純国有は組織形態別による区分の国有企業とし，資本支配は国有資本支配企業（筆者の国有株支配企業に相当）とし，その国有資本支配企業に国家全額出資公司（筆者の国有全額出資有限公司に相当）を含んでいる。すなわち，今井は筆者と同様に国有全額出資有限公司を国有株支配企業に含んでいる。

なお,「集団企業」(集団所有であり,国有及び国有株支配企業の対象ではないが公有制経済である),「株式合作企業」(従業員による共同株式所有),「聯営企業」(この中には国が所有・支配する企業もある)は,経済全体に占める構成比が極めて小さく,本考察の対象外とする。

4つの区分についての詳細は次の通り。

① 「国有及び国有控股企業(国有株支配企業)」:企業の実態は,企業の所有と支配の性格によって基本的に決まる。例えば企業の所有者が複数の場合に,経営の方針・計画は所有者間の契約や協議(例えば,株主総会での議決)に基づいて1つの意思に統一される。所有者間では,一般的には所有持分が優勢な所有者の意思が支配的な意思になる。したがって,国有資本100％の非会社制の国有企業のみならず国有株支配企業では,中国政府の意思が反映されて国家の計画に基づく経営が実行される,または実行できる基盤がある。

この点を考慮すれば,国有企業(広義の国有企業)または国有経済部門という範疇は,登記上の分類に基づく組織形態の別による分類ではなく,所有の視点なり支配の視点でみた分類により定めることが適切であり,国有株支配企業を国有企業(広義の国有企業)または国有経済部門に含める分類を行なうことが適切である。

② 「私営企業」:組織形態による区分の「私営企業」と明示されている部分に限定して,「私営企業」として取り扱う。なお,有限責任公司や株式有限公司の中には,その支配権を私営企業が持つ場合があり,そのような有限責任公司や株式有限公司は実質的には私営企業である。しかし,『中国統計年鑑』には,実質的な私営企業がどの程度存在するのかのデータが無い。したがって,このような実質的な私営企業は,有限責任公司と株式有限公司の中の国有株支配企業を除いた残りの企業に含まれていると見なし,「その他」の区分に含める。

③ 「外資企業(含む港澳台)[45]」:組織形態別区分の「外資企業」と明示されてい

---

45) 海外からの投資企業の名称については,中国の法令による名称の外に,様々な呼び方が使用されている。例えば,「外商投資企業と港澳台商投資企業」の全てを外資系企業,外資企業と呼び,「外商投資企業」を中外投資企業,外資系企業と呼び,海外からの100％投資企業である「港澳台独資企業と外資企業(または外資全額投資企業,外資独資企

る部分を，全て「外資企業」として取り扱う。外資企業の中には前述（1. 補論.1）で記述した通り，実質的な国有株支配企業も含まれているが，それらがどの程度存在するかのデータは無く，それらも含めて「外資企業」の区分とする。

④「その他」：「その他」の大部分は有限責任公司と株式有限公司の中から国有株支配企業を除いた残りの部分である。

なお，これら残りの部分の企業は国有株支配企業ではないからといって非国有企業，私企業（または民間企業，民営企業）と断定できるかについて吟味してみる。有限責任公司と株式有限公司の支配権を持つ者は，個人（＝自然人）ではなく法人であり，その"支配権を持っている法人を支配するもの（つまり，親の親）"の性格は判らない。すなわち"親の親"の出資金または株式の中には国有株支配企業や個人，外資企業，地方政府，金融機関などの持分が存在する。しかし，そのいずれの持分が優勢かは『中国統計年鑑』のデータからは判別できない。つまり，有限責任公司と株式有限公司の中の国有株支配企業を除いた残りの企業を全て実質的に非国有とか私営とは言い切れない。したがって，本考察では「その他」のデータを用いての国有経済部門および非国有経済部門または国有企業および非国有企業の評価は行なわない。

第3節　国有企業の実態

本節では，企業の収益性・成長性・生産性や資本の集中・賃金の伸びと付加価値の伸びなどについて，主に『中国統計年鑑』の鉱工業部門のデータにより1999年から2010年までの推移を概観することで国有企業または国有経済部門の実態を見てみる。

3.1　企業の概要

分析の対象となる『中国統計年鑑』の鉱工業部門の企業の概要は表2－13の

業）」を纏めて独資企業と呼び，「外資企業（または外資独資企業）」を外資独資企業と呼ぶ。また，投資元の国名を付して日系企業，米系企業，台湾系企業などと呼ぶ。

本書では，「外商投資企業と港澳台商投資企業」の全てを外資企業または外資，もしくは外資企業（含む港澳台）または外資（含む港澳台），と表記する。

通りである。

　表2-13から見える1999年から2010年への推移の特徴は，国有及び国有株支配企業は企業数，総生産額，資産総計額，従業員数のいずれの項目でも総計に対する構成比が減少しており，企業数・従業員数は絶対値でも減少している。これは政府が国有企業改革の一環として小さな国有企業を国の所有から手放したことの影響が現れている。一方，私営企業は国有及び国有株支配とは逆に構成比，絶対値ともに拡大し2010年の企業数，総生産額，従業員数の絶対値は国有及び国有株支配を凌駕している。

　しかしながら，企業1社当たりまたは従業員1人当たりの生産額や資産額の推移は，私営の拡大度合いは国有及び国有株支配の拡大度合いを下回り，1人当たり生産額の絶対値では私有が1999年は国有及び国有株支配を上回っていたが2010年では逆転している。例えば従業員1人当たり生産額の推移は，私営は1999年：14.16万元／人→2010年：64.41万元で4.5倍の拡大であるが，国有及び国有株支配のそれは10.48万元→101.21万元で9.7倍である。また，1999年から2010年への1人当たり生産額の伸びと1人当たり資産額の伸びとを比べると，国有及び国有株支配は，1人当たり生産額の伸び（9.7倍）は1人当たり資産額の伸び（5.7倍）の1.7倍であるが，私営は，1人当たり生産額の伸び（4.5倍）は1人当たり資産額の伸び（3.5倍）の1.3倍であり，資産の生産額への寄与度合いは国有及び国有株支配のほうが私営よりも大きく進展している。

　以上より，国有及び国有株支配は，全体では総生産額，資産総計額ともその拡大の度合いは私営企業よりも小さいが，1人当たり生産額，1人当たり資産額ともに私営企業のそれらよりも大きく拡大している。そして，資産当たり生産額（総生産額／資産総計額）の数値は1999年，2010年ともに国有及び国有株支配は私営よりも低いが，国有及び国有株支配は私営よりも，資産当たり生産額の増加のスピードが速い，すなわち，生産性の改善のスピードが速いであろうと推定される。この点についての考察は本節で後述する。また，国有と国有株支配とを比較すると，2010年の従業員数，資産額，生産額ともに全体の数値でも1人当たりの数値でも国有株支配が大きい。なお，2010年の1人当たり資産額によると，国有株支配は資本集約度が最も高く，私営企業は労働集約度が最も高いと推定される。

表 2−13　鉱工業部門の企業の概要

	企業数（社）		総生産額（億元）			資産総計（億元）			年平均従業員数（万人）		
	1999年⇒2010年	(伸び率)	1999年⇒2010年		(伸び率)	1999年⇒2010年		(伸び率)	1999年⇒2010年		(伸び率)
国有及び国有株支配企業	61,301　20,253	(0.330)	35,571.2　185,861.0		(5.225)	80,471.7　247,759.9		(3.079)	3,394.6　1,836.3		(0.541)
（ ）内：各年度の対総計構成比	(37.8%)　(4.5%)		(48.9%)　(26.6%)			(68.8%)　(41.8%)			(58.5%)　(19.2%)		
〔 〕内：各年度の従業員1人当たり数値（万元／人）			〔10.48〕　〔101.21〕			〔23.71〕　〔134.92〕					
内．国有企業	50,651　8,726	(0.172)	22,215.9　57,013.0		(2.566)	（データなし）　79,888.0			2,412.0　638.0		(0.265)
	(31.2%)　(1.9%)		(30.5%)　(8.2%)			(13.5%)			(41.6%)　(6.7%)		
			〔9.21〕　〔89.36〕			〔125.22〕					
国有株支配企業	10,650　11,527	(1.082)	13,355.3　128,848.0		(9.648)	（データなし）　167,871.9			982.6　1,198.3		(1.220)
	(6.6%)　(2.6%)		(18.4%)　(18.4%)			(28.3%)			(16.9%)　(12.5%)		
			〔13.59〕　〔107.52〕			〔140.09〕					
私営企業	14,601　273,259	(18.715)	3,244.6　213,338.6		(65.753)	2,289.2　116,867.8		(51.052)	229.1　3,312.1		(14.459)
	(9.0%)　(60.3%)		(4.5%)　(30.5%)			(1.9%)　(19.7%)			(4.0%)　(34.7%)		
			〔14.16〕　〔64.41〕			〔9.99〕　〔35.29〕					
外資企業（含む．港澳台）	26,837　74,045	(2.759)	18,954.2　189,917.1		(10.020)	23,018.9　148,552.3		(6.453)	791.9　2,645.7		(3.341)
	(16.6%)　(16.4%)		(26.1%)　(27.2%)			(19.7%)　(25.1%)			(13.6%)　(27.7%)		
			〔23.94〕　〔71.78〕			〔29.07〕　〔56.15〕					
その他	59,294　85,315	(1.439)	14,937.1　109,473.8		(7.329)	11,189.1　79,701.9		(7.123)	1,389.6　1,750.6		(1.260)
	(36.6%)　(18.8%)		(20.5%)　(15.7%)			(9.6%)　(13.4%)			(23.9%)　(18.4%)		
			〔10.75〕　〔62.54〕			〔8.05〕　〔45.53〕					
総計	162,033　452,872	(2.795)	72,707.0　698,590.5		(9.608)	116,968.9　592,881.9		(5.069)	5,805.1　9,544.7		(1.644)
	(100%)　(100%)		(100%)　(100%)			(100%)　(100%)			(100%)　(100%)		
			〔12.52〕　〔73.19〕			〔20.15〕　〔62.12〕					

注1)『中国統計年鑑』鉱工業部門データの対象企業は，1998～2006年は国有企業の全てびそれ以外の企業は年間収入が500万元以上の企業，2007年以降は年間収入が500万元以上の企業。

2)（ ）内の伸び率は，〔2010年／1999年〕で1999年を1とする。〔 〕内の従業員1人当たり総生産額，資産総計は，万元／人。

出所：『中国統計年鑑』各年版より筆者が作成。

なお，この統計データの対象企業は年間売上高500万元以上（1人民元＝13.5円とすると約67.5百万円以上）の規模である（但し1999～2006年の国有企業は全て対象である）から，私営企業に多い小規模企業を含むことで私営企業の企業1社当たりまたは従業員1人当たりの数値を極端に下げるという現象は避けられていると判断できる。

3.2 企業の収益性・成長性・生産性

企業の収益性・成長性・生産性を売上高利益率，ROA（総資産利益率），鉱工業増加値（Value-added of Industry，付加価値），労働生産性と資本効率の相関，により見てみる。

3.2.1 売上高利益率

売上高利益率は図2-1の通り，2010年は国有及び国有株支配企業：7.58%（内，国有：5.60%，国有株支配：8.45%），私営企業：7.27%，外資企業（含む港澳台）：7.96%，と各企業区分間の差異は大きくない。

しかし，売上高利益率の伸長度合いは図2-2の通り，1999年の利益率を指数100とすると2010年は国有及び国有株支配企業：273.21（内，国有：201.84，国有株支配：304.30），私営企業：174.70，外資企業（含む港澳台）：189.65，であり国有及び国有株支配企業が最高の伸長を示している。国有と国有株支配との比較では国有株支配が高い伸びを示している。

（「国有」と「国有株支配」とのデータは，『中国統計年鑑』では2004および2006年以降についてのみ表示されているため，「国有」と「国有株支配」との指数は1999年の「国有・国有株支配」を100として算出した。次のROAも同様）

---

46) 1999～2010年の年間平均の人民元為替レートは，約12～15円台／元で推移しており，13.5円／元で換算した。（為替レートは『中国統計年鑑』による）
47) 売上高利益率の分母と分子は，各々『中国統計年鑑』の「主管業務収入」と「利潤総額」。利潤総額には営業外収益も含まれている。

図2-1 企業区分別売上高利益率（利益／売上，％）

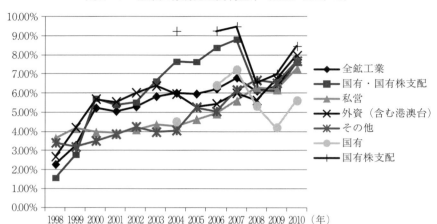

注）「国有」は，「国有資本100％の非会社制の国有企業」，「狭義の国有企業」を指す。
「国有株支配」は，「国有株支配企業（国有控股企業）」を指す。
これ以降の図表でも同様に表記する。
出所）『中国統計年鑑』各年版より筆者が計算作成。

図2-2 企業区分別売上高利益率の伸び（指数，1999年を100）

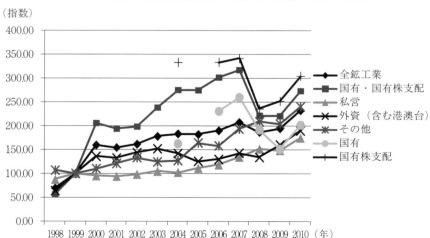

出所）『中国統計年鑑』各年版より筆者が計算作成。

3.2.2 ROA（総資産利益率）

ROAは図2-3の通り，1999年以来私営企業が国有及び国有株支配企業を常に上回っており，2010年は国有及び国有株支配企業：5.95%（内，国有：4.13%，国有株支配：6.81%），私営企業：12.92%，外資企業（含む港澳台）：10.11%，となっている。私営が高い要因は，統計データより私営は1企業当たり資産額，並びに従業員1人当たり資産額ともに少なく，この事の反映である。且つ労働集約的な業種が多いということによると推定される。

しかし，ROAの伸長度合いは図2-4の通り，1999年のROAを指数100とすると2010年は国有及び国有株支配企業：479.70（内，国有：333.43，国有株支配：549.31），私営企業：243.44，外資企業（含む港澳台）：308.70，であり国有及び国有株支配企業が最高の伸長を示している。国有と国有株支配との比較では国有株支配が高い伸びを示している。

図2-3　企業区分別ROA（総資産利益率）（利益／総資産，％）

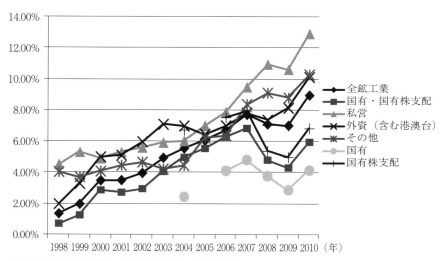

出所）『中国統計年鑑』各年版より筆者が計算作成。

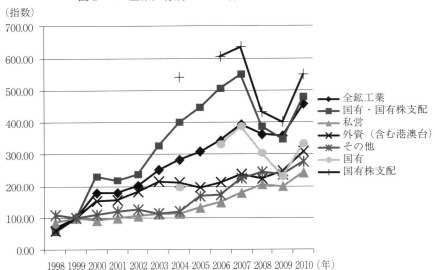

図2-4 企業区分別ROAの伸び（指数，1999年を100）

出所）『中国統計年鑑』各年版より筆者が計算作成。

3.2.3 鉱工業増加値

鉱工業増加値（増加値は付加価値という意味，以後，鉱工業増加値と表記する）[48]は図2-5の通り，1999年以来国有及び国有株支配企業が私営企業を常に上回っており，2007年は国有及び国有株支配企業：39,970.46億元，私営企業：26,382.18億元，外資企業（含む港澳台）：32,129.72億元であり，私営は国有及び国有株支配の66.0％に相当する。なお2007年の鉱工業総生産額は国有及び国有株支配：119,685.65億元，私営：94,023.28億元であるから私営は国有及び国有株支配の78.6％に相当するので，私営は国有及び国有株支配に対して鉱工業総生産額よりも鉱工業増加値がより少ない関係にある。すなわち私営は国有及び国有株支配に比較して生産工程での加工度が低い，生産性が低い，という状

---

48) 『中国統計年鑑』の「工業増加値（Value-added of Industry）」は日本語の鉱工業付加価値に該当する。当該データは，2008年（『中国統計年鑑』2009年版）以降は示されていない。
49) 2007年の鉱工業総生産額は『中国統計年鑑』2008年版による。

第 2 章　国有企業の地位の再評価　117

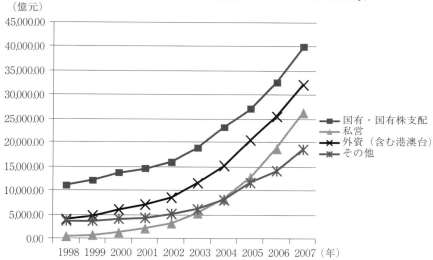

図 2-5　企業区分別鉱工業増加値（Value-added of Industry）

凡例：国有・国有株支配／私営／外資（含む港澳台）／その他

出所）『中国統計年鑑』各年版より筆者が計算作成。

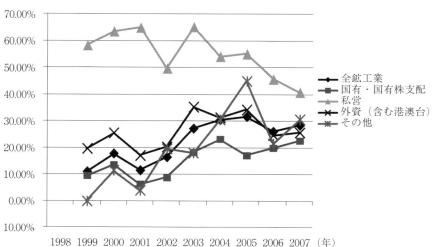

図 2-6　企業区分別鉱工業増加値の対前年比伸び率（％）

凡例：全鉱工業／国有・国有株支配／私営／外資（含む港澳台）／その他

出所）『中国統計年鑑』各年版より筆者が計算作成。

況が現れている。

一方,鉱工業増加値の伸長度合いは図2-6の通り,対前年比伸び率では私営はその絶対値は高いが1999年以来低下傾向にあり,国有及び国有株支配は上昇傾向にある。

3.2.4 労働生産性と資本効率との相関

労働生産性と資本効率との相関関係を,従業員1人当たり鉱工業増加値と総資産当たり鉱工業増加値とで見てみる(図2-7を参照)。

図2-7から,国有及び国有株支配企業と私営企業との関係は,両者がY=X

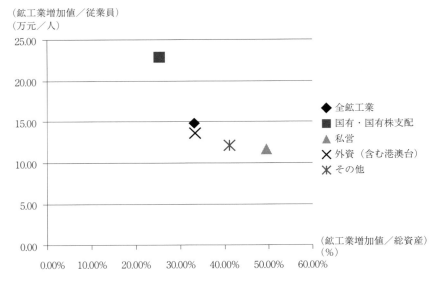

図2-7　2007年の企業区分別労働生産性(労働節約度)と
資本効率(資本節約度)との相関

注)図2-7の見方…例えば,高度な技術を持つ労働生産性も資本効率もよい企業の場合,その数値が共に高いという姿になり,原点からその企業が表示される点までの線の傾きがY=X線(正比例線)に近く,且つ原点からその点までの距離が遠い,という姿になる。

出所)『中国統計年鑑』2008年版より筆者が計算作成。

線を挟んで全く正対している。すなわち国有及び国有株支配は労働生産性が高いが資本効率が低い，私営とはまったく逆の様相である，ということが判る。外資（含む港澳台）は労働生産性と資本効率ともバランスよく，労働節約的かつ資本節約的であるが，その各々の数値は国有及び国有株支配や私営より低い。

また，資本集約度・労働集約度の平均的な度合いは産業の種類により異なり，すなわち国有及び国有株支配には大型の設備を要する重工業や大型の石油採掘・鉱山採掘が多くあり，私営には繊維業や消費財商品の加工製造業のような大型の設備を要しない産業が多く存在するので，このような状況を勘案して国有及び国有株支配企業部門と私営企業部門との比較をしてみる。資本の有機的構成と利潤率の視点に立ち，上述の労働生産性と資本効率との相関，および前述の売上高利益率，ROA，鉱工業増加値のデータを見ると，国有及び国有株支配は資本の有機的構成の高度化が進み利潤率が低い。私営は逆に資本の有機的構成が低く利潤率は高い，という状況が推定される（業種別・規模別にみても同様の状況が見られる。後述の図2-8とその説明を参照されたい）。

3.2.5 業種別・企業規模別状況

業種別・企業規模別という視点で，主に国有及び国有株支配企業と私営企業との別によってどのような違いが見られるのか，前述（3.2.1, 3.2.2, 3.2.3, 3.2.4）でみた企業区分別の状況とどのような違いが見られるのか，を概観する。

『中国統計年鑑』では国有及び国有株支配企業，私営企業，外資企業（含む港澳台）の各々の部門について39業種のデータが示されている。この業種別データより重工業及び資産の大きな典型的な業種，軽工業及び資産の小さな典型的な業種を各々6業種ずつ選択し，それを見てみる。

売上高利益率の伸び，ROAの伸びについては表2-14を参照されたい。

表2-14から，重工業・規模大の業種では，その47%を国有及び国有株支配企業が占め，軽工業・規模小の業種では，その48%を私営企業が占めており，国有及び国有株支配企業と私営企業の間では業種別に棲み分けている状況が判る。

売上高利益率について，国有及び国有株支配企業では重工業・規模大が2000年代前半に大きく伸び，軽工業・小規模は緩やかであるが2010年まで伸び続けている。私営企業では重工業・大規模，軽工業・小規模ともに2000年代後半に伸びて

表2-14 業種別・規模別売上高利益率及びROA

		(当該業種総計に占める構成比、2010年、売上高ベース)	売上高利益率 (%)					ROA (%)				
			1999年	2005年	2010年	伸び 99年を指数100 99⇒10年	伸び 05年を指数100 05⇒10年	1999年	2005年	2010年	伸び 99年を指数100 99⇒10年	伸び 05年を指数100 05⇒10年
国有及び国有株支配企業	重工業・規模大の業種	(47%)	2.72%	9.54%	8.51%	312.39	89.22	1.25%	8.94%	7.89%	633.52	88.24
	軽工業・規模小の業種	(7%)	-0.13%	3.86%	6.73%	—	174.45	-0.06%	2.69%	5.44%	—	201.77
国有及び国有株支配企業の全体		(28%)	2.78%	7.62%	7.58%	273.21	99.54	1.24%	5.54%	5.95%	479.70	107.32
私営企業	重工業・規模大の業種	(22%)	4.20%	4.20%	7.31%	174.07	174.00		6.60%	12.41%		187.89
	軽工業・規模小の業種	(48%)	4.44%	4.44%	6.68%	150.50	150.50		6.57%	11.79%		179.34
私営企業の全体		(30%)	4.16%	4.63%	7.27%	174.70	156.94	5.31%	6.99%	12.92%	243.44	184.79
外資企業 (含む、港澳台)	重工業・規模大の業種	(22%)	4.20%	7.06%	10.51%	250.25	148.78	3.01%	8.50%	13.61%	453.05	160.20
	軽工業・規模小の業種	(25%)	2.70%	5.68%	8.08%	299.28	142.29	2.00%	6.26%	9.54%	476.17	152.28
外資企業 (含む港澳台) の全体		(27%)	4.20%	5.27%	7.96%	189.65	150.99	3.28%	6.44%	10.11%	308.70	157.02
その他	重工業・規模大の業種	(9%)		5.70%	4.17%		73.10		7.16%	4.83%		67.43
	軽工業・規模小の業種	(20%)		4.45%	7.49%		168.07		5.63%	10.99%		195.40
その他の全体		(15%)	3.19%	5.24%	7.67%	240.41	146.40	3.71%	6.22%	10.28%	277.10	165.33
総計	重工業・規模大の業種	(100%)	2.87%	7.91%	8.32%	289.68	105.15	1.51%	8.48%	9.40%	621.55	110.84
	軽工業・規模小の業種	(100%)	2.15%	4.77%	7.20%	334.87	150.72	1.50%	5.52%	10.17%	676.63	184.43
鉱工業企業の全体		(100%)	3.28%	5.96%	7.60%	232.09	127.66	1.96%	6.05%	8.95%	457.39	147.97

注1）重工業・規模大の業種は、39業種別内訳の内、重工業及び資産の大きな典型的な6業種を選択し対象とした、同様に軽工業及び資産の小さな典型的な6業種を選択し対象とした（1999年時点では37業種別内訳であるが、本表の対象に選択した業種は1999年にも存在する業種）。

2）私営企業の業種別内訳データは、2004年（『中国統計年鑑』2005年版）以前は示されていない（その他の部門の数値は、総計よりその他以外の3部門を差し引いて算出しており、私営企業の数値が無い部分は算出できない）。

出所）『中国統計年鑑』各年版より筆者が計算作成。

いる（私営の1999年データは無いが私営企業全体の数値の傾向より業種・規模の別による差異は小さいと推定できる）。1999⇒2010年の伸びは国有及び国有株支配が私営を上回っている。2010年の売上高利益率の絶対値は，軽工業・規模小の業種であっても，私営は国有及び国有株支配と同レベルでしかない。また私営の軽工業・規模小の2005⇒2010年の伸びは国有及び国有株支配のそれよりも低い。

　ROAについても，その絶対値は私営企業が国有及び国有株支配企業を上回っているが，その伸びの状況は売上高利益率の伸びとほぼ同様の傾向が見られる。

　これらのことより，前述（3.2.1，3.2.2）で概観した企業区分別の状況と大きく異なる傾向は見られない。

　鉱工業増加値（鉱工業付加価値），労働生産性と資本効率の相関については，表2-15及び図2-8を参照されたい。

　表2-15から，鉱工業増加値の伸び率は，私営企業が国有及び国有株支配企業を重工業・規模大，軽工業・規模小の両方で上回っているが，1999⇒2005年の伸び率と2005⇒2007年の伸び率とを比較すると，私営は重工業・規模大，軽工業・規模小の両方とも2005⇒2007年の伸び率がそれ以前に比して低下傾向にある（私営の1999⇒2005年のデータは無いが私営企業全体の数値の傾向より業種・規模の別による差異は小さいと推定できる），国有及び国有株支配は重工業・規模大，軽工業・規模小の両方とも2005⇒2007年の伸び率がそれ以前に比して上昇傾向にあり，特に軽工業・規模小は重工業・規模大より上昇傾向が大きい。

　また，2007年の鉱工業増加値と鉱工業総生産額とについて国有及び国有株支配と私営を業種別・規模別に比較すると，「私営：国有及び国有株支配」の比率は，重工業・規模大では鉱工業増加値が29.0％，鉱工業総生産額が33.9％，軽工業・規模小では鉱工業増加値が422.5％，鉱工業総生産額が421.8％である。私営は国有及び国有株支配に対して重工業・規模大では鉱工業総生産額より鉱工業増加値がより小さく，軽工業・規模小では同レベルで，全体としては前述（3.2.3）の通り生産性が低いという状況が見える。

　これらのことより，前述（3.2.3）で概観した企業区分別の状況と大きく異なる傾向は見られない。

　なお，2007年の鉱工業全体の増加値に占める重工業・規模大，軽工業・規模小の各々の構成比は表2-15の通り32％，15％であり，重工業及び企業規模が

表 2-15　業種別・規模別鉱工業増加値とその伸び

		鉱工業増加値			増加値伸び率		(参考)2007年	(参考)2007年
		増加値(億元)			99⇒05年の伸びの年当り平均(%)	05⇒07年の伸びの年当り平均(%)	鉱工業総生産額(億元)	資産総計/従業員(万元/人)
		1999年	2005年	2007年				
国有及び国有株支配企業	重工業・規模大の業種	4,738.50	13,786.93	20,582.37	19.48%	22.18%	61,962.68	81.29
	軽工業・規模小の業種	995.86	1,308.30	1,641.63	4.65%	12.02%	6,134.30	48.65
国有及び国有支配企業の全体		12,132.41	27,176.67	39,970.46	14.39%	21.28%	119,685.65	90.76
私営企業	重工業・規模大の業種		2,960.53	5,965.33		41.95%	20,978.62	32.43
	軽工業・規模小の業種		3,467.01	6,936.09		41.44%	25,876.08	21.04
私営企業の全体		806.48	12,855.55	26,382.18	58.64%	43.26%	94,023.28	23.66
外資企業(含む、港澳台)	重工業・規模大の業種	669.04	4,235.30	7,243.87	36.01%	30.78%	28,129.94	97.56
	軽工業・規模小の業種	886.44	3,491.63	5,380.07	25.67%	24.13%	20,201.15	32.05
外資企業(含む港澳台)の全体		4,850.92	20,468.28	32,129.72	27.12%	25.29%	127,629.31	40.95
その他	重工業・規模大の業種		2,700.43	3,774.61		18.23%	11,930.73	32.05
	軽工業・規模小の業種		2,458.83	3,719.54		22.99%	13,000.69	23.18
その他の全体		3,774.93	11,686.49	18,566.04	20.72%	26.04%	63,838.89	29.60
総計	重工業・規模大の業種	6,084.88	23,683.19	37,566.18	25.42%	25.94%	123,001.97	63.59
	軽工業・規模小の業種	3,211.76	10,725.77	17,677.33	22.26%	28.38%	65,212.22	27.18
鉱工業企業の全体		21,564.74	72,186.99	117,048.40	22.31%	27.34%	405,177.13	44.83

注1)　鉱工業増加値のデータは2008年(『中国統計年鑑』2009年版)以降は示されていない。
2)　重工業・規模大、軽工業・規模小の対象業種は、表2-14と同様。
3)　私営企業の業種別内訳データは、表2-14と同様に2004年(『中国統計年鑑』2005年版)以前は示されていない。その他の部門のデータも表2-14と同様に算出できない。

出所:『中国統計年鑑』各年版より筆者が計算作成。

第2章 国有企業の地位の再評価 123

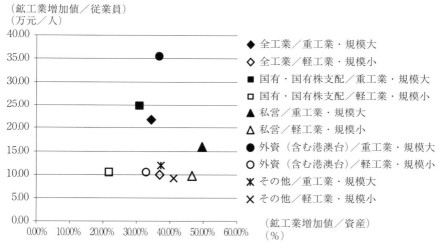

図2-8 2007年の業種別・規模別労働生産性（労働節約度）と資本効率（資本節約度）との相関

出所）『中国統計年鑑』2008年版より筆者が計算作成。

大きい企業が鉱工業全体の主役となっていることを示唆している。

　図2-8から，重工業・規模大の業種では国有及び国有株支配企業，外資企業（含む港澳台）は私営企業に比して労働生産性が高く資本効率が低い。軽工業・規模小では国有及び国有株支配，外資（含む港澳台）は私営に比して労働生産性が僅かに高く資本効率が低い。国有及び国有株支配，外資（含む港澳台）の従業員1人当たり資産規模は表2-15の通り重工業・規模大，軽工業・規模小の両方で私営のそれを上回っており，この規模大小と資本効率の関係は資本の有機的構成の高度化と利潤率低下の関係を反映していると推定される。これらのことより，また表2-15より示唆された重工業及び企業規模が大きい企業が鉱工業全体の主役となっていることを考慮すれば，前述（3.2.4）で概観した企業区分別の状況を覆すような傾向は見られない。

　なお，国有及び国有株支配，外資（含む港澳台）の労働生産性は重工業・規模大が軽工業・規模小を大きく上回っている，私営でも同傾向は小さいがある，という特徴が見られる。

3.3 資本の集中・賃金の伸びと付加価値の伸び

資本の集中を製造業の営業収入についての上位企業の全体に占めるシェアにより，賃金の伸びと付加価値の伸びを鉱工業部門の1人当たり賃金の伸びと1人当たり鉱工業増加値の伸びとの比較により，見てみる。

3.3.1 上位社の営業収入シェア

製造業上位500社中，上位社の営業収入のシェア（上位社／全500社）は図2－9の通り，上位50社では 2004年：45.16％→10年：50.58％，上位25社では2004年：31.66％→ 10年：38.53％，と上位の少数社が下位社を徐々に押しのけて拡大している。

また，上位500社に占める国有及び国有株支配企業と私営企業との比率は表2-16の通り，国有及び国有株支配が企業数では私営より少ないが営業収入や利潤のシェアは高い，すなわち国有及び国有株支配は上位の順位を占めている[50][51]。なかでも500社のリストの上位の企業は各年とも大手の国有株支配企業（例えば，中国石油化工集団公司，上海汽車工業（集団）総公司，宝鋼集団有限公司など）によって占められている。

これらのことより，「競争の激しさは，敵対し合う諸資本の数に正比例し，それらの資本の大きさに反比例する。競争は多数の小資本家の没落で終わるのが常であり，彼らの資本は一部は勝利者の手にはいり，一部は破滅する」[52]との資本の集中の様子が現れていることが分かる。

---

50) 中国企業聯合会・中国企業家協会編（2011）『中国500強企業発展報告』2011年版，企業管理出版社。当該部分のデータでは，「国有及び国有株支配」と「私営」に2分されているが，ここでの分類の実態は，当該統計から判るところでは，外資企業を除いたところの内資を「国有及び国有株支配」と「それ以外」とに2分した。したがって，それ以外には私営と国有株支配でない有限責任公司・株式有限公司とが含まれている，と判定できる。

51) 大橋英夫・丸山知雄（2009）『叢書 中国的問題群6 中国企業のルネサンス』岩波書店，37－38頁，にて，2008年の「フォーチュン500社」に入っている中国企業26社は全て国有企業もしくは国有株支配企業である，と。

52) 『資本論』第1巻第2分冊，816頁（独655）。

図2-9 中国製造業・営業収入上位500社の内の
上位25社，上位50社のシェア（%）

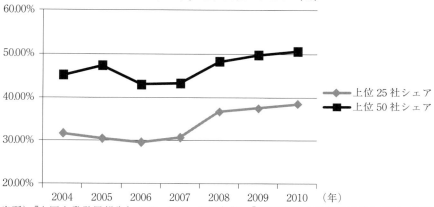

出所）『中国企業発展報告』2005，2006，2007年版，『中国500強企業発展報告』2008，2009，2010，2011年版より筆者が計算作成。

表2-16 中国製造業・営業収入上位500社の内の「国有及び国有株支配企業」と「私営企業」との構成（2010年）

（2010年・製造業）	企業数	営業収入	利潤
国有および国有株支配	219社（43.8%）	73.3%	66.7%
私営（500社より上記を控除）	281社（56.2%）	26.7%	33.3%

出所）『中国500強企業発展報告』2011年版より筆者が計算作成。

3.3.2 鉱工業部門の1人当たり賃金の伸びと1人当たり鉱工業増加値の伸び

鉱工業部門の1999年→2007年の1人当たり賃金の伸びは2.79倍，1人当たり鉱工業増加値（鉱工業付加価値）の伸びは4.33倍であり，賃金の伸びのほうが鉱工業増加値の伸びよりも低い（表2-17を参照）。すなわち賃金の伸びは剰余価値

---

53) 鉱工業部門・職工1人当たり平均賃金の数値は『中国統計年鑑』の「就業人員と職工賃金」の項の職工に関する「採鉱業」，「製造業」，「電力・ガス及び水の生産と供給業」，の部分の数値の合計より算出したもので，職工には私営企業と個人経営は含まれない。一方，鉱工業部門の1人当たり増加値は『中国統計年鑑』の鉱工業の項の増加値総額と全従業員数とから私営企業の増加値と従業員数とをそれぞれ差し引いたものにより1人当たり増加値を算出した。また企業のデータである鉱工業部門データには企業ではない個人経営はそもそも含まれていない。

表2-17 賃金の伸びと鉱工業増加値の伸びとの比較

鉱工業部門・職工1人当たり平均賃金の伸び (1999年→2007年)		平均賃金（元／人・年）	
		1999年	2007年
全体**	2.79倍	8,078	22,515
(参考) 組織形態別・職工1人当たり平均賃金の伸び (1999年→2007年)*		平均賃金（元／人・年）	
		1999年	2007年
全体**	2.99倍	8,346	24,932
国有企業	3.12倍	8,543	26,620
有限責任公司	2.61倍	8,632	22,493
株式有限公司	3.03倍	9,720	29,434
港澳台系企業	2.00倍	10,991	21,952
外資系企業	2.16倍	12,951	27,942
鉱工業部門の1人当たり鉱工業増加値の伸び (1999年→2007年)*		鉱工業増加値（元／人・年）	
		1999年	2007年
全鉱工業**	4.33倍	37,228	161,262
国有・国有株支配	6.42倍	35,741	229,321
外資（含む港澳台）	2.23倍	61,260	136,546

注) *(参考)の職工の対象は，都市地域で且つ大部分は第2，3次産業部門である。
　　鉱工業増加値の鉱工業部門は都市が主ではあるが第2次産業のみである。
　**職工1人当たり平均賃金の全体に，私営企業と個人経営とは含まれない。
　　鉱工業増加値の全鉱工業は私営企業を除いて算出したもの。
出所)『中国統計年鑑』各年版より筆者が計算作成。

の伸びよりも低く〔〈2007年(v)／1999年(v)〉＜〈2007年(v+m)／1999年(v+m)〉，数値では2.79倍＜4.33倍という関係であり，vの伸び率はmの伸び率より低

就業者の区分について，『中国統計年鑑』1999－2011年の各年版の解説によると：
・就業人員（Employed Persons）…全ての就業者が対象範囲。
・単位就業人員（Persons Employed in Various Units）…単位にて就業している人員（ex. 政府機関などの人員も含む）。私営企業と個人経営とは単位に含まず。単位とは機関，団体，職場，組織，部門，部署などの意味（兪可平，末浪靖司・徳永淳子訳〔2009〕『中国は民主主義に向う』かもがわ出版，9頁より）。
・職工（Staff and Workers）…単位就業者の対象の内の経済活動を行なっている単位が対象。郷鎮企業，私営企業，個人経営，職待ち人員・一時帰休者，外国人就業者，などを含まず。なお，2009年（『中国統計年鑑』2010年版）以降は職工という区分は無くなった。

い〕，相対的剰余価値の増加が示される。

そして国有及び国有株支配の平均賃金の伸びは全体の平均賃金の伸びに近いレベルであることが『中国統計年鑑』より確認できるので，国有及び国有株支配は全体平均より鉱工業増加値の伸びだけではなく剰余価値の伸びも高いことが分かる。

なお，剰余価値率を職工1人当たりの平均賃金額と1人当たり鉱工業増加値とから〔（鉱工業増加値－賃金）／賃金〕という算式により算出すると，鉱工業部門全体では，1999年は（37,228－8,078）／8,078＝3.61(361%)，2007年は（161,262－22,515）／22,515＝6.16（616％）となり，剰余価値率の増加が確認できる。なかでも国有及び国有株支配の剰余価値率の増加は外資を上回る。[54]

おわりに

企業の実態は企業の所有と支配の性格によって基本的に決まる。この点を考慮すると組織形態別による区分の「国有企業」のみならず，所有別による区分の「国有控股企業（国有株支配企業）」を国有企業または国有経済部門の範疇に含めることが適切かつ必要であり，このような区分に基づいて国有企業または国有経済部門の実態を把握しなければならない。そして国有企業または国有経済部門の範疇に「国有控股企業（国有株支配企業）」を含めない先行研究が現れた背景，またはそのような考えを持つ根底には，企業の所有，支配，経営の関係を適切に認識しきれていない状況が存在しているのであろう。また，そのよ

---

54) 表2-17より国有企業の職工賃金と国有・国有株支配の鉱工業増加値との1999年数値及び2007年数値により剰余価値率を計算すると，その数値は1999年：3.18（318％）→2007年：7.61（761％），となる。同様に有限責任公司の職工賃金と国有・国有株支配の鉱工業増加値とから算出すると，1999年：3.14（314％）→2007年：9.20（920％）である。株式有限公司の職工賃金と国有・国有株支配の鉱工業増加値とから算出すると，1999年：2.68（268％）→2007年：6.79（679％）である。外資系企業（港澳台以外の外資）の職工賃金と外資（含む港澳台）の鉱工業増加値とから算出すると，1999年：3.73（373％）→2007年：3.89（389％）である。職工賃金は第2，3次産業であり鉱工業増加値は第2次産業という比較障害はあるが，これらの数値より国有・国有株支配部門の剰余価値率は，1999年時点では外資より低いか同レベルであったが，2007年時点では外資を上回るほどに大きく増大していると判断でき，それは妥当であろう。

うな認識の状況は，前章の中兼の「民営化」に関わる検討（2.2「国有企業の民営化に関わる中兼の見解の検討」）で明らかにしたように，「民営化」の概念の曖昧さを引き出しているのであろう。なお，企業の所有，支配，経営に関わる考察は次章で行なう。

　前節（第3節「国有企業の実態」）にて示した国有企業または国有経済部門の鉱工業部門の実態の特徴は次の通りまとめることができる。

　第1，鉱工業部門の国有及び国有株支配企業部門は，収益性，成長性，資産・資本の効率性，付加価値生産性，労働生産性など主要な諸指標の面で目覚ましい発展を見せ，私営企業など他部門を凌駕している。すなわち国有及び国有株支配の売上高利益率の伸長度合いは1999年の売上高利益率2.78％から2010年の7.58％へと2.7倍に伸びており，私営の4.16％から7.27％への1.7倍の伸びを凌駕している，なかでも国有株支配が高い伸びを示している。また国有及び国有株支配の2007年の鉱工業増加値（鉱工業付加価値）は私営の1.5倍の39,970億元であり，且つ鉱工業増加値の対前年伸び率は1999年以来上昇傾向が続き，私営の下降傾向と対照的である。このように国有企業または国有経済部門（国有及び国有株支配企業）は高い利益・高い剰余価値を生み出していることが分かる。

　第2，資本の集中は，製造業の部門において資本の集中が進み，特に国有及び国有株支配企業による占有度が高い。このような資本蓄積の進展状況に関して，国有と国有株支配との比較では国有株支配が国有企業または国有経済部門を牽引している。

　第3，賃金については，賃金の伸びが剰余価値の伸びより小さい（相対的剰余価値の増加）。それは国有及び国有株支配企業に顕著に現れている。そして序章で示したとおり，[55]『中国統計年鑑』より都市部住民の所得の最下層と最高層の格差が拡大していることが判り，貧富の格差拡大という現象が確認されている。

　国有企業または国有経済部門は，かつて，いわゆる効率の悪い国有企業と言われてきたが，すでにその姿を解消して来ており，私営企業の発展は総生産額

---

55) 本書序章の「問題関心の所在」の注9）を参照。

の規模と言う"量"に限ったことである。

　このように国有企業または国有経済部門（国有及び国有株支配企業）で高い利益・高い剰余価値が生み出され，資本の集中や相対的剰余価値の増大が進行しており，国有企業または国有経済部門が資本主義的生産方法を用いて市場経済を主導していることが確認できよう。

　序章で記したように，中国の経済・社会の諸問題，富の分配をめぐって，「新左派」と「新制度派」の両陣営からその解決処方の提起がなされ，それらの解決処方の前提としての国有企業についての認識は，両派とも国有企業は経営効率が低く，国有企業の存在が経済の発展を抑制しているという同じ認識である。しかしながら，本章での考察の結果，両派の認識とは逆の，国有企業または国有経済部門こそが資本主義的生産方法をもって中国経済を牽引している実態が判明した。したがって，両派の所説には，基礎範疇である国有企業または国有経済部門に関わる見方に関して中国市場経済の2000年代の発展の実情が反映されておらず，その立論の意図・趣旨と目指すべき解決策との不首尾を内包させている。実態に即した国有企業または国有経済部門の地位の再評価から立て直す必要があるように思われる。

第3章　国有企業の企業統治
——所有者・経営者・労働者に関する考察——

はじめに

　中国の国有株式会社は，中国共産党が1997年の中国共産党第15回全国代表大会で国有経済部門に株式会社制度の導入を奨励したことに淵源をもつ。中国共産党第15回全国代表大会では，国と集団が株式制企業の株式を所有すればその企業は公有制企業である，と決定し，当該決定に対応して国有株式会社の設立，発展が進んだ。そして第2章で示した通り，2000年代以降に，この公有制企業のほとんどは国有株式会社を含む国有企業により占められている，すなわち公有制経済と国有経済部門とは概ね同義と言えるまでに至っている。公有制については，中国共産党が1992年10月の中国共産党第14回全国代表大会で社会主義市場経済体制を確立するという方針を提起し，社会主義市場経済体制に

1）「鄧小平理論の偉大な旗印を高く掲げて中国の特色をもつ社会主義を建設する事業を全面的に21世紀に推し進めよう―中国共産党第15回全国代表大会における報告（1997年9月12日）」『北京週報』日本語版，第35巻第40号，1997年10月7日，文献（4）19頁にて，国有経済部門への株式会社の導入，奨励について，「株式制は現代企業の資本組織形態の一種で，所有権と経営権の分離に役立ち，企業と資本の運行効率の向上に役立ち，資本主義はこれを利用することができ，社会主義もこれを利用することができる。株式制は公有であるか，それとも私有であるかと大ざっぱに言うことはできない。カギは持株権が誰の手にあるかである。国と集団が持株であれば，顕著な公有制をもち，公有資本の支配範囲の拡大および公有制の主体的役割の増強に役立つ」と述べられている。
2）　中国共産党第15回全国代表大会で，「公有制経済は国有経済と集団経済を含むだけでなく，混合所有経済の国有成分と集団成分をも含んでいる」（同上『北京週報』18頁）と述べられている。つまり，公有制経済には集団企業などの集団が所有する経済と国が100％所有する経済だけでなく，例えば国を含む複数者が所有する経済で，国がコントロールする経済（具体的には「国有株支配企業」）が含まれると述べられている。第2章で示した通り，2000年代になり集団企業などの集団が所有する経済は極めて小さくなり，公有制経済のほとんどは国有企業によって占められている。

第3章　国有企業の企業統治　131

おける所有制の構造は公有経済を主体とする，と示したが，序章で示したとおり，この大会直前の1992年9月に発表された当時の中国のいわゆる著名な経済学者達の社会主義市場経済について論文は，生産手段の所有制度が公有制であれば社会主義であると主張している，しかしながら，公有制がどのような公有制かという点にまでは言及していない。そして中国共産党規約では現在も中国は社会主義の初級段階にあると規定されている。

　このような中国共産党，政府，著名な学者の主張のように国有経済部門の存在が，中国が社会主義であることの証左であれば，国有経済部門の企業（または，国有企業，広義の国有企業，国有及び国有株支配企業[4]）には私有経済部門や資本主義国の企業とは異なる何らかの事象，すなわち社会主義市場経済の下の国有企業の所有者（株主，出資者）は国であり窮極的には全人民であるが，私営企業や資本主義国の企業の所有者（株主，出資者）は単数または多数の私人であるから，この所有者の違いに起因して株主，経営者，従業員の関係にも違いが存在する可能性があると推定されるだろう。

　このような国有企業について，川井伸一は，中国の株式市場に上場されている国有株式会社の「支配」の形態は，（上場されている国有株式企業の支配株主である）国有親企業による「大株主支配」と国有株式会社の「内部者支配」とが重なり合う。そして内部者支配は経営者および従業員によって会社が事実上支

3）「改革・開放と現代化建設のテンポをはやめ中国の特色を持つ社会主義事業のさらなる勝利をかちとろう―中国共産党第14回全国代表大会における報告（1992年10月12日）」『北京週報』日本語版　第30巻第43号，1992年10月27日，別冊付録文献（5）12頁にて，国有企業や分配制度について，「〔社会主義の市場経済体制は〕所有制の構造においては，全人民所有制と集団所有制を含む公有制経済を主体として，（中略）企業がみな市場に参入し，平等な競争を通じて国有企業に主導的な役割を発揮させる。分配制度においては，労働に応じた分配を主体として，これを他の分配形態で補い，効率と公平の双方に配慮する（〔　〕内筆者）」，と述べられている。
4）（本書第2章第2節「企業の区分―筆者の考察における区分―」の注記に示したとおり）本書では「国有経済部門」，「国有企業」，「広義の国有企業」，「国有及び国有控股企業（国有株支配企業）」を同義として表記する。
　株式有限公司（株式会社）の中の国有株支配企業は，国有株式会社とも表記する（株式会社についての詳細は，本章第2節「所有・支配・経営の関係についての考察」を参照）。

配されている,と川井(2003)『中国上場企業—内部者支配のガバナンス』で述べている。

本章では,国有株式会社について,上記の川井の主張やバーリ&ミーンズに代表される「経営者支配」論などをも取り上げて検討しつつ,国有企業の所有,支配,経営の関係および資本を所有する者(所有者,株主,出資者),資本を機能させる者(経営者),生産を行なう者(労働者,従業員)の関係について考察する。

第1節　川井伸一『中国上場企業—内部者支配のガバナンス』の大株主支配と内部者支配の「重合」の検討

川井は,川井(2003)で,中国の上場企業(その大半は国有企業)を対象にその企業統治の性格を分析して,「大株主支配」,「内部者支配」を論じている。川井が分析対象とした当時の上場企業の株主の大部分(77～79%)は国有部門(政府・国有企業)によって占められているので,その上場企業の分析は国有の上場企業である「国有株式会社」を対象とする点に主眼が置かれている。そして,上場会社では大株主支配と内部者支配は重合している,いいかえれば大株主支配と内部者支配は一体化されたものとして存在している,との仮説を

---

5) 川井伸一(2003)『中国上場企業—内部者支配のガバナンス』創土社。
6) Berle, A. and Means, G. (1932) *The Modern Corporation and Private Property*, The Macmillan Company. (北島忠男訳『近代株式会社と私有財産』文雅堂銀行研究社,1958年初版,1966年4版)で,近代株式会社の支配形態では「経営者支配」が現れると主張された。北島訳以外には,森杲訳(2014)『現代株式会社と私有財産』北海道大学出版会,がある。本書での引用は北島訳(1966)による,引用箇所の表示は北島訳のほかに森訳も示す。
7) 川井(2003)51-52頁。2000年の上場会社940社および942社についてのデータ(出典:馬慶泉主編,中国証券業協会2001年科研課題研究報告『中国証券市場発展前沿問題研究2001』上冊,中国金融出版社,2001年,59頁)に基づいて支配株主の状況を示している。
8) 中国では1993年制定の公司法(和訳:会社法)に基づき多くの国有企業は有限会社(中国語:有限責任公司,公司は会社の意味)および株式会社(中国語:股份有限公司,股份は株式の意味)として再編された。その再編された国有の株式会社(=「国有株式会社」)のなかの上場企業が,上場企業全体のなかの大部分を占めている。

設定して，その仮説を上場企業の人事，取引，利潤分配についての分析を通じて証明しようと意図している。

すなわち，川井の分析対象の上場企業は，国有株式会社である（実証分析では国有株式会社の実情を詳しく分析している）。そして，その国有株式会社の支配は親会社である国有企業による大株主支配と国有株式会社の内部者支配とが重なり合うと主張している。

1.1 大株主支配，内部者支配，それらの重合の概要と検討

川井は，川井（2003）の序章「企業統治と内部者支配」で企業統治の支配類型，内部者支配の定義，中国における内部者支配に関わる議論を示した上で，中国の上場企業における企業統治に関わる川井の仮説＝「大株主支配と内部者支配との重合」を述べている。そして，その後の第3章「会社機関の構造と運用」，第4章「内部者支配の人的構造」，第5章「上場会社の取引構造」，第6章「上場会社の利潤配当分配」で，各々，上場企業の人事面，取引面，利潤分配面の詳細なデータの分析を行ない，仮説を証明しようとしている。

それらの概要といくつかの点に関わる検討は次の通りである。

1.1.1 大株主支配，内部者支配，それらの重合の概要

(1) **支配類型の概要** 川井は中国における企業統治の支配類型についての3つの類型を提示しており，この支配は経営者の選出解任を含む企業の主要な意思決定に対する強いコントロールまたは影響力を意味すると注記している。

3つの支配類型は，次のように示されている。

①大株主支配モデル……上場会社の支配的大株主が株主総会の支配権をとおして自らの代表を取締役会の中に送り，その取締役が経営陣を選出する。取締役も経営陣も大株主の利益代表であり，大株主は会社の経営を支配している。

---

9) 川井（2003）20頁。
10) 北島訳（1966）88-89頁（森訳，66-67頁）は，会社の諸活動に関する指揮は取締役会を通じて行なわれるので，その取締役会を選出する法律的権限或いは実際的権限を持った人（または人々）を支配者と規定している（本章第2節参照）。バーリ＆ミーンズの支配と川井の支配とは似ている，またはほぼ同じであると言える。

大株主とは国家株や国有法人株の所有権代表である政府機関や国有企業を指す。

②内部者支配モデル……上場会社の内部者すなわち経営者および従業員によって会社は事実上支配されている。内部者の利益が優先される。当該モデルは株主と経営者との間の利害対立を前提にしている。中国の多くの国有企業や株式会社でいわゆる「内部者支配」現象が指摘されており，この内部者支配モデルはこの現象を反映したものと考えられる。

③経営者支配モデルまたはキーパーソン支配モデル……特定の有力経営者が強い指導力を発揮して事実上，企業を支配する。小規模同族企業のオーナー経営者の場合によく見られるし，株式会社のなかにも強力な経営者が支配株主の代表であると同時に取締役会長，総経理（社長に相当），当該会社の共産党書記などを兼ねるような場合に見られる。

そして，以上の3モデルの位置は，「まず①と②の大きな区分があり，③は②のサブモデルである。（中略）形式論理的には①と②の特徴は相反的な内容を持つので，①と②は対称的なものとして位置づけられる」，と記されている[11]。

(2) **内部者支配の定義の概要**　内部者支配の概念，定義は，次のように示されている[12]。

①内部者支配の概念は経営者が企業財産の所有権を掌握することと直接関連している。

②企業財産の所有権のとらえ方には理論上2つの基準がある。ひとつは残余コントロール権（法律または契約が規定していない企業資産使用のコントロール権）として把握するものであり，もう1つは（ミルグロム＝ロバーツ説[13]による）

---

11) 川井（2003）6-8頁。
12) 川井（2003）8-9頁。
13) Paul Milgrom and John Roberts (1992) *Economics, Organization & Management*, Prentice Hall, Inc.（奥野正寛・伊藤秀史・今井晴雄・西村理・八木甫訳『組織の経済学』NTT出版，1997年，321-326頁）
　　ミルグロム＝ロバーツによると，所有の概念の2つの側面は，一つは残余コントロール権（residual rights of control：法の定めや契約によって他人に割り当てられている以外の資産使用法についての決定権），もう一つは残余利益（residual return：純収益，他

残余コントロール権および残余利益請求権（すべての義務を清算した後に残った資産所得の受取を請求する権利）として把握するものである。

③一般に所有と経営が分離している現代の法人会社においては，株主は残余請求権者であるのに対して，企業経営者は残余コントロール権を掌握している。しかし，企業経営者が残余利益を株主に還元しないで自らそれを支配する場合も考えられる。

④以上の理解を前提に内部者支配を再定義すれば，それは企業経営者または従業員などの内部者が企業財産の残余コントロール権および（または）残余利益請求権を掌握することである。

⑤川井の内部者支配に関する議論では，（ミルグロム＝ロバーツ説に従って）「企業内部者が残余コントロール権および残余利益請求権を合法的または事実上掌握する事態を内部者支配とする」。

以上より川井の主張によれば，中国の上場企業の内部者支配とは，企業の経営も利潤分配も株式を所有しない内部者によって支配されている状態を指している。

なお，内部者支配と相反する大株主支配についての（上記の内部者支配に関わる詳細な定義と同様な）定義は，川井（2003）では示されていない。

(3) **大株主支配と内部者支配の重合，一体化の概要** 大株主支配と内部者支配の関係について，川井は，多くの既存の研究では大株主支配と内部者支配とが異質であることを前提に両者の併存を指摘しているが両者の関連については余り検討されていない，と述べたうえで「上場会社において大株主支配と内部者支配はふたつの対称的な存在であるというよりも，大多数の場合において重合しているというものである。いいかえれば，大多数の株式会社において大株主支配と内部者支配は一体化されたものとして存在している」との仮説を提示している。[14] さらに川井はこの仮説をより具体的に，「上場会社は親会社とのあいだに所有，経営者，取引，利益分配などのさまざまな面において密接不可分

のすべての人に支払が行なわれた後の残り），それを受け取る権利を与えられた者が残余請求者（residual claimant：企業の所有者，企業に発生するすべての純収益を受け取る権利を与えられた者）。

14) 川井（2003）20頁。

の特殊な利害関係を持っており，このような親会社は上場会社の内部関係者と見なすことが出来る。従って，親会社から上場会社に派遣される経営者は外部者ではなく内部者であるといえる。（中略）親会社による大株主支配と内部者支配とは重なり合うであろう。」と示している。

また，川井は，川井（2008）でも，中国の上場会社（1993年制定の会社法に基づき，国有大規模企業を母体として再編された株式会社）の特徴の一つは，支配株主＝（上場会社の親会社である）国有企業の支配と上場会社の内部者支配が基本的に重なっている点にある，と述べている。また，川井（2010）でも，（1993年以降の）上場国有会社のガバナンスの特徴は「〔支配株主である〕親会社〔＝国有企業〕は上場会社の外部者ではなく内部者と見なすべきであろう。こうして親会社による大株主支配と内部者支配とは重なり合う（〔　〕内筆者。以下同様）」と述べている。

そして川井（2003）の上記仮説に関する証明の概要は以下の通り。

人事面について，川井（2003）は，2000年の上場企業942社の取締役総数の80.7％が株主から派遣され且つ取締役総数の53.3％は筆頭株主から派遣されている，と述べている。すなわち，上場企業である国有株式会社には，その支配株主である（また親会社である）国有または国有株支配会社（集団公司などの名称の公司）から取締役のマジョリティーが派遣されている。そして，川井は，統計結果から上場企業の取締役会長の47.5％が親会社の代表により兼任されていると述べ，さらに幾つかの大手上場企業である国有株式会社の取締役の事例を示して，上場企業の取締役役員はその大半が親会社の現経営者または前経営者によって占められている事例は多い，と述べている。

以上より川井（2003）は，上場企業である国有株式会社について「上場企業の取締役・総経理〔日本語の社長に相当〕の多くは親会社の経営管理者からの

---

15) 川井（2003）22頁。
16) 川井（2008）「中国の会社の歴史的性格：法人の二重性の視点から」『中国経済研究』第5巻第1号（通巻7号），中国経済学会，2008年3月，13頁。
17) 川井（2010）「中国における会社支配の歴史的検討」中兼和津次編著『歴史的視野からみた現代中国経済』ミネルヴァ書房，200頁。
18) 川井（2003）93-94頁。
19) 川井（2003）130-131頁。

兼職派遣または親会社からの移籍者などにより構成されており，事実上一体となっている状況がみられるのである。ここにおいては上場企業の経営者と親会社とは利害関係が密接不可分に結びついている。従って，親企業を単純に上場会社の外部者とみなすのは正しくなく，むしろ内部者と見なすべきである。従って，このケースにおいては，内部者支配は親会社の経営者が上場会社の経営者と重なっている形で成立している。ここに，大株主支配と内部者支配との重合が見られるのである[20]」と結論を述べている。

次に取引面について，川井（2003）は，上場企業の関連取引を分析している。ここでの関連取引とは，上場企業である国有株式会社とその関連企業（当該国有株式会社の親会社や同親会社の子会社である当該国有株式会社の兄弟会社など）との取引であり，その取引内容は製品・原材料売買や代理販売，設備や株式などの資産売買，他である[21]。関連取引の状況について，川井は，中国の研究者の文献資料を引用して，2000年度の上場企業1,018社のうち949社（1,018社の93.2％）が関連取引を行ない，949社のうち製品の取引実施社数は937社（949社の98.7％），資本取引実施社数は214社（949社の22.6％）であり，製品の取引でも資産の取引でも，上場会社から関連企業へ，特に親会社に資金が移転している[22]と述べ，上場企業と親会社及び企業グループ内の兄弟会社との密接な取引関係を説明している[23]。

利潤分配面について，川井（2003）は，中国の上場会社は，歴史的に草創期または成長期にあり，会社の長期的な成長と規模拡大を志向し，そのために株主への配当を相対的に抑制し内部蓄積を優先してきた，そして，経営者の分配政策は一般的に，支配的大株主の強い支持に支えられ，上場会社経営者と大株主は基本的に利害関心と選択行動が一致していた，と述べている。続いて川井は，特に集団公司などの親会社（その大半は国有企業）が支配的大株主である場合には，以上のような上場会社経営者と大株主の関係がより緊密・一体的で

---

20) 川井（2003）134頁。
21) 川井（2003）146－148頁。
22) 川井（2003）151頁。
23) 川井（2003）154－157頁。

あったと述べて，大株主支配と内部者支配との重合，一体化を説明している。

このように川井は人事面，取引面，利潤分配面のデータを用いて，上場企業である国有株式会社は単純且つ純粋な内部者支配ではなく，単純且つ純粋な大株主支配でもなく，大株主支配と内部者支配との重合であると，規定している。

1.1.2　大株主支配，内部者支配，それらの重合の検討

(1)　**所有と経営の分離に関わる検討**　川井は，川井（2003）第4章「内部者支配の人的構造」第2節「株主所有の集中と内部者支配との重なり」で，バーリ＆ミーンズ（1932）の経営者支配を用いて次のような記述をしている。①「バーリ＝ミーンズのいわゆる所有と経営の分離論に基づけば，企業の大規模化と株式所有の分散化が専門経営者の自立化を促し，経営者支配をもたらした。この事態は内部者の経営支配つまりインサイダー・コントロールといえる。この場合は株式所有の分散化と内部者支配とがシステム調和的である」，②「しかし，中国の株式会社においては，実際には株式所有の集中と内部者支配が対応している。バーリ＝ミーンズの論理からすれば，株式所有の高い集中度は大株主の経営支配をもたらし，それは所有と経営の分離＝内部者の経営支配とは矛盾する」，③「この意味において，中国の上場会社の事例は特徴的である。中国の事例は所有と経営の分離というよりも，所有と経営が依然として一致している状況に近い」と記している。

川井は，上記の①で所有と経営の分離が土台となって，株式所有の分散化によって経営者支配が出現した，と理解し，②でバーリ＝ミーンズの論理は，内部者の経営支配＝株式所有の分散＝所有と経営の分離，大株主支配＝株式所有の高い集中＝所有と経営の一致，と理解した結果，中国の株式所有の集中と内部者支配とが対応している状態はバーリ＝ミーンズの論理に矛盾する，と述べている。川井は，所有と経営の分離を株式所有の分布態様における独占的集中保有か分散保有かにしたがって対応的に直結させている。しかし，バーリ＝ミーンズは支配の形態を決定する要因として株式所有の分布を示し，所有権の

---

24)　川井（2003）194頁。
25)　川井（2003）123頁。

分散に従って所有と支配との分離を提示したが，所有と支配が一致している状態で所有と経営は一致する，とは述べていない。バーリ＝ミーンズの論述と川井の上記の主張とには齟齬がある。さらに③で中国の上場会社は所有と経営が一致していると述べているが，バーリ＝ミーンズの論理によって「大株主支配または株式所有の高い集中の下でも所有と経営の分離がある」ならば，川井の③は，中国の事例は所有と経営が分離している，とならざるを得ない。

　川井は，以上のような記述に続いて，大株主支配と内部者支配の重合を証明しようとする。はじめに「ではなぜ株式所有の集中と内部者の支配が共存しているのであろうか」と問題提起をし，当該第4章第2節のその後の記述では，上場企業の経営者と親企業の経営者とが兼任するなど一体となっている状況を詳述した後に，この状況により「内部者支配は親会社の経営者が上場会社の経営者と重なっている形で成立している。ここに，大株主支配と内部者支配との重合がみられるのである」と結論を述べている。この結論までの詳述した内容は，上場企業の経営者と親企業の経営者とが兼任するなどの状況の提示であって，問題提起した「なぜ」にたいする直接の答えにはなっていないようである。

　川井は，さらに当該第4章で，（第3節で）企業統治や（第4節で）経営業績の状態を説明し，第4章の最後（＝第4章第4節の最後）では「インサイダー・コントロールを示す取締役会の内部者比率と財務効率とのあいだには必ずしも明確な相関性があるとはいえない（中略）取締役の性格や構成が経営効率にどのような影響を及ぼしているかの検討は，最近開始されたばかりの状況であり，今後の重要な課題である」と述べている。つまり，中国の上場企業の特徴である大株主支配と内部者支配との重合が，何か特徴のある状況を生み出しているかのように思われたが，そのような状況は存在しないとの結論に至り，「今後の課題」が残った。

　以上の通り，「大株主支配でも所有と経営の分離がある」ならば，上記のよ

---

26)　川井（2003）123頁。
27)　川井（2003）134頁。
28)　川井（2003）143頁。

うな川井の問題提起は発生しないのである。

(2) **所有または所有権に関わる検討**　　上記，1.1.1「大株主支配，内部者支配，それらの重合の概要」(1)「支配類型の概要」，(2)「内部者支配の定義の概要」のなかで，川井は所有または所有権について，大株主支配モデルでは，大株主とは国家株や国有法人株の所有権代表である政府機関や国有企業を指す，と記しているが，この場合の株主が持つ株の所有権の内容は，株を保有している事による株主総会での議決権を行使（または使用，利用）する権利や配当金（または収益）を受け取る権利，株を市場で売却（または処分）する権利などが挙げられるだろう。つまり，所有権は株主（所有者）が株（所有物）を自由に使用，収益および処分できる権利であろう。

川井は，次に，内部者支配の定義では，内部者支配の概念は経営者が企業財産の所有権を掌握することと直接関連している，そして，その企業財産の所有権は，ミルグロム＝ロバーツ説にしたがって残余コントロール権および残余利益請求権とする，と記している。この場合の所有権の内容は，内部者（所有者，ここでは経営者）が企業財産（所有物）を自由にコントロール（使用），資産所得の受取を請求（収益）できる権利であろう，所有物の処分は所有権の中に含まれていない。

以上の通り，川井の所有または所有権の概念には，その中に処分を含むのか否かの曖昧さがある模様である。

(3) **上場企業の親会社に関わる検討**　　川井は中国の上場企業の大株主支配と内部者支配との重合を証明する実情の分析において，その視点は，上場企業である国有株式会社を中心に据えて，実情を見ていると言えるだろう。

しかし，上場企業に関わる状態を，親会社を中心に据えて，親会社の側から見みると，川井（2003）で詳しく説明された状態こそが，親会社が自社の傘下の子会社を人事の面でも取引の面でも利潤分配の面でも密接に一体化して管理しているまたは支配している状態である，と言えるだろう。このような親子関係の企業グループは，日本でも特別な存在ではない。例えば企業グループの頂点に立つ親会社からみれば，企業グループ全体の業績を発展させ，企業グループ全体のコンプライアンスを順守するなどのために，子会社の経営を子会社任せにせず，親会社が積極的に子会社の経営に関与して企業グループ全体の適切

な経営を図るのは当然且つ必要な行為である。

　上場企業をも含めて親会社がグループ全体を支配・コントロールしているのであるから，国有株式会社をも含むグループ全体の性格を把握するためには，上場企業である国有株式会社の性格を見るだけではなく，親会社を中心に据えての国有株式会社，親会社，親会社の支配株主の関係の考察が求められるだろう。

　以上の検討で摘出された所有，支配，経営に関わる事項を，筆者は次節で考察する。

1.2　内部者支配における経営者と従業員との関係の概要と検討

　株式会社の支配に関する先行研究での「経営者支配」に対して，川井の「内部者支配」は，前述（1.1「大株主支配，内部者支配，それらの重合の概要と検討」1.1.1「大株主支配，内部者支配，それらの重合の概要」(1)「支配類型の概要」，(2)「内部者支配の定義の概要」）で指摘したように内部者＝経営者および従業員であり，経営者だけでなく従業員も支配者である点が特徴であろう。そして「経営者支配」論を主張した先行研究の中には従業員による支配，労働者による支配を主張した例もあるが，それは，経営者を従業員や労働者の範疇に含めた結果による主張である。川井が内部者支配を使用した理由は，経営者が従業員や労働者の一部であると川井が認識したことによる所為かどうかは判らないが，経営者も従業員も各々がともに支配者である点を強調したい為であろうと推察される。

　また，川井は，川井（2008）で，会社には支配株主によって所有され支配株主に従属する姿，性格と，一方，会社は契約の当事者，権限責任の主体として意識され，会社財産の所有者となる姿，性格とがある。その後者の場合には会社の経営者は株主から相対的に自立し，会社を自らの意思で経営する。そこでは会社は会社従業員の「共同体」として意識される，経営者は従業員の代表に

---

29)　西山忠範（1975）『現代企業の支配構造―株式会社制度の崩壊』有斐閣，244, 248頁，同（1980）『支配構造論―日本資本主義の崩壊―』文眞堂，26頁。西山は，経営者は従業員，管理労働者であるから経営者支配は従業員支配，管理労働者支配である，と述べている。

位置づけられる，と述べている。このような「経営者は従業員代表」という表現は，川井（2008）で参考にされた伊丹（1987）のなかの，「『ヒトという資源の提供者が主権者になる』という意味で『人本』主義」の企業は「従業員主権」であり，「従業員とは，経営者と労働者の両方を合わせたものである」との記述や，ドーア（2006）のなかの「経営者は，株主の代理人というより，『従業員準共同体』の長老のような存在とされている。この場合の『雇用関係』は『経営者』という名の雇用者と，『従業員』という名の使用人の間の関係ではなくて，経営者も他の従業員も同じく『会社』に雇われているという関係になる」との表現を参考にしているようである。

しかし，経営者と従業員とは同等の地位・立場に立っているのか，経営者は従業員の代表なのかについては，疑義があろう。例えば，奥村宏（1984）は，経営者と従業員との関係に関して次のように述べている。日本の会社では従業員出身の内部取締役が多いことを根拠にして，経営者を従業員と一体のものとして，あるいは経営者を従業員の代表として見る主張が多いが，「経営者が従業員出身であるということと，それが従業員代表であるということとは別の問題である。（中略）会社の都合で首切りをするのも，配置転換をするのも，その他重要な決定をするのは経営者であって，従業員ではない。従業員はQC運動などで会社に協力したとしても，経営権を握っているのは経営者であって，労働者ではない。なにより重要なことは経営者を選ぶのは従業員ではないということである。もし経営者が従業員代表であるというのならば，最低限必要なことは従業員が経営者を選ぶのでなければならないが，日本の大企業でそのようなことを行なっている会社はない」。このような奥村の指摘は企業の実態であり間違ってはいない。

中国の上場企業の経営者も企業内昇進が多く，川井（2003）でも上場企業の経営者全体の66％が企業内昇進であるとのデータが示されている。このよう

---

30) 川井（2008）6–7頁。
31) 伊丹敬之（1987）『人本主義企業―変わる経営　変わらぬ原理―』筑摩書房，37–38頁。
32) ドーア，ロナルド（2006）『誰のための会社にするか』岩波書店，171頁。
33) 奥村宏（1984）『法人資本主義』御茶の水書房，145–146頁。
34) 川井（2003）117-118頁にて，王東明（2000）「中国上場企業の株式所有構造とコーポ

な内部昇進の経営者が多くなる傾向は，日本も中国も企業が大規模化，専門化して行けば行くほど，当該企業の事業に精通した専門家でなければ経営を遂行でき難くなるので，当然の傾向である。そして，中国の上場企業の経営者は日本と同様に株主総会で選任されるのであって，従業員によって選任も罷免もされていない。内部昇進の経営者が多いからと言って，経営者と従業員とは同等の地位・立場に立って，経営者は従業員の代表であるとは言えないだろう。

以上のような点に鑑み，中国に限らず株主・経営者・従業員の関係，性格についての吟味を，筆者は次々節で行なう。

第2節　所有・支配・経営の関係についての考察

本節では先行研究の経営者支配論および内部者支配論の所有，支配，経営に関わる論理について，続いて，中国の上場企業である国有株式会社およびその親会社に関わる所有，支配，経営の実態について考察する。

2.1　所有・支配・経営に関する先行研究の考察

バーリ＆ミーンズ（1932）は，株式会社制度のもとでは，産業用富に関する支配は所有権益が全くなくても行使出来る，と所有と支配の分離を述べている。[35] 川井は，前述（「1.1「大株主支配，内部者支配，それらの重合の概要と検討」1.1.1「大株主支配，内部者支配，それらの重合の概要」(2)「内部者支配の定義の概要」）の通り，内部者支配と企業財産の所有権の掌握とが関連していると述べている。したがって，所有と支配の分離，所有と経営の分離，所有（権）の内容について，以下の通りバーリ＆ミーンズ，川井，他の論理を考察する。

2.1.1　所有と支配の分離，所有と経営の分離

所有と支配の分離が存在するならば，その有無と，ならびに所有と経営の分

　　レート・ガバナンスの実態」『証券経済研究』第23号，日本証券経済研究所，2000年1月，35頁のデータを用いて示している。
35)　北島訳（1966）88頁（森訳，66頁）。

図3-1 所有・支配・経営の関係図

	所有と支配が一致 (所有者支配)	所有と支配が分離 (経営者支配)
所有と経営が一致	タイプ：1	タイプ：3 (実際には存在しない)
所有と経営が分離	タイプ：2	タイプ：4

出所）筆者作成。

離の有無とを組み合わせたマトリックス図を用いて，先行研究を整理，考察する（図3-1参照）。

　バーリ＆ミーンズ（1932）は，株式会社の富の所有権が広範囲に分散されるに従って，株式会社の富の所有権とこれに関する支配とは分離されると述べ，そして会社の諸活動に関する指揮は取締役会を通じて行なわれるので，その取締役会を選出する法律的権限或いは実際的権限を持った人（または人々）を支配者と規定し，支配の形態として5つの主な支配形態，①「殆ど完全な所有権による支配」，②「過半数持株支配」，③「法律的手段方法による支配」，④「少数持株支配」，⑤「経営者支配」を示した。そして，①「殆ど完全な所有

---

36) 北島訳（1966）88-89頁（森訳，66-67頁）。
37) 北島訳（1966）88-112頁（森訳，66-85頁）。5つの支配形態の概要は，①「殆ど完全な所有権による支配」：特定の個人または集団が，株式の80％あるいはそれ以上を所有している場合，②「過半数持株支配」：特定の個人または集団が過半数持株をし，支配に関する法律的権限，特に取締役を選出する権限を有する場合。過半数持株支配は所有権と支配との分離の第一段階，③「法律的手段方法による支配」：特定の個人または集団による過半数持株はないものの，ピラミッド型支配，無議決権株式の利用および議決権信託の組織化などの方法によって過半数持株支配となっている場合，④「少数持株支配」：特定の個人または集団が，50％未満，20％以上の株式所有であるが，取締役会の選出の際，議決権の過半数を確保するために彼らの少数持株を基礎として一般株主から委任状を動員し得ている場合，⑤「経営者支配」：株式があまりにも広く分散しているので，会社の諸活動を支配するのに十分な株式数を持つ特定の個人または集団が存在せず，支配は委任状収集を通して実質的に取締役を選出しうる立場にある経営者の手中にある場合。……この概要説明は柴田努（2016）「経営者支配の構造変化と株式配分の増加」26-27頁（学位論文，一橋大学，2016年3月）『一橋大学機関リポジトリ』，Web Site（https://hermes-ir.lib.hit-u.ac.jp/rs/handle/10086/27895）2016年5月12日参照，を参照した。

権による支配」では，所有と経営の分離については直接には触れられていないが，既発行株式の全部または殆どを所有する人または集団は所有権に基づく支配をして，「特に，経営者を選択し，支配する[38]」と述べられているので，バーリ＆ミーンズは，所有と支配をしている人または集団が自ら経営者にはならない状態の存在を示していると推定される。ただし，①の形態は個人会社に多く見られる形態である[39]と述べられているので，その会社は形式的には会社組織であっても，実態は資本所有者が自らその資本を充用する資本の所有と経営（機能）との分離の不徹底，未分化な状態の場合もあり得るだろう。しかし，必ず所有者＝支配者が経営者を兼ねるとは述べられていない。この①は図3－1のタイプ：2またはタイプ：1に該当する。②「過半数持株支配」は，「所有権と支配との分離の第一段階である[40]」と述べられている，すなわち，②の形態から⑤の形態に向かって所有と支配の分離の度合いが進展する。しかし，②，③，④の形態は，いずれも株主が所有権に基づいて会社を支配する形態であり，未だこれらの段階では所有と支配とは結合している。なお，所有と経営の分離の有無については触れられていないが，これらの段階では企業規模が①の形態よりも拡大するケースが多く，概ね所有者＝支配者が経営の専門家である他者を経営者に選択するケースが多いだろう。ただし所有者が自ら経営を行なうケースも否定はできないだろう。②，③，④はタイプ：2に，まれにタイプ：1に該当する。⑤「経営者支配」はタイプ：4に該当する（支配が所有から分離するとすれば，所有者ではない経営者が会社を支配，経営するので，その形態では所有と経営は分離している）。なお，タイプ：3は実際には存在しない。

　バーリ＆ミーンズは株式所有の分散合いに対応させて所有と支配の分離を述べており，株式所有の分散度合いに対応しての所有と経営の分離については触れていない，且つ株式所有が集中している段階でも所有と経営は分離することを示している。つまり，前述（1.1「大株主支配，内部者支配，それらの重合の概要と検討」1.1.2「大株主支配，内部者支配，それらの重合の検討」(1)「所有と経営

---

38)　北島訳（1966）90頁（森訳，67頁）。
39)　北島訳（1966）89頁（森訳，67頁）。
40)　北島訳（1966）90頁（森訳，67頁）。

の分離に関わる検討」）で見た川井のバーリ＆ミーンズの論理に基づく内部者の経営支配＝株式所有の分散＝所有と経営の分離，大株主支配＝株式所有の高い集中＝所有と経営の一致との見方は，バーリ＆ミーンズの論理に合致せず，川井の見方は妥当性を欠いている。

　川井（2003）の「内部者支配」は前述（1.1「大株主支配，内部者支配，それらの重合の概要と検討」1.1.2「大株主支配，内部者支配，それらの重合の検討」(1)「所有と経営の分離に関わる検討」）で確認した通り，内部者の経営支配＝株式所有の分散＝所有と経営の分離との事態であり，図3-1のタイプ：4に該当する。また「大株主支配」は同じく前述で確認した通り，大株主支配＝株式所有の高い集中＝所有と経営の一致との事態であり，タイプ：1に該当する。

　また川井（2003）で青木昌彦の「内部者支配」が引用されているが[41]，青木は「『インサイダー・コントロール』ということによって，旧共産主義経済における旧国有化企業の民有化（法人化）過程で，企業のコントロール権の実質的部分が法的または事実上，経営者によって（場合によっては従業員との連合を通じて）掌握されることを指す。こうした意味でのインサイダー・コントロールは，共産主義の遺産から生じた進化的現象といえる[42]」と述べている。青木の"法的または事実上"の掌握の"法的"の意味は直接には記述されていないが，上記に続く，ロシアの民有化についての「民有化案の帰趨はいまだ完全には明らかになっていないが，これまで企業のインサイダーは，彼らに多数所有権を保障するような『第2案』を圧倒的に選択しているといわれる[43]」との記述からみれば，"法的"は，内部者が企業の所有権を取得して所有者になる事態を指しているだろう。以上の青木の「インサイダー・コントロール（内部者支配）」を図3-1に当てはめてみれば，それは法的に掌握した場合はタイプ：1，事実上掌握した場合はタイプ：4に該当するだろう。

　奥村宏と西山忠範は経営者支配論をめぐって論争をした。「法人資本主義」を主張した奥村は，「一方における所有に基づかない経営者の支配，他方にお

---

41)　川井（2003）8頁，10頁。
42)　青木昌彦（1995）『経済システムの進化と多元性』東洋経済新報社，159-160頁。
43)　青木（1995）162頁。

ける所有に基づいた個人大株主の支配という二つの議論に対して，法人資本主義論は法人所有に基づいた経営者による支配ということを主張する」[44]，「個人大株主としての資本家に代わって大企業経営者が会社を支配するようになり，それがそれぞれの資本主義国を支配するようになっている。それは『経営者支配』論のいうような『所有なき支配』ではなく，会社所有に立脚した支配なのだが，個人財産としての所有に立脚したものではない」[45]と述べ，所有と支配を分離していない。この奥村の法人資本主義論の経営者支配は図3-1のタイプ：2に該当し，タイプ：4は存在しない。

　一方，西山は，支配を伴わない所有（実質的所有）はあり得ない，逆に所有を伴わない支配はあり得る，と述べ[46]，「所有と経営は分離し得る。だが，ここで注意すべきことは，所有と経営が分離している場合には，経営者には支配力はないという点である。支配力はあくまでも『所有者』にある」[47]と述べている。このケースは図3-1のタイプ：2に該当する。さらに西山は「経営者に支配力が移ればそれはもはや『経営者支配』であって『所有と経営の分離』とは異なる。（中略）経営者が支配力を握り，その結果それまでの所有者が支配力を失えば，それはもはや『所有者』とはいえない。他方，経営者は，支配者となることによって，当然に所有者となるわけではない。その場合，経営者による支配の基礎は，『所有』ではなく，経営者としての『地位』または経営者としての地位に基づく企業の『占有』（またはその両者の結合）である。これは所有を基礎としない支配の一例である」[48]，と述べている。西山の「経営者支配」は，所有と経営が分離していないので，図3-1のタイプ：2，4には該当しない，さらに所有者はもはや「所有者」とはいえない，且つ経営者は所有者にならないのであるから，図3-1のタイプ：1，3にも該当しないだろう。西山の「経営者支配」は図3-1の枠外に位置づけられるだろう。西山は上記のような記述に続いて，「資本主義社会は所有を基礎とする支配の構造を

---

44)　奥村（1984）48頁。
45)　奥村（1984）130頁。
46)　西山（1980）24頁。
47)　西山（1980）25頁。
48)　西山（1980）25頁。

もつ社会であるから，このような所有を基礎としない支配の構造である経営者支配が一般化すれば資本主義社会は崩壊するに至る。現代日本はまさにそうした状況にある[49]」と述べ，さらに西山（1992）は「『所有と経営の分離』は，高度に発達した資本主義の特色であり，すでに脱資本主義の段階に達した現代日本大企業にはほとんど存在しない[50]」と述べるに到っている。

広瀬雄一は経営者支配を「資本的支配の潜在化」と述べ，それは次の通りである。広瀬は，多くの経済学者が主張している経営者支配について「経営者支配がおこなわれていること，すなわち経営者がまったく自主的に経営をおこなうということは，企業の経営が資本の要求とはまったく独立しておこなわれるということを意味しない」，そして経営者が経営に失敗すれば金融機関その他の大株主集団（たとえば10大株主。大企業の上位株主は金融機関などによって占められている，但し，10大株主の各々の持株比率は過半数ではない事例が多い）が結束して株主権を発動して経営者の更迭・経営政策の転換を要求する[51]，したがって，経営者支配の状態においても「大株主による資本的支配は潜在化ないし消極化しているにすぎず，資本所有者＝株主の利益がいちじるしく阻害されるおそれのあるばあいには顕在化し積極化するのである」，さらに「経営者は本質的には資本の機能がその所有から離れて人格化したものであり，資本所有者に代わってみずから個別資本の運営にあたっている」，と述べている[52]。広瀬の論によれば，資本的支配の潜在化している状態は，会社の支配は所有者により，会社の経営は株主ではない経営者により遂行されており，それは図3-1のタイプ：2に該当し，タイプ：4ではない。

以上のように先行研究の中には所有と経営の分離と所有と支配の分離とを関連させて論ずる事例がある。特に川井（2003）はバーリ＆ミーンズの株式所有の分散度合いによる所有と支配の分離に所有と経営の分離を対応させている。

---

49) 西山（1980）25頁。
50) 西山（1992）『日本企業論』文眞堂，28頁。
51) 経営者支配といわれる状態でも経営者が経営に失敗した時に株主が経営者の交代などを要求する事態は，バーリ＆ミーンズも述べているし（北島訳，110頁，森訳，83頁），この事実をもってバーリ＆ミーンズの経営者支配に異論を述べる研究者がいる。
52) 広瀬雄一（1963）『株式会社支配の構造』日本評論新社，198-199頁。

しかし，そもそも，株式所有の分散度合いや所有と支配の分離と所有と経営の分離との間には対応関係はない。

所有と経営の分離を『資本論』第3巻第5篇「利子と企業者利得とへの利潤の分裂 利子生み資本」第27章「資本主義的生産における信用の役割」に則してみると，株式会社の形成によって，「生産規模の非常な拡張が行なわれ，そして個人資本には不可能だった企業が現われた」，「現実に機能している資本家が他人の資本の単なる支配人，管理人に転化し，資本所有者は単なる所有者，単なる貨幣資本家に転化する」，「株式会社では，機能は資本所有から分離される」と述べられている[53]。すなわち，所有と経営（機能）の分離は，資本の所有と資本を機能させる経営との分離，資本家の資本を所有する貨幣資本家と資本を機能させる機能資本家とへの転化・分離，利潤の貨幣資本家が受け取る利子（配当）と機能資本家が受け取る企業者利得とへの分裂である。この分離は，生産の大規模化に不可避的に伴われ，不可逆的な資本の発展である。一方，バーリ＆ミーンズの5つの支配形態は株式所有の分散度合いに基づく区分であり，例えば「経営者支配」形態の会社がヘッジ・ファンドによって買収され「過半数持株支配」形態に転換する事例もある。しかし，この転換で生産規模や所有と経営の分離状態に不可避的に変化は起こらない。株式会社の出現による生産規模の大規模化に伴い所有と経営が分離する変化と，単に株式所有の分布状態の変化（資本調達の状態の差異，大株主か多数の小株主かの差異）とは，各々が異なる土台に基づく変化である。

所有と経営の分離を基礎にして株式所有の分散化や支配形態の変化を論ずるのは妥当とはいえない。

2.1.2 所有または所有権の内容

先行研究の経営者支配や内部者支配は，株式所有者による自己の持つ所有権に基づく会社の支配ではなく，非所有者が所有権の内容の一部または全部を掌握することに基づいて会社を支配すると主張している。この支配者である経営者や内部者が掌握する内容・対象，つまり支配する会社に関する所有権の内の

---

53) 『資本論』第3巻第1分冊，556－557頁（独452－453）。

何を掌握するのかについて，すなわち経営者や内部者による支配の根拠について先行研究の論理を整理，考察する。

民法によれば，所有権とは人（所有者）が特定の物（所有物）を，法令の制限内においてどのようにでも自由に使用，収益および処分できる権利である[54]。この使用，収益および処分の部分に関連して経済学では，所有とは，人と人との特定の社会関係のもとで諸個人（主体）が生産の諸条件および生産物（客体）にたいして自分のものとしてふるまうことを指し，さらに，占有とは，対象の持続的な事実上の支配を意味するものであるが，交換（譲渡）という関係を前提としないかぎりでは，この上の意味での所有概念と区別できない[55]。つまり，使用，収益および処分の内の処分を除けば，所有と占有とには区別が無い。以上より，所有の3つの要素（使用，収益，処分）と先行研究の支配者の掌握の対象とを表3−1のマトリックス表に示した。経営者支配または内部者支配で支配者が掌握する対象は表3−1の丸印に該当するだろう。

バーリ＆ミーンズ（1932）は，「株式会社制度では，産業用富の所有者は，所有権の単なる象徴を手にするにすぎず，一方，その力，つまり，過去には所有権の不可欠な部分であった責任や実体は，その手に支配力を握った人々からなる別の集団に移行される」[56]と述べているが，これは，株主は所有権の単なる象徴である利益請求権（所有権の内の収益）だけを持っており[57]，経営者は会社に関わる責任や実体に該当する部分を掌握するようになる，と解釈できる。ただし，経営者が握る部分が所有権の使用に該当するのか処分をも含むのかは，この表現からだけでは分かり難い。しかし，その後の経営者支配における取締役の選出にあたって，経営者は株主から委任状を集めなければ経営者の指名した取締役を選出できない仕組みになっているとの記述[58]を考慮すれば，さらに会社の解散など処分に株主の同意（株主から委任状を集めて解散するにしても，それは株主の同意が必要なことの証である）が必要なことを考慮すれば，経営者が握る対象は，所有権の

---

54) 遠藤浩他編（2003）『民法（2）物権〔第4版増補版〕』有斐閣，168頁。
55) 『大月　経済学辞典』（1979）517頁。この項目は藤田勇・水林彪の執筆による。
56) 北島訳（1966）85−86頁（森訳，65頁）。
57) 柴田（2016）25頁でも，株主の手にする所有権の象徴は利益請求権を指している。
58) 北島訳（1966）109頁（森訳，82頁）。

表3-1　経営者支配または内部者支配における支配者の掌握対象一覧表

	（先行研究対象文献）	〈支配の形態・呼称〉	所有		処分
			占有		
			使用	収益	
(1)	バーリ&ミーンズ（1932）(85, 86, 88, 89頁)	経営者支配	（支配は）取締役の選出による。○		
(2)	川井（2003）（8頁）	内部者支配	○	○	○?
(3)	川井（2003）（9頁）	内部者支配	○	○	
(4)	（参考）ミルグロム&ロバーツ（1992）(321-326頁)		○（残余コントロール権）	（残余利益請求権）	
(5)	西山（1980）（22-25頁）	経営者支配	（支配は）地位＋占有による。○	○?	○?
(6)	（参考）所有者による所有権に基づく支配		○	○	○

出所）筆者作成。

処分を含まず，所有権の内の使用であると解釈するのが妥当であろう。

　なお，バーリ&ミーンズは経営者支配において「以前には，所有権の単なる一機能とされていた支配は，今では，別個の，つまり，分離可能の要素となったのである[59]」と述べており，これは，所有権を構成する使用，収益および処分の内の一部分が所有権から分離可能になった，その一部分は「支配」と呼称される，つまり，所有権の一部である「支配」を握ることで会社を支配できるという意味になるだろう。この「支配」は所有権の一要素である「使用」に該当するだろう。そして，「使用」は資本の「機能」に該当する。ここにおいて，バーリ&ミーンズの経営者支配，所有権からの支配の分離は，所有と経営（機能）の分離と同義になってしまう。これは，前述（2.1.1「所有と支配の分離，所有と経営の分離」）で指摘したバーリ&ミーンズの5つの支配形態において所有と経営の分離が存在しているが，所有と支配の分離は経営者支配以外の支配形態では存在しないとの論理に矛盾する，つまりバーリ&ミーンズの論理の中で矛盾が現れる可能性があろう。

59）北島訳（1966）143頁（森訳，103-104頁）。

川井（2003）は，①8頁で，内部者支配の概念は経営者が企業財産の所有権を掌握することと直接関連していると述べており，所有権の内容についての特定もなく，これは，経営者が所有権である使用，収益および処分の3つを掌握するとも推定される。しかし，②9頁で，内部者支配に関する議論では，ミルグロム＝ロバーツ説に従って，企業内部者が残余コントロール権および残余利益請求権を合法的または事実上掌握する事態を内部者支配とする，と述べており，これは占有（使用と収益）の掌握に該当するだろう。つまり，川井（2003）では，支配者の掌握対象に所有権のなかの処分を含めるのか含めないのかが分からない。

なお，川井が用いたミルグロム＆ロバーツ（1992）奥野他訳（1997）は，その第9章「所有と財産権」で所有の概念を示しているが[60]，当該章の冒頭で「確固たる財産権に裏打ちされた所有制度は，資産を創り上げ，維持し，向上を目指すインセンティブを人々に与えるうえで最も普遍的かつ有効な制度である」と述べたのち，所有の経済分析の対象は残余コントロール権と残余利益請求権とであると述べている[61]。つまり，資産を創り上げ，維持し，向上を目指すインセンティブに関わる所有制度を分析対象にしているようであり，法的な所有物の処分までは分析対象にしていない，使用，収益および処分の3つの要素の内の2つのみを対象にし，処分を対象にしていない，と推定される。そうであれば，川井が内部者支配の対象をミルグロム＆ロバーツの所有とすれば，おのずから所有権のなかの処分は欠落してしまい，川井（2003）の8頁と9頁との内部者支配の意味は食い違う可能性があろう。

西山（1980）は，経営者支配の基礎は経営者としての地位と占有による，と述べる一方で，支配とは企業の基本事項についての最高意思決定を意味する，基本事項の殆どは株主総会の特別決議事項である，と述べている[62]。この表現では，支配は占有によると言いつつ，支配は占有に含まれない会社の解散（所有権の処分に該当）をも含む基本事項の決定であると言い，支配の内容に食い違いがみられる。また，支配力を持たない株主は，形式的にも実質的にも所有

---

60) 奥野ほか訳（1997）320-326頁。
61) 奥野ほか訳（1997）320-321頁。
62) 西山（1980）25-26頁。

者とはいえない，そのような株主は会社に対して利益配当請求権を持つ債権者にすぎない，と述べている[63]。これは，株主は所有者で無いにも拘らず占有の1つの収益（利益配当を受け取る権利）を保持している，経営者が支配する占有の一部を株主が保持している状態を意味しており，占有についての食い違いが現れている。西山の経営者支配の根拠，対象は所有権の内の処分をも含むのか収益を除くのかが分からない。

　以上のように，所有の意味が，自由に使用，収益および処分できる権利である，または，人と人との特定の社会関係のもとで諸個人（主体）が生産の諸条件および生産物（客体）にたいして自分のものとしてふるまうことであれば，経営者支配や内部者支配を説いた先行研究の事例は，所有者（株主）に所有の権限の一部分を残したままでの支配である。そして所有権の一部分を経営者が支配，掌握しているのならば，それは所有者（株主）の所有権の一部分が経営者に委任された，すなわち所有者と経営者の関係は「代理占有」のような状態であって，経営者の支配に属している部分は同時に所有者の支配の内に存在し，所有と支配との分離は起きていないと判断できるだろう。

2.2　国有株式会社，親会社とその支配株主との関係図

　前述（1.1「大株主支配，内部者支配，それらの重合の概要と検討」1.1.2「大株主支配，内部者支配，それらの重合の検討」(3)「上場企業の親会社に関わる検討」）のなかで，上場企業である国有株式会社（上場企業の多くは国有企業である。以下，国有株式会社と称する[64]）はその親会社（その多くは集団公司などの名称の有限会社形態の国有企業。以下，集団公司とは，国有株式会社の親企業である有限会社と同義に使用する）を頂点とする企業グループの傘下に位置付けられているので，国有株式会社と集団公司との関係，ならびに集団公司とその支配株主（または出資者）との関係についての考察の必要性を提起した。本項以降では国有株式会社と集団公司との，集団公司とその支配株主である国（政府機関の国有

---

63) 西山（1980）21頁。
64) 上場企業である国有株式会社は，『中国統計年鑑』の企業区分（所有の別による区分）では「国有及び国有株支配企業」が支配株主になっている「国有株支配企業」である。

資産監督管理委員会）との関係を考察する。

　国有株式会社の親企業である集団公司の支配株主は，その多くが政府の国有資産監督管理委員会である。国有株式会社と集団公司との関係，ならびに集団公司とその支配株主である政府の国有資産監督管理委員会との関係の典型的な事例は図3-2の通りである。[65]

　なお，図3-2の各企業の『中国統計年鑑』での企業区分は，(1)Ⓐ機械股份有限公司……①（企業登記に応じた組織形態の別による区分は）股份有限公司（和訳，株式有限公司，株式会社），②（所有の別による区分は）国有控股企業（和訳，国有株支配企業），（以下も同様の順），(2)Ⓐ機械集団有限責任公司およびその3つの子会社である有限責任公司はいずれも……①有限責任公司（和訳，有限責任公司，有限会社），②国有控股企業（和訳，国有株支配企業），(3)外資合弁企業……①②とも，中外合資経営企業（和訳，中外合弁企業，外資合弁企業，外資系企業，外資企業）である。所有の別による区分は図3-2の全ての企業（除く，外資合弁企業）が国有控股企業（和訳，国有株支配企業）である。

　次に，私人である株主が上場企業である株式会社をコントロールしている実質私営株式会社の事例の支配株主と株式会社との関係図を示す。[66]実質私営株

---

65) 国営工場が会社制企業へ移行し，その会社制企業の一部が株式会社へ移行し現在の株式会社と上位組織との関係が出来上がる推移の一般的な事例は，非会社制（非公司制）の国有企業であるⒶ機械工場が会社化（公司化）されてⒶ機械有限責任公司になり，Ⓐ機械有限責任公司の資本金の100％を政府が保有する。Ⓐ機械有限責任公司をいろいろな事業部分毎に分社化＝子会社化し自らは子会社のホールディングカンパニー（集団公司）となる。集団公司のなかの中核事業を担当する子会社を株式会社化して上場する。集団公司は上場会社の株式の過半数または過半数未満でも筆頭株主となる株式数（概ね全体の3分の1超）を保有する。なお，ホールディングカンパニーである集団公司は本書第2章表2-1，表2-2の組織形態別による区分の「集団企業（中国語：集体企業）」ではない。

66) 上場企業の内の国有株式会社ではない，民営株が支配する企業（民営株支配企業）について，その売上規模の大きい企業は私人がオーナーとして支配株主になっている実質私営の株式会社が多い（中国企業聯合会・中国企業家協会編『中国500強企業発展報告』2012年版，企業管理出版社，2012年8月，の製造業売上収入上位500社リストにより，判定できる）。実質私営の株式会社は，その直接の支配株主は法人であるが，その株主である法人の支配株主は個人であり（株主法人と個人との間に，さらに複数の法人が支配株主として存在する場合もあり），実際の支配権は私人である個人によって握られている。つまり，実質私営は国有に対して明らかに支配株主の性格が違う。本書では，このような上場企業を実質私営株式会社と記す。

第 3 章　国有企業の企業統治　155

図 3-2　国有株式会社と上位組織との関係ならびに旧・国営工場から会社制への移行

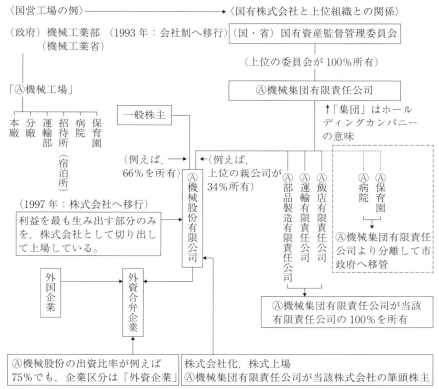

出所）筆者作成。

　企業の呼称について，『中国統計年鑑』などの統計で用いられる企業分類（企業登記に応じた組織形態の別による区分）によると，実質私営株式会社も国有株式会社も「株式有限公司（株式会社），（中国語：股份有限公司，股份は株式の意味）」である。一方，同じく統計上の企業分類によると「私営企業」の内訳の中には「私営株式有限公司（中国語：私営股份有限公司）」があるが，この私営株式有限公司は 5 名以上の自然人が投資または 1 名の自然人が株式を支配する株式有限公司である。図 3-3，図 3-4 の三一重工や南鋼股份のような上場企業は，その直接の支配株主が法人であり自然人ではないので，（統計上の企業分類の）「私営株式有限公司」に該当しない。このように三一重工，南鋼股份ともに実際の支配権は私人である個人が握っているので，本書ではこのような上場企業を単純に民営株式会社，民営上場企業と呼称せずに，実質私営株式会社と呼称する。

式会社の場合は，支配関係が簡単なケースと複雑なケースとの2つの企業の事例を図示する（図3-3，3-4を参照）。

　三一重工では，個人の梁が間接的および直接に上場企業である三一重工の株式の36.61%を所有しているが，上場企業である三一重工の支配権シェア（例えば株主総会での議決権行使の株式数シェア）は60.15%を持っている。つまり，梁と上場企業との間に1つの上場企業の親会社があり，梁はこの親会社を経由することで上場企業の所有権シェアの約3分の1を保有するにも拘らず6割超の支配権シェアを持っている。よって，梁は三一重工の支配株主であり，三一重工の年度報告のなかの「三一重工と実際の支配者との間の所有及び支配関係図」にも"実際の支配（コントロールする）者"（中国語：実際控制人）として記載されている。そして梁は上場企業である三一重工の董事長（和訳：代表取

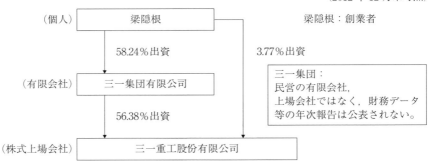

図3-3　上場企業・実質私営株式会社の簡単な支配関係
（事例：三一重工股份有限公司，略称：三一重工）
（2012年12月末時点）

出所）上海証券取引所 Web Site（http://www.sse.com.cn/assortment/stock/list/stockdetails/announcement/index.shtml?COMPANY_CODE=600031）のなかの「三一重工股份有限公司2012年度報告」（2013年4月26日発表），2014年7月12日参照，より筆者が作成。

67）　中国語：「年度報告」は，投資家向け等，社外に公表する Annual Report，年次報告である。本書では「年度報告」と表記する。

第3章　国有企業の企業統治　157

図3-4　上場企業・実質私営株式会社の複雑な支配関係
（事例：南京鋼鉄股份有限公司，略称：南鋼股份）

(2012年12月末時点)

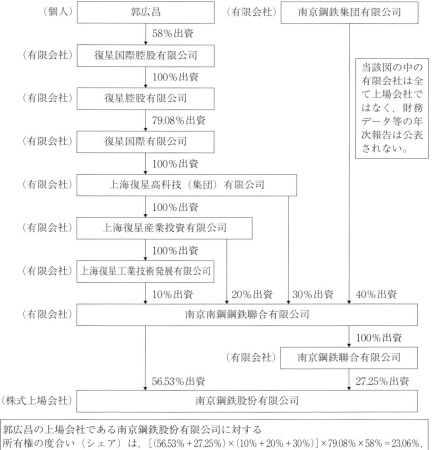

郭広昌の上場会社である南京鋼鉄股份有限公司に対する
所有権の度合い（シェア）は，[(56.53％＋27.25％)×(10％＋20％＋30％)]×79.08％×58％＝23.06％，
支配権の度合い（シェア）は，(56.53％＋27.25％)×(10％＋20％＋30％)＝50.27％

出所）上海証券取引所 Web Site（http://www.sse.com.cn/assortment/stock/list/stockdetails/announcement/index.shtml?COMPANY_CODE=600282）のなかの「南京鋼鉄股份有限公司2012年年度報告」（2013年4月25日発表），2013年11月21日参照，より筆者が作成。

締役会長に相当）である（2012年12月末時点）。

南鋼股份では，個人の郭が間接的に上場企業である南鋼股份の株式の23.06%を所有しているが，上場企業である南鋼股份の支配権シェアは50.27%を持っている。よって，郭は南鋼股份の支配株主であり，南鋼股份の年度報告のなかの「南鋼股份と実際の支配者との間の所有及び支配関係図」にも"実際の支配（コントロールする）者"として記載されている。但し，三一重工に比べると郭の南鋼股份に対する所有の経路が複雑である，つまり多くの会社を経由して所有している。この所有の方法は，上位の会社が直接の下位の会社の過半数超の所有権シェアを持ち，これを順々に繰り返す。この方法によって，郭の保有する上場企業の所有権シェアは4分の1以下の23.06%と低いにも拘らず支配権シェアは過半数を超えている。このような方式で所有すれば，所有権シェアの過半数を持たずに上場企業の支配権を獲得することが可能になる。このような南鋼股份の支配の姿は，バーリ＆ミーンズ（1932）により「法律的手段方法による支配」と呼称された支配形態のなかの一つである「ピラミッド型」に該当する[68]。なお，郭は南鋼股份の取締役や執行役員のメンバーではない。

次に，国有株式会社とその親会社との関係，および親会社である集団公司とその支配株主である政府の国有資産監督管理委員会との関係を考察する。

2.3　国有株式会社と集団公司との関係

国有株式会社と集団公司との関係を，図3-2を参照して，集団公司を中心に据えて，集団公司の側から見ると，前述（1.1「大株主支配，内部者支配，それらの重合の概要と検討」1.1.2「大株主支配，内部者支配，それらの重合の検討」(3)「上場企業の親会社に関わる検討」）で検討したように集団公司が企業グループ全体の頂点

---

68) 北島訳（1966）92頁（森訳，69頁）。「『ピラミッド型』の方法は，順次に他会社の過半数株式を所有する或る会社の株式の過半数を所有することである。この過程は何回も繰返えされる。この方法に依れば，支配されるべき窮極的財産の四分の一，八分の一，十六分の一，または，その極めて小部分にしか相当しない様な権益が法律的に防備される。（中略）ピラミッド型支配の頂点にある所有者は，たとえ，その所有権権益がピラミッド型支配全体の1パーセント以下であっても，単独所有者と同じように，全財産についてのほとんど完全な支配を獲得することが出来る」と示されている。三一重工もピラミッド型に該当するが，南鋼股份のほうがより典型的なピラミッド型に該当する。

に立って，国有株式会社をも含めたグループ内子会社全体を支配・管理統制しており，グループ内の各企業は「法人」としては別々に登記されている異なる企業であるが，グループ全体は一つの企業体と同様の仕組みでもある，という関係が俯瞰できる。したがって，グループ全体を一つの会社，親会社を本社部門，個々の子会社を一つの事業部門として捉えて見れば，本社部門の支配の下で各事業部門は当該部門の経営者・管理者が当該部門の範囲内について具体的な事業運営を行なっている姿であろう。グループ全体をこのような姿として把握してみれば，親会社によるグループ全体の経営，子会社に対する株主支配とその傘下での個々の子会社毎の経営者による子会社経営とが存在すると言えるだろう。

　企業グループ全体を見ると，川井（2003）で詳しく説明された親会社による大株主支配と子会社の内部者支配との重合と称される姿は，二つの性格が二重に重なるというよりも，次のような姿が見える。それは，親会社はグループ全体の頂点に立ってグループ全体を支配・管理統制し，親会社の性格は傘下子会社の大株主であり且つグループ全体の事業の経営者に体現されるのであり，その親会社の傘下で子会社の部分については当該子会社の中に存在する経営者による子会社内部の具体的な経営・運営・指揮監督の機能が体現される姿であろう。つまり，子会社の経営について親会社の経営者は親会社の立場・権限によって（所有・支配する者として）子会社に関わる経営機能を果たし，子会社の経営者は子会社の経営者の立場・権限によって子会社に関わる経営機能を果たしている，親会社の経営者と子会社の経営者とが同一の人物によって兼任されようとも，親会社の経営者と子会社の経営者との果たすべき機能は明確に異なる（同一の人物によって兼任されようとも，子会社の所有と経営は分離されている）。また，異なった人物によって担われようとも親会社は子会社を所有し子会社を支配している。

　次に，実質私営株式会社とその支配株主との関係を確認し国有株式会社と比較した結果は以下の通りである。私営会社について，川井（2008）は，オーナー経営者が経営に対する強力な支配権を掌握していると，自然人であるオー[69]

69）　川井（2008）14-15頁。当該部分は，川井（1998）『中国私営企業と経営―概説と資料―』愛知大学経営総合科学研究所，および中華全国工商業聯合会編（2007）『1993-

ナーが所有権と経営権とを掌握している状態を記している。しかし，その川井の分析対象の私営会社は小規模であり，前述の三一重工や南鋼股份のような規模の大きい上場企業ではない。三一重工や南鋼股份の関係図（図3-3，3-4）から分かるように，このような上場企業では個人のオーナーが会社を支配し，そのコントロールの下で経営はその専門の経営者が遂行している，すなわち，所有と支配は一致し所有と経営は分離されている。三一重工の場合はオーナーが董事長でもあるが，経営は董事長1人によって実行されているのではなく複数の経営者によって遂行されているので，オーナーが小規模私営会社のように経営の全てを担っている状態ではない，それよりは所有と経営は分離している性格が強いと認められる。

　以上より，次のようにまとめることができる。①小規模な私営会社では単一の自然人である所有者兼経営者が単一の意思に基づいて支配し経営を行なっている，②実質私営株式会社では自然人である個人の支配株主が支配し専門の経営者に経営が任されている，③国有株式会社では，上記の通り企業グループ全体の単一の企業理念や目標に基づいて親会社が支配し，子会社である国有株式会社の経営は子会社の経営者によって遂行されている。④これらは自然人と法人の違いはあっても，所有者・株主によって企業が支配され，実質私営株式会社も国有株式会社も所有と経営は分離されている。

　これらの姿を前述の図3-1にあてはめれば，小規模私営会社はタイプ：1，国有株式会社と実質私営株式会社とはともにタイプ：2に該当し，タイプ：4ではない。上場企業である国有株式会社と実質私営株式会社とには似ている構図が見られる。

　これらの事情に照らしてみると，親会社による支配と子会社の内部者による支配とが重合・一体，と捉えて表現してしまうと，親会社は子会社の所有者・

2006　中国私営企業大型調査』中華工商聯合出版社のデータを用いて述べている。川井（1998）は中国で実施公表された私営経済に関する調査報告を利用して私営経済の概説を著し，ならびに『中国私営経済年鑑』のなかの調査報告書の和訳を載せている。中華全国工商業聯合会編（2007）は，それらの調査報告書（調査実施年…'93，95，97，00，02，04，06年）をまとめた内容。川井（1998），中華全国工商業聯合会編（2007）によると，調査対象は私営企業であり株式上場会社のなかの実質私営株式会社は対象に含まれていない。

支配者であるという基本の土台の上に存在する親会社と子会社との違いや親会社の経営者と子会社の経営者とが果たすべき機能の違い，が見え難くなるのではないかと筆者は危惧する。

2.4　国有資産監督管理委員会

　国有株式会社の親企業である集団公司と集団公司の出資者である国有資産監督管理委員会との関係を考察する前に，まず国有資産監督管理委員会の設立目的や業務遂行状況等を，次の通り明らかにする。

2.4.1　国有資産監督管理委員会の設立

　国有資産監督管理委員会が設立される前年の2002年11月の中国共産党第16回全国代表大会で国有資産管理体制の改革を行なうことが提起された。同大会の報告によると，「国は法律と法規を制定して，中央政府と地方政府がそれぞれ国を代表して出資者としての職責を果たし，所有者としての権益を享有し，権利，義務，責任を統一し，資産管理と人員・業務管理を結び付けた国有資産管理体制を確立しなければならない。（中略）中央政府及び省，市（地区）の2クラスの地方政府に国有資産管理機構を設立する。（中略）各級政府は国有資産の管理に関する法律と法規を厳格に執行し，行政と企業の分離を堅持し，所有権と経営権の分離を実行し，企業が自主的に経営し，損益を自己負担するようにし，国有資産の価値の保全と増大を実現しなければならない」[70]と述べられている。このように，国有資産監督管理委員会は企業の経営の中に入り込むのではなく，所有者としての権利と義務を発揮する，という点が強調された。ただし，所有者としての権利と義務を果たすというが，所有者として企業に対して何を要求するのかを明確には現していない。

　所有者として企業に対して要求する内容等については，国有資産監督管理委員会が設立された時期の2003年5月の『北京週報』の記事で次の通り報道され

---

[70]　「いくらかゆとりのある社会を全面的に建設し，中国の特色ある社会主義事業の新局面を切り開こう―中国共産党第16回全国代表大会における報告（2002年11月8日）」Web Site『北京週報』日本語版，第45巻第48号，2002年11月28日（http://japanese.beijingreview.cn/zt/dahui/2007-08/23content_73613.htm）2011年7月6日参照。

ている。まず，国有資産監督管理委員会設立以前の政府の国有資産に関する管理体制の問題点については，「国有資産の管理体制にはこれまで問題が存在していたため，数多くの国有企業は運営の効率が低く大幅な欠損が出て，経済の発展に影響を及ぼしている。国有企業の管理体制は多部門による管理であった。例えば，国家発展計画委員会がプロジェクトの決定，国家経済貿易委員会が日常の運営，労働・社会保障部門が労働と賃金，財政部が資産の登録と配置，組織人事部と大型企業工作委員会が経営者の任免をそれぞれ担当していた」[71]，と述べられている。

このような問題を解決すべく設立された国有資産監督管理委員会の狙いは，「新たに設立された国有資産監督管理委員会は分散した権力を統一し，国務院から権限を授けられて国を代表して法に依って出資者の職責を履行し，(中略) 中央政府の国有資産に対する管理がよりスムーズに進められるようにする」[72]，と明らかにされている。

国有資産監督管理委員会が所有者として企業に要求する内容は，「国有資産監督管理委員会の主要な任務はほかでもなく，国有資産の価値の保全と増大を実現させることであり，株主が『資産収益率の最大化』を追求してこそはじめて，国有企業の『所有者不在』，『利益をもらう人はいるが，責任を負う人はいない』というこれまでの局面に終止符を打つことができるのである」[73][74]，と記されている。

すなわち，国有企業と政府との関係は，国有資産監督管理委員会が設立される以前は，いわゆる"船頭多くして船山に上る"状態で，政府の個々の部

---

71) Web Site『北京週報』日本語版，2003年第21号，2003年5月22日 (http://www.bjreview.cn/jp/jp/2003.20/200320-jj2.htm) 2013年8月30日参照。
72) Web Site『北京週報』日本語版，2003年第21号。
73) Web Site『北京週報』日本語版，2003年第21号。
74) 企業が資産の価値の増大を実現するためには，負債または資本を増大する必要があり，国有企業は，国からの出資の増大が無い場合は，金融機関からの借入増大（そのためには一般的には企業の財務体質の健全化が必要である）または利益を創出して内部留保を増大させる必要がある。いずれにしても企業が自前で資産の価値の増大を図るならば，収益性の向上が必要であり，それは「株主が『資産収益率（ROA）の最大化』を追求」との表現につながる。またROAの向上を実現するためには，資産を縮小または利益を増大する必要があり，資産を縮小しない場合は利益を増大させる必要がある。

門であるいずれの船頭も自分の利益のみを追求して責任を取っていなかった。したがって，国有資産監督管理委員会を設立し，船頭を国有資産監督管理委員会の1人にし，国有企業に対しては，上記の『北京週報』の記事によれば，国有資産の価値の保全と増大の実現を，また資産収益率の最大化を求める体制に変化させた。国有資産監督管理委員会設立の趣旨は，複数の株主の意見が一致せず，または企業のステークホルダーの各々が自己の利益を主張し合い意見が一致せず，経営が安定しない状態から，強力な単一の株主が登場して株主の権利・義務・責任を遂行できる状態に変革することである。そして，集団公司のなかの中核的な事業をおこなう組織は国有株式会社であるから，当然，集団公司は自己の株主の要求を子会社の国有株式会社に対して追求するよう求めるだろう，こうして強力な単一の株主となった国有資産監督管理委員会は集団公司を介して国有株式会社に対して関係するようになった，と理解できるだろう。国有株式会社と最終的な支配株主である政府との関係は，以前より希薄化したというよりも，いわゆる「所有者不在」から強力な単一の株主が登場して株主の目標，狙いの達成という面に関しては以前よりも強い関係になった，または強い関係を築こうとしている，と見ることができるだろう。

2.4.2 国有資産監督管理委員会設立後の状況

国有資産監督管理委員会設立後の中国共産党の決定や報告では，次のように述べられている。まず2003年10月の決定では当該委員会の役割や目的が再確認され，「国有資産管理機関は監督・管理権限を与えられた国有資本について，法によって出資者の職責を果たし，所有者の権益（所有者持ち分，自己資本）を守り，企業が法により市場主体として持つ諸権利を守り，企業による国有資本の価値維持・増加を督促し，国有資産の流出を防止する。国有資本運用予算制度および企業業績考課システムをつくる。（中略）現代企業制度の要請に従って，株主総会，取締役会，監査役会および経営管理者の権利・責任を規範化し，企業首脳の招請制度を整備する。株主総会は取締役会と監査役会の構成員を決定し，取締役会は経営管理者を選任し，経営管理者は人事権を行使するとともに，権力機関，意思決定機関，監督機関および経営管理者間の抑制均衡

（チェックス・アンド・バランス）メカニズムを作り上げる」[75]と。ここに表された"出資者として企業による国有資本の価値の維持・増加を督促", "企業の業績を評価するシステムを作る", "株主総会・取締役会・監査役会・経営管理者の権利義務等の基準を決める"などは，資本主義経済における一般的な且つ典型的な株主と株式会社との姿に同じであろう。

　2007年10月の中国共産党第17回全国代表大会の報告では，「国有企業の公司制・株式制改革を掘り下げて推し進め，現代企業制度の健全化に取り組み，(中略) 政府による監督管理と社会による監督を強化する。国有資本経営の予算制度の整備を急ぐ。各種類の国有資産の管理体制と制度を充実させる」[76]と。ここでは，国有企業の公司制＝会社制化，株式会社化を深化させる，現代企業制度を正常に進化させる，等々と，国有資産監督管理委員会設立時の目的を一層推進する，と述べられている。なお，現代企業制度とは，上述の通り2003年10月の決定のなかで，「現代企業制度の要請に従って，株主総会，取締役会，監査役会および経営管理者の権利・責任を規範化し，企業首脳の招請制度を整備する」と述べられているように，資本主義経済における株主と経営者との権利義務関係に同じと解釈できる。

　そして，リーマン・ショック後の時期には中国共産党や政府の国有資産に関わる関心や課題が，以前の報告にみられた国有資本の制度に関する事項から国有資本の運用，活用に関する事項に移行しているように思われる。その背景には国有資本，国有企業への問題点も指摘されるようになり，それへの対応が必要になっている事情があろう。2011年3月の全国人民代表大会ならびに全国政治協商会議の際の新華社の報道（新華社のインタビューや記者会見の報道と推定される）によると，国有資産監督管理委員会　邵寧・副主任は「国有企業の資

---

75)　「社会主義市場経済体制整備の若干の問題に関する党中央の決定（2003年10月14日，中国共産党第16期中央委員会第3回総会で採択）」Web Site『北京週報』日本語版，第46巻第49号，2003年12月4日（http://www.bjreview.cn/jp/jp/2003.49/200349-wx1.htm）2011年11月17日参照。

76)　「中国の特色のある社会主義の偉大な旗じるしを高く掲げ小康社会の全面的建設の新たな勝利をかちとるために奮闘しよう―中国共産党第17回全国代表大会における報告（2007年10月15日）」Web Site『北京週報』日本語版，2007年11月1日（http://japanese.beijingreview.com.cn/wxzl/txt/2007-11/01/content_84185.htm）2011年7月6日参照。

産は国家に属し，人民の貯蓄に属し，国家に財政が必要となれば，動かすことはいっこうに構わない」と述べた，また同じ報道で全国人民代表大会代表である中国社会科学院人口・労働経済研究所　蔡昉・所長は国有企業のうち「独占企業は大量の富を創造し，国家の社会発展のために代替不能な責任を担っており，この点については社会全体が肯定するに値すると認める。しかしその利益納税の割合が低すぎるのではないか，独占利益を納税あるいは利益分配の形で公共財政予算に収め，教育・医療・保障性住宅など社会公共製品分野に充てるべき」と提案したと。このように国有資産監督管理委員会の課題や国有企業の利益分配に関わる課題について報道された。

　2012年11月の中国共産党第18回全国代表大会の報告では「国有資本がより多く国の安全保障や国民経済の命脈に関わる重要な業種とカギとなる分野に投下されるよう促し，国有経済の活力，支配力，影響力を絶えず増強させていかなければならない」，と国有資本の運用，活用について述べられ，一方，第17回大会の報告にみられた国有資本の制度についての言及はなかった。さらに，第18回大会の翌年春に国務院が承認・通達した国家発展改革委員会の「2013年経済体制改革深化に関する重点活動についての意見」に関する同委員会の記者会見では，当該重点活動のなかの一つとして「今は国有資本収益の納付率を次第に高め，範囲を拡大する一方で，納付された国有資本収益の社会保障など公共支出使用率を高めることが必要」と説明された。

　このように，国有資本の運用，活用の一層の効率化および国有資本の生み出す利益の分配に関わる課題への重点移行がみられる。

---

77)　邵寧・副主任，蔡昉・所長に関わる新華社報道の出所：Web Site『北京週報』日本語版，2011年3月3日（http://japanese.beijingreview.com.cn/2011liaghui/2011-03/03/content_337421.htm）2014年9月20日参照。
78)　「確固として中国の特色ある社会主義の道に沿って前進し，小康社会の全面的な実現に向けてたたかおう―中国共産党第18回全国代表大会における報告（2012年11月8日）」Web Site『チャイナネット』日本語版，2012年11月20日（http://japanese.china.org.cn/politics/18da/2012-11/20/content_27168866.htm）2013年3月15日参照。
79)　Web Site『北京週報』日本語版，2013年5月29日（http://japanese.beijingreview.com.cn/jj/txt/2013-05/29/content_545295.htm）2014年9月19日参照。

2.5 集団公司と国有資産監督管理委員会との関係

2.5.1 所有と経営の分離の関係

前述の2.3「国有株式会社と集団公司との関係」および2.4「国有資産監督管理委員会」の考察により明らかになったように，国有資産監督管理委員会と国有株式会社を包含する集団公司との関係は，国有資産監督管理委員会は大株主として，その所有する集団公司および集団公司と一体化した子会社である国有株式会社に対し株主の目標，狙い（国有資産の価値の保全と増大の実現，また資産収益率の最大化）を求める関係である。そして，集団公司の日々の経営実務は集団公司の実務に通じるプロの経営者（その多くは永年にわたり集団公司または子会社の国有株式会社での勤務経験をもつ従業員からの出身者）に任されており，国有資産監督管理委員会によって直接に日々の経営実務が遂行されることはない。

その実情について，川井（2003）は，株式上場時に当時の国有資産管理局が筆頭株主であった上場企業の取締役構成を調査した結果，国有資産管理局から取締役の派遣のあった企業数は全体の23％，且つ1社当たり1，2人の派遣であり国有資産管理局派遣の取締役が取締役会に占める比率は極めて小さい，と述べている[80]。したがって，株主である国有資産監督管理委員会の人員が会社（集団公司・国有株式会社）の経営者になっているケースは少なく，株主が直接に会社の経営に携わって経営を遂行している状態ではない。企業が大規模化，専門化されて行けば行くほど，当該企業の事業に精通した専門家でなければ経営を遂行でき難くなるので，会社（集団公司・国有株式会社）の経営者は株主の人員ではなく会社の内部からの昇進者が多くなるのは当然の傾向である。

集団公司と国有資産監督管理委員会との関係は，以上のように所有と経営が分離された状態である。この株主と集団公司の経営者との関係は資本主義経済の一般的な，"所有と経営とが分離された"株主と経営者との関係に似ている，または同様であろう。すなわち，中国共産党・政府が"所有者兼経営者"から転換して，資本主義経済の普通の会社の株主と経営者との関係と同様に所

---

80) 川井（2003）124-125頁。

有と経営とが分離した関係を作ったと言えるだろう。

2.5.2 所有と支配の分離の関係

　国有の集団公司の所有権は広く分散していなく国有資産監督管理委員会が株式または出資金の100％またはマジョリティーを所有しており，所有者の意思は所有者が分散している状態に比較して容易に，迅速に，明確に統一される。前述（2.4「国有資産監督管理委員会」）の通り所有者である国有資産監督管理委員会は株主総会で議決権を行使して取締役会も利益配当も会社の解散も決定している。このような国有資産監督管理委員会と国有株式会社を包括する集団公司との関係は，所有と支配とが分離していない状態である。

　前述（2.1「所有・支配・経営に関する先行研究の考察」，2.1.2「所有または所有権の内容」）で示したように，経営者支配や内部者支配を説いた先行研究の"会社支配の根拠は所有権の一部を掌握する"との論理を用いない限り，すなわち"所有者の所有物である資本の使用が資本の非所有者である経営者によってなされるだけで経営者支配になる"との論理を適用しない限り，集団公司は，経営者による支配ではなく，国有資産監督管理委員会によって所有，支配されている，と判定される。

　以上のように，集団公司は支配株主である国有資産監督管理委員会によって所有され支配されている。

　なお，集団公司は前述の図3-1のタイプ：2に該当する。

2.6　小　括

　先行研究の経営者支配や内部者支配の論理には，所有と経営の分離を株式所有の分散化に基づく所有と支配の分離に関連させる論がみられる。しかし，所有と経営の分離と株式所有の分散化や支配形態の変化との間には対応関係はない。また，所有と支配の分離について，支配者である経営者や内部者が掌握する対象は所有権の一部分にしか該当せず，所有権の残りの部分は所有者が依然として握っている。支配が，所有者が本来持っている所有権の掌握を意味するならば，経営者支配や内部者支配は存在しないと言わざるを得ない。

　国有株式会社を包含する集団公司と大株主の国有資産監督管理委員会との関

係は，株主が会社に対し株主の目標，狙い（国有資産の価値の保全と増大の実現，また資産収益率の最大化）を求め，そして，その目標，狙いの実現は会社の経営者が遂行するという関係である。さらに集団公司はその所有・支配する国有株式会社に対して同様の目標，狙いの具体的実現を求め，それの達成は国有株式会社の経営者が遂行する関係である。それらの関係においては，「所有と経営の分離」は存在し，「所有と支配の分離」は存在しない。このような国有株式会社，集団公司，その大株主の国有資産監督管理委員会の関係は，この三者の関係に限定する限りで，実質私営株式会社や資本主義経済の一般的な株式会社の所有，支配，経営の関係と同じと言えるだろう。

第3節　株主・経営者・従業員の関係，性格についての考察

川井（2003）は，前述（1.1「大株主支配，内部者支配，それらの重合の概要と検討」1.1.1「大株主支配，内部者支配，それらの重合の概要」(1)「支配類型の概要」）の内部者支配モデルで示したように，内部者支配モデルは株主と経営者との利害対立を前提にしていると述べ，内部者支配モデルと称する状態であれば，その基礎には株主と経営者との利害対立が常に存在するとの認識を示している。また川井（2008）は，前述（1.2「内部者支配における経営者と従業員との関係の概要と検討」）で指摘した通り，経営者と従業員とは同等の地位・立場に立っている，経営者は従業員の代表である，との認識を示している。このような株主，経営者，従業員の姿を，中国に限定せずに，一般的に，"（資本を所有する）株主と（資本を所有しない）経営者"，"（資本を所有しない）経営者と従業員（または労働者）"の関係，性格について考察し，更に中国の経営者と従業員との関係を，それらの収入を鍵に考察する。

3.1　株主と経営者との関係，性格

株主と経営者との関係は，法人会社が経営者支配や内部者支配と称する状態にあるからといって，株主と経営者とは利害がたんに対立するだけではない。それは，資本の所有と機能（経営）との分離によって株主と経営者との利害は対立も一致もする。以下，詳述する。

3.1.1 利潤分配に関わる株主と経営者との利害一致・対立

利潤の分配に関しては，企業収益（利潤）は大別して，株主への利益配当，内部留保，経営者への報酬（いわゆる役員賞与）に分けられる[81]。まず，利潤分配の以前の段階では，株主も経営者も利潤全体を最大化して自分達の取り分を大きくできる基礎を作るという点で利害を共有している。この段階では株主と経営者との関係は利害が一致している構図である。この構図では経営者は株主の代理人であるがゆえに利害が一致しているのではない。株主も経営者も各々の目的・利害が共に一致しているのである。

利潤分配のなかの，まず内部留保については，それを再生産のための設備増強などに充当する場合は，それは株主からみても経営者からみても将来の利潤増大の基礎づくりであり，株主も経営者も相互にそのことをめぐって必然的に対立しあうような要因ではない。つまり株主にとっては，株主向け利益配当でも内部留保でも，どちらかが有利であるとは言い切れない。株主は目先の利益配当を狙う場合もあるし，長期的な視点から当面の内部留保を多くして設備増強・生産拡大を図り，それによる将来の利潤（配当）増大を狙う場合もある。一般的に，株主は，会社の停滞期や需要の減退期などにおいては利益の再投資先がないために株主への配当を優先するだろう，逆に，会社の成長期や需要の拡大期などにおいては設備増強・生産拡大を図るために内部留保の増大を優先するだろう。したがって，利益配当だけではなく内部留保を多くすることも株主利益の優先に適合する。すなわち，株主利益の優先＝利益配当増大と内部者利益の優先＝内部留保増大との対立関係は，必ずしも，常に現れるとは言えない。

しかし，利潤分配の他の成分に関してみると，株主への利益配当と経営者への役員賞与との多少をめぐっては，株主，経営者ともに自身の取り分を大きくしたいゆえに，株主と経営者は対立する関係である。株主への利益からの現金配当は会社外への資金の流出であり，経営者にとっては会社の利潤増大に利用

---

81) 税引後純利益の配当と内部留保への分割，その分割に関わる企業の意思決定等については，諸井勝之助（1989）『経営財務講義［第2版］』東京大学出版会，がMM理論（モジリアーニ＝ミラーの理論）の解説も含めて分析している。

できる資金の減少であるから一般的には好ましくない。経営者への利益からの役員賞与も会社外への資金の流出であり，株主にとっては会社の利潤増大に利用できる資金の減少であるから一般的には好ましくない。

なお，株主への利益配当の手段として株式配当があるが，これは「現金の流出を伴わない配当で，株主は現金の代わりに株式を受領するとともに，企業は利益を内部留保して資本金に転化させる制度である」[82)83)84)]。つまり株主資本（貸借対照表の資本の部）全体の変化は無く，経営者にとっては会社の利潤増大に利用できる資金が減少しないので現金配当よりも好ましい。一方，株主にとっては所有株式数が増加し，もしも1株当たり現金配当額が次期以降も維持されるのならば受取り配当金総額が増加するので好ましい。したがって，この配当政策は株主と経営者とが必ずしも対立する政策ではない。

以上の通り，株主と経営者との関係には，利潤の分配に関して株主への現金配当と経営者への報酬とをめぐって，必ず対立する性格が内包されている。

以上のような株主と経営者との関係や現象について，『資本論』第3巻第5篇第23章「利子と企業者利得」では次のように記されている。利子は「機能資本家としての産業資本家や商人が，自分の資本ではなく借り入れた資本を充用

---

82) 諸井 (1989) 219頁。
83) 中国では，利益剰余金の資本金への繰入による「送股」（和訳：株式配当），資本準備金の資本金への繰入による「資本公積金転増」（和訳：無償増資）が実施されており，送股を受け取る株主は現金配当同様に所得課税される（資本公積金は配当ではなく非課税扱い）。
84) 企業の利潤が増大する中で利子相当額の現金配当をし，内部留保を増やす安定配当政策を実施すると，会社資産の増大に対する資本金と発行株式の過小化の結果として株価が上昇し，配当利回り（＝1株当たりの年間配当金額÷1株購入価額）が一般利子率以下に引き下げられる。この状態を糊塗するために資金流出を伴わない株式配当，株式分割，無償交付などの一種の配当政策が実施される（『大月 経済学辞典』1979年，773-774頁，この項目は高橋昭三の執筆による）。

なお，株式配当については，新株をもってする利益配当であるとの"配当説"ではなく，利益の資本組入れと株式分割を組み合わせたものであるとの"分割説"がある…竹内昭夫，弥永真生補訂（2001）『株式会社法講義』有斐閣，342-343頁（竹内他の分割説と配当説との論争があった）。

日本の法制は，1990年・商法改正により配当説から分割説の立場に変化し，株式配当は株式分割に含まれた。中国の取扱いは1990年以前の日本に同様であろう。

第3章　国有企業の企業統治　171

するかぎり，この資本の所有者であり貸し手である人に支払わなければならないところの，利潤すなわち剰余価値の一部分にほかならない（中略）ただ，資本家が貨幣資本家と産業資本家とに分かれるということだけが，利潤の一部分を利子に転化させ，およそ利子という範疇をつくりだすのである。そして，ただこの二つの種類の資本家のあいだの競争だけが利子率をつくりだすのである」と。[85] すなわち，所有者であり経営者である資本家が貨幣所有者とその貨幣を借り入れる経営者とに分離されれば，利潤を利子と企業者利得とに分けてしまい，相互に対立する関係ができることを示している。一方，資本を充用している機能資本家が手にする部分については，「借りた資本で事業をする資本家にとっては，資本の生産物は利潤ではなく，利潤・マイナス・利子であり，利子を支払ったあとに彼の手に残る利潤部分である。（中略）〔借りた資本で事業をする資本家が，機能資本家が〕総利潤のうちから貸し手に支払わなければならない利子に対立して，利潤のうちまだ残っていて彼のものになる部分は，必然的に産業利潤または商業利潤という形態をとるのである。または，この両方を包括するドイツ的表現で言えば，企業者利得という姿をとるのである」[86] と。このように，貨幣資本家と機能資本家とは各々の受取部分である利子と企業者利得とへの利潤からの配分をめぐって競合関係，競合する性格である。そして，株主が所有する株式については，『資本論』第3巻第5篇第29章「銀行資本の諸成分」で，証券は所有証書，または企業で資本として支出されるために株主によって前貸しされている貨幣額を表しており，「株式は，この資本によって実現されるべき剰余価値にたいする按分比例的な所有権にほかならないのである。（中略）〔この所有権は売買されて，この所有権の買い手は〕自分の資本を，株式資本から期待される剰余価値にたいする単なる所有権に転化させたのである」[87] と。また，『資本論』第3巻第5篇第30章「貨幣資本と現実資本Ⅰ」で，「国債も株式やその他各種の有価証券も，貸付可能な資本，すなわち利子を生むように予定されている資本にとっての投下部面である。これらの有

---

85)　『資本論』第3巻第1分冊，463-464頁（独383）。
86)　『資本論』第3巻第1分冊，467頁（独386）。
87)　『資本論』第3巻第2分冊，597-598頁（独484-485）。

価証券は、この資本を貸し出す形態である」と説明されている。

以上のように、株主は株式配当と称する利子を受け取る貨幣資本家であり、この貨幣資本家と機能資本家とは利潤分配をめぐって対立する関係、性格を帯びている。

3.1.2 従業員に対する株主と経営者との利害一致

株主と経営者とは共に従業員への関係では利害が一致している。それは、従業員の賃金について株主と経営者とは利害を共有しているという点に、まず、第一に示される。会社の価値生産物または付加価値には従業員の賃金も利潤も含まれているので、従業員の賃金部分が増大することは利潤の減少につながる可能性が大きい。なお、会社の経営において、賃金の増大に依って従業員の労働の密度の向上などが図られる、いわゆる従業員のやる気を引き出すインセンティブ効果が図られて、賃金増大分以上の付加価値増大が実現される場合もあるので、賃金の増大分が直接に利潤の減少相当分に帰結するとは限らない。しかし、ある一時点でみればどのみち、所与の価値生産物または付加価値を賃金と利潤とで分け合うという構図に帰着するのであるから、賃金増大は、利潤増大を図る株主と経営者との双方にとって従業員と対立する事象である。このように、従業員の賃金増大について、株主と経営者とは共に利害が一致している。

そして、『資本論』第3巻第5篇第23章では「再生産過程では機能資本家は、賃金労働者に対立する他人の所有としての資本を代表しており、貨幣資本家は、機能資本家によって代表されたものとして、労働の搾取に参加している」と、機能資本家と貨幣資本家との利害が一致して、ともに労働者に対立している構図を示している。

以上のように、株主と経営者との間には、利害を共有する関係と相対立する関係とがある。利害を共有する場面で経営者は、一面で株主の代理人との性格

---

88)『資本論』第3巻第2分冊、612頁（独495）。
89)『資本論』第3巻第1分冊、477頁（独394）。

を持っているが，他面で，この場面の経営者はたんに株主の代理人としてだけではなく，自らの意志，立ち位置，利害が株主と一致するという性格を持っている。他方，相対立する場面で経営者は，株主から自立する現象が出る。この自立する現象が，経営者と従業員との相対立する関係を覆い隠し，経営者が従業員代表であるかのような誤った考えを引き出してしまう。

3.2 経営者と従業員との関係，性格

経営者と従業員とは同等の地位・立場にある，経営者が従業員代表であるとの論理の妥当性の判定ならびに，このような論理が出現する理由は，以下の通りである。

3.2.1 経営者と従業員との関係，性格

従業員は会社という法人（法人の代表者は経営者）に雇用されており，経営者と従業員との関係は，使用する者と雇用される者という相対立する関係である。従業員の賃金は会社の付加価値の一部であるが利潤から分配されるのではない。一方，経営者の収入，いわゆる役員賞与は利潤から分配される。付加価値額を所与のものとすれば，その中の賃金部分を小さくすればするほど利潤は大きくなり，役員賞与が増える可能性が出てくる。このように付加価値，利潤の分配という面で，経営者と従業員とは相対立する関係である。

なお，従業員が株式を保有している場合があり，さらに多くの日本の会社には従業員持ち株会というシステムが有り，従業員が株主でもあるケースは多々あるが，大部分の従業員にとって，その収入の主要部分は賃金であり株主向け利益配当ではないので，従業員の主要な性格は株主ではなく従業員である。そして経営者の選任に従業員が関与するシステムは無い。また経営者が会社の代表権を持っていても，その会社が所有するものは資産であって従業員ではない。会社という法人は従業員の労働力を購入して使用するのであって，従業員そのものを所有しているのではない。経営者が持っている代表権の対象範囲に従業員そのものは含まれていない。

よって，経営者と従業員とは同等の地位・立場にあるとか，経営者は従業員代表であるなどの論理は妥当とは言えない。

3.2.2　経営者と従業員との対立が忘れられる，経営者と従業員とが同じに見える理由

　経営者と従業員との対立が忘れられ，経営者と従業員とが同じに見えてしまう現象は，資本を所有し機能させる資本家が，資本を所有する資本家と資本を機能させる資本家とに分離，すなわち所有と機能（経営）の分離に起因して現れる。

　経営者が従業員と相対立する関係ではないかのように見えてしまう現象について，『資本論』第3巻第5篇第23章では次のように説明されている。「〔経営者の受け取る役員賞与である〕企業者利得は，賃労働にたいして対立物をなしているのではなく，ただ利子にたいして対立物をなしているだけである。（中略）企業者利得は，再生産過程での資本の機能から発生する。（中略）しかし，機能資本の代表者だということは，けっして利子生み資本を代表することのような閑職ではない。資本主義的生産の基礎の上では，資本家は生産過程をも流通過程をも指揮する。（中略）だから，彼〔機能資本家〕にとっては彼の企業者利得は，利子に対立して，資本所有にはかかわりのないものとして，むしろ非所有者としての—労働者としての—彼の機能の結果として，現われるのである[90]」と。すなわち，機能資本家である経営者の受け取る役員賞与が貨幣資本家である株主の受け取る利子である配当に直接に対立しているために，つまり利潤分配面での直接の対立のために，そして，機能資本家は貨幣資本家のような閑職ではなくて資本の機能から，つまり生産過程も流通過程も指揮し，生産的労働の搾取に努力をすることから企業者利得を引き出すために，機能資本家である経営者にとっては，自分の受け取る企業者利得が労働者としての機能の結果として現れてしまう。次に，機能資本家の頭のなかでは必然的に次のような観念が発達してくる。それは「〔機能資本家の企業者利得は〕それ自身労賃であり，監督賃金であり，労働の監督にたいする賃金であり，普通の賃金労働者の賃金よりも高い賃金である。（中略）〔機能資本家の〕資本家としての機能は，剰余価値すなわち不払労働をしかも最も経済的な諸条件のもとで生産することにあるということは，完全に忘れられる[91]」と。このようにして，企業者

---

90)　『資本論』第3巻第1分冊，475−476頁（独392−393）。
91)　『資本論』第3巻第1分冊，476頁（独393）。

利得が，剰余価値が分かれる2つの部分のうちの一部分でしかないということが忘れられる。続いて「再生産過程では機能資本家は，賃金労働者に対立する他人の所有としての資本を代表しており，貨幣資本家は，機能資本家によって代表されたものとして，労働の搾取に参加している。ただ労働者に対立する生産手段の代表者としてのみ，能動的資本家は，労働者を自分のために労働させるという，または生産手段を資本として機能させるという機能を行なうことができるということ，このことは，再生産過程のなかでの資本の機能が再生産過程の外の単なる資本所有にたいしてなす対立のために，忘れられるのである」[92]と。

経営者が労働の搾取に参加していることが忘れられ，利子は剰余価値のうち資本所有から生み出される部分として現れることによって，剰余価値の他方の部分である企業者利得は資本から生み出されるのではないものとして現れる。それは同第23章で「企業者利得は，必然的に，資本としての資本から生ずるのではなく，資本の独自な社会的規定からは分離された生産過程から生ずるものとして現われる〔のである〕，（中略）資本から分離されれば，生産過程は労働過程一般である。したがって，産業資本家も，資本所有者から区別されたものとしては，機能する資本としては現われないで，資本から離れて見ても機能者であるものとして，労働過程一般の単なる担い手として，労働者として，しかも賃金労働者として，現われるのである」[93]と。すなわち，利潤つまり剰余価値が利子と企業者利得とに分かれることによって，企業者利得は資本から分離された生産過程から，それは労働過程一般である生産過程から生ずるものとして見えてしまう。したがって，機能資本家は賃金労働者であるかのように見えてしまう，このような観念が生ずるのである。

以上のように，経営者が貨幣資本家である株主と利潤分配をめぐって直接に対立する関係に立ち，そうした性格を帯びるため，経営者の性格を判定するにあたり，資本を機能させる機能資本家としての性格を見落とし，監督労働の部分の性格だけを見てしまう。その結果，経営者と従業員とは同等の地位・立場

---

92) 『資本論』第3巻第1分冊，477頁（独394）。
93) 『資本論』第3巻第1分冊，478－479頁（独395）。

にあるかのように，経営者は従業員の代表であるかのように見えてしまう。

3.3 中国の経営者と従業員との収入格差

以上の通り，経営者は従業員の代表ではないことを示すとともに，代表であるかのように見える，または経営者が賃金労働者であるかのように見える理由も明らかにした。そうであれば，中国の場合，特に国有企業の場合，経営者は従業員の代表なのか否かに関わって，経営者と従業員の収入格差を，以下の通り検証する。

中国の状況を検証する前に，中国の2000年代以降の大きな経済成長期に対応する比較参考データとして日本の高度成長期の東京オリンピック（1964年開催）や大阪万国博覧会（1970年開催）などの準備が進められた時期の実情を確認する。日本の製造業の資本金10億円以上の企業の経営者である役員と従業員との各1人当たり収入の状況は図3-5の通りである。

図3-5の役員の収入は，その収入の全体を把握するために利益処分から支払われる「役員賞与」だけではなく，企業の人件費として支払われるまたは企業の付加価値から支払われる「役員給料手当（給与・賞与・手当）」も合わせた金額を示した。なお利益処分から支払われる役員賞与のみを受け取る役員は当該データには含まれていない。すなわち，一般的には常勤で経営の業務に就いて，その業務に対して支払われる給与・賞与・手当を受領している役員を対象として，役員1人当たり収入を算出した。

図3-5より，収入の1961年度→1970年度への推移は，役員給料手当・賞与（1人当たり）が2,967千円→4,941千円と1.67倍に，従業員給料手当（1人当たり）が413千円→1,117千円と2.70倍に伸び，従業員の方が役員よりも伸びている。したがって役員と従業員との格差は，両者の収入額の比率（役員／従業員）ベースの推移（1961年度→1970年度）では，(2,967千円／413千円)7.18倍→(4,941千円／1,117千円)4.42倍に縮小している。しかし，両者の収入額の差異（役員－従業員）の推移（1961年度→1970年度）は(2,967-413)2,554千円→(4,941-1,117)3,824千円と拡大している。

図 3-5 日本・高度成長期の役員給料手当・賞与ならびに従業員給料手当の推移
（製造業，資本金10億円以上の企業，1人当たり年額，1961～1970年）[94]

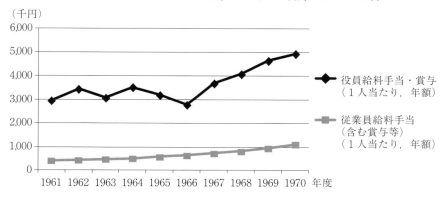

注1) 当該データの対象は，製造業で資本金10億円以上の企業。
  2) 役員給料手当・賞与…給与，（利益処分による賞与は含まない）賞与，手当などと利益処分による賞与との合計。
  3) 従業員給料手当…給料，労務費，賃金，賞与，手当など。（福利費は含まず）
出所）大蔵省証券局資本市場課編（1976）『法人企業統計年報集覧（昭和35年度～49年度）上，下巻』大蔵省印刷局，1976年7月20日発行より筆者が計算作成。

なお，このような推移の傾向は，日本の1990年代以降の大企業の1人当たり役員報酬（役員給与＋役員賞与）の増加と1人当たり従業員給与の停滞の状況[95]

---

94) データの出所である『法人企業統計年報集覧（昭和35年度～49年度）上，下巻』は大蔵省による調査結果報告であり，その調査は日本の全企業を対象とするサンプル調査であるが，資本金10億円以上の企業についてはサンプル調査ではなく該当する全企業を調査対象としている。製造業・資本金10億円以上の調査対象企業数は1961年度（昭和36年度）：355社，1970年度（昭和45年度）：743社，と推移しており，日本のいわゆる大企業（その殆どが株式上場企業）を対象にしている。
95) 柴田努（2014）「経済のグローバル化と国内経済への影響」高橋弦・竹内章郎編著『なぜ，市場化に違和感をいだくのか？』晃洋書房，52頁に「〔法人企業統計において〕大企業の1人当たり役員報酬（役員給与＋役員賞与／期中平均役員数）は2001年の1,424万円から2005年は2,810万円に増加しているのに対して，1人当たり従業員給与（従業員給与／期中平均従業員数）は大企業で500万円前後，全企業規模平均では350万円前後で推移している」と。
さらに詳しくは柴田努（2009）「日本における株主配分の増加と賃金抑制構造—M&A

とは異なる様相である。

　中国では2008年に北京オリンピック，2010年に上海万国博覧会が開催されたが，それらの準備の時期であるオリンピックの3年前の2005年からそれ以降の時期の収入格差の状況を次の通り検証する。経営者の収入に関するデータは，公表されている個別の上場企業の年度報告（Annual Report）の中に存在する高級幹部の年俸を用い[96)][97)]，考察対象の個別企業は，上場企業の中の鉱工業部門より国有株式会社と実質私営株式会社とを13社抽出し，それら各社の1人当たり平均年俸を算出した。13社は，重工業からは鉄鋼業3社（内，国有2社，実質私営1社），自動車製造業3社（内，国有2社，実質私営1社），建設機械製造業3社（内，国有2社，実質私営1社），軽工業からは紡織業2社（内，国有1社，実質私営1社），食品加工業1社（国有），プラスチック製品製造業1社（実質私営）とした[98)]。従業員の収入は『中国統計年鑑』の都市部就業者平均賃金とする。それらの収入の状況は表3－2の通り。

　表3－2より，平均賃金ならびに年俸の2005年→2012年への推移は，都市部就業者平均賃金（1人当たり年額）の伸び率（2012年平均賃金／2005年平均賃金）は（全産業の）株式会社（股份有限公司）：2.77倍，（全企業区分の）製造業（除く鉱業）：2.61倍となっており，上場企業・高級幹部年俸（1人当たり年額）の伸び率（2012年年俸／2005年年俸）は上場企業全13社平均：2.35倍，国有8社平

　　法制の規制緩和との関わりで」『季刊経済理論』第46巻第3号，経済理論学会，2009年10月，72－82頁を参照。
96)　中国の企業の利益配当や高級幹部の年俸などを含む詳しい財務データは，公表されている上場企業各社の年度報告（Annual Report）以外には公表されていないため，個別企業の年度報告のデータを考察対象とする。
97)　高級幹部の対象は，董事長（代表取締役会長，CEO），副董事長，董事（取締役），総経理（社長），副総経理，財務総監（CFO），監事（監査役）などで，これらはそれぞれ日本の役員に相当する（括弧内は日本の相当職位名）。
98)　上場企業の国有企業，実質私営企業の13社抽出については，中国企業聯合会・中国企業家協会編（2012）『中国500強企業発展報告』2012年版，企業管理出版社，の製造業売上収入上位500社リストより各業種の国有と実質私営との代表的な企業を選択した。当該13社の概要は本書第4章第2節「株式上場企業の利潤分配の状況」2.4「上場企業の国有企業と実質私営企業との利潤分配に関わる比較」2.4.1「利益配当に関する分析方法と分析対象13社」を参照。

均：2.40倍，実質私営5社平均：2.11倍であり，就業者平均賃金の方が上場企業・高級幹部年俸よりも若干高い伸びを示している。

　高級幹部と就業者との格差は，全13社・高級幹部年俸平均と株式会社・就業者平均賃金の比率（高級幹部／就業者，表3-2のb/a）の推移（2005年→2012年）では，12.70倍→10.76倍に，（同様に）国有8社との比率（表3-2のc/a）は15.12倍→13.05倍，（同様に）実質私営5社との比率（表3-2のd/a）は9.31倍→7.09倍と若干縮小している。なお，就業者の国有8社との格差の比率は実質私営5社とのそれよりも大きい。

　しかし，全13社・高級幹部年俸平均と株式会社・就業者平均賃金の差異（高級幹部－就業者）の推移（2005年→2012年）は，237,206元→549,143元に，（同様に）国有8社との差異は286,270元→678,135元に，（同様に）実質私営5社との差異は168,517元→342,758元に大きく拡大している。なお，就業者の国有8社との格差の差異額は実質私営5社とのそれよりも約2倍（2012年は678,135元／342,758元）と大きい。

　一方，高級幹部のなかの国有（8社）と実質私営（5社）との比較では，2005年→2012年の伸びは上記の通り国有の方が実質私営よりも若干大きく，両者の絶対額比率（国有・8社平均／実質私営・5社平均）は2005年：（306,542元／188,789元）1.62倍→2012年：（734,389元／399,012元）1.84倍へと，格差が若干拡大している。

　また，上場企業・高級幹部年俸は個々の企業や産業によって差異があるが，なかでも自動車・国有の上海汽車集団股份有限公司の年俸の伸びは4.53倍と最も高い伸びを示している。就業者平均賃金と自動車製造企業各社の高級幹部年俸との推移は図3-6の通り。

　これらの就業者平均賃金，高級幹部年俸を円換算すると，株式会社・就業者平均賃金の最高額の2012年：56,254元は日本円：787,556円に相当（換算レート：2012年末の14円／人民元），上場企業・高級幹部年俸の最高額の（建機／国有）広西柳工機械股份有限公司・2011年：1,663,693元は日本円：19,964,316円に相当する（換算レート：2011年末の12円／人民元）。19,964,316円は787,556円の25.3倍である。

　上記の中国のデータと前述の日本のデータとの比較結果は次の通り。①経営

表 3-2　都市部就業者平均賃金と上場企業高級幹部

（企業区分）	（会社名）	2005年	2006
都市部就業者平均賃金（1人当たり年額）			
（全産業の）株式会社（股份有限公司）（a）		20,272	24,383
（全産業の）有限会社（有限責任公司）		17,010	19,366
（全企業区分の）製造業（除く鉱業）		15,934	18,225
上場企業・高級幹部年俸（1人当たり）（製造業個別企業：13社）			
（鉄鋼／国有）	宝山鋼鉄股份有限公司		
（鉄鋼／国有）	河北鋼鉄股份有限公司	228,067	215,586
（鉄鋼／実質私営）	南京鋼鉄股份有限公司	225,000	225,000
（自動車／国有）	上海汽車集団股份有限公司	221,250	318,333
（自動車／国有）	安徽江淮汽車股份有限公司	353,750	369,311
（自動車／実質私営）	海馬汽車集団股份有限公司	81,749	204,167
（建機／国有）	山推工程機械股份有限公司	155,754	201,339
（建機／国有）	広西柳工機械股份有限公司	724,758	721,275
（建機／実質私営）	三一重工股份有限公司	334,545	330,500
（紡織／国有）	上海申達股份有限公司	189,091	253,364
（紡織／実質私営）	江蘇陽光股份有限公司	71,929	72,357
（食品加工／国有）	光明乳業股份有限公司	273,125	277,625
（プラ製品／実質私営）	金発科技股份有限公司	230,723	256,582
上場企業（上記13社）の単純平均（元）（b）		257,478	287,120
内、国有・上場企業（上記8社）の単純平均（元）（c）		306,542	336,690
内、実質私営・上場企業（上記5社）の単純平均（元）（d）		188,789	217,721
上場企業（上記13社）高級幹部年俸単純平均と株式会社就業者平均賃金の比較　（b/a）（倍率）		12.70（倍）	11.78
国有・上場企業（上記8社）高級幹部年俸単純平均と株式会社就業者平均賃金の比較　（c/a）（倍率）		15.12（倍）	13.81
実質私営・上場企業（上記5社）高級幹部年俸単純平均と株式会社就業者平均賃金の比較　（d/a）（倍率）		9.31（倍）	8.93

注 1 ）上場企業・高級幹部の対象は，董事長（代表取締役会長，CEO に相当），副董事長，董事（取締役），総経理（執行役員のトップである社長に相当），副総経理，財務総監（CFO に相当），監事（監査役に相当），など。
　 2 ）高級幹部のうち，当該企業より年俸を受けとらず派遣元企業より支給されている者（例えば，親会社の董事を兼任している者），または非常勤・社外取締役に相当する者（中国語では，独立董事，外部董事と呼称。受給額は数万元と僅小額）は，上記データの対象外とした。
　 3 ）高級幹部の年俸は，税引後利益の利益処分からの役員賞与に該当するのか，利益処分による賞与を含まない役員給料手当（給与・手当・賞与）に該当するのか，その両方の合計なのかは，出所のデータからは未詳。但し，各社の年度報告（Annual Report）に，利益処分からの役員賞与の記載が無い。したがって，本表の年俸は利益処分による賞与を含まない役員給料手当（給与・手当・賞与）に該当すると推察される，また，

年俸の推移（1人当たり年額，2005年～2012年）

2007	2008	2009	2010	2011	2012	'05年→'12年の伸び(倍率)
					(単位：元)	
28,587	34,026	38,417	44,118	49,978	56,254	2.77（倍）
22,343	26,198	28,692	32,799	37,611	41,860	2.46
21,144	24,404	26,810	30,916	36,665	41,650	2.61
					(単位：元)	
		784,714	1,456,538	1,159,923	1,094,500	
287,536	211,767		214,625		464,250	2.04
248,750	267,143	272,500	317,778	380,000	380,714	1.69
533,000	550,000	572,200	631,333	775,790	1,002,863	4.53
388,313	285,800	399,500	502,909	446,364	463,333	1.31
310,900	349,000	295,000	293,230	271,145	274,209	3.35
208,689	354,060	302,739	287,121	385,383	356,089	2.29
1,195,900	1,491,342	954,760	1,432,877	1,663,693	598,197	0.83
444,593	490,073	184,456	664,615	664,615	783,292	2.34
367,220	374,060	385,422	369,000	469,443	695,100	3.68
105,743	110,000	115,714	115,714	107,250	97,676	1.36
576,125	601,286	572,750	771,000	927,556	1,200,778	4.40
259,185	263,162	509,200	387,542	425,833	459,167	1.99
410,496	445,641	445,746	572,637	639,750	605,397	2.35
508,112	552,616	567,441	708,175	832,593	734,389	2.40
273,834	295,875	275,374	355,776	369,769	399,012	2.11
14.36	13.10	11.60	12.98	12.80	10.76	
17.77	16.24	14.77	16.05	16.66	13.05	
9.58	8.70	7.17	8.06	7.40	7.09	

　利益処分からの役員賞与支給は実施されていないとも推察される。しかし，当該年俸額には利益の動向も加味されて決められていると推定できる（例えば，建機／国有の2社は2012年の営業利益・純利益ともに前年比マイナスであり，年俸額も同様に前年比マイナスである）。

出所）平均賃金：『中国統計年鑑』2013年版，（就業人員と賃金の項），個別企業の高級幹部年俸：中国大手金融証券情報サイトである『証券之星』Web Site（http://stock.quote.stockstar.com）の中の各上場企業に関するデータ，2014年6月18，19日参照（例えば，上汽集団の場合は，http://stock.quote.stockstar.com/corp/executives_600104.shtml，末尾の「600104」は上汽集団の銘柄コード）。以上のデータより筆者が計算作成。

図3-6　就業者平均賃金および自動車製造企業の高級幹部年俸の推移

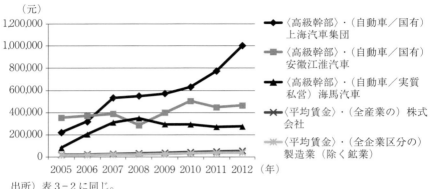

出所）表3-2に同じ。

者と従業員との金額の伸び率は，両国とも従業員の方が大きい。経営者の伸びは中国の方が大きく従業員のそれはともに同レベルである。②経営者と従業員との格差は，収入額の比率（経営者／従業員）では中国の方が大きい。特にこの傾向は中国の国有で顕著である。

次に，上場企業の支配株主であり親会社である集団公司の経営者と従業員との収入格差をも推定すると，それは次の通り。集団公司は，企業区分としては有限会社（有限責任公司）であるが，表3-2の都市部就業者平均賃金・（全産業の）有限会社の数値には上場企業の親会社である集団公司よりも小規模な企業も含まれており，集団公司の就業者平均賃金は，有限会社全体のそれよりも高い可能性があり，株式会社（股份有限公司）のそれに近くなるだろう。

一方，集団公司の高級幹部については，その所得額は公表されていない。但し，上場企業の高級幹部の中には集団公司の高級幹部を兼任している者がおり，その者の中には上場企業から報酬を得ていない（個別の上場企業の年度報告のなかで，年俸が記載されていない）者が存在するので，この者は上場企業か

---

99) 例えば，上場企業13社のデータの中の（鉄鋼／国有）宝山鋼鉄股份有限公司の事例（2012年12月末時点）では，当該企業の董事長（日本の取締役会長に相当）何文波は当該企業の親企業である宝鋼集団有限公司の董事・総経理（日本の取締役・社長に相当）との兼任であり，宝山鋼鉄股份有限公司からは報酬を得ていない（出所：中国大手金融証券情報サイ

らではなく集団公司から報酬を得ていると判断できる。そうであれば，このような高級幹部の集団公司からの報酬額は上場企業の同レベルの職位の高級幹部と同等またはそれ以上の金額であると推定できるだろう。

以上より，上場企業の親会社である集団公司の高級幹部と集団公司の従業員とを比較すれば，上場企業の高級幹部と株式会社・就業者との比較と同様の状況が現れるであろう。

以上の状況から見ると，中国の一般従業員の収入と上場企業やその親企業の経営者層である高級幹部の収入とは，経済成長または企業の成長に伴って同様に伸びているが，平等に豊かになっている，とは言い難い状況だろう。少なくとも，資本主義国の日本の高度成長期の経営者と従業員との収入の状況のほうが中国のそれよりは，特に中国の国有の上場企業のそれよりは，格差が小さく，ともに平等に豊かになったように見えるだろう。

そして，以上の収入格差に関わる分析によって，中国の利潤分配構造についても高度成長期の日本企業と類似であることが示された。この事実によっても川井の主張する中国独自の「重合」などとは言えない。

3.4 小 括

株主と経営者とは，利潤分配をめぐって対立する関係，性格を内包しているが，利潤の最大化を図るべく利害が一致する関係も存在する。株主と経営者とはその土台に常に対立する火種を抱えているとの見方は妥当性を欠いている。

経営者と従業員とは共に同じ地位・立場に立つ内部者であり，経営者は従業員の代表であるとの見方は妥当性を欠いている。そのような構図に見えてしまう理由は，資本の所有と機能（経営）との分離に起因して，経営者と株主が利潤分配において対立し，その結果，経営者は労働の監督にたいする賃金を受け取る賃金労働者として見えてしまい，経営者は資本を機能させている者であることが忘れられてしまうからである。経営者の役割，仕事である指揮・管理・

トである『証券之星』Web Site（http://stock.quote.stockstar.com/corp/executives_600019.shtml）2014年6月18日参照）。

監督には，単なる労働と資本を機能させる資本家としての仕事との２つが存在していることが忘れられているのである。
　中国の国有資産監督管理委員会と国有企業の経営者との関係も上記と同様の関係であろう。前述（2.4「国有資産監督管理委員会」）でみたように，国有資産監督管理委員会も，また政府関係者も国有資本や国有企業の利潤分配についての課題の存在を認め，その改善に言及している。このような利潤分配の課題が現れる原因は，単に国有資産監督管理委員会など政府の施策や国有企業の経営施策によるのみではなく，上記の株主，経営者の間の利潤分配に関わる利害の対立が根底に存在すると判断できるのではないだろうか。
　さらに前述（3.3「中国の経営者と従業員との収入格差」）の通り中国の国有・上場企業の経営者と従業員との収入格差の絶対額が大きく拡大している状況[100]を考慮すると，国有資産監督管理委員会と国有企業の経営者とが，国有資産の価値の保全と増大の実現を，また資産収益率の最大化を求めるならば，国有資産監督管理委員会と国有企業の経営者とが意図するとしないとに拘わらず，従業員と経営者・政府とは対立する関係を内包して，それが現れる可能性もあろう。
　以上のことから，国有企業（集団公司および国有株式会社）の株主（国有資産監督管理委員会），経営者，従業員の関係は実質私営株式会社や資本主義経済の一般的な会社のそれらの関係と同様もしくは似ていると言えるだろう。

---

[100] 所得分配について，「中国共産党第17回全国代表大会における報告（2007年10月15日）」では，「分配秩序を整頓し，所得分配の格差拡大の傾向を徐々に転換させる」，「中国共産党第18回全国代表大会における報告（2012年11月８日）」では「国民所得分配における住民への所得分配のウエート，第１次分配における労働報酬のウエートを引き上げることに努めなければならない」と，所得分配に関わる課題の存在とその改善の必要性が述べられている。出所は前者がWeb Site『北京週報』日本語版，2007年11月１日（http://japanese.beijingreview.com.cn/wxzl/txt/2007-11/01/content_84185.htm）2011年７月６日参照，後者がWeb Site『チャイナネット』日本語版，2012年11月20日（http://japanese.china.org.cn/politics/18da/2012-11/20/content_27168866.htm）2013年３月15日参照。

おわりに

　本章では国有企業に関わる所有・支配・経営の関係について考察し，そのうえで所有者・経営者・労働者の関係について考察した。

　先行研究の考察では，川井（2003）を注視した。川井の論には，(1)資本の「所有」と「機能」の分離なる原理関係を株式所有の分布状況と影響力行使態様の類型区分（＝支配の類型または支配の形態と称する区分）に対応させて，株式所有の分散＝経営者支配＝所有と経営の分離としてしまった，(2)大株主支配と内部者支配の「重合」を検証する事例として，企業の一般的な関係とは言い難い企業グループ内の親会社と子会社との関係を取り上げてしまい，企業グループ全体とその株主との関係を分析していない，(3)「所有権」の概念を必ずしも正確に使用していない，(4)株主と経営者は利害が対立する，経営者と従業員とを同一の地位・立場にある，と認識してしまった，などの妥当とは言い難い点が含まれている。これらに起因して，川井の「仮説」として提示された大株主支配と内部者支配の「重合」の論証は適切になされたとは言い難い。

　中国の上場企業である国有株式会社とその親企業である集団公司との関係，集団公司とその大株主または最大の出資者である（中央または地方政府の）国有資産監督管理委員会との関係，さらに国有株式会社と集団公司を通じての国有資産監督管理委員会との関係のいずれにも，「所有と経営の分離」が存在し，「所有と支配の分離」は存在しない。この国有株式会社，集団公司，その大株主の国有資産監督管理委員会の関係は，この三者の関係に限定する限りで，実質私営株式会社や資本主義経済の一般的な株式会社の所有，支配，経営の関係と同じと言えるだろう。

　以上のような関係の下での国有資産監督管理委員会・国有企業（集団公司および国有株式会社）の経営者・（同企業の）一般従業員の三者の関係には，国有資産監督管理委員会と国有企業の経営者との間に利害の対立と一致が存在し，国有資産監督管理委員会・国有企業の経営者と（同企業の）従業員との間に利害の対立関係が内包されている可能性があるだろう。以上のことから，国有企

業の株主（国有資産監督管理委員会），経営者，従業員の関係は，実質私営株式会社や資本主義経済の一般的な株式会社のそれらの関係と同様もしくは似ている，それら三者の関係には―『資本論』で描かれた原則的な（前の第3節で示した）―所有者（株主）・経営者（資本を機能させる非所有者）・労働者（従業員）の関係が存在する，または将来出現する可能性がある，と言わざるを得ないだろう。

第4章　国有企業の利潤分配に関する考察

はじめに

　本書第2章では，国有企業または国有経済部門（または，広義の国有企業，国有及び国有株支配企業）が私営企業など他部門に比較して高い利益・高い剰余価値を生み出していることを，国有企業が資本主義的生産方法を用いて市場経済を主導していることを確認した。さらに第3章では，国有株式会社の構造（所有と支配の関係，所有者・経営者・労働者の関係）が実質私営株式会社のそれらと大きな違いがないことを確認した。本章では引き続き社会主義市場経済のもとでの鉱工業部門を対象に，当該部門の生産によって生み出された価値生産物，特にその中の利潤の分配部面において，国有株式会社と実質私営株式会社との間に違いが存在するのか，また，国有株式会社と資本主義国の株式会社との違いの有無などを考察する。

　序章で示したとおり，中国共産党は中国共産党規約で，中国は社会主義の初級段階にある。社会主義建設の根本的任務は，公有制を主体とし多種類の所有制の経済がともに発展をとげる，労働に応じた分配を主体とし多種多様な分配方式が共存する分配制度を堅持する，などと記している。このような現状において，社会主義市場経済の下の国有企業の所有者（株主，出資者）は国であり窮極的には全人民であり，一方，私営企業や資本主義国の企業の所有者（株主，出資者）は単数または多数の私人であるから，この所有者の違いに起因する利潤さらには価値生産物の分配の違いが存在する可能性があると推定するのは的外れではないだろう。

　中国の国有株式会社で生み出される価値生産物の分配は，生産者である労働者または従業員への賃金へ，企業所得税などの税金へ，株主または出資者への利益配当へ，将来の拡大再生産や事業リスクに備えるために企業内部の資本（利潤の内部留保）へ，さらに企業の経営者または経営幹部が利益の中から報酬を受けている場合はその報酬部分へ，と分配される。なお，社会主義の公有制企業である

からといって，労働に応じた分配として価値生産物のすべてが賃金として支払われている，もしくは賃金と拡大再生産とにのみ費やされて株主または出資者への配当はなされていないというわけではない。国有株式会社は高い利益を計上し配当も実施している。これらの分配の内，賃金レベルは，国有株式会社のそれは実質私営株式会社のそれよりも若干高い傾向があるが，何倍もの差異があるなどという際立った状態ではない。企業所得税などの税金は，すべての企業に対して同一の基準により徴税されている[1]。したがって，国有株式会社が実質私営株式会社などの他の企業と価値生産物の分配の面で異なる状況があるとすれば，利潤から分配される①株主または出資者への利益配当と②将来の拡大再生産や事業リスクに備えるために企業内部の資本へ利潤から内部留保される部分，③利益から分配される経営者への報酬（日本では，いわゆる役員賞与と称する），であろう。

但し，この①，②，③のうち，③については一般的にはその額が利益額に比較して非常に少ない傾向がある。例えば，日本，中国の代表的上場企業であるトヨタ自動車，宝山製鉄所（上場会社は，宝山鋼鉄股份有限公司）の事例は表4-1の通り。

また，日本の財務省の法人企業統計では，2003～2005年度の日本の資本金10億円以上の全産業（除く，金融業・保険業）の利益処分の中で，経営者へ支払われる役員賞与の純利益に占める割合は約2～4％，株主への配当金の純利益に占める割合は約50から60％であり[2]，株主への配当金の割合に比較すれば役員賞与の割合は大変小さい割合である。したがって，③の事情を考慮して本考察では，③を捨象して①，②を対象として考察を進める。

利潤分配の実情を把握するにあたっては，鉱工業部門の企業を対象に，且つ，主に財務状況や経営状況が公表されている株式上場企業を取り上げて[3]，

---

1) 外資企業に対する優遇税制度があるが，その大半は中国のWTO加盟（2001年12月加盟）後に順次撤廃され，外資企業と内資企業との差異は小さくなっている。
2) 財務省の法人企業統計調査による報告である「法人企業統計年報特集」『財政金融統計月報』No.628（2004年8月），No.641（2005年9月），No.653（2006年9月）より筆者が算出。なお，役員賞与は，法令改正に伴い2006年度調査（2007年に報告）は金額ゼロとなり，2007年度調査以降は利益処分から費用の対象に移行した為，純利益に占める役員賞与のデータは示されなくなっている。
3) 考察の対象について，国有企業（国有及国有株支配企業）の内の狭義の国有企業は

表4-1　株主と経営者とへの利益分配の事例

事業年度			連結決算の当該社株主に帰属する当期純利益	当該事業年度に基づく株主への配当総額	当該事業年度に基づく役員報酬総額
トヨタ自動車	2012.4.1～2013.3.31	金額（百万円）純利益に占める比率(%)	962,163.0	310,320.0 32.25%	428.6 0.04%
宝山鋼鉄股份有限公司	2012.1.1～2012.12.31	金額（百万・人民元）純利益に占める比率(%)	10,386.0	2,278.4 21.94%	10.1 0.10%

出所）トヨタ自動車 Web Site（http://www.toyota.co.jp/investors/stock/shareholders.shtml）2013年9月5日参照，中国大手金融証券情報サイトである『証券之星』Web Site（http://stock.quote.stockstar.com/600019.shtml）2013年9月5日参照より，筆者が計算作成。

それら企業の利潤分配の実情，すなわち株主＝所有者への配当や企業内部留保，の実情を明らかにする。

第1節　川井伸一の利潤分配についての見解の検討

本書第3章で検討の対象とした川井（2003）『中国上場企業──内部者支配のガバナンス』は，中国の上場企業（その大半は国有企業）を対象にその企業統治に関わる「内部者支配」を論じているが，その中で上場企業の利潤分配（すなわち株主への配当の有無，配当の形式，配当性向などの状況や経営者の配当政策等）を取り上げて分析している。川井が分析対象とした当時の上場企業の株主の大部分（77～79％）は国有部門（政府・国有企業）によって占められているので，その上場企業の分析は国有企業を対象とする点に主眼が置かれている。[4]

川井（2003）は分析結果等のデータに基づいて，中国上場会社は，歴史的に

非会社制企業であり本考察の対象にならない，国有株支配企業（その内訳は有限会社と株式会社）は，その内の株式上場企業についてのみ個々の企業の財務状況・経営状況が公表されているので，株式上場されている国有株式会社を対象とする。同じ事情より私営企業については株式上場されている実質私営株式会社を対象とする。国有株式会社，実質私営株式会社の企業形態，資本所有関係等は本書第3章を参照されたい。

4）川井（2003）51-52頁で2000年の上場会社940社および942社についてのデータ（出典：馬慶泉主編，中国証券業協会2001年科研課題研究報告『中国証券市場発展前沿問題研究2001』上冊，中国金融出版社，2001年，59頁）に基づいて支配株主の状況を示している。

草創期または成長期にあり，会社の長期的な成長と規模拡大を志向し，そのために株主への配当を相対的に抑制し内部蓄積を優先してきた。このような経営者の分配政策は一般的に，支配的大株主の強い支持に支えられ，上場会社経営者と大株主は基本的に利害関心と選択行動が一致していた，特に集団公司などの親会社（その大半は国有企業）が支配的大株主である場合には，このような上場会社経営者と親会社の関係がより緊密・一体的であった，と述べている[5]。

川井（2003）の分析結果の概要は次の通りである。上場会社（この上場企業の支配株主の大部分は政府・国有企業である国有部門によって占められている）の配当形式について1992年から1999年までのデータ[6]を示して，①無配当の会社が年々増加し，1997年以降は過半数の上場会社が無配当を選択している，1998，1999年の無配政策を選択した会社の80％以上が当期利益をあげている，②現金配当を選択する会社は1992～1994年に増加，1995～1996年は急減，1997～1999年は増加または安定と推移，③株式配当を選択する会社は減少している，と述べている[7]。また上場会社の中の現金配当を実施した会社の配当性向について同期間（1992年から1999年）のデータ[8]を示して，現金配当額は0.2元程度／1株（額面価格＝1元）で推移して比較的安定し有配当会社の平均配当性向は1992年度：23.4％→1998年度：98.0％ 1999年度：84.0％，と増加傾向を示している（この同期間，1株当たり収益は減少している[9]），と述べている[10]。さら

---

5) 川井（2003）194頁。
6) 川井（2003）176頁で示したデータ：「表6-1　上場会社の配当形式の動向」は，藍発欽（2001）『中国上市公司股利政策論』華東師範大学出版社，125-126頁の「表5-2　中国上市公司各年股利類型一覧表」，魏剛（2001）『中国上市公司股利分配問題研究』東北財形大学出版社，44頁の「表4-1　現金股利的暦年分配情況」，100頁の「表6-5　暦年股票股利的分配情況」より作成，並びに川井（2003）182頁で示したデータ：「表6-3　無配会社の収益状況」は，『上海証券報』1999年5月11日，『中国証券報』2000年4月29日より作成されている。
7) 川井（2003）175-177，181-182頁。
8) 川井（2003）177頁で示した配当額・配当性向（配当性向＝1株当たり現金配当／1株当たり収益）のデータ：「表6-2　中国上場会社の平均配当額・配当性向」は，魏剛（2001）51頁の「表4-4　暦年来股利収益率情況一覧表」，『中国証券時報』2000年12月20日より作成された。
9) 現金配当額が安定し，収益が減少すれば，株式数に変動が無い限り配当性向は増加する。
10) 川井（2003）177-178頁。

に無配会社も含めた上場会社全体の平均現金配当性向は，1998年度：18.4％，1999年度29.7％である，これは，日本の1980年代の全上場会社の平均現金配当性向：28％～37％に比較して低い配当性向である，と述べている。[11]

川井（2008）[12]では，国有株式会社と私営企業の利潤分配の特徴を比較して次のように述べている。国有株式会社については，川井（2003）での分析結果[13]にしたがって「国有株式会社の利潤分配において無配当政策が優先的に採用された。1990年代はこの傾向が顕著で特に1997年から1999年にかけては無配企業が50％以上を占めた。（中略）1998年の無配企業の80％以上は利益のある企業」[14]と述べ，続いて，（国有株式会社の親会社である）支配的株主の国有企業にとっては，利潤配当による利益還元よりは投資による資産価値の拡大または関連取引（国有株式会社の関連企業である親会社や同親会社の子会社との取引）による（国有株式会社からの）利益吸収のほうが大きなメリットがあった，と川井（2003）と同様に述べている。[15]一方，私営企業については，1993年，1995年，1997年の調査データ[16]より①純利潤から再生産投入へ分配された比率は60％台から70％台，②純利潤から投資者配当に分配された比率は10％台から30％台であり，投資者配当を抑制し再生産投入比率がかなり高く，資産拡大の志向が強いことを示している。そして，このような傾向は特に近年の民間の会社においてより一層顕著にみられた，と述べている。[17]

---

11) 川井（2003）178頁。
12) 川井伸一（2008）「中国の会社の歴史的性格：法人の二重性の視点から」『中国経済研究』第5巻第1号（通巻7号），中国経済学会，2008年3月。
13) 川井（2003）175-178頁，181-182頁に基づいている。
14) 川井（2008）13頁。
15) 川井（2008）13頁。
16) 中華全国工商業聯合会編（2007）『1993-2006　中国私営企業大型調査』中華工商聯合出版社，24頁，58頁「表32　1994年私営企業利潤分配結構」，89頁「表7　被調査企業利潤分配」より川井が作成（川井は34，58，89頁と記しているが24，58，89頁が正しい）。
　　中華全国工商業聯合会編（2007）のデータは私営企業に関わる1993，95，97，00，02，04，06年のサンプル調査報告であり，この報告は，中華全国工商業聯合会・中国民（私）営経済研究会主編『中国私営経済年鑑』各年版　にも掲載されている。1993，95年調査報告は，川井が『中国私営経済年鑑』各年版より和訳をし，川井（1998）『中国私営企業と経営―概説と資料―』愛知大学経営総合科学研究所　に掲載している。
17) 川井（2008）15-16頁。

以上のような川井（2003, 2008）の主張を引き出した分析に立ち入って見てみると，現時点に立って見てみると，その分析には幾つかの改善すべき課題がある。例えば，川井（2008）の私営企業の対象は上場株式会社ではないので，上場されている国有株式会社と上場されていない私営企業との比較になっているという点である。以下，川井（2003, 2008）が分析に用いたデータを検討し課題を提起する。

データの対象時期について

川井（2003, 2008）に示されたデータは，いずれも1990年代を対象としたデータである。しかし，中国経済が大きく発展した2000年代に入ってからは，上場企業数は1999年度：949社から2011年度：2,342社へ2.5倍に増加し，また上場企業の発行済株式数も1999年度：3,088.95億株から2011年度：36,095.52億株へ11.7倍に増加している[18]。

このような状況を考慮すると2000年代のデータに照らして川井（2003, 2008）の分析結果が2000年代にも適合するか否かの検証をすることは無駄ではなかろう。したがって，筆者は2000年代の利益配当の分析を後の節で行なう。

データの対象企業について

前述したとおり，川井（2008）の国有株式会社の利潤分配について，無配当政策が優先的に採用されたとの記述は，川井（2003）の分析結果に依っているので，川井（2003）176頁の「表6-1　上場会社の配当形式の動向」のデータを確認する。また川井（2008）の私営企業の純利潤分配について，投資者配当を抑制し再生産投入比率がかなり高く，資産拡大の志向が強いことを示しているとの記述は，「中華全国工商業聯合会編（2007）『1993-2006　中国私営企業大型調査』中華工商聯合出版社」のデータに依っているので，当該データを確認する。以上の国有株式会社と私営企業とのデータの対象企業数は，表4-2のA表部分の通りである。次に以上の川井（2003, 2008）のデータに対応する

18）　中国証券監督管理委員会編（2012）『中国証券期貨統計年鑑』2012年版，学林出版社，10-11頁より。

企業数・企業区分を筆者が『中国統計年鑑』により抽出して表4-2のB表に表示し，さらにB表より私営企業数を算出してC表に表示した。

　表4-2のA，B，Cの各表部分を比較してみる。川井（2003, 2008）の分析は上場企業に特に注力している。川井（2003）はそのタイトルが中国上場企業であるから分析の対象が上場企業を中心とすることは当然であろう。一方，川井（2008）は「会社が法人としてどのような性格をもっていたのかについて」[19]分析する，と提示している。その上で①大規模企業の上場会社，②小規模公有企業，③私営会社の3種を比較検討しているが，①と③についての分析に注力されている。そして川井（2008）の上場企業についての分析は川井（2003）の分析結果に基づいているので，川井（2003, 2008）ともに分析の対象企業数はA表の上場企業となっている。一方，会社法人の全体数はB表のd欄の通りであり，川井（2008）の会社法人についての分析は，会社法人全体の約1割程度の上場企業に注力した分析となっている。このように会社法人についての分析が上場企業に注力された事情，理由は，川井（2008）に記されていないが，上場企業以外の企業については利潤分配を含む財務データが公表されていないために上場企業に注力せざるを得なかったと推察される。このようなデータの制約はやむを得ないが，そのような制約があることを注記しておけば，会社法人についての分析が上場企業に注力された事情，理由がより分かり易いだろう。

　次に私営企業について，A表・私営企業の企業数は，その出所である中華全国工商業聯合会編（2007）によると，その企業形態別内訳は私営単一人全額出資企業（中国語：私営独資企業），私営合名企業（中国語：私営合伙企業），私営有限責任公司（中国語：私営有限責任公司）の3種類である。その私営有限責任公司は，1993年制定の会社法および1988年制定施行の私営企業暫定条例に基づき2名以上の自然人が出資または1名の自然人が株式を支配する企業である。なお，上場企業をも包含する会社制企業のなかの有限会社は，1993年制定の会社法に基づく1者以上50者以下の株主が出資（1者は自然人1名または法人1社の意味）による会社であるから，私営有限責任公司とは別種類でありその規模も私営有限責任公司より一般的には大きい。私営単一人全額出資企業（中国

19）　川井（2008）5頁。

表4-2 川井（2003, 2008）・利潤分配のデータの対象企業数
―国有株式会社数及び私営会社数―

	A表		B表					C表
	川井（2003, 2008）・利潤分配のデータの対象企業数（社数）	川井（2003, 2008）、私営会社の配当性向のデータ（注3）	『中国統計年鑑』各年版による鉱工業の全国の企業数（社数）…独立採算法人企業の社数（個人経営など、非法人の工業活動組織は含まない）（注6）					独立採算法人の私営企業数（社数）…左記B表のデータより筆者が算出 (a) − (b+c+d+e)
	川井（2003, 2008）、配当形式のデータ（注1）		独立採算法人・合計 (a)	国有企業 (b)	集団企業 (c)	会社制企業（有限公司・株式会社）(d)（注7）	外資企業（含む香港澳台）(e)	
対象企業類型	上場会社…大部分は国有株式会社（注2）	私営企業…サンプル調査対象社数（注4）（注5）						当該企業数の内の多くは私営企業と推察される。
1992年	53	1,440	407,989	74,066	321,389			
1993	183		449,216	80,586	339,617			
1994	304	2,564	465,239	79,731	342,908			
1995	357		510,381	87,905	363,840			
1996	530	1,171	506,445	86,982	351,987	2,579	20,055	6,379
1997	745		468,506	74,388	319,438	4,359	29,101	9,140
1998	840					5,559	44,293	8,784
1999	947					7,760	43,412	16,304
						12,522	42,881	19,277

第 4 章　国有企業の利潤分配に関する考察　195

注1）当該データは，川井伸一（2003）『中国上場企業―内部者支配のガバナンス』創土社，176頁，「表6－1　上場会社の配当形式」による。当該「表6－1の対象会社数の出所は，藍発欽（2001）『中国上市公司股利政策論』華東師範大学出版社，125－126頁の「表5－2　中国上市公司2000年各年股利類型一覧表」。
2）川井（2003）51～52頁　中国の上場会社データにもとづき支配株主の状況を示し，上場企業の支配株主の大部分（77～79％）は国有部門（政府・国有企業）によって占められていると記している。
3）当該データは，川井（2008），15頁の私営企業のデータによる……当該データの出所は，中華全国工商業聯合会編（2007）『1993－2006　中国私営企業大型調査』中華工商聯合出版社，24頁，58頁「表32　1994年私営企業利潤分配結構」89頁「表7　被調査企業利潤分配」。なお，24頁を川井（2008）の脚注には34頁と記載しているが，24頁が正しい。
4）中華全国工商業聯合会編（2007）のデータは，93年調査の統計時点は92年末（その他の年も同様に前年末時点）であり，川井（2008）で「93年のデータと記述している部分を本表では前年末である92年（その他の年も同様）に表示。
5）中華全国工商業聯合会編（2007）のデータは私有企業についてのサンプル調査のデータ，調査対象の私営企業の企業形態別内訳は，私営個人企業（中国語：私営独資企業），私営合名企業（中国語：私営合伙企業），私営有限責任公司（有限会社）（中国語：私営有限責任公司）の3種類。（参考）
中華全国工商業聯合会編（2007）のデータは私営企業に関する1993，95，97，00，02，04，06年のサンプル調査報告であり，この報告は，中華全国工商業聯合会・中国民（私）営経済研究会主編『中国私営経済年鑑』各年版にも掲載されている。1993，95年調査報告は，川井が『中国私営経済年鑑』各年版より取り訳をし，川井（1998）『中国私営企業と経営―概説と資料―』愛知大学経営総合科学研究所に掲載している。川井（1998）によれば，以上の1993，95年はサンプル調査実施年であるが，サンプル調査対象は実施年の前年の状態である。調査実施年の翌年に出版の『中国私営経済年鑑』にて報告されている。なお，川井（2008）では調査実施年か調査対象年かが曖昧な記述になっている。A表のデータは1997年までのデータ使用。
6）『中国統計年鑑』におけるA表の上場企業区分が1998年より変更されたため，1997年までのデータ使用。d欄：会社制企業（有限会社・株式会社，A表ではこの株式会社の一部）は1993年制定（1994年施行）の会社法に基づいて設立されている。c欄：国有企業，川井が『中国私営経済年鑑』を掲載している非公表データも合併されている。c欄：集団・集団企業は1988年制定施行の企業法人登記管理条例にも基づく非会社制企業であり，会社法に基づく会社法人ではない。
7）会社制企業（有限会社・株式会社）は株式制企業（有限会社・株式会社等）と表記しているが，両方とも同意である。川井（1998），川井（2003），川井（2008），中華全国工商業聯合会編（2007）『中国統計年鑑』（93～98年版）より筆者が作成。

出所）川井（1998），川井（2003），川井（2008），中華全国工商業聯合会編（2007），『中国統計年鑑』（93～98年版）より筆者が作成。及び藍（2001）を参照。

名：私営独資企業），私営合名企業（中国名：私営合伙企業）は，1993年制定の会社法ではなく，それぞれ私営企業暫行条例，合伙企業法に基づく企業で，それら企業の出資者は自然人のみ（法人は出資者になれない）であり，一般的には私営単一人全額出資企業，私営合名企業の規模は私営有限責任公司より小さい。（私営企業の区分については，本書第2章を参照）。

　このような私営企業のデータの状態を考慮すると，中華全国工商業聯合会編（2007）の調査報告データについて，その調査対象企業の性格は経営者自身および経営者と知り合い関係にある者が所有，経営し，上場企業のように見ず知らずの自然人や法人が株主になるという企業とは大きく異なるであろう。したがって，川井（2008）の国有としての上場会社と私営会社との利潤分配の比較分析は，経営者と株主とが異なり，経営者が株主を意識する上場企業と，これに対して個人経営に近い企業も含むところに経営者と株主とが同一または同一に近い，経営者が株主をあまり意識しない企業との比較となっており，株主への利益配当において，両者の配当状況はおのずから大きく異なるだろうと思われる。

　以上のように，川井の比較分析は，取得できるデータに制約があろうから止むを得ないが，比較上の障害が存在するだろう。したがって，筆者は2000年代の利潤分配の分析で上場企業の国有株式会社と上場企業のなかの私人がオーナーとして最終的な支配株主になっている実質私営の株式会社（本書では，「実質私営株式会社」[20]と記す）との利潤分配の比較を後の節で行なう。

第2節　株式上場企業の利潤分配の状況

　本節では株主＝所有者への利益配当と企業内への内部留保との実情を明らかにする。その際，利潤分配先は，①株主＝所有者への利益配当，②企業内の内部留保，③経営者への報酬，となるが，「はじめに」で記したように，③の部分は僅小であり，本節の考察では③の部分を捨象して利潤分配先は①と②との2つだけとし，そのいずれか一方が決まれば他方も決まるとみなして，以下の

---

20)　「実質私営株式会社」については，本書第3章第2節「所有・支配・経営の関係についての考察」2.2「国有株式会社，親会社とその支配株主との関係図」を参照。

第 4 章　国有企業の利潤分配に関する考察　**197**

分析では「配当」に関するデータを取り上げて分析を進める（利益－配当＝内部留保，とみなす）。つまり，税引後利益に占める配当が増加すれば内部留保は配当に対して相対的に減少していると判定できる。企業の税引後利益から出資者または株主への分配は，一般的には現金配当と株式配当とがある。これらのうち，株式配当は本書第 3 章第 3 節「株主・経営者・従業員の関係，性格についての考察」3.1「株主と経営者との関係，性格」3.1.1「利潤分配に関わる株主と経営者との利害一致・対立」で示した通り株主資本の部門の中で株式配当に対応する金額が利益剰余金から資本金へ移動するだけであり，株主資本全体の変化は生じなく，株主と経営者との関係を変化させるものではないので，本節では株主と経営者とを対立させる要因である企業の資金が減少する現金配当の状況について，中国の上場企業の状況を見てみる。

　本節の構成は，上場企業の状況（企業数，株式数など）を概観した後，第 1 に2000年代の上場企業の株主への利益配当の分析，第 2 に上場企業のなかの国有株式会社と実質私営株式会社との利益配当の比較分析，そして中国の上場企業と日本の上場企業との利益配当の比較分析をする。

　第 1 については，中国の証券取引所は上海，深圳の 2 つの証券取引所であり，上場企業や株式についての概要は『中国証券期貨統計年鑑』および上海証券取引所について『上海証券年鑑』により概観する[21]。そして，それら証券取引所に上場する企業の2000年代後半の配当性向の動向と，川井（2003，2008）の1990年代の同データとを比較し，中国の経済が大きく成長し，上場企業が大きく増加した2000年代後半における企業の利益配当の状況を探る。第 2 については，製造業の上場企業の中の国有および実質私営の個別企業を対象に，2000年代後半から2010年代初までの期間の，それらの企業の年次報告（Annual

---

21）　中国証券監督管理委員会編『中国証券期貨統計年鑑』2004年版，百家出版社，同2005年版，学林出版社（2005年版以降は学林出版社），同2008年版，同2009年版，同2012年版，および，上海証券年鑑編集部編『上海証券年鑑』2006－2007年版，上海社会科学院出版社，同2008年版，同2009－2010年版による。
　なお上海証券取引所に関するデータは同取引所編集『上海証券交易所統計年鑑』があるが，それには配当性向のデータが明示されていない。また深圳証券取引所に関わる2000年代後半のデータが入手困難なため，本節では上海・深圳の合計数値および上海についてのデータを使用する。

Report）より利益配当の実状を観察して比較分析する。[22]

また，分析を進めるにあたって配当性向，配当率などの数値を用いるので，それらの数値等を次の通り説明しておく。[23]

・〈配当性向〉……（配当額／当期純利益〈税引後利益額〉）（％），または（1株当たり配当額／1株当たり当期純利益〈1株当たり税引後利益額〉）（％）。

・〈配当率（額面配当率）〉……（1株当たり配当額／1株の額面価格）（％）。なお，発行済株数×額面価額＝資本金であれば（日本では1981年の改正商法施行前であれば），配当率（資本金配当率）＝（配当総額〈1株当たり配当額×発行済株数〉／資本金）（％）で，額面配当率＝資本金配当率となる。

・〈資本金純利益率〉……（当期純利益〈税引後利益額〉／資本金）（％）。なお，発行済株数×額面価額＝資本金であれば（日本では1981年の改正商法施行前であれば），資本金純利益率＝（配当率／配当性向）（％）となる。

・〈配当性向と配当率の関係〉……（配当性向と配当率との式から分かるように）配当率を変化させない場合，1株当たり当期純利益が増加すれば配当性向は低下し，1株当たり当期純利益が減少すれば配当性向は上昇する。配当金を当期純利益の全てと内部留保の取崩額との合算とすれば配当性向は100％超になる，また当期純利益がゼロまたはマイナスである期に内部留保の取崩しによって配当金支払いをすれば配当性向はマイナスになるがその値は無意味である。一方，配当性向を変化させない場合，1株当たり当期純利益が増加すれば1株当たり配当額は増加し配当率も上昇し，1株当たり当期純利益が減少すれば1株当たり配当額は減少し配当率も低下する。つまり，通常，利益は変動するので配当率の変動が小さければ配当性向の変動は大きくなり，配当性向の変動が小さければ配当率の変動が大きくなる（配当率のバラつきの大きさと配当性向のバラつきの大きさとは逆方向の関係にある）。

---

22) 上場企業の利潤分配に関する国有と実質私営とに分類した纏まった統計データは『中国証券期貨統計年鑑』および『上海証券年鑑』にも記載が無いため，個別企業を対象にそれらの企業の年次報告より利益配当の実状を観察して比較分析する。対象企業は本書第3章第3節「株主・経営者・従業員の関係，性格についての考察」3.3「中国の経営者と従業員との収入格差」で対象とした13社。

23) 説明は諸井勝之助（1990）「配当政策と内部留保」水越潔編『財務制度の現状と課題』中央経済社，19-32頁，を参照して筆者が作成。

・〈配当政策〉……1株当たり配当を長期にわたって安定させる安定配当政策（安定配当率政策）を採用すれば，利益の多い期には増配を避けて内部留保を厚くする効果がでる，しかしながら，利益が少ない期には減配を回避するために内部留保の取崩しを行なわねばならなくなる。すなわち，経済成長が大きく利益の拡大傾向が見込まれる時期に安定配当政策を採用すれば内部留保の増大が見込まれるし，このような時期には内部留保の増大に見合う企業拡大のための新たな投資需要もある。

2.1 上場企業の概要

2.1.1 上場企業数

上場企業数の推移は図4-1の通り。

　上場企業数の推移は1995年：323社，翌1996年：530社と500社超となり，その後2000年まで大きな増加が見られる（各年毎上場企業増加数は，1995年：32社，1996年から2000年には各年とも100社から200社，2001年：72社，と1996年から

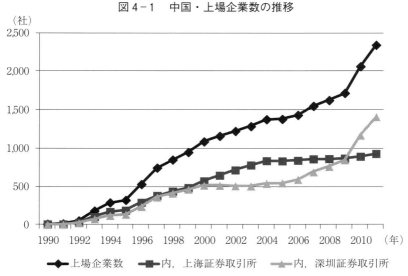

図4-1　中国・上場企業数の推移

出所）『中国証券期貨統計年鑑』2012年版，209頁より筆者が作成。

2000年はその前後の年より上場企業増加数が多い)(本書では,この時期を第1次増加期と呼ぶ)。その後,上場企業数の増加スピードは低下し2005年の上場企業増加数は4社まで低下した。2006年以後は再び上場企業増加数が増加に転じ2011年の上場企業数は2,342社となる(各年毎上場企業増加数は,2005年:4社,2006年から2009年には各年とも100社前後,2010年:345社,2011年:279社,と2006年以降は上場企業増加数が多い)(本書では,この時期を第2次増加期と呼ぶ)。上場企業数は1995年:323社→2000年:1,088社と3.37倍,2000年:1,088社→2005年:1,381社と1.27倍,2005年:1,381社→2011年:2,342社と1.70倍に伸びている。なお,証券取引所別上場企業数は,2011年度末上場企業数総計:2,342社の内,上海証券交易所に931社,深圳証券交易所に1,411社が上場されている[24]。

以上より,上場企業数の増加は,第1次増加期が中国共産党第15回全国代表大会(1997年9月開催)で株式制度の積極的な利用が提起された時期の少し前からWTO加盟(2001年末)の1年前までの時期であり,2006年以降の第2次増加期は2008年の北京オリンピック,2010年の上海万博に向かっている時期である。

2.1.2 発行株式数・種類

上場企業の発行済株式総数の推移は図4-2の通り。

上場企業発行済株式総数の推移は1996年:1,219.54億株,翌1997年:1,942.67億株と年間発行済株式増加数は723.13億株となり,その後2001年まで大きな増加が見られる(各年毎発行済株式増加数は,1996年:371.12億株,1997年から2000年には各年とも500億株超,2001年:1,426.30億株,2002年:657.44億株,と1997年から2001年はその前後の年より発行済株式増加数が多い),この時期は前述の第1次増加期に相当する。その後,発行済株式総数の増加スピードは低下し各年毎発行済株式増加数は1,000億株未満となり2005年の新規発行株式数は480.08億株まで低下した。2006年以後は再び発行済株式増加数が増加に転じ2011年に発行済株式総数は36,095.52億株となる(各年毎発行済株式増加数は,2005年:480.08億株,2006年:7,296.84億株,2007年以降は各年とも1,000億株から7,000億株の間で推移し,2006年以降は発行済株式増加数が多い),この時期は前述の第2次増加期に相

---

24) 「証券交易所」の和訳は「証券取引所」。

第4章 国有企業の利潤分配に関する考察　201

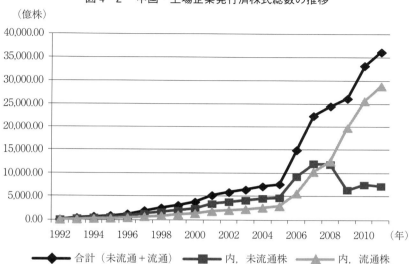

図4-2　中国・上場企業発行済株式総数の推移

出所）『中国証券期貨統計年鑑』2012年版，10-11頁より筆者が作成。

当する。発行済株式総数は1996年：1,219.54億株→2001年：5,218.01億株と4.28倍，2001年：5,218.01億株→2005年：7,629.51億株と1.46倍，2005年：7,629.51億株→2011年：36,095.52億株と4.73倍に伸びている。

発行済株式総数の内訳は，2008年以降は未流通株が減少し流通株総数が未流通株総数を上回るようになった。上場企業の発行済株式の種類別の構成は表4-3の通り。

表4-3の構成比の推移より2005，2006年から未流通株の中の国家保有株，法人保有株の構成比減少が見られる。この状況は上記の図4-2の中の未流通株の増加傾向が止まった時期の直前の時期である。そして，法人保有株の中には国が間接的に保有する，すなわち国有及び国有株式支配企業である集団公司が所有する子会社である国有株式会社の株式が有り，法人保有株の構成比の減少の大きな部分はこの集団公司の所有株式の減少によると思われる[25]。なお，

25）　鉱工業部門では法人である有限会社および株式会社の総生産額の約6割が国有株支配

表4-3 中国・上場企業発行済株式の種類別構成比率の推移

	未流通株式	内, 国家保有株	内, 法人保有株	内, 内部従業員保有株	内, その他の株	流通株式
1992年	69.97%	42.11%	26.63%	1.23%	0.00%	30.75%
1993年	72.18%	49.06%	20.66%	2.40%	0.05%	27.82%
1994年	66.98%	43.31%	22.53%	0.98%	0.16%	33.02%
1995年	64.47%	38.74%	24.63%	0.36%	0.74%	35.53%
1996年	64.75%	35.42%	27.18%	1.20%	0.95%	35.25%
1997年	65.44%	31.52%	30.70%	2.04%	1.18%	34.56%
1998年	65.89%	34.25%	28.34%	2.05%	1.25%	34.11%
1999年	64.98%	36.13%	26.58%	1.19%	1.07%	34.95%
2000年	64.28%	38.90%	23.81%	0.64%	0.92%	35.72%
2001年	65.08%	46.03%	18.29%	0.46%	0.31%	34.75%
2002年	65.33%	47.20%	17.32%	0.27%	0.54%	34.67%
2003年	64.72%	47.39%	16.63%	0.17%	0.53%	35.28%
2004年	63.95%	46.78%	16.40%	0.13%	0.65%	36.05%
2005年	62.20%	45.00%	13.39%	0.05%	3.76%	38.20%
2006年	62.37%	30.74%	5.03%	0.02%	26.58%	37.77%
2007年	54.06%	26.85%	3.87%	0.00%	23.33%	45.98%

注1) 未流通株と流通株との合計は発行株式の100%であるが, 出所の当該統計年鑑の数値によると1%未満の範囲で100%からズレが有る。
 2) 未流通株は株式市場に公開されていない株式, 流通株は株式市場で取引されている株式。
   未流通株式の内訳…国家保有株は国家が保有。法人保有株は発起人法人などが保有し, その中には国有及び国有株式支配企業が保有する株式も非国有法人が保有する株式も含まれている。
   流通株式の内訳…A株：国内通貨建て, B株：外貨建て, H株：海外市場（主に香港株式市場）に上場された中国企業の株式。
   その他の株…既存の株主に無償で交付された株式（資本準備金より無償増資："中国語で転増", 利益剰余金より配当された株式配当："中国語で送股"）など。
出所)『中国証券期貨統計年鑑』2008年版, 181頁より筆者が作成（2009年版以降は当該データがない）。

表4-3の構成比は株式の種類による区別であって，上場企業を支配する所有者の別（大株主の性格，すなわち国有とか私営とかの性格）による企業数の構成比とは関連しない。

このように，発行株式数量・種類の推移より，発行株式数量の増加の時期は1996〜2001年と2006年以降であり，これは前述の上場企業数増加の第1次，第2次増加期と概ね一致する。そして，発行株式の種類の面では第2次増加期に国家保有株および法人保有株（その相当部分は国が間接的に保有）の減少が現れている状況が確認できる。

2.1.3 支配株主別企業数（所有の別による区分に基づき分類された各区分の上場企業数）

上場企業の所有の別による区分，すなわち，国有か，非国有かまたは民営かの区分に基づく上場企業数について，川井（2003）は，2000年の上場企業データにより，支配株主の構成は，全体の大部分（77〜79％）が国有部門（政府・企業）（その77〜79％のなかの約8割は国有または国有株支配企業が支配株主で，残りは政府〔国有資産管理部門，国有資産管理局，国有資産管理公司〕が支配株主），全体の15％程度が非国有部門，非国有部門の中は全体の8％余りが民営企業，全体の5％余りが集団所有制企業である，と国或いは国有株支配企業が支配株主になっている国有株式会社が非常に多い状況を示している[26]。このような状況が2000年代の中でどのように推移しているのかについては次の通りである。

『中国証券期貨統計年鑑』によれば，2003年末の上場企業1,287社のうち国或いは国有株支配企業が支配株主になっている国有株式会社は940社（上場企業全体の73.04％を占める），民営企業が支配株主になっている民営の株式会社（つまり民営企業が支配株主である企業＝民営株支配企業の中の株式会社である）[27]は

企業の総生産額であり（2010年度）（本書第2章第1節「国有企業と非国有企業との区分と先行研究の事例」1.補論『『中国統計年鑑』の企業の区分』1.補論.3「組織形態別による区分と所有別による区分との比較―『国有及び国有控股企業（国有株支配企業）』について」を参照），大型の法人の多くの法人は国有株支配企業であったと推定できる。したがって，法人保有株の相当部分は国有株支配企業が保有していたと推定できる。

26) 川井（2003）51-52頁。
27) 国有株式会社も民営の株式会社も，『中国統計年鑑』などの統計で用いられる企業分類

235社(上場企業全体の18.26%を占める)であり，2004年末のそれらは，上場企業1,377社のうち国有株式会社は987社(上場企業全体の71.68%を占める)，民営の株式会社は251社(上場企業全体の18.23%を占める)である[28]。また，『上海証券年鑑』2006-2007年版のなかで上海に所在する上場企業の区別が示されている。上海証券取引所上場企業数(2006年度)849社のうち上海に所在する147社の内訳は，国有株式会社は102社(147社の69.39%を占める)，民営の株式会社は20社(147社の13.61%を占める)，他は25社である[29]。

また，川井(2010)でも「2004年末において上海証券取引所の上場民営企業は213社で，当該取引所の全上場会社総数838社の25.4%」を占めると記されている[30]。さらに渡邉真理子(2011)でも2008年現在の上海，深圳の両証券取引所上場企業のうち，国が最大の支配権をもつ最終支配株主である割合は60%を超えると記している[31]。以上の通り，上場企業の中の多くの部分は国有株支配企業である国有株式会社と推定される。

このように上場企業全体に占める国有株式会社の比率は，川井(2003)で示された2000年の比率:77〜79%よりは2000年代が進むにつれて若干低下しているようであるが，2000年代後半になっても全体の6，7割は国有株式会社である。

 (企業登記に応じた組織形態による区分)によると，「株式有限公司(株式会社)(中国語:股份有限公司)」である。
28) 『中国証券期貨統計年鑑』2004年版，162頁，および『中国証券期貨統計年鑑』2005年版，172頁より。
29) 『上海証券年鑑』2006-2007年版，60頁。
30) 川井(2010)「中国における会社支配の歴史的検討」中兼和津次編著『歴史的視野からみた現代中国経済』ミネルヴァ書房，203頁に当該データは示され，それは上海証券交易所研究中心(2005)『中国公司治理報告(2005)―民営上市公司治理』復旦大学出版社を出所としている。
31) 渡邉真理子(2011)「金融の制度と運用」加藤弘之・上原一慶編『シリーズ・現代の世界経済2 現代中国経済論』ミネルヴァ書房，154-155頁。渡邉は，同154頁で上場企業の支配株主の分類についてのデータを表示しており，そのデータによれば上場企業に占める国が支配株主である企業の比率は，1999年:83%，2000年:82%，01年:81%，02年:77%，03年:73%，04年:69%，05年:69%，06年65%，07年:61%，このデータの出所は「Sinofin Data Base, China Economic Raserch Center, Peking University」と記している。

以上の上場企業数，株式数，上場企業の支配株主についての分析の通り，中国の上場企業の概要は，上場企業数および発行済株式総数ともにそれらの増加は，1997年の中国共産党第15回全国代表大会での株式制度利用の提起から2001年末のWTO加盟までの時期が第1次増加期，2006年以降が第2次増加期と言えるだろう。その第2次増加期の過程で未流通株が減少し流通株が増加している。また同時にこの第2次増加期に上場企業全体に占める国有の企業の構成比が若干減少している模様であるが，未だ上場企業の6，7割は国有株支配企業（国有控股企業）である国有株式会社によって占められている。

2.2　上場企業の利潤分配状況

川井（2003，2008）[32]による1990年代の中国の上場企業の配当性向は表4-4の（A表）の通り，そして2000年代後半の配当性向の状況は表4-4の（B表，C表）の通りである。

表4-4より90年後半と2000年代後半とを比較すると（すなわち，前述の2.1「上場企業の概要」の上場企業数と上場企業の発行済株式総数とが増加した第1次増加期（1996，1997年以降2000，2001年まで）と第2次増加期（2006年以降）とを比較すると），次のような特徴が判る。現金配当企業比率（株式配当と現金配当を併用する企業をも含む現金配当を実施する企業数の上場企業数全体に対する比率）は，第2次増加期のほうが多くなっている。無配当企業をも含む上場会社全体の平均現金配当性向（市場の上場企業全体の「現金配当総額／純利益総額，％」）も（第1次増加期のデータ数が少ないが）第2次増加期のほうが高くなっていると推定できる。なお，第2次増加期の期間中の無配当企業をも含む上場会社全体の平均現金配当性向は若干漸減傾向になっている可能性がある。

第1次増加期には現金配当企業比率が低下しているが，このような現象の要因としては，上場企業が増加したもののそれらの企業は配当する原資の利益を十分に確保できないままに上場した為に無配当企業の比率が上昇した，または，市場で流通する株式数が少なく一般株主からの配当要求が小さく且つ無配

---

[32] 川井（2008）の記述は川井（2003）に基づいており，川井（2003）176-178頁の配当形式および配当性向に関するデータは，前述の脚注6），8）を出所としている。

表4-4 中国・上場企業の配当性向

	年度	上場企業	現金配当企業（含む,株式配当との併用）	現金配当企業／上場企業	（有配会社についての）現金配当性向	平均現金配当性向（無配会社を含む上場企業全体）
		(社)	(社)	(%)		(%)
（A表）：川井（2003），176-178頁に拠る。	上海証券取引所および深圳証券取引所・上場企業					
	1992	53	39	73.6%	23.4%	
	1993	183	147	80.3%	38.9%	
	1994	304	233	76.6%	55.9%	
	1995	357	173	48.5%	61.0%	
	1996	530	175	33.0%	56.0%	
	1997	745	220	29.5%	68.0%	
	1998	840	250	29.8%	98.0%	18.40%
	1999	947	285	30.1%	84.0%	29.70%
（B表）：『中国証券期貨統計年鑑』2008年版，175頁，2009年版，185-187頁に拠る。	上海証券取引所および深圳証券取引所・上場企業					
	2005	1381	(空欄はデータ無し)			47%
	2006	1434				31%
	2007	1550	779	50.3%		29.61%
	2008	1625	840	51.7%		34.16%
（C表）：『上海証券年鑑』2006-2007年版，48，51頁，2008年版，42頁，2009-2010年版，22-23頁に拠る。	上海証券取引所・上場企業					
	2006	849	431	50.8%		30%
	2007	863	430	49.8%		22%
	2008	(空欄はデータ無し)				
	2009	879	459	52.2%		34%

出所）川井（2003），『中国証券期貨統計年鑑』2008，2009年版，『上海証券年鑑』2006-2007，2008，2009-2010年版より筆者が作成。

当による株価への影響も小さい為に無配当企業が多くなった，などが推定されるだろう。

　一方，第2次増加期は，配当性向の変動や現金配当企業比率（現金配当企業の上場企業に占める割合）には顕著な大きな変動は見られなく，上場企業数と上場企業の発行済株式総数との増加が配当性向や現金配当企業比率に影響を与

えたとは認めにくい。なお，表4-4の（B表）と（C表）とのデータより上海，深圳の合計の有配当企業比率（現金配当企業／上場企業）と現金配当性向との数値と上海のそれらの数値とがほぼ同傾向であることより，上海と深圳との上場企業の業態や財務内容等に大きな差異はない，と見なして支障はないだろう。

　また，第2次増加期は第1次増加期に比較して，現金配当企業の増加の程度は（無配当企業を含む上場企業全体の）平均現金配当性向の増加の程度より若干大きいと判定されるので，有配当企業のみの配当性向は下がっている可能性があると推定できる。この点については，2009年の上海証券取引所上場企業の内，現金配当総額が大きい上位7社の配当性向が23％～60％であり，有配当企業のみの配当性向は1990年代後半のような90％などという高率ではなくなっている状況が現れている（表4-5を参照）。なお，表4-5の7社はいずれも国有株支配企業（国有控股企業）のなかの国有株式会社である。

　以上より，第1次増加期は上場企業や株式市場の状態が創成期であったが，第2次増加期は上場企業や株式市場が一定程度の経験を踏まえて，いわゆる普通の上場企業らしさを見せて安定期に入りつつあると言えるだろう。特に第2次増加期では第1次増加期に比較して無配当企業が減少しており，配当実施企業の配当性向も90％などという高率から低下して安定してきた様子を示しているが，これは利益の分配において企業は株主への配当を重視するが，併せて内部留保の確保を重視して内部留保への分配を増加させている様子でもある。第2次増加期は中国の経済成長が飛躍的に伸びた時期でもあり，企業はその設備をはじめ規模拡大に内部留保を積極的に充当した時期であると言えよう。

　以上のように第2次増加期に現金配当企業の増加，配当性向の安定などの特徴が現れてきたが，それらの特徴の出現を可能にした要因は，上場企業の収益が安定的に増加するレベルになったためだろう。その状況は図4-3（なお，このグラフでは上場企業の適切なデータの入手が出来ず，その代替として鉱工業部門の株式会社のデータを用いた。上場企業数は鉱工業部門の株式会社数の約4分の1）によれば，第1次増加期に比べて第2次増加期は，株式会社1社当たり収益が安定的に上昇している（但し，リーマン・ショックの時期の2008，2009年を除く）。なお，同時期の1社当たり総資産額も同様に上昇し，その増加の程度

もほぼ同じである（2012年の株式会社1社当たり利潤額は2006年比で2.22倍，同時期の株式会社1社当たり総資産額は2.44倍に伸びている）。

　第2次増加期の鉱工業部門の国有企業の収益性や資産・資本の効率性などが

表4-5　2009年度・上海証券取引所・現金配当総額が大きい（100億元超）上位7社の配当性向

企業名	業種	配当性向
中国工商銀行股份有限公司	銀行	44%
中国建設銀行股份有限公司	銀行	44%
中国銀行股份有限公司	銀行	44%
中国石油天然気股份有限公司	石油天然ガス採掘化工販売	23%
中国人寿保険股份有限公司	保険	60%
中国石油化工股份有限公司	石油天然ガス採掘化工販売	25%
中国神華能源股份有限公司	石炭採掘販売	35%

出所）『上海証券年鑑』2009-2010年版，23頁より筆者が作成。

図4-3　中国・株式会社1社当たり利潤総額（税引前利益）の推移（鉱工業）

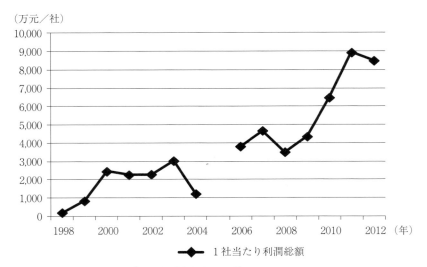

注）2005年のデータは『中国統計年鑑』に記載がない。
出所）『中国統計年鑑』各年版より筆者が計算作成。

発展した点については，本書第2章で示した通りであり，その傾向は上記の通り株式会社の収益にも同様に現れている。上場企業の状態は，第2次増加期では第1次増加期とは異なる新しい段階に入った，と言えるだろう。

また，前述（2.1「上場企業の概要」）で示したように株式上場企業の大半の企業が「国有株支配企業（国有控股企業）」である国有株式会社なので，上記の上場企業の現金配当状況は，国有株式会社の現金配当状況が大きく反映していると判断するのが妥当であろう。表4-4，表4-5からは国有と民営との別による現金配当状況は判らなく，この点については，後述する製造業における国有と実質私営との個別上場企業の利潤分配にて分析する。

2.3 日本の上場企業の利潤分配状況

中国の製造業における個別上場企業の状況を見る前に，本書第3章第3節3.3「中国の経営者と従業員との収入格差」での分析と同様に，比較参考データとして中国の2000年代以降の大きな経済成長期に対応する日本の高度成長期である1960年代の実情を概観し，併せて2000年代の状況も見る。

2.3.1 1960年代以降の配当の概況

日本の上場企業の状況は，1960年代から1970年代初までの高度成長期には1株当たり配当金額を安定化させており，配当率の変動が少なく配当性向の変動が大きい，一方，バブル崩壊後の1990年代以降は配当金額を利益の変動に連動させる傾向が強くなり，配当性向の変動が少なく配当率の変動が大きい。

1960年代の状況について，落合孝彦（1997）[33]は配当性向の推移を概観して「企業経営者の配当観が不変であった状況下において配当の増加を抑制することは，企業内部への資本集中（内部資金の充実）を促進する点でも有効であった[34]」と指摘し，そして，1960年代前半の配当性向は上下動を繰り返しながらも上昇傾向にあり，これは企業業績上昇期には資本金純利益率の上昇に合わせ

---

33) 落合孝彦（1997）「日本企業の配当政策の特質—1960年代を中心として—」『経営論集』第44巻第3・4合併号，明治大学経営学研究所，1997年3月，263-276頁。
34) 落合（1997）271頁。

て資本金増資をし，その後の業績低迷期には増大した資本金の下でも資本金配当率を維持して配当性向が上昇している。1960年代後半は景気が好況期に入り企業業績は上昇して行くが，1株当たり配当金の増加を抑制し，資本金増資も抑制したことから配当性向は大きく低下した，つまり，1960年代後半は内部留保の増加が経営者の主目的であった，と述べている。[35]

以上の企業業績の上下動をもたらした景気循環について若干補足説明をすると，1950年代後半以降の景気は好況期と停滞または下降期との循環が繰り返し，60年代から70年代の循環は好況期の「岩戸景気」(1958～61年)，「オリンピック景気」(1962～1964)，「いざなぎ景気」(1965～70年) と呼ばれる時期があり。この好況期の間は停滞または下降期となっており，特に東京オリンピック (1964年10月開催) の終了とともに下降した「証券不況」(1964年10月～65年10月) では，大手証券会社の山一証券が倒産の危機にあい，それに対して日本銀行が無担保・無制限の特別融資を実施して倒産を回避した。

日本のバブル期の1989年とバブル崩壊後の1993年の状況とを比較したデータとして，古山徹 (1997)[36] を参照して見てみると，上場企業の内，配当実施企業比率は1989年：91.93％ →1993年：82.02％，上場企業の1株当たり平均配当性向 (株数加重平均値の配当金と利益より算出) は1989年：28.07％ →1993年：69.24％ である。[37] バブル期のほうがバブル崩壊後よりも配当性向が低い状況は，当時の配当が利益の増減に拘わらず1株当たり配当金額を安定的に維持継続させるという傾向が強いために利益の多い時期には配当性向が低くなる事情に起因する。

バブル崩壊以降について牧田修治 (2006)[38] は1991年から2000年までの東京証券取引所1部上場企業を対象に分析し，「わが国上場企業の配当政策は，配当の安定化を優先させるために利益変動には反応しにくいという見方があるが，本論文〔牧田，2006年〕によって，収益率の変動およびその水準が配当政策の変

---

35) 落合 (1997) 271頁。
36) 古山徹 (1997)「赤字企業の配当政策」日本証券経済研究所編『現代企業と配当政策』日本証券経済研究所，183-196頁。
37) 古山徹 (1997) 186頁，188頁。
38) 牧田修治 (2006)「わが国上場企業の配当政策変更の決定要因に関する実証分析」『証券経済研究』第54号，日本証券経済研究所，2006年6月，85-104頁。

更に影響を与えていることが実証的に示された（〔　〕内筆者。以下同様）[39]」と，すなわち，利益額の変動に左右されず1株当たり配当金額を安定化させる傾向から，利益の変動や水準が1株当たり配当金額の変動に影響を与える，つまり配当性向を安定化させる傾向に移行していると述べている。

そしてバブル崩壊後，現在に至るまで多くの企業の配当方針は利益増加時には配当金額も増加するように配当性向を安定させる傾向が強くなっている。

2.3.2　法人企業統計調査のデータによる配当の動向（1960年代，2000年代）

次に1960年代と2000年代との大企業の配当の状況を旧・大蔵省および現・財務省の法人企業統計調査のデータにより見てみる。なお，法人企業統計調査の対象の内の大企業は資本金10億円以上の全企業であるが，当該企業が株式上場しているか否かの区分は無い。但し，株式上場基準のなかには純資産10億円以上という基準があるので，当該データの対象である資本金10億円以上の企業は，通常は上場基準を満たして上場されている可能性が高い。したがって，当該データは上場企業の実情と大差は無いと推定できる。

1961年〜1970年の製造業・資本金10億円以上の企業の配当の状況は表4-6ならびに図4-4の通り。

表4-6，図4-4より，資本金配当率は10%前後（株式額面価格が50円であれば，1株当たり配当金額は5円前後）で安定している。1965年以降の景気は好況期であり企業業績も上昇し資本金純利益率は上昇を示しており，この時期の配当性向は低下している。このように配当性向は上下動しているので，配当性向の変動幅（表4-6の範囲）は資本金配当率のそれより大きく，変動によるバラツキの大きさ（表4-6の標準偏差）も資本金配当率のそれより大きい（配当性向の標準偏差は資本金配当率の標準偏差の19.0倍）。

以上のデータは前述（2.3.1「1960年代以降の配当の概況」）の落合（1997）の説明に合致し，この時期には利益拡大に伴い配当拡大ではなく内部留保拡大が図られていたことが判る。

次に2001年〜2010年の製造業・資本金10億円以上の企業の配当の状況は表4

---

39)　牧田（2006）102頁。

表4-6 日本・1960年代の配当の推移（製造業，資本金10億円以上の企業）

	資本金純利益率（％）	資本金配当率（％）	配当性向（％）
1961年度	20.07%	10.73%	53.45%
1962年度	14.46%	10.48%	72.51%
1963年度	17.35%	10.38%	59.82%
1964年度	15.40%	9.71%	63.08%
1965年度	12.40%	9.12%	73.58%
1966年度	19.36%	9.31%	48.10%
1967年度	26.71%	10.29%	38.54%
1968年度	28.14%	10.93%	38.82%
1969年度	33.97%	11.27%	33.19%
1970年度	31.45%	11.50%	36.56%
各年の単純平均値	21.93%	10.37%	51.76%
範囲（最大値－最小値）	0.2157	0.0237	0.4039
標準偏差	0.0719	0.0075	0.1426

注1）当該データの対象は，製造業で資本金10億円以上の企業。
　2）平均値は各年の単純平均値，範囲＝最大値－最小値，範囲および標準偏差は少数表示。
出所）大蔵省証券局資本市場課編（1976）『法人企業統計年報集覧（昭和35年度～49年度）上，下巻』大蔵省印刷局，1976年7月20日発行，より筆者が計算作成。

図4-4 日本・1960年代の配当の推移（製造業，資本金10億円以上の企業）

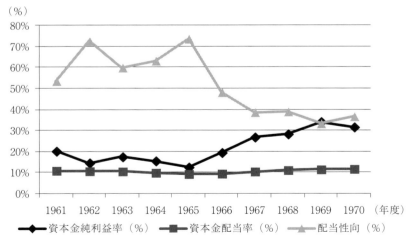

出所）『法人企業統計年報集覧（昭和35年度～49年度）上，下巻』より筆者が計算作成。

第 4 章　国有企業の利潤分配に関する考察　213

−7 ならびに図 4−5 の通り。[40]

　表 4−7，図 4−5 より，資本金配当率は 6％〜26％の間（株式額面価格が 50 円であれば，1 株当たり配当金額は約 3 円〜13 円の間）で変動している。この時期の景気の動向は，2002 年から 2008 年までは景気拡大期で「いざなみ景気」（1965〜70 年の「いざなぎ景気」より長期間の景気拡大となったために「いざなみ景気」と呼称される）と呼ばれ，2008 年 9 月のリーマン・ショック以降は急速に悪化した。この動向に応じて企業の資本金純利益率も 2007 年まで上昇，2008，09 年は低下へと変動している。このような状況下で，配当性向は 2001 年，2008 年のマイナスおよびリーマン・ショック後の 2009 年の異常な高さを除けば比較的安定している，特に「いざなみ景気」の中の 2003 年〜2007 年の間は 57％を中心にプラス・マイナス 15 ポイントの範囲で変動する安定した状況になっている，なお 2003 年〜2007 年の間に資本金配当率は 2.06 倍に上昇している。

　また，2000 年代は 1960 年代に比較すると（表 4−7 は表 4−6 に比較すると），
・資本金純利益率は，1960 年代は上昇傾向を，2000 年代は上下動変化を示している。そして平均値は低下（1960 年代：21.93％→2000 年代：16.48％），変動のバラツキ（標準偏差）は拡大（1960 年代：0.0719→2000 年代：0.1525）。（以下の括弧内の矢印も同様に表示）。
・資本金配当率は，1960 年代は 10％前後で一定を，2000 年代は上下動変化を示している。そして平均値は上昇（10.37％→13.91％），変動のバラツキ（標準偏差）は拡大して（0.0075→0.0579）配当性向の変動のバラツキに比較して相対的に大きく拡大。
・配当性向は，1960 年代は低下を，2000 年代は上下動変化を示している。そして平均値は上昇（51.76％→80.59％），変動のバラツキ（標準偏差）は拡大した（0.1426→0.4744）が拡大の程度は配当性向が 3.33 倍で資本金配当率のそれの 7.72 倍に比較して小さい拡大。表 4−6，表 4−7 の配当性向と資本金配当率

40）表 4−7，図 4−5 の出所は，2002 年〜2012 年発行の　財務省・財務総合政策研究所編『財政金融統計月報』の中の「法人企業統計年報特集」該当月報である No.604（2002 年 8 月），No.616（2003 年 8 月），No.628（2004 年 8 月），No.641（2005 年 9 月），No.653（2006 年 9 月），No.665（2007 年 9 月），No.677（2008 年 9 月），No.689（2009 年 9 月），No.702（2010 年 10 月），No.714（2011 年 10 月）　のデータより筆者が作成。

表4-7 日本・2000年代の配当の推移(製造業,資本金10億円以上の企業)

	資本金純利益率(%)	資本金配当率(%)	配当性向(%)
2001年度	-2.68%	6.68%	-249.52%
2002年度	9.47%	8.72%	92.12%
2003年度	17.56%	9.76%	55.59%
2004年度	24.18%	10.27%	42.49%
2005年度	30.52%	18.90%	61.91%
2006年度	36.26%	25.94%	71.55%
2007年度	36.46%	20.12%	55.18%
2008年度	-10.67%	15.88%	-148.80%
2009年度	5.46%	10.97%	200.91%
2010年度	18.19%	11.82%	64.96%
各年の単純平均値	16.48%	13.91%	80.59%
範囲(最大値-最小値)	0.4713	0.1926	1.5843
標準偏差	0.1525	0.0579	0.4744

注1) 当該データの対象は,製造業で資本金10億円以上の企業。
 2) 平均値は各年の単純平均値,範囲=最大値-最小値,範囲および標準偏差は少数表示。
 3) 配当性向について…2001年度および2008年度は純利益がマイナスであるにも拘らず配当を実施して配当性向がマイナスとなった為,これらの年度の配当性向データは配当性向の平均値・範囲・標準偏差の対象から除外した。
出所) 財務省・財務総合政策研究所編『財政金融統計月報』(法人企業統計年報特集)の各年月報より筆者が計算作成。

図4-5 日本・2000年代の配当の推移(製造業,資本金10億円以上の企業)

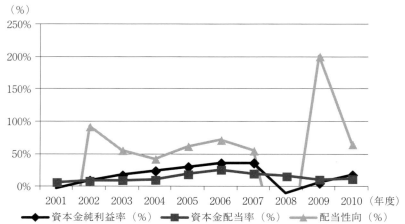

出所:『財政金融統計月報』(法人企業統計年報特集)の各年月報より筆者が計算作成。

との標準偏差を比較すると，2000年代では配当性向の標準偏差は資本金配当率の標準偏差の8.19倍であり，これは1960年代のそれの19.0倍に比べて縮小している，つまり2000年代は1960年代に比較して配当性向のバラツキが資本金配当率のバラツキに対して相対的に小さくなっている。

　以上のように2000年代は1960年代に比較して企業業績が低下しその上下動も激しくなったが，配当性向を安定化させることで業績悪化時に機動的に配当金を抑制している構図である（勿論，業績は上下動するので配当性向の目標値をどのようなレベルに設定してそれを継続するかによって配当金を抑制するのか否かが決まり，一概に配当性向の安定化が配当金を抑制するとは断定し難い。しかし，1株当たり配当金額を安定維持していれば利益低下時には内部留保を取り崩しても配当を実施する可能性があるが，配当性向を安定させればそのような必要は無くなり利益の低下に応じて減配させることができるので，内部留保の確保には有効である）。すなわち2000年代のような景気情勢（低い経済成長，変動の大きい景気動向）の下では資本金配当率を安定化させるより配当性向を安定化させるほうが配当を抑制して内部留保の確保に有効である。

　1960年代から2000年代への配当政策の変化をみれば，資本金配当率安定化から配当性向安定化に移行している状況が判ったが，このような変化が起きた主な要因の一つとして諸井（1990）[41]の説明を次の通り参考まで示す。諸井によれば，安定資本金配当率政策のもとでは配当の決定要因は資本金配当率を最重視し，配当性向は資本金配当率決定後に事後的に算出される地位にあった。しかし，資本金増資にあたって当初は額面価格での株式発行増資であったが昭和40年代（1970年前後）に時価発行増資が定着するようになった。この増資形態の変化が配当性向重視へ変化する要因であると述べている[42]。額面発行増資と時価発行増資との違いについての諸井の事例による説明を表計算に表すと次の[43]

41）諸井勝之助（1990）「配当政策と内部留保」水越潔『財務制度の現状と課題』中央経済社，18－32頁。諸井は同様の内容を諸井（1984）「配当政策を通じて見たわが国企業財務の特質」日本経営財務研究会編『経営財務研究双書〈6〉経営財務制度の新展開』中央経済社，113－128頁，にて著している。
42）諸井（1990）31頁。
43）諸井（1990）31頁。

通り（表4-8参照）。

　表4-8の事例では時価発行増資は額面発行増資に比較して，増資額は3億円と同じだが増資株式数が少なく（6分の1），資本金配当率（または1株当たり配当）が同じであるから配当総額は減少し，配当性向が小さくなる。このようになった結果，額面発行増資になれた株主からは不満が起き，この不満に対応するために配当性向を重視する政策に移行していく，と諸井は述べている。

　このような状況（表4-8）を企業経営者の立場で見てみると，時価発行増資は額面発行増資に比べて配当総額の増加を少なく出来る，一方，表中の3億円は50百万円が資本金に，残250百万円が資本準備金に繰り入れられて資本の部（または株主資本）全体の金額は3億円増加するので，経営に資する資金の増加額は時価発行増資も額面発行増資も差異はない。つまり経営者は時価発行増資によって借りた資本の対価である利子の支払い額を縮小できる。しかし，

表4-8　増資の形態—額面発行増資と時価発行増資との違い—

（単位：百万円または百万株）		額面発行増資		時価発行増資	
増資額	（増資の為の募集金額＝投資家の出資金額）	300.00（百万円）		300.00（百万円）	
1株の価格	額面：50円，時価：300円	50円		300円	
増加株数		6.00（百万株）	（資本金増加額：300百万円）	1.00（百万株）	（資本金増加額：50百万円）
既発行済株数	10（百万株）とする	10.00		10.00	
増資後発行済株数		16.00		11.00	
資本金配当金	10%とする	10%		10%	
1株当たり配当	50円＊10%	5円	（配当増加額：30百万円）	5円	（配当増加額：5百万円）
増資後配当総額		80.00		55.00	
純利益	増資形態による差異無し：200百万円とする	200.00		200.00	
配当性向		40.00%		27.50%	

出所）諸井勝之助（1990）「配当政策と内部留保」水越潔『財務制度の現状と課題』中央経済社，31頁より筆者が作成。

時価発行増資に応じた株主（または投資家）の立場で見てみると，3億円を投資してもそれに見合う配当金は5百万円／年間（投資額の1.67％／年間の配当）であり，明らかに額面発行増資に比べて少ない配当となるので，投資家は不満を抱く。このような状態では資本金配当率が10％であっても，実際の投資額に対する配当の割合は小さくなってしまい，投資家にとっては資本金配当率が配当の大小を表す指標として役立たなくなってしまう。このような経緯が有って現在では配当の大小を表す指標は配当性向であり資本金配当率はあまり使用されていない状況である。

以上のような経営者と投資家の増資に対する立場の違い（または利害の対立）は本書第3章第3節「株主・経営者・従業員の関係，性格についての考察」3.1「株主と経営者との関係，性格」3.1.1「利潤分配に関わる株主と経営者との利害一致・対立」にて考察した投資家である貨幣資本家と経営者である機能資本家とが，利潤の分配をめぐって争っている状況である。

なお，1960年代のように安定した配当率を実施する理由の一つには利子率（または金利）の影響があるだろう。資本を出資する投資家（または貨幣資本家）の視点で資本金配当率と市中金利（金融市場での金利，または一般的利子率），企業の状態（事業リスク）の3つの要素の関連を見てみると，貨幣資本家が資本を出資する場合に資本の出資とそれへの対価である配当（すなわち利子）の関係を勘案して出資の可否を判断するだろうから（出資した企業が将来はより高い配当をするだろう等の期待に基づく投資の判断は捨象する），貨幣資本家は銀行の預金利率より低い資本金配当率の企業へは資本を出資しないのは当然であり，企業の事業リスクを勘案してそのリスクに対応した対価（利子）を得るに相当する利子率をも含んだ，つまり一般的利子率に事業リスクに対応する利子率を上乗せした利子率に相当する妥当なレベルの資本金配当率の企業に出資するだろう。そして，もしも市中金利が低くなれば経営者は資本金配当率を低くするだろうし，貨幣資本家はそのような配当をする企業への出資を受け入れるだろう。つまり配当は市中金利の影響を受けているので，1960年代（1961〜1970年）の日本の金利状況が，貸出利率（これは公定歩合を示す）は6％前後／年，預金利率（普通預金）は郵貯が3.6％／年，市中銀行が2％強／年で安定していた事情が，資本金配当率の安定の要因の一つであろう。なお，2000年代には上記の通り資本金

配当率が投資家にとって投資判断をする指標として意味をなさなくなっている。

　以上，1960年代と2000年代との利潤分配の状況を概観したが，その状況の特徴は，日本の企業は，特に経営者は，高度成長期には1株当たり配当金額を固定化し，これは配当金をあたかも定額の費用の如くまたは市中金利を考慮しての株主の投下資本に対する利子の如く取り扱い，利益が増加した場合は積極的に内部留保の増加を図り設備投資，企業の拡大を実施してきた。近年は経済成長の低迷の中，特に2000年代に入ってからは，配当性向を安定化させるとともに自社株買い[44]により発行済株式数を減少させて配当金総額を抑制し，利益の変動に左右されずに利益の中の一定の割合を内部留保の蓄積に充てている。なお，増大する内部留保を使う積極的な設備投資などの事業拡大策は控えられている様子が見られる[45]。

2.4　上場企業の国有企業と実質私営企業との利潤分配に関わる比較

　中国の国有企業と民営企業との利潤分配についての比較分析は，具体的には利益配当の実状が判る上場企業について分析する。それは個々の上場企業が公表している財務データである年次報告（Annual Report，株主・投資家を対象に公表）により，上場企業の支配株主の性格によって国有株支配企業の中の国有株式会社と民営企業が支配株主となっている民営株支配企業の中の株式会社，その中の実質私営の株式会社（実質私営株式会社）とを抽出し[46]，それらの利益

---

44)　税引後利益を用いて株式市場で自社株を購入して償却し，発行済株式数を減少させる。株式数の減少により1株当たり配当金額を変えずに配当金総額を減少させる，または配当金総額を変えずに配当率を引き上げる効果が出る。利益の大きい企業が実施するケースが多い。

45)　表4－7の出所のデータ（製造業，資本金10億円以上の企業）より，いわゆるITバブル崩壊から立ち直った「いざなみ景気」の中の2003年からリーマン・ショック前の2007年の間の売上高と当期純利益（当期税引後利益）との推移を見ると，2003年→2007年の間に売上高は1.28倍であるが純利益は2.22倍になる，すなわち純利益の伸びほどには売上高を伸ばす事業拡大は進められていない様子が見られる。

46)　本書第3章第2節「所有・支配・経営の関係についての考察」2.2「国有株式会社，親会社とその支配株主との関係図」の実質私営株式会社に関わる注記に記した通り，上場されている民営株支配企業の中で売上規模の大きい企業は私人がオーナーとして支配株主になっている実質私営の株式会社が多い，また，実質私営は国有に対して明らかに支

配当の状況を比較分析する。そして対象業種は鉱工業（製造業）とし，その業種は重工業と軽工業との数業種とする，対象企業はそれらの各業種の中の国有株式会社と実質私営株式会社との双方の企業とする。具体的な企業は本書第3章第3節「株主・経営者・従業員の関係，性格についての考察」3.3「中国の経営者と従業員との収入格差」で取り上げた「表3-2　都市部就業者平均賃金と上場企業高級幹部年俸の推移」の上場企業13社を対象とする。

なお，上場企業の国有株式会社と実質私営株式会社とは共に株式会社形態であり株式を株式市場に上場しているが，両者にはその株主の性格に違いがあり，その典型的な国有株式会社と実質私営株式会社との株主による支配の構図は本書第3章第2節「所有・支配・経営の関係についての考察」2.2「国有株式会社，親会社とその支配株主との関係図」の図3-2，図3-3，図3-4並びにその説明を参照されたい。

2.4.1　利益配当に関する分析方法と分析対象13社

分析の対象時期は，国有経済部門に株式会社制度の導入を奨励する決定をした中国共産党第15回全国代表大会の1997年やWTO加盟の2001年を契機に経済が大きく成長した2000年代，その中でも民営株支配企業の上場が一定程度出現し，上場企業数・上場企業の発行株式数量の第2次増加期にあたる2000年代後半の時期であり，経済発展が大きい北京オリンピック（2008年）と上海万国博覧会（2010年）の準備の時期であるオリンピックの3年前の2005年からそれ以降の時期の2005～2012年を対象とする。

分析の対象内容は，前述（2.3「日本の上場企業の利潤分配状況」）で対象とした①資本金純利益率，②資本金配当率，②（現金）配当性向，の3種の推移を見る。また本節の冒頭で記したように内部留保＝純利益－配当金として考える。

これらの分析により明らかにする点は，

配当の状況については①各企業の配当政策は，配当金額を安定的かまたは利益に連動して変動させるのかを判定する。例えば1980年代後半から1990年代初

配株主の性格が違う（片や国，片や私人）。これらにより民営株支配企業の中の実質私営を抽出する。

期に国有企業が実施した経営請負制のように国有株式会社は株主である政府への配当金額を利益の変動に左右されないようにする傾向が存在するのか等々を見る。②国有株式会社と実質私営株式会社との配当の状態を比較して株主の性格の違いに応じた配当の違いの有無を見る。③配当と内部留保とは裏腹の関係にあるので，この配当の違いに対応した内部留保の変化の違いを見る。さらに内部留保資金の使途の違いが株主の性格の違いや業種の違いによって現れる可能性もあろう。よって，内部留保の変化やその使途の違いの有無を見る。

そして，前述（2.3「日本の上場企業の利潤分配状況」）の日本企業の高度成長期の利潤分配状況と中国の13社の状況との比較も行なう。

中国の対象13社の選定については，重工業からは鉄鋼業3社（内，国有2社，実質私営1社），自動車製造業3社（内，国有2社，実質私営1社），及び自動車製造業の補足として建設機械製造業3社（内，国有2社，実質私営1社）[47]，軽工業からは紡織業2社（内，国有1社，実質私営1社），食品加工業1社（国有），プラスチック製品製造業1社（実質私営）を取り上げる[48]。個別企業の選択は，『中国500強企業発展報告』[49]の製造業売上収入上位500社リストより各業種の代表的な企業を選択した[50]。当該13社の概要は表4-9（その1，その2，

---

47) 自動車製造業では財務データを見る限り，上汽集団はその業態の中で製造部分よりも流通部分（販売部分）の比重が増大して純粋な製造を主体とする製造販売業ではなく流通業の姿を示している。よって，純粋な製造業とは判定でき難く適切な事例とは言い難く，自動車製造業の補足として生産工程や販売／アフター・サービスの方法が自動車製造業に似ている建設機械製造業の事例も取り上げる（本書第5章第3節「株式上場企業（国有，実質私営）の労働生産性・資本効率の特徴」3.2「個別の企業の労働生産性・資本効率の特徴」の3.2.2「自動車製造業」，3.2.3「建設機械製造業」を参照）。

48) 一部の業種では適切な企業選択が難しく取り上げる企業数が少ない。紡織業は国有，実質私営各1社，食品加工業は国有のみで実質私営は無くその実質私営の代替としてプラスチック製品製造業の実質私営1社，を取り上げる。

49) 中国企業聯合会・中国企業家協会編（2012）『中国500強企業発展報告』2012年版，企業管理出版社。

50) 『中国500強企業発展報告』にリストアップされている企業は，その多くが上場企業の親会社（組織形態は有限責任公司，会社名は〇〇集団有限公司と称する例が多い）であり上場企業である株式会社（中国語は，股份有限公司）は殆どリストアップされていない。したがって，製造業上位500社の中に上場企業がリストアップされていない場合，当該業種のなかの代表的な親企業を選択し，その親企業の子会社の中の中核企業である上場企業を分析対象にした。『中国500強企業発展報告』にリストアップされている代表的な企

その3）のとおり。

このようにして選択した上場企業の分析は，それら企業に関する金融証券情報 Web Site や個別企業 Web site 等にて公表されている各社の年次報告（Annual Report）等によって分析を行なう。

2.4.2　国有株式会社と実質私営株式会社との利益配当についての比較

上場企業・13社の利益配当の状況の推移は表4-10の通り。

表4-10より，国有と実質私営とを比較すると，その特徴は以下の通り。

(1) 国有8社と実質私営4社（実質私営5社の内，全期間無配当の江蘇陽光を除いた4社）とを比較すると，以下の通り（図4-6参照）。

・国有では資本金純利益率の推移は上昇傾向，資本金配当率の推移は若干の低下傾向，従って配当性向の推移には明らかな低下傾向が見られる。実質私営では資本金純利益率に低下傾向が見られるが，資本金配当率，配当性向ともにその推移には一定方向へ変動する目立った傾向があるとは言い難い。

・資本金純利益率の平均値は，国有：53.04%，実質私営：50.68% と国有が僅かに高い。資本金配当率の平均値は，国有：17.79%，実質私営：11.65% と国有が明らかに高い。配当性向の平均値は国有：37.54%，実質私営：32.32% と国有が若干高い。

・資本金配当率の上下動のバラツキ（標準偏差）は国有も実質私営もともに約0.05であり，資本金純利益率や配当性向のバラツキに比較して安定している。資本金純利益率のバラツキは実質私営が0.2236と国有の0.1747よりも大きく，このために（資本金配当率のバラツキがともに同レベルであるにも拘らず）配当性向のバラツキは実質私営が0.2607と国有の0.1144を上回っている。つまり，実質私営の配当性向の上下動が大きくなる要因は配当の上下動が大きいためではなく利益の上下動が国有に比較して大きいためである。

業であっても，その企業の傘下に上場企業が無い場合は財務データの公表がなされていないので分析できない。また上場企業はあるがその企業は必ずしもその親企業グループの中の中核企業ではなくグループの中の特定の事業を専門に担当する企業である場合があるので，このような場合は分析の対象としない。

表4-9　分析対象の上場

(その1)

	業種	国有，実質私営の別	企業の所有による区分
重工業	鉄鋼	国有株式会社	国有株支配企業（中国語は，国有控股企業）
		国有株式会社	国有株支配企業
		実質私営株式会社	その他
	自動車製造	国有株式会社	国有株支配企業
		国有株式会社	国有株支配企業
		実質私営株式会社	その他
	建設機械製造	国有株式会社	国有株支配企業
		国有株式会社	国有株支配企業
		実質私営株式会社	その他
軽工業	紡織	国有株式会社	国有株支配企業
		実質私営株式会社	その他
	食品加工	国有株式会社	国有株支配企業
	プラスチック製品製造	実質私営株式会社	その他

注1) 上場企業は企業の組織形態による区分名は全て株式有限公司（株式会社）（中国語，股份有限公司）。
 2) 上場会社の売上・営業利益は各社の2012年・年次報告による（海馬汽車は2011年）。
 3) 業種内の売上順位は，中国企業聯合会・中国企業家協会編（2012）『中国500強企業発展報告』2012年版，企業管理出版社，の製造業売上高上位500社リストによる，従っ

第4章 国有企業の利潤分配に関する考察 223

企業・製造業13社の概要

会社名	企業業績(2012年，除く1社)		該当業種内の売上順位(上場会社または親会社である集団公司の順位)
	売上(百万元)	営業利益(百万元)	
宝山鋼鉄股份有限公司(略称：宝鋼股份)	191,512	3,597	親の宝鋼集団が，1位
河北鋼鉄股份有限公司(略称：河北鋼鉄)	111,630	206	親の河北鋼鉄集団が，2位
南京鋼鉄股份有限公司(略称：南鋼股份)	32,032	-934	親会社を所有する公司の1つである（40％を所有する）南京鋼鉄集団が，19位
上海汽車集団股份有限公司(略称：上汽集団)	480,980	39,340	当該上場会社が，1位
安徽江淮汽車股份有限公司(略称：江淮汽車)	29,128	301	親の安徽江淮汽車集団が，14位
海馬汽車集団股份有限公司(略称：海馬汽車)	8,461	314	当該上場会社が，21位
山推工程機械股份有限公司(略称：山推股份)	10,485	-53	当該上場会社が，6位
広西柳工機械股份有限公司(略称：柳工)	12,630	197	親の広西柳工集団が，4位
三一重工股份有限公司(略称：三一重工)	46,831	6,097	親の三一集団が，3位
上海申達股份有限公司(略称：申達股份)	6,817	165	親の親である上海紡織（集団）が，2位
江蘇陽光股份有限公司(略称：江蘇陽光)	2,829	-1,382	親の江蘇陽光集団が，3位
光明乳業股份有限公司(略称：光明乳業)	13,775	355	親の光明食品（集団）が，1位
金発科技股份有限公司(略称：金発科技)	12,240	780	当該上場会社が，2位

　　て順位は2011年度決算データに基づく順位。
出所）表4-9（その3）の出所より筆者が作成。

(その2)

会社名(略称)	支配株主および所有関係等 直接の支配株主(親会社)および上場会社の所有シェア	実際(または最終)の支配株主
宝鋼股份	宝鋼集団有限公司 76.68%を所有	国務院国有資産監督管理委員会 左記・宝鋼集団有限公司の100%を所有・支配
河北鋼鉄	河北鋼鉄集団有限公司 当該集団の傘下3社を経由して63.74%を所有	河北省国有資産監督管理委員会 左記・集団有限公司の100%を所有・支配
南鋼股份	南京南鋼鉄聯合有限公司 直接および傘下1社経由で83.78%を所有	郭広昌(個人) 6社を経由して左記・聯合有限公司の27.52%を所有,60%を支配
上汽集団	上海汽車工業(集団)総公司 直接および傘下1社経由で77.33%を所有	上海市国有資産監督管理委員会 左記・(集団)総公司の100%を所有・支配
江淮汽車	安徽江淮汽車集団有限公司 34.86%を所有	安徽省国有資産監督管理委員会 左記・集団有限公司の78.21%を所有・支配
海馬汽車	海馬投資集団有限公司 直接および傘下2社経由で35.16%を所有	景柱(個人) 左記・集団有限公司の73%を所有・支配
山推股份	山東重工集団有限公司 21.1%を所有(2013年末時点は27.62%)	山東省国有資産監督管理委員会 左記・集団有限公司の100%を所有・支配
柳工	広西柳工集団有限公司 34.98%を所有	広西壮族自治区国有資産管理委員会 左記・集団有限公司の100%を所有・支配
三一重工	三一集団有限公司 56.38%を所有	梁穏根(個人) 左記・集団有限公司の58.24%を所有・支配並びに三一重工の3.77%を直接所有
申達股份	上海紡織(集団)有限公司 100%所有する傘下の上海申達(集団)有限公司を経由して31.07%を所有	上海市国有資産監督管理委員会 左記・紡織(集団)有限公司の76.33%を所有・支配,残23.67%は4つの国有資産管理企業が所有
江蘇陽光	江蘇陽光集団有限公司 29.99%を所有	陸克平(個人) 左記・集団有限公司の100%を所有・支配する江陰陽光投資有限公司の58.2925%を所有・支配
光明乳業	光明食品(集団)有限公司 直接および100%所有する傘下の上海牛乳(集団)有限公司経由で55.66%を所有	上海市国有資産監督管理委員会 左記・光明食品(集団)有限公司の50.43%を所有・支配
金発科技	袁志敏(個人) 直接および1社経由で18.24%を所有	(同左)

注)上場会社の支配株主および所有権シェア,支配権シェアは各社の2012年・年次報告による(海馬汽車は2011年)。
出所)表4-9(その3)の出所より筆者が作成。

第 4 章 国有企業の利潤分配に関する考察 225

その他（会社の由来，他）

国営の宝山製鉄所が宝鋼集団有限公司（その中核事業を宝鋼股份が担当）に移行した。

河北省・唐山鋼鉄が2010年1月，同省内・邯鄲市，承徳市の鋼鉄・非鉄の企業を吸収して河北鋼鉄となった。河北鋼鉄集団傘下の（河北鋼鉄の株主である）3社は，唐山，邯鄲，承徳の3社。
国営の南京鋼鉄廠（1958年設立）が1996年に会社制に移行，2003年に郭広昌が出資者に加わり国有100％から非国有企業に転換。

上汽集団はその傘下にフォルクスワーゲン、ゼネラルモータースなどとの自動車生産合弁企業を有する。

景柱は海馬汽車の董事長（日本の会長に相当）。海馬汽車は傘下に複数の自動車製造業，金融業などの子会社を有する。
国営の山東推土機総廠（和訳，山東ブルドーザ総工場）が山東工程機械集団有限公司（中核事業を山推股份が担当）に移行し，2009年に当該集団有限公司は山東重工集団有限公司に吸収された。
国営の柳州工程機械廠（和訳，柳州建設機械工場）が広西柳工集団有限公司（中核事業を柳工が担当）に移行した。
梁穏根は三一集団有限公司の創立者4名の内の1人で，三一重工の董事長兼三一集団有限公司の董事（日本の取締役に相当）。

上海紡織（集団）有限公司の起源は1878年清朝政府が設立した当時中国最大の棉紡織工場。紡織（集団）有限公司は傘下に190社の子会社を持っている。

陸克平は元・郷鎮企業家。江蘇陽光の董事兼江蘇陽光集団有限公司の総経理（日本の社長に相当）。

光明食品（集団）は2006年に上海市が所有管轄する食品製造販売企業4社により設立。その傘下の1社が上海牛乳（集団）有限公司で，当該（集団）有限公司の前身は1957年設立の上海市牛乳公司。

袁志敏は金発科技の筆頭株主にして董事長。金発科技の第2, 3位の株主は個人であり各々9.90％, 6.03％所有。

（その３）

対象企業	データの出所
宝鋼股份	中国金融証券情報サイト『証券之星』Web site（http://stock.quote.stockstar.com/600019.shtml）2013年7月5日参照。 宝鋼股份のWeb Site（http://www.baosteel.com/plc_e/06culture/ShowArticle.asp?ArticleID=1255）の「BAOSTEEL 2012 Annual Report」2013年7月5日参照。
河北鋼鉄	中国金融証券情報サイト『証券之星』Web site（http://stock.quote.stockstar.com/000709.shtml）2013年7月8日参照。 河北鋼鉄のWeb Site（http://www.hebgtgf.com/index.php?id=127）の「河北鋼鉄股份有限公司2012年年度報告」2014年7月15日参照。 河北鋼鉄集団有限公司のWeb Site（http://www.hebgtjt.com/main.jsp）2013年12月27日参照。
南鋼股份	中国金融証券情報サイト『証券之星』Web site（http://stock.quote.stockstar.com/600282.shtml）2013年9月27日参照。 南鋼股份のWeb Site（http://www.600282.net/gsgd.asp）の「2012年12月31日，南京鋼鉄股份有限公司　株主状況」2013年9月27日参照,。
上汽集団	中国金融証券情報サイト『証券之星』Web site（http://stock.quote.stockstar.com/600104.shtml）2013年6月18日参照。 上汽集団のWeb Site（http://www.saicgroup.com/chinese/images/tzzgx/ggb/dqbg/2012ngg/index.shtml）の「上海汽車集団股份有限公司2012年年度報告」2013年10月16日参照。
江淮汽車	中国金融証券情報サイト『証券之星』Web site（http://stock.quote.stockstar.com/600418.shtml）2013年7月1日参照。 江淮汽車のWeb Site（http://www.jac.com.cn/investor-relations/periodic-reports/）の「安徽江淮汽車股份有限公司2012年年度報告」2013年10月16日参照。
海馬汽車	中国金融証券情報サイト『証券之星』Web site（http://stock.quote.stockstar.com/000572.shtml）2013年7月3日参照。 海馬汽車のWeb Site（http://www.haima.com/dqgg）の「海馬汽車集団股份有限公司2011年年度報告」2013年10月16日参照。
山推股份	中国金融証券情報サイト『証券之星』Web site（http://stock.quote.stockstar.com/000680.shtml）2013年5月29日，2015年6月23日参照。 山推股份のWeb Site（http://www.shantui.com/about/shantuijianjie.htm）の「山推工程機械股份有限公司2012年年度報告」2013年10月31日参照。
柳工	中国金融証券情報サイト『証券之星』Web site（http://stock.quote.stockstar.com/000528.shtml）2013年5月30日，2015年6月23日参照。 柳工のWeb Site（http://www.liugong.cn/cn_cn/about/report.jsp）の「柳工2012年年度報告」2013年10月30日参照。

三一重工	中国金融証券情報サイト『証券之星』Web site（http://stock.quote.stockstar.com/600031.shtml）2013年5月29日，2015年6月23日参照。 三一集団有限公司のWeb Site（http://www.sanygroup.com/company/japan/about/jtjieshao.htm）の「三一集団の紹介」2013年11月11日参照。
申達股份	中国金融証券情報サイト『証券之星』Web site（http://stock.quote.stockstar.com/600626.shtml）2013年10月23日参照。 上海紡織（集団）有限公司のWeb Site（http://www.shangtex.biz/InfoList/M56241333.shtml）2013年10月23日参照。
江蘇陽光	中国金融証券情報サイト『証券之星』Web site（http://stock.quote.stockstar.com/600220.shtml）2013年7月4日参照。
光明乳業	中国金融証券情報サイト『証券之星』Web site（http://stock.quote.stockstar.com/600597.shtml）2013年7月10日参照。 上海牛乳（集団）有限公司のWeb Site（http://www.dairy-business.com/page/dairygroup/index.htm）2013年10月29日参照。 光明食品（集団）有限公司のWeb Site（http://www.brightfood.com/cn/about.aspx?Class_ID=11）2013年10月29日参照。
金発科技	中国金融証券情報サイト『証券之星』Web site（http://stock.quote.stockstar.com/600143.shtml）2013年7月10日参照。
上記の各企業	上海証券交易所のWeb Site（http://www.sse.com.cn）並びに深圳証券交易所のWeb Site（http://www.szse.cn/）の中の各企業の各年度報告，2013年10月～12月，2015年1月～6月参照，。

以上のデータより筆者が作成。

表 4-10 上場企業・製造業

	（企業名は略称）(2005～2012年)			2005年	2006年	2007年	2008年
企業別	（鉄鋼／国有）	宝鋼股份	資本金純利益率（％） 資本金配当率（％） 配当性向（％）	72.32% 64.00% 88.49%	74.29% 35.00% 47.11%	72.63% 35.00% 48.19%	36.88% 18.00% 48.80%
	（鉄鋼／国有）	河北鋼鉄	資本金純利益率（％） 資本金配当率（％） 配当性向（％）	50.05% 35.00% 69.93%	63.04% 35.00% 55.52%	94.65% 42.50% 44.90%	47.55% 0.00% 0.00%
	（鉄鋼／実質私営）	南鋼股份	資本金純利益率（％） 資本金配当率（％） 配当性向（％）	43.83% 20.00% 45.63%	41.60% 20.00% 48.08%	110.13% 10.00% 9.08%	7.31% 4.00% 54.70%
	（自動車／国有）	上汽集団	資本金純利益率（％） 資本金配当率（％） 配当性向（％）	33.72% 25.00% 74.14%	21.75% 16.00% 73.56%	70.75% 21.00% 29.68%	10.02% 2.60% 25.96%
	（自動車／国有）	江淮汽車	資本金純利益率（％） 資本金配当率（％） 配当性向（％）	54.69% 18.00% 32.91%	45.05% 15.00% 33.29%	25.49% 8.00% 31.39%	4.43% 1.20% 27.11%
	（自動車／実質私営）	海馬汽車	資本金純利益率（％） 資本金配当率（％） 配当性向（％）	36.31% 0.00% 0.00%	19.63% 5.00% 25.47%	59.78% 5.00% 8.36%	5.95% 0.00% 0.00%
	（建機／国有）	山推股份	資本金純利益率（％） 資本金配当率（％） 配当性向（％）	17.77% 10.00% 56.26%	41.93% 16.50% 39.35%	64.40% 10.96% 17.02%	66.36% 10.00% 15.07%
	（建機／国有）	柳工	資本金純利益率（％） 資本金配当率（％） 配当性向（％）	44.07% 20.00% 45.39%	75.47% 30.00% 39.75%	119.74% 45.00% 37.58%	71.97% 10.69% 14.85%
	（建機／実質私営）	三一重工	資本金純利益率（％） 資本金配当率（％） 配当性向（％）	45.06% 10.00% 22.19%	116.11% 20.00% 17.22%	161.91% 5.00% 3.09%	82.81% 18.00% 21.74%
	（紡織／国有）	申達股份	資本金純利益率（％） 資本金配当率（％） 配当性向（％）	16.48% 10.00% 60.69%	23.24% 10.00% 43.03%	36.02% 15.00% 41.65%	21.84% 10.00% 45.80%
	（紡織／実質私営）	江蘇陽光	資本金純利益率（％） 資本金配当率（％） 配当性向（％）	1.83% 0.00% 0.00%	9.27% 0.00% 0.00%	16.41% 0.00% 0.00%	8.26% 0.00% 0.00%
	（食品加工／国有）	光明乳業	資本金純利益率（％） 資本金配当率（％） 配当性向（％）	20.26% 10.00% 49.35%	14.67% 10.00% 68.17%	20.43% 11.00% 53.84%	-27.45% 0.00% 0.00%
	（プラ製品／実質私営）	金発科技	資本金純利益率（％） 資本金配当率（％） 配当性向（％）	71.88% 10.14% 14.11%	96.37% 30.00% 31.13%	60.08% 19.96% 33.23%	16.28% 10.00% 61.43%
	（上記13社）の単純平均		資本金純利益率（％） 資本金配当率（％） 配当性向（％）	39.10% 17.86% 43.01%	49.42% 18.65% 40.13%	70.19% 17.57% 27.54%	27.09% 6.50% 24.26%

13社の利益配当状況の推移

2009年	2010年	2011年	2012年	各年の 単純平均値	範囲 （最大値－最小値）	標準偏差
33.21%	73.60%	42.04%	60.66%	58.21%	0.4108	0.1677
20.00%	30.00%	20.00%	13.83%	29.48%	0.5017	0.1504
60.22%	40.76%	47.57%	22.80%	50.49%	0.6569	0.1742
13.73%	20.52%	13.02%	1.03%	37.95%	0.9361	0.2949
10.00%	0.00%	3.00%	0.00%	15.69%	0.4250	0.1731
72.83%	0.00%	23.03%	0.00%	33.28%	0.7283	0.2951
8.21%	23.70%	8.39%	−14.48%	28.59%	1.2462	0.3572
4.00%	0.00%	27.00%	0.00%	10.63%	0.2700	0.0973
48.72%	0.00%	321.64%	0.00%	65.98%	3.2164	0.9904
100.62%	148.54%	183.41%	188.21%	94.63%	1.7820	0.6739
5.00%	20.00%	30.00%	60.00%	22.45%	0.5740	0.1666
4.97%	13.46%	16.36%	31.88%	33.75%	0.6917	0.2460
26.05%	90.22%	47.93%	38.39%	41.53%	0.8579	0.2367
10.00%	20.00%	15.00%	11.00%	12.28%	0.1880	0.0565
38.39%	22.17%	31.30%	28.65%	30.65%	0.1622	0.0449
−23.72%	22.72%	20.39%	10.00%	18.88%	0.8350	0.2251
0.00%	0.00%	0.00%	0.00%	1.25%	0.0500	0.0217
0.00%	0.00%	0.00%	0.00%	4.23%	0.2547	0.0848
55.61%	110.60%	63.14%	2.69%	52.81%	1.0791	0.3088
10.00%	20.00%	20.00%	0.00%	12.18%	0.2000	0.0618
17.98%	18.08%	31.68%	0.00%	24.43%	0.5626	0.1624
133.15%	205.80%	117.43%	24.74%	99.05%	1.8106	0.5380
30.00%	50.00%	30.00%	25.00%	30.09%	0.3931	0.1185
22.53%	24.30%	25.55%	101.06%	38.88%	0.8621	0.2536
131.89%	110.92%	113.90%	74.88%	104.69%	1.1685	0.3390
17.28%	12.19%	30.00%	25.08%	17.19%	0.2500	0.0758
13.10%	10.99%	26.34%	33.49%	18.52%	0.3040	0.0891
21.40%	42.53%	30.38%	23.19%	26.88%	0.2606	0.0815
10.00%	10.00%	10.00%	10.00%	10.63%	0.0500	0.0165
46.73%	23.51%	32.92%	43.11%	42.18%	0.3718	0.1008
5.89%	3.51%	0.49%	−76.34%	−3.84%	0.9276	0.2780
0.00%	0.00%	0.00%	0.00%	0.00%	0.0000	0.0000
0.00%	0.00%	0.00%	0.00%	0.00%	0.0000	0.0000
11.75%	18.53%	22.67%	25.41%	13.28%	0.5286	0.1591
0.00%	12.00%	15.00%	18.00%	9.50%	0.1800	0.0604
0.00%	64.77%	66.17%	70.83%	46.64%	0.7083	0.2777
20.49%	41.41%	68.40%	29.49%	50.55%	0.8009	0.2638
10.00%	10.00%	30.00%	20.00%	17.51%	0.2000	0.0827
48.80%	24.15%	43.86%	67.82%	40.57%	0.5371	0.1721
41.41%	70.20%	56.28%	29.84%	47.94%	0.4311	0.1559
9.71%	14.17%	17.69%	14.07%	14.53%	0.1215	0.0411
28.79%	18.63%	51.26%	30.74%	33.05%	0.3263	0.1012

分類	項目	指標				
国有, 実質私営別	内, 国有（上記8社）の単純平均	資本金純利益率（％）	38.67%	44.93%	63.01%	28.95%
		資本金配当率（％）	24.00%	20.94%	23.56%	6.56%
		配当性向（％）	59.65%	49.97%	38.03%	22.20%
	内, 実質私営（上記5社）の単純平均	資本金純利益率（％）	39.78%	56.59%	81.66%	24.12%
		資本金配当率（％）	8.03%	15.00%	7.99%	6.40%
		配当性向（％）	16.39%	24.38%	10.75%	27.57%
	内, 実質私営（全期間無配当の江蘇陽光を除いた）4社の単純平均	資本金純利益率（％）	49.27%	68.43%	97.98%	28.09%
		資本金配当率（％）	10.04%	18.75%	9.99%	8.00%
		配当性向（％）	20.48%	30.48%	13.44%	34.47%
重工業, 軽工業別	内, 重工業（上記9社）の単純平均	資本金純利益率（％）	44.20%	55.43%	86.61%	37.03%
		資本金配当率（％）	22.44%	21.39%	20.27%	7.17%
		配当性向（％）	48.33%	42.15%	25.48%	23.14%
	内, 軽工業（上記4社）の単純平均	資本金純利益率（％）	27.61%	35.89%	33.24%	4.73%
		資本金配当率（％）	7.54%	12.50%	11.49%	5.00%
		配当性向（％）	31.04%	35.58%	32.18%	26.81%
	内, 軽工業（全期間無配当の江蘇陽光を除いた）3社の単純平均	資本金純利益率（％）	36.21%	51.75%	80.95%	21.36%
		資本金配当率（％）	10.05%	12.50%	7.25%	6.10%
		配当性向（％）	41.38%	33.81%	19.01%	12.33%
重工業の国有, 実質私営別	内, 重工業の国有（上記6社）の単純平均	資本金純利益率（％）	45.44%	53.59%	74.61%	39.54%
		資本金配当率（％）	28.67%	24.58%	27.08%	7.08%
		配当性向（％）	61.19%	48.10%	34.80%	21.96%
	内, 重工業の実質私営（上記3社）の単純平均	資本金純利益率（％）	41.73%	59.11%	110.61%	32.02%
		資本金配当率（％）	10.00%	15.00%	6.67%	7.33%
		配当性向（％）	22.61%	30.26%	6.84%	25.48%
軽工業の国有, 実質私営別	内, 軽工業の国有（上記2社）の単純平均	資本金純利益率（％）	18.37%	18.96%	28.23%	-2.81%
		資本金配当率（％）	10.00%	10.00%	13.00%	5.00%
		配当性向（％）	55.02%	55.60%	47.74%	22.90%
	内, 軽工業の実質私営（上記2社）の単純平均	資本金純利益率（％）	36.85%	52.82%	38.25%	12.27%
		資本金配当率（％）	5.07%	15.00%	9.98%	5.00%
		配当性向（％）	7.06%	15.57%	16.61%	30.71%
	内, 軽工業の実質私営（全期間無配当の江蘇陽光を除いた）1社の数値	資本金純利益率（％）	71.88%	96.37%	60.08%	16.28%
		資本金配当率（％）	10.14%	30.00%	19.96%	10.00%
		配当性向（％）	14.11%	31.13%	33.23%	61.43%

注1）実質私営・軽工業の江蘇陽光は8年間の全てが無配当のため, 当該企業を除いた平均値も記して検証する。

2）範囲および標準偏差は少数表示。

出所）表4-9（その3）の出所より筆者が計算作成。

第4章　国有企業の利潤分配に関する考察

49.44%	88.79%	65.00%	45.54%	53.04%	0.5984	0.1747
11.88%	20.25%	17.88%	17.23%	17.79%	0.1744	0.0558
32.96%	25.88%	34.32%	37.29%	37.54%	0.3745	0.1144
28.55%	40.45%	42.31%	4.71%	39.77%	0.7696	0.2135
6.26%	4.44%	17.40%	9.02%	9.32%	0.1296	0.0423
22.12%	7.03%	78.37%	20.26%	25.86%	0.7134	0.2086
34.22%	49.69%	52.77%	24.97%	50.68%	0.7301	0.2236
7.82%	5.55%	21.75%	11.27%	11.65%	0.1620	0.0528
27.66%	8.78%	97.96%	25.33%	32.32%	0.8917	0.2607
53.20%	89.62%	67.74%	42.90%	59.59%	0.5259	0.1864
11.81%	16.91%	19.44%	14.99%	16.80%	0.1528	0.0491
30.97%	14.42%	58.16%	24.21%	33.36%	0.4374	0.1384
14.88%	26.49%	30.48%	0.44%	21.72%	0.3545	0.1253
5.00%	8.00%	13.75%	12.00%	9.41%	0.0875	0.0324
23.88%	28.11%	35.74%	45.44%	32.35%	0.2156	0.0628
37.12%	48.16%	49.82%	28.75%	44.26%	0.5959	0.1706
5.88%	7.16%	15.60%	13.02%	9.69%	0.0972	0.0342
8.81%	20.70%	42.72%	31.15%	26.24%	0.3391	0.1206
60.40%	108.21%	77.83%	52.62%	64.03%	0.6868	0.2077
14.17%	23.33%	19.67%	18.31%	20.36%	0.2159	0.0671
36.15%	19.80%	29.25%	30.73%	35.25%	0.4139	0.1280
38.80%	52.45%	47.56%	23.47%	50.72%	0.8714	0.2496
7.09%	4.06%	19.00%	8.36%	9.69%	0.1494	0.0461
20.61%	3.66%	115.99%	11.16%	29.58%	1.1233	0.3380
16.58%	30.53%	26.52%	24.30%	20.08%	0.3334	0.0984
5.00%	11.00%	12.50%	14.00%	10.06%	0.0900	0.0321
23.37%	44.14%	49.54%	56.97%	44.41%	0.3408	0.1294
13.19%	22.46%	34.44%	−23.43%	23.36%	0.7625	0.2183
5.00%	5.00%	15.00%	10.00%	8.76%	0.1000	0.0414
24.40%	12.07%	21.93%	33.91%	20.28%	0.2686	0.0860
20.49%	41.41%	68.40%	29.49%	50.55%	0.8009	0.2638
10.00%	10.00%	30.00%	20.00%	17.51%	0.2000	0.0827
48.80%	24.15%	43.86%	67.82%	40.57%	0.5371	0.1721

図4-6　表4-10の国有（8社）の平均と実質私営（4社）の平均との比較

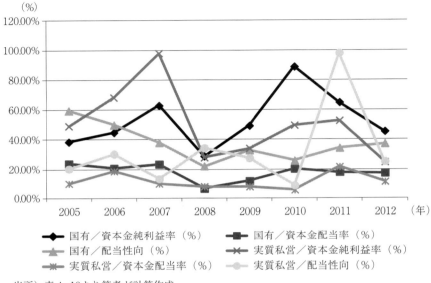

出所）表4-10より筆者が計算作成。

(2) 重工業9社と軽工業3社（軽工業4社の内，全期間無配当の江蘇陽光を除いた3社）とを比較すると，以下の通り（図4-7参照）。
・重工業では資本金純利益率の推移は明らかな一定方向へ変動する傾向が存在するとは言い難い，資本金配当率の推移は若干の低下傾向，したがって配当性向の推移には低下傾向が見られる。軽工業では資本金純利益率に低下傾向が見られるが，資本金配当率，配当性向ともにその推移には一定方向へ変動する目立った傾向があるとは言い難い。
・資本金純利益率の平均値は，重工業：59.59%，軽工業：44.26%と重工業が明らかに高い。資本金配当率の平均値は，重工業：16.80%，軽工業：9.69%と重工業が明らかに高い。配当性向の平均値は，重工業：33.36%，軽工業：26.24%と重工業が若干高い。
・資本金配当率の上下動のバラツキ（標準偏差）は重工業：0.0491，軽工業：0.0342と大きな差異はなく，資本金純利益率や配当性向のバラツキに比較し

図4-7 表4-10の重工業（9社）の平均と軽工業（3社）の平均との比較

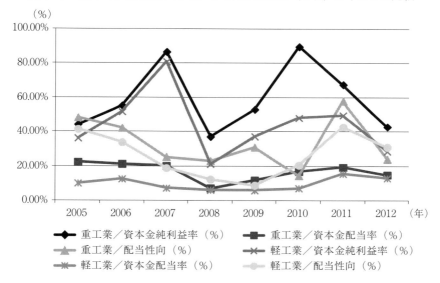

出所）表4-10より筆者が計算作成。

て安定している。資本金純利益率のバラツキも重工業，軽工業ともに同じような状態であり，したがって配当性向のバラツキも目立った差異は無い。
(3) 重工業の国有6社と重工業の実質私営3社とを比較すると，以下の通り（図4-8参照）。
・重工業・国有では資本金純利益率の推移は上昇傾向，資本金配当率の推移は若干の低下傾向，従って配当性向の推移には明らかな低下傾向が見られる。重工業・実質私営では資本金純利益率に低下傾向が見られるが，資本金配当率，配当性向ともその推移には一定方向へ変動する目立った傾向があるとは言い難い。
・資本金純利益率の平均値は，重工業・国有：64.03%，重工業・実質私営：50.72%と重工業・国有が若干高い。資本金配当率の平均値は，重工業・国有：20.36%，重工業・実質私営：9.69%と重工業・国有が明らかに高い。配当性向の平均値は，重工業・国有：35.25%，重工業・実質私営：

図4-8　表4-10の重工業・国有（6社）の平均と重工業・実質私営（3社）の平均との比較

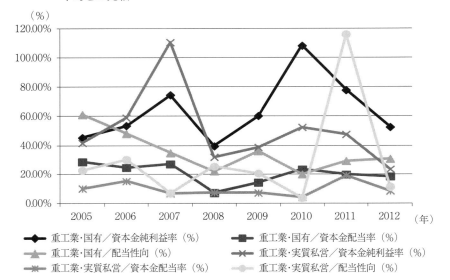

出所）表4-10より筆者が計算作成。

29.58％と重工業・国有が若干高い。
・資本金配当率の上下動のバラツキ（標準偏差）は重工業・国有：0.0671，重工業・実質私営：0.0461と大きな差異はなく，資本金純利益率や配当性向のバラツキに比較して安定している。資本金純利益率のバラツキは重工業・実質私営が0.2496と重工業・国有の0.2077よりも大きく，このために（資本金配当率のバラツキに大きな差異が無いのにも拘らず）配当性向のバラツキは重工業・実質私営が0.3380と重工業・国有の0.1280を上回っている。つまり，重工業・実質私営の配当性向の上下動が大きくなる要因は配当の上下動が大きいためではなく利益の上下動が重工業・国有に比較して大きいためである。

なお，軽工業の国有と実質私営との比較は，その対象企業が少なく且つ実質私営の内の1社（江蘇陽光）は全期間無配当のため，比較は困難な状態であると言わざるを得ない。

第4章　国有企業の利潤分配に関する考察　235

　以上の通り，国有8社の利益配当の傾向は，重工業（国有，実質私営合計の）9社の傾向に似ており，さらに重工業・国有6社の傾向は国有8社の典型的な姿となって現れている。実質私営4社の利益配当の傾向は，軽工業3社，重工業・実質私営3社に似ている。なお，以上の国有8社，重工業9社，重工業・国有6社の傾向を「国有グループ」と，実質私営4社，軽工業3社，重工業・実質私営3社の傾向を「実質私営グループ」と簡略化して呼称して，以上の配当に関わる分析結果をまとめると以下の通り。

（1）配当政策については次の通り。

・「国有グループ」，「実質私営グループ」ともに配当金（または資本金配当率）の推移は（資本金純利益率や配当性向の推移よりも）安定的である。但し，「実質私営グループ」の方が「国有グループ」より僅かに安定的である，これは「国有グループ」の資本金配当率が緩やかに漸減し「実質私営グループ」にはそのような変動が無いために現れている現象である。

・「国有グループ」は資本金配当率が安定的といえども，それは資本金純利益率の変動に合わせて変動している。例えば2008年に資本金純利益率が低下した時には資本金配当率も低下させている。

・以上の通り国有株式会社と実質私営株式会社との配当政策についての明らかな大きな差異は見られない。そして国有株式会社の配当金が定額化しているとは言い難い。

（2）株主の違い（国有株式会社か実質私営株式会社かの違い）に応じた配当の違いについては次の通り。

・（上記の通り）資本金配当率の安定度合いには株主の違いによる差異は見られない。

・「国有グループ」は資本金純利益率が上昇傾向，資本金配当率が緩やかに漸減，したがって配当性向は漸減。「実質私営グループ」は資本金純利益率が低下傾向，資本金配当率と配当性向との変動には目立った傾向は見られない。

・資本金純利益率の平均値の高低は，「国有グループ」の方が「実質私営グループ」より若干高い。資本金配当率の平均値の高低は，「国有グループ」の方が「実質私営グループ」よりも明らかに高い。この「国有グルー

プ」の資本金配当率が「実質私営グループ」よりも高い要因としては，株主の性格の違いがあるかもしれないが，資本金純利益率が高くなければ高い資本金配当率は実現しないので，この資本金純利益率の高さが大きな要因であろう．
- 以上の通り国有株式会社と実質私営株式会社とは利益ならびに配当の大小の差異はあるが，その配当状況において全体的には大きな差異は無い．国有株式会社は実質私営株式会社に比較して利益（または資本金純利益率）が高く（且つ上昇基調にある），この点に対応して配当のレベル（または資本金配当率）が高くなっていると推定される．したがって国有株式会社の利益のレベルが実質私営株式会社のそれよりも高くなっている状態こそが，国有株式会社と実質私営株式会社との顕著な違いである．

(3) 配当の違いに対応した内部留保の変化の違いについては次の通り．
- 「国有グループ」は資本金純利益率が上昇傾向・資本金配当率が緩やかに漸減・したがって配当性向は漸減する，一方，「実質私営グループ」は資本金配当率と配当性向とに目立った変動は見られないので，「国有グループ」の内部留保の変化は「実質私営グループ」のそれに比較して，加速度的に増大する変化を見せている．
- 「実質私営グループ」は資本金純利益率を上回る資本金配当率は無いので内部留保を取り崩しての配当は実施していない（南鋼股份は2011年単年度では資本金純利益率を上回る資本金配当率を示しているが，当該分析対象期間全体では内部留保は増加している）（江蘇陽光は無配当を継続しているが2012年に損益が大きなマイナスになり，内部留保をもマイナスになっている）ので，内部留保は増加している．
- 以上の通り国有株式会社，実質私営株式会社（江蘇陽光を除いて）ともに内部留保の増加を図っている．但し，その増加の程度は国有株式会社の方が実質私営株式会社よりも大きい．

2.4.3 内部留保の使途

上記の2.4.2「国有株式会社と実質私営株式会社との利益配当についての比較」で分析対象とした13社について当該分析対象期間（2005～2012年）に増加

した内部留保がどのように使われているか，例えば右肩上がりの経済成長に合わせて設備等規模拡大に充てる，低成長経済の需要減退に合わせて資産を減らしてROAの引き上げを図るべく負債減少に充てるなどが想定されるが，そのような動向を見る。且つ，中国の高い経済成長に合わせて企業規模拡大が想定されるので，その規模拡大の資金の源泉，例えば利益によって増大した内部留保による，または内部留保の拡大だけでは資金が不足して株式追加発行による資本金増資，負債の拡大によるのかを見てみる。

対象13社の貸借対照表のデータより資産（流動資産・非流動資産），負債，株主資本（資本金・内部留保）の動向を分析して内部留保の使途ならびに資産拡大の場合の主な原資を見極める。13社の資産，負債，株主資本の動向および分析結果は表4-11，表4-12の通り。なお，この分析では（各社の）貸借対照表の株主資本より資本金を減じた額を内部留保額と見なす。

表4-11および当該13社の貸借対照表の実数値（主に表4-11の各科目の金額）より考察した内部留保の使途，および資産拡大の場合の主な原資については，表4-12の通り。

表4-11，表4-12より読み取られた結果は，13社の内，江蘇陽光を除く12社は内部留保が金額の大小はあるがいずれも拡大している，また負債，資本金も拡大している。したがって資産が拡大しており，その拡大に対する内部留保の寄与の具合には大小はあるが，寄与はしている。なお，表4-11より判るように江蘇陽光は内部留保が減少し，2012年には営業利益，純利益ともマイナスに転じた結果，内部留保はマイナスになっているので，内部留保による資産拡大は無く，負債と資本金の拡大により資産拡大をしている。

資産拡大については，10社で概ね非流動資産の拡大が多い，残3社は上汽集団，申達股份，金発科技であり，上汽集団は非流動資産も拡大しているがそれを大きく上回って流動資産が拡大している。申達股份は非流動資産が僅かに拡大しているものの，その拡大の程度は流動資産の拡大の程度よりも小さい。金発科技は非流動資産の拡大の程度は流動資産のそれよりも大きいが，非流動資産の金額は小さく（非流動資産／資産合計の数値は，2005年：21％→2012年：27％。例えば，光明乳業の場合の同数値は全期間を通じて約50％），資産拡大の主要因は流動資産の拡大である。

表 4-11　上場企業・製造業13社の資産（流動資産・非流動資産），負債，株主資本（資本金・内部留保）の推移

企業別 （企業名は略称）	（指数表示， 2005年：100）	2005年	2006年	2007年	2008年	2009年	2010年	2011年	2012年
（鉄鋼／国有） 宝鋼股份	売上高	100	125	151	158	117	160	176	151
	流動資産	100	110	163	125	112	146	168	147
	非流動資産	100	105	118	149	156	155	160	153
	負債	100	102	149	162	158	166	186	154
	資本金	100	100	100	100	100	100	100	98
	内部留保	100	113	125	131	136	153	156	165
（鉄鋼／国有） 河北鋼鉄	売上高	100	114	172	237	359	481	548	459
	流動資産	100	120	157	197	412	401	428	462
	非流動資産	100	114	135	145	425	451	704	779
	負債	100	122	151	182	463	471	613	702
	資本金	100	100	100	160	303	303	469	469
	内部留保	100	111	144	133	353	366	522	519
（鉄鋼／実質私営） 南鋼股份	売上高	100	106	148	191	157	202	260	216
	流動資産	100	118	144	151	185	359	328	282
	非流動資産	100	101	113	111	108	504	520	576
	負債	100	120	137	142	171	522	513	529
	資本金	100	100	100	180	180	414	414	414
	内部留保	100	98	130	102	105	240	222	188
（自動車／国有） 上汽集団	売上高	100	477	1,629	1,650	2,174	4,891	6,779	7,529
	流動資産	100	766	838	859	1,144	2,235	2,936	2,904
	非流動資産	100	452	585	642	788	1,031	1,576	1,584
	負債	100	1,728	2,056	2,423	3,195	5,142	6,485	6,019
	資本金	100	200	200	200	200	282	337	337
	内部留保	100	300	368	335	429	679	1,090	1,328
（自動車／国有） 江淮汽車	売上高	100	110	152	157	214	316	324	310
	流動資産	100	115	131	130	295	455	370	528
	非流動資産	100	133	172	216	233	241	266	331
	負債	100	149	171	235	394	499	440	666
	資本金	100	100	142	142	142	142	142	142
	内部留保	100	114	148	146	163	219	238	252
（自動車／実質私営） 海馬汽車	売上高	100	99	226	163	167	272	299	226
	流動資産	100	125	811	522	655	1,214	1,077	896
	非流動資産	100	4,152	7,489	7,605	9,699	12,200	15,973	18,399
	負債	100	123	1,080	573	832	1,147	1,121	919
	資本金	100	237	379	383	484	762	762	762
	内部留保	100	1,301	1,479	1,577	1,795	4,536	4,844	5,024
（建機／国有） 山推股份	売上高	100	160	252	344	364	701	769	549
	流動資産	100	124	174	227	293	552	731	650
	非流動資産	100	126	154	203	244	330	398	462
	負債	100	152	210	240	352	761	1,077	1,010
	資本金	100	107	128	141	141	141	141	211
	内部留保	100	109	147	244	284	371	408	351

第4章　国有企業の利潤分配に関する考察

企業別 （企業名は略称）	（指数表示, 2005年：100）	2005年	2006年	2007年	2008年	2009年	2010年	2011年	2012年
（建機／国有） 柳工	売上高	100	127	187	228	250	378	439	310
	流動資産	100	117	157	218	336	669	766	711
	非流動資産	100	122	179	300	448	817	1,177	1,336
	負債	100	122	190	357	537	997	1,320	1,305
	資本金	100	100	100	100	138	159	238	238
	内部留保	100	123	163	190	303	675	719	717
（建機／実質私営） 三一重工	売上高	100	180	360	542	650	1,338	2,001	1,846
	流動資産	100	139	270	325	346	658	1,089	1,285
	非流動資産	100	97	169	235	309	659	1,059	1,486
	負債	100	121	235	298	289	744	1,170	1,526
	資本金	100	100	207	310	310	1,055	1,582	1,582
	内部留保	100	136	234	273	379	394	757	967
（紡織／国有） 申達股份	売上高	100	96	99	97	104	120	134	138
	流動資産	100	92	104	105	134	137	157	166
	非流動資産	100	100	106	103	84	83	84	111
	負債	100	82	89	85	99	102	113	151
	資本金	100	100	100	100	100	100	150	150
	内部留保	100	106	117	120	125	125	118	128
（紡織／実質私営） 江蘇陽光	売上高	100	97	122	132	104	124	155	113
	流動資産	100	153	245	175	68	67	94	93
	非流動資産	100	98	93	184	224	214	211	138
	負債	100	158	253	294	211	188	222	219
	資本金	100	100	100	185	185	185	185	185
	内部留保	100	106	117	69	73	78	78	-18
（食品加工／国有） 光明乳業	売上高	100	104	119	107	115	139	171	200
	流動資産	100	103	120	111	120	173	209	276
	非流動資産	100	108	108	110	105	153	194	234
	負債	100	111	119	137	135	231	319	345
	資本金	100	100	100	100	100	101	101	118
	内部留保	100	106	126	88	99	120	131	261
（プラ製品／実質私営） 金発科技	売上高	100	135	186	207	206	296	334	354
	流動資産	100	147	322	305	383	444	459	573
	非流動資産	100	124	190	299	430	522	657	819
	負債	100	152	312	300	439	527	510	436
	資本金	100	140	290	614	614	614	614	1,158
	内部留保	100	129	258	201	222	282	432	723

注）内部留保＝株主資本－資本金と見なして算出。
出所）表4-9（その3）より筆者が計算作成。

表4-12 上場企業・製造業13社の内部留保の使途および資産拡大の原資

企業別 (企業名は略称)	内部留保の使途	(左欄の) 資産拡大の主要な原資 (負債, 資本金, 内部留保の動向より判定) (○内数字は原資として機能している大きい順位)
(鉄鋼/国有) 宝鋼股份	資産拡大 (特に) 流動資産・非流動資産とも拡大	①負債・①内部留保
(鉄鋼/国有) 河北鋼鉄	資産拡大 (特に) 非流動資産が拡大	①負債, ②資本金・②内部留保
(鉄鋼/実質私営) 南鋼股份	資産拡大 (特に) 非流動資産が拡大	①負債, ②資本金
(自動車/国有) 上汽集団	資産拡大 (特に) 流動資産が拡大	①負債, ②内部留保
(自動車/国有) 江淮汽車	資産拡大 (特に) 流動資産・非流動資産とも拡大	①負債, ②内部留保
(自動車/実質私営) 海馬汽車	資産拡大 (特に) 非流動資産が拡大	①内部留保
(建機/国有) 山推股份	資産拡大 (特に) 流動資産・非流動資産とも拡大	①負債, ②内部留保
(建機/国有) 柳工	資産拡大 (特に) 非流動資産が拡大	①負債, ②内部留保
(建機/実質私営) 三一重工	資産拡大 (特に) 流動資産・非流動資産とも拡大	①資本金, ②負債 但し, 資本金増資の原資は内部留保
(紡織/国有) 申達股份	資産拡大, 負債抑制 (特に) 流動資産拡大, 2009年以降は非流動資産減少	①資本金 但し, 資本金増資の原資は内部留保
(紡織/実質私営) 江蘇陽光	資産拡大 (特に) 非流動資産が拡大	①負債, ②資本金
(食品加工/国有) 光明乳業	資産拡大 (特に) 流動資産・非流動資産とも拡大	①負債
(プラ製品/実質私営) 金発科技	資産拡大 (特に) 非流動資産が拡大, 但し非流動資産の金額は僅小	①資本金, ②内部留保 但し, 資本金増資の原資は内部留保

出所) 表4-9 (その3), 表4-11より筆者が作成。

　なお, 資産 (流動資産, 非流動資産の合計) の拡大の程度について, 紡織業2社と食品加工業1社の拡大度合いは重工業 (宝鋼股份を除く) 各社に比較すると小さい。これは, 軽工業が重工業に比較して既に当該業種の成長過程が成熟期に入っている, 製造設備の技術的発展の余地が小さくなっている, などによる現象であると推定される。

　資産拡大の原資については, 9社で負債の寄与が大きい。残4社は海馬汽

車，三一重工，申達股份，金発科技であり，海馬汽車は内部留保が拡大している．三一重工は資本金増資が原資に寄与しているが，この増資は内部留保を原資にした株主への株式配当や無償増資によるので，資産拡大の原資は間接的に内部留保である．申達股份は2011年に資本金増資をしているが三一重工同様に内部留保を原資にした株主への株式配当や無償増資によるので，資産拡大の原資は間接的に内部留保である．但し，申達股份の資産拡大金額は小さくその拡大の原資も負債・資本金・内部留保とも小さい金額である．金発科技も三一重工や申達股份と同様に内部留保を原資にした資本金増資であり，資産拡大の原資は間接的に内部留保である．このように資産拡大の原資についての全般的な傾向は，負債が最も大きく，次に（資本金増資を介しての間接的な原資になっている内部留保も含めて）内部留保である．

　以上の状況を，利益配当で分析した「国有グループ」と「実質私営グループ」との区分による視点で見ると，資産拡大の程度は「国有グループ」が「実質私営グループ」より大きい．この傾向は，売上高の拡大の程度の差異と同様であり，企業の発展に起因するよりも業種部門の発展に符合した現象であろう，すなわち重工業と軽工業との差異であろう．資産拡大の原資は「国有グループ」は負債が大きく「実質私営グループ」は（資本金増資を介しての間接的な原資になっている内部留保も含めて）内部留保が大きい．この様な現象の要因については，金融機関の「国有グループ」と「実質私営グループ」に対する貸し出し方針に違いがあるやもしれないが，本書では金融機関に関わる分析までは立ち入らない．

　以上の通り利益から充当される内部留保の拡大に関連してその内部留保の使途，つまり資産拡大の状況を分析したが，国有株式会社と実質私営株式会社ともに内部留保の拡大は非流動資産，つまり主に設備の拡大に使われている．すなわち，国有株式会社と実質私営株式会社との間に差異は（資産拡大の内容に限定すると，資産拡大の原資については捨象すると）見られず，一方，重工業と軽工業との業種部門の発展の差異に伴う企業規模拡大の違いが顕著に見える．

2.5　日本の上場企業との比較から見る中国の利潤分配の特徴

　前述（2.4「上場企業の国有企業と実質私営企業との利潤分配に関わる比較」）で

明らかになった中国の状況を，前述（2.3「日本の上場企業の利潤分配状況」）で明らかになった日本の状況と比較して中国上場企業の特徴を示す。

2.5.1 利益配当の傾向の比較

利益配当の傾向の比較は表4-13の通り。

表4-13から判る通り，個々の率の絶対値は日本と中国で異なるが，該当期間における分配の推移・傾向は中国の「国有グループ」の傾向と日本の1960年代の傾向とが似ている。資本金配当率は中国の「国有グループ」が低下，日本の1960年代が一定と異なっているので，内部留保に向けられる大きさは中国のほうが相対的により大きくなる。

中国の「国有グループ」の特徴」が典型的に現れている重工業・国有と日本の1960年代との絶対値の比較をすると表4-14の通り。

表4-14の配当性向は，中国が35.25％で1960年代の日本の51.76％の約68％に相当する低さである，加えて中国の資本金純利益率が非常に高いので，中国の

表4-13 中国と日本の上場企業の利益分配の傾向

	中国		日本	
	2005～2012年		1961年～1970年	2001～2012年
	「国有グループ」	「実質私営グループ」		
資本金純利益率	上昇	（一定の傾向無し）	上昇	（一定の傾向無し）
資本金配当率	低下	（一定の傾向無し）	一定	（一定の傾向無し）
配当性向	低下	（一定の傾向無し）	低下	安定
内部留保	大きく拡大	拡大	拡大	拡大

出所）表4-6，表4-7，表4-10のデータより筆者が作成。

表4-14 中国・「国有グループ」の重工業・国有と日本・1960年代との利益配当比較

	中国「国有グループ」の重工業・国有	日本
	2005～2012年の平均値	1961年～1970年の平均値
資本金純利益率（％）	64.03％	21.93％
資本金配当率（％）	20.36％	10.37％
配当性向（％）	35.25％	51.76％

出所）表4-6，表4-7，表4-10のデータより筆者が作成。

第4章　国有企業の利潤分配に関する考察　243

方が相対的により大きく内部留保に利益を充てている状況が判る。

　配当金の大小（資本金配当率の大小）については，中国が20.36％で日本の10.37％の約2倍であるが（なお重工業・実質私営の資本金配当率は9.69％と日本のそれと同程度），中国の資本金純利益率は日本の2.92倍もあるので，中国の配当性向は日本より低く，中国の配当金額が日本に比較して相対的には，大きいとは言い難い。すなわち，国有株式会社は社会主義国の所有者である人民に配当金が届くように直接の支配株主である集団公司へ大きな配当を，1960年代の日本の配当金レベルよりも特段に大きな配当を支払っているのかどうかという視点で見れば，その配当金レベルは特段に高い水準に至っているとは言い難い状況だろう。つまり，日本の企業と同様に配当よりも内部留保に努めている姿が認められる。

　以上の通り，日本の高度成長期の上場企業の利益配当の特徴と同様の傾向が，中国の上場企業の中の国有株式会社，重工業企業，特に重工業の国有株式会社において見られる。そして純利益から内部留保に配分する大きさは，相対的に中国のこれらの企業の方が日本の上場企業よりも大きいと言える。

2.5.2　重工業と軽工業の比較

　中国の重工業と軽工業とはその利益配当の傾向が異なる様子を見せているが，1960年代の日本企業の状況について，重工業の八幡製鉄所と軽工業の鐘淵紡績との配当の推移を示す（前述の中国の個別企業と同様に8年間の配当の推移を示す）（表4-15参照）。

　この表4-15からは八幡も鐘紡も資本金配当率のレベルがほぼ同じであり且つその推移も安定していてほぼ一定（変動が僅少）である。そして両社の資本金純利益率のレベルの大小の差異があるので，その差異に応じて配当性向の大小の差異がある，すなわち，両社とも資本金配当率のいわゆる横並び的な同一レベル維持が優先され，配当性向の違いは結果的に現れている。つまり，重工業と軽工業との間に配当の政策・方針に関わっての大きな差異は見られない。

　このような重工業と軽工業との比較について，諸井（1984）は1973～1982年の鉄鋼5社（新日本製鉄，川崎製鉄，日本鋼管，住友金属工業，神戸製鋼所）と製薬5社（三共，武田薬品工業，塩野義製薬，藤沢薬品工業，大正製薬）との資本金

表4-15 高度成長期（1961～1968年）の日本企業

高度成長期の日本企業（重工業：八幡、軽工業：鐘紡）の配当の推移（1961～1968年）		1961年度	1962年度	1963年度	1964年度
八幡製鉄株式会社	資本金純利益率（％）	16.85%	2.60%	11.00%	9.01%
	資本金配当率（％）	12.00%	7.71%	8.92%	8.33%
	配当性向（％）	71.21%	296.64%	81.14%	92.54%
鐘淵紡績株式会社	資本金純利益率（％）	39.94%	20.55%	33.44%	23.76%
	資本金配当率（％）	12.00%	12.00%	12.00%	12.00%
	配当性向（％）	30.05%	58.39%	35.89%	50.50%

注）範囲および標準偏差は、少数表示。
出所）『八幡製鉄株式会社・有価証券報告書』各決算期版、『鐘淵紡績株式会社・有価証券報告書』各決算期版より筆者が計算作成。

配当率の比較を行ない、鉄鋼5社はいずれも配当率が同一歩調でそのレベルはほぼ10％で安定し（日本鋼管は同一歩調でない時期が2年間ある）、製薬5社は大正製薬を除いた4社が15％で安定（大正製薬は40％で安定）している事実を述べている。鉄鋼は重工業であるが、製薬は化学工業であり軽工業ではないが、重工業の範疇に入り難い。このような事実から、業種が異なっての配当の大小レベルは異なるが、配当の傾向は似ていることが分かる。

以上の日本の高度成長期またはそれに続く成長期の状況に鑑みれば、中国の「国有グループ」と「実質私営グループ」との配当の傾向の違いを重工業と軽工業に起因して現れているとは即断し難いだろう。

2.5.3 （補足）配当性向の比較に係る先行研究について

中国の配当の大小に関わる先行研究を見てみると配当性向を鍵にして大小の比較をしている例が散見され、その中のいくつかは次の通り。

川井（2003）は利潤分配の動向について、1990年代の動向の特徴を①無配当の多さ、②配当性向の低さの2点を提示している。[52] 現金配当性向について「中国と日本の上場会社（ともに有配会社）をあえて比較すれば、中国の会社の平均配当性向は日本の会社よりも概して低い。1992年から1999年までの通年平均でみれば、中国側の平均値は60.7％であるのに対して、日本側の平均値は

---

51) 諸井（1984）115-119頁。
52) 川井（2003）175-178頁。

第4章 国有企業の利潤分配に関する考察

業(重工業:八幡,軽工業:鐘紡)の配当の推移

1965年度	1966年度	1967年度	1968年度	各年の単純平均値	範囲 (最大値－最小値)	標準偏差
6.60%	16.71%	16.65%	12.36%	11.47%	0.1425	0.0491
9.00%	10.00%	10.00%	10.00%	9.49%	0.0429	0.0123
136.40%	59.84%	60.07%	80.87%	109.84%	2.3680	0.7419
11.34%	7.10%	19.84%	26.20%	22.77%	0.3284	0.1007
12.00%	12.00%	12.00%	6.00%	11.25%	0.0600	0.0198
105.83%	169.10%	60.49%	22.90%	66.64%	1.4620	0.4555

80.0%である。(中略)無配会社も含めた上場会社全体の平均現金配当性向みてみよう。中国の平均配当性向は1998年度841社の平均で18.4%,1999年度の576社の平均は29.7%である。(中略)日本の全上場会社の平均現金配当性向は(中略)バブル経済が崩壊して以後の長期の不況下で連年利潤が低下する一方で安定した配当金を払い続けている結果,配当性向は大幅に増大し1994年には83%に上昇した。1997年と1998年は当期利益がマイナスのため配当性向は算出不可能になり,1999年には131.8%まで上昇した」と。[53]

同じく1990年代の状況について,宮(2002b)は中国証券市場の株価の激しい変動の要因の一つとして配当に問題がある,それは①配当利回りが公定歩合より低い,②配当性向が低いの2点であり,配当性向については「1993年—1995年の配当性向の平均を比べてみる。中国・上海〔証券取引所上場企業〕は42.92%であり,日本の65.90%より23%ぐらい,アメリカの47.88%より5%ぐらい低い。中国・深圳〔証券取引所上場企業〕のそれは33.42%であり,日本,アメリカのそれよりそれぞれ32%,14%ぐらい低い」[54]と中国上場企業の低さを述べている。

確かに前述(2.3「日本の上場企業の利潤分配状況」)の2000年代の日本企業の配当性向は平均値が80.59%であり,これに比較して先の2000年代後半の中国上場企業13社の配当性向平均値が33.05%,重工業の国有6社のそれでも35.25%と中国の配当性向の値が低く(なお,1960年代の日本の配当性向でもその平均

---

53) 川井(2003)178頁。
54) 宮彗杰(2002b)「中国証券市場の問題点の分析」『立命館経営学』(立命館経営学会)第41巻第4号,2002年11月,157頁,宮(2002b)は宮(2002a)「中,日,米国の株価動向の国際比較」『立命館経営学』第40巻第5号,2002年1月,111-117頁の後編である。

値は51.76％であり，2000年代後半の中国の方が低い），川井，宮の提示した1990年代の事象とも合致する。そして，中国の資本金純利益率が日本の1960年代，2000年代のそれよりも大きく上回っているので，中国の配当性向は低くなり易い。しかしながら，資本金配当率は2000年代の日本企業の平均値が13.91％であり，これに比較して先の2000年代後半の中国上場企業13社の平均値が14.53％，重工業の国有6社のそれが20.36％と中国の資本金配当率の値が高い（なお，1960年代の日本の資本金配当率の平均値は10.37％であり，2000年代後半の中国の方が高い）。このような中国の資本金配当率が日本のそれよりもの高い状況の下で投資家（または出資者，株主）にとっては（企業の事業リスクなどを捨象すれば），日本よりも中国のほうが出資額に対する配当が高く，すなわち出資額に対する対価の利子が高く中国での投資のほうを好む可能性もあるだろう（なお，中国の証券市場は外国人に対する制限を設けているので，現実には外国人が中国で投資出来る範囲は限定的である）。以上のような状況を勘案すれば，中国の配当の性格または特徴を表すにあたっては，以上の先行研究の事例は配当性向の低さが強く押し出されているような印象を受け，実態を誤解しかねないのではないかと懸念する。そして，川井，宮はともに中国と日本および米国との同じ時期（1990年代）の配当性向の値を用いて比較しているが，比較にあたっては中国の1990年代の経済事情や証券市場の事情と日本および米国の1990年代のそれらとの違いを考慮し，また配当性向以外の指標をも考慮して比較する必要があるのではないだろうか。

おわりに

　本章では企業の利潤分配について，個々の企業に関する情報である年度報告（Annual Report）を公表している上場企業を対象にして，上場企業の現金配当を鍵にして上場企業の利潤分配について分析してきた。
　その結果，2000年代の上場企業に関する概要は，上場企業数，発行済株式総数はともに増加して来ており，特に第1次増加期である1996年から2001年までの時期の後に，2006年から著しい増加傾向を見せており第2次増加期と言える。そして上場企業に占める国有株式会社の割合は，1990年代に比較して若干

の低下を示すがなお6, 7割のレベルにある。

　第2次増加期の上場企業の利潤分配状況に関しては, 第1次増加期に多かった無配当企業が減少し, (無配当企業をも含めた)上場企業全体の配当性向のレベルは1990年代に比較して高くなったが, 第2次増加期の期間中の配当性向は若干の漸減傾向を示している。すなわち現金配当をする企業が増加している一方で, 配当を実施する個々の企業レベルでは利潤分配面で配当部分よりも内部留保への充当部分の割合を増加させている様子を見せている。

　このように第2次増加期において, 上場企業は株主への配当も内部留保も重視するいわゆる普通の上場企業らしい姿を見せつつあり, そして内部留保への利益の分配の割合を増加させている, 第2次増加期は企業の設備等規模拡大の時期とも言えよう。さらに, 以上のような上場企業の利潤分配動向は, 上場企業の太宗を占める国有株式会社の動向でもあると判定できるだろう。そして, 第2次増加期は, 本書第2章で示した通り, 製造業の上場企業をも含めた国有企業の収益性や資産・資本の効率性などが発展し, 第1次増加期とは異なる新しい段階に入った, と言えるだろう。

　次に, 2000年代後半以降における上場企業の中の国有株式会社と実質私営株式会社との利潤分配に関わる比較分析(分析で取り上げた製造業13社の状況に限定された下での判断であるが)の結果は, 次の通り。

(1)　2000年代後半以降においては, 国有株式会社は実質私営株式会社に比較して資本金純利益率が高く, 資本金配当率, 配当性向とも漸次低下させているが, それらの数値は国有株式会社のほうが高い。国有株式会社は実質私営株式会社以上に内部留保への利益の配分の拡大傾向を続けている。この国有株式会社と実質私営株式会社との比較結果は重工業と軽工業, 重工業の中の国有と実質私営との比較結果に似ている。

(2)　利益計上された利潤は全て株主への配当と内部留保への充当とに配分され, 従業員へ企業内部で利潤が還元されることは一切ない。

(3)　国有株式会社と実質私営株式会社との間には, 配当や内部留保への充当の大小の違いは有っても, 利潤分配の性質や仕組みに差異は無い。

　また, 1960年代の高度成長期の日本企業との比較では「国有グループ」の利潤分配の姿は日本企業の利潤分配の姿に似ているばかりではなく, 内部留保に

利潤から配分する大きさは相対的に中国のこれらの企業の方が日本の上場企業よりも大きいと言える。この相対的に日本企業以上に大きい内部留保への利潤分配を実施している背景には、1960年代の日本企業よりも資本の確保の点で企業外部からの調達の困難さが窺われるだろう。

さらに、中国の国有株式会社といえども、1960年代の日本企業や実質私営株式会社に比較して特段に高い配当金額を支払う姿や、1960年代の日本企業以上に利益の変動に応じずに一定額を配当する姿は、本章での国有株式会社の利潤分配に関する分析に限れば、認められない。

さらに補足として、国有株式会社から親会社の集団公司へ支払われた配当金が、集団公司から国有資産監督管理委員会のコントロールの下でどの程度が政府（国庫）へ納入されているのかについて、関連する法規などにより概観すると、次の通りの状況である。なお、国有企業の最終的な所有者である人民に対して政府が当該配当金を原資にしてどの程度を分配しているのかについては、政府の財政政策等により実行される分野の問題であり、この点については本書の考察対象外であることを付記しておく。

中国全国人民代表大会常務委員会は2008年10月に「企業国有資産法」を採択し、同法は翌2009年5月より施行された。この法律は、国が企業に対して出資したことによる投資権益（この権益を「企業国有資産」と称する）を管理する法律である。この法律により、国が国家出資企業に対して出資者として享受する権利を明記し、その出資者の権利には、国家出資企業の経営者（董事や高級管理人員[56]等）の任免権、企業の合併・分割や利益分配等の経営上の重大事項の決定権などが示された。そして当該法第6章（第58条〜第62条）にて、国は、国家出資企業から受け取る収入（この収入を「国有資本収入」と称する）に基づ

---

55) 当該法第5条により、この法律の対象となる国家出資企業は、狭義の国有企業（その企業の資産の100％を国が所有する非会社制の企業）、国有株支配企業（その企業を支配する出資者が国である会社制の企業、国が単独で100％出資する会社制の企業も含む）、国が出資している企業（国が支配してはいないが出資をしている会社制の企業）と規定されている。企業の名称については本書第2章第1節「国有企業と非国有企業との区分と先行研究の事例」1.補論「『中国統計年鑑』の企業の区分」ならびに同章第2節「企業の区分—筆者の考察における区分—」を参照。
56) 董事は日本の企業の取締役、高級管理人員は同じく執行役員等に相当する。

く予算（この予算を「国有資本経営予算」と称する）を編成しなければならないことが明記され，この国が受け取る国有資本収入とは，①国家出資企業より分配を受ける利益，②国有資産譲渡収入，③国家出資企業より取得する清算収入，④その他の国有資本に関する収入，であると示された。このように，当該法律の制定により国がその出資する企業に対する権利が明確にされ，一方，企業側も出資者である国に対する義務が明記された。例えば，企業側の義務の1つである利益分配については，当該法第18条に「国家出資企業は，法律，行政法規及び企業定款の規定により，出資者に対し利益を分配しなければならない」と記されている[57]。

この法律に対応して国家出資企業の内の中央政府（政府のなかの「国有資産監督管理委員会」）が直接に管理する国が単独で100％所有または100％出資する企業については，その企業が国に対して支払わなければならない利益分配のレベルについても新しい法規（「中央企業国有資本収益収取管理暫行弁法」が「企業国有資産法」制定の前年の2007年12月に暫定的に制定された）により定められた[58]。当該暫定法によると，狭義の国有企業（非会社制の100％国有企業）と国が単独で100％出資する会社制の企業とが支払う利益のレベルは，エネルギー関連（石油ガス・石炭・電力），通信関連などの18社は純利益の10％を，一般の市場で競争をしている99社は純利益の5％を分配，国家政策による事業を行なう34社（軍需産業，研究所など）は3年間の分配猶予または免除，と定められた。その後，利益分配のレベルは改定され，2014年の改定ではエネルギー関連（石油ガス・石炭・電力），通信関連企業は20％に，一般の市場で競争をしている企業は15％に，国家政策による事業を行なう企業（軍需産業，研究所など）は10

---

57) 「企業国有資産法」については，日中経済協会 Web Site（http://www.jc-web.or.jp/jcea/publics/index/568/）2015年12月19日参照。
58) 狭義の国有企業（その企業の資産の100％を国が所有する非会社制の企業）と国有株支配企業の内の国が単独で100％出資する会社制の企業とに対しては，「中央企業国有資本収益収取管理暫行弁法」で定める分配のレベルが適用される。国有株支配企業（除く，国が単独で100％出資する会社制の企業）と国が出資している企業（国が支配してはいないが出資をしている会社制の企業）については，当該企業の株主総会で決定する利益分配が適用される。

%に改められた。[59]

　以上の法規によれば，例えば中央政府が直接管理する超大型企業の「中国石油天然気集団公司」（当該集団公司は国が単独で100％出資する会社）の利益分配のレベルは20％になる。当該集団公司の子会社である上場企業の「中国石油天然気股份有限公司」の2014年度の配当性向が26％[60]であるから，上場企業から親会社へ支払われた利益配当の全額は国に支払われてはいない（このケースでは〔26％－20％＝〕6％部分，すなわち26％の約2割相当が親会社に留保される）。[61]また，前述（2.4「上場企業の国有企業と実質私営企業との利潤分配に関わる比較」2.4.2「国有株式会社と実質私営株式会社との利益配当についての比較」，「表4－10　上場企業・製造業13社の利益配当状況の推移」）にて示した国有株式会社8社の2012年度平均配当性向は37.29％であり，これら上場企業である国有株式会社8社の親会社が中央政府の管理する国が単独で100％出資する国有企業であれば，2014年の規定の場合は20～10％の利益分配レベルが適用され，親会社には，子会社からの配当（子会社の配当性向は37.29％とする）の内の約4～7割相当が留保される。[62]この留保される部分が適切なレベルなのか否かの判定は，

---

59)　「中央企業国有資本収益収取管理暫行弁法」については，以下を参照。中華人民共和国財政部主管『中国財政年鑑』2008年版，中国財政雑誌社，119頁。および，中華人民共和国中央人民政府 Web Site（http://www.gov.cn/zwgk/2007-12/17/content_836608.htm）2013年10月2日参照，百度百科 Web Site（http://baike.baidu.com/link?url=dOojp5djk-QRzdbtiiDQT_QU12l7d60A7MGxfcjUFZi02QMVwZeTDMnpUCuQi6K7XvYIWQd4gh-kfvLSquxDsK）2013年10月2日参照。ならびに2014年の改定については，中国・財政部 Web Site（http://www.yss.mof.gov.cn/2015czys/201503/t20150324 1206236.html）2015年12月20日参照。

60)　『証券之星』Web Site（http://stock.quote.stockstar.com）2015年12月20日参照。

61)　中央政府が管理する「中国石油天然気集団公司」などの国が単独で100％出資する企業に適用される利益分配のレベルは，当該集団公司の子会社を含めた連結決算により算出された純利益に対して適用される旨，「中央企業国有資本収益収取管理暫行弁法」にて規定されている。したがって，親会社の純利益額と子会社である上場企業の純利益額とが同額であるとすれば，このケースでは上場企業が親会社に支払う利益配当の約2割相当が親会社に留保される（子会社である上場企業は親会社の中核的な事業を担っているケースが一般的であるから，親会社の連結決算の純利益額は上場企業の純利益額に近い金額になるであろう）。

62)　子会社の配当性向が37.29％であり，親会社の連結決算純利益額も子会社と同額であるとすれば，親会社が連結決算の純利益の20～10％を配当した場合，子会社の配当部分の

第 4 章　国有企業の利潤分配に関する考察　251

親会社の財務データが公表されていないために，即断することは難しいが，親会社の中核的な事業が一般的には子会社の上場企業に担われていることを考慮すると，親会社の連結決算の純利益額は子会社の上場企業の純利益額に近い金額になるであろうから，親会社に留保される部分が少々過大であるかもしれない。

　以上の通り，国有株式会社の支払う利益配当の全ては国庫に納入されていないという実情は明らかであろう。

　本章の分析・考察の結果に限定すれば，中国の国有株式会社の利潤分配からは日本の特に1960年代の上場企業で見られないような特徴は無く，社会主義の中国だから存在するような特段の特徴は見つからない。国有株式会社と実質私営株式会社との支配株主はその性格が異なる（片や国，片や私人）が，それら両者の利潤分配に関する性質や仕組みにも違いは見つからない。加えて上記のように国有企業の利潤の全人民への還元はあったとしても僅少であろう。このような中国の国有株式会社の利潤分配状態には実質私営株式会社の利潤分配との差異のみならず資本主義経済の企業における利潤分配との差異を見つけにくいと言わざるを得ないだろう。

　内，親会社に留保される部分は，$(37.29\% - 20\%)/37.29\% = 0.46 \sim (37.29\% - 10\%)/37.29\% = 0.73$ であり，37.29％の約4～7割相当となる。

第5章　国有企業の労働生産性と資本の効率に関する考察

はじめに

　中国の鉱工業部門について本書第2章では，国有企業または国有経済部門（または，広義の国有企業，国有及び国有株支配企業）[1]が私営企業など他部門に比較して高い利益・高い剰余価値を生み出していることを，国有企業が資本主義的生産方法を用いて市場経済を主導していることを確認した。その中でも売上高利益率や総資産（または総資本）利益率（ROA）の推移に注視すると，2008年頃を境に，国有企業のみならず全企業がそれまでの上昇傾向から横ばい傾向さらには低下傾向に転じている。例えば，企業がその生産設備を更新・拡大するに際しては技術革新が伴い，労働生産性が上昇し，従業員1人当たり生産額や1人当たり売上高が拡大，さらに従業員1人当たり利益の産出量も増えるケースが多いだろう。中国の鉱工業部門の2008年以前の姿は，そのように，資産，売上高，利益，売上高利益率，ROA が上昇して来ていた。しかし，2008年頃以降は，資産も売上高も上昇しているにも拘らず，利益が上昇傾向から横ばい傾向さらには低下傾向に変化し，売上高利益率や ROA が変化している。

　本章では，このような変化が発生した要因を労働の生産性，資本の効率（または利潤率）の視点から探り，このような変化についての国有企業と非国有企業との差異，特に鉱工業部門の株式上場企業の中の国有株式会社と実質私営株式会社[2]との差異を考察する。この国有株式会社は，社会主義市場経済におけ

---

1)　（本書第2章第2節「企業の区分―筆者の考察における区分―」の注記に示したとおり）本書では「国有経済部門」，「国有企業」，「広義の国有企業」，「国有及び国有控股企業（国有株支配企業）」を同義として表記する。
2)　国有株式会社と実質私営株式会社の概要，他企業との区別については，本書第3章第2節「所有・支配・経営の関係についての考察」2.2「国有株式会社，親会社とその支配

第5章　国有企業の労働生産性と資本の効率に関する考察　253

る主体的な所有制である公有制経済部門の企業である。

　なお，このような変化が発生した時期は，2008年9月のリーマン・ショックが発生した時期であるが，一方，2008年8月・北京オリンピック開催，2010年・上海万博開催に伴うインフラ整備をはじめとする様々な需要が有った時期であり，且つ，リーマン・ショック発生後には政府によるインフラ建設への投資など巨大な規模の需要を創出する経済対策によって中国経済は世界の中でもいち早く景気回復を成し遂げたと評された時期である。したがって，売上高利益率やROAの変化の要因を，日本など先進諸国と同様にリーマン・ショックの影響による需要の縮小などと，単純に解釈してしまうことは妥当とは言えないだろう。

　売上高利益率は，生産された商品が価値通りに売られるとすれば，生産された商品の価値，すなわち生産物価値と，そのなかに含まれる剰余価値（または利益，利潤）との比率である。そして，売上高利益率の低下は，商品に含まれる原材料や生産設備の減価償却分，すなわち商品に移転する生産手段の価値が変化しないならば，剰余価値の量の減少であり，それは労働力が一定であれば剰余価値率の低下，または剰余価値率が一定であれば労働力の減少によって発生する。したがって，売上高利益率の変化の要因を探るために，従業員1人当たり利益，従業員1人当たり売上高，従業員数の変化，すなわち労働の生産性の変化に注目して分析を進める。

　　株主との関係図」を参照。
3）　国有経済部門への株式会社の導入，奨励は中国共産党第15回全国代表大会で決定されている。同大会での報告は本書第3章「はじめに」の注記を参照。
4）　リーマン・ショック後の中国のGDPは，2008年以降も対前年比でプラス（総額が常に伸びている）であるが，その成長率の程度は，2008年は前年を下回り，それ以降は若干上下変動をしながら同レベル状態で，2012年は若干低下している（名目GDP，実質GDPとも）（実質GDPの対前年比成長率［指数表示］…2007年：114.2, 08年：109.6, 09年：109.2, 10年：110.4, 11年：109.3, 12年：107.7, 13年：107.7, 内，鉱工業部門の実質GDPは対前年比成長率［指数表示］…2007年：114.9, 08年：109.9, 09年：108.7, 10年：112.1, 11年：110.4, 12年：107.7, 13年：107.6,）（出所：『中国統計年鑑』2014年版）。
　　なお，日本の場合は，（実質GDP・対前年増加率は）2007年：－1.0%, 08年：－0.9%, 09年：－1.2%, 10年：－2.0%, とマイナス成長（出所：『日本統計年鑑』総務省統計局，2012年）。

ROAは，総資産，すなわち生産のために投下された資本と，その資本を使って産出された利益，すなわち利潤との比率である。そして，ROAの低下現象は，資本の有機的構成の高度化による利潤率の傾向的低下が表れた現象である可能性がある。したがって，ROAの変化の要因の分析にあたっては，資産額と人員との関係をも注視して分析するのが望ましく，この点に注目して分析を進める。

また，ROAは，資本集約型産業と労働集約型産業とを比較した場合，資本集約型産業のほうが一般的に低い傾向があり，中国の鉱工業部門では，後述するように，ROAの絶対値は私営企業が国有企業を上回っているが，このようなROAの差異は，「重工業・規模大」の業種では国有企業が多く，「軽工業・規模小」の業種では私営企業が多く，国有企業と私営企業との差異は，資本集約型と労働集約型との差異であることに起因していると推定できる。つまり，異なる性格の企業の比較によるROAの差異である。したがって，ROAの国有と私営との比較は同一の業種・企業形態においての分析が求められ，本章での国有と私営との差異の分析は，ROAも含めてすべて同一の業種の株式上場企業のなかでの国有株式会社と実質私営株式会社との比較分析によって行なう。

そして，具体的には，主に中国の鉱工業部門の鉄鋼，機械，紡織業などの各産業の中の幾つかの個別の株式上場企業を取り上げて，これらの企業のなかでの国有株式会社と実質私営株式会社との比較や，日本の高度成長期の同業種の企業の事例との比較を行ない，国有株式会社と実質私営株式会社との差異を考察する。

本章の考察に入る前に，2008年前後の中国の鉱工業部門の企業区分別（「国

---

5) 2010年時点の業種における「重工業・規模大」，「軽工業・規模小」の区別と国有企業と私営企業との区別の相互関係については，本書第2章第3節「国有企業の実態」3.2「企業の収益性・成長性・生産性」3.2.5「業種別・企業規模別状況」を参照。この私営企業は『中国統計年鑑』における企業区分に拠っており，株式上場企業を含む株式会社はこの「私営企業」の区分には含まれていない。

6) 区分は，『中国統計年鑑』の所有（出資）の別による区分に基づき，「国有及び国有控股企業（国有株支配企業）」，「私営企業」，「外資企業（含む，港澳台）」，「その他」の区分とする。当該区分の詳細は，本書第2章第2節「企業の区分―筆者の考察における区分―」を参照。

第5章　国有企業の労働生産性と資本の効率に関する考察　255

有企業〔または国有及び国有株支配企業〕」「私営企業」「外資企業」「その他」[7]の4区分）により売上高利益率やROAの変化の状況や，関連データを以下の通り確認する。売上高，利益額[8]，売上高利益率，総資産額，総資産（または総資本）利益率（ROA），従業員数，従業員1人当たり利益額の推移は，それぞれ図5-1，図5-2，図5-3，図5-4，図5-5，図5-6，図5-7の通り（利益はいずれも経常利益による）。

　以上の図示したデータより，2008年頃の以前と以後とを比較すると，売上高は，いずれの企業区分とも増加し続け，利益額は私営企業以外の企業が2008，09年と2012年以降に若干の減少または横ばい傾向を示し，私営企業は2012年以降に伸びが減速しているが，それ以外の年次は全ての企業とも増加傾向を示している。一方，売上高利益率は，2007年以前の右肩上がりから，2008年以降は，国有・国有株支配企業（以下，国有企業と表記）は2010年の上昇以外は低下または横ばい，私営企業は2010年の上昇および2011年の横ばい以外は低下，外資企業は2009，2010年の上昇以外は低下，その他企業は2010年の上昇以外は低下状態となっている。特に2011年を境にそれ以降はいずれの企業区分とも下降している。総資産は，売上高の増加傾向と同様に増加しているが，ROAは売上高利益率と同様の時期に右肩上がりの傾向から低下や横ばい状態へ変化している状況がみられる。従業員数は（2011年までのデータではあるが），国有企業が2007年以前の減少傾向から2008年以降は横ばいに，外資企業とその他企業は2008年以前の増加傾向から2009年以降は横ばいに，私営企業は2008年以降も増加して2011年に若干減少に転じている。従業員1人当たり利益額は2008，

7）『中国統計年鑑』の所有（出資）の別による区分に基づいて，本章で特に断りなしに「その他企業」として取り扱う区分に含まれる主な企業は，企業の組織形態としての有限会社（中国語：有限責任公司）と株式会社（中国語：股份有限公司）の中から国有株支配企業を除いた残りの企業である。本書第2章第2節「企業の区分―筆者の考察における区分―」を参照。なお，有限会社，株式会社の形態の企業のうち，その出資者が少数の自然人，または1名の自然人が株式を支配する企業は，私営有限責任公司，私営株式有限公司という名称の区分に分類され，それらは「私営企業」のなかの内訳である一区分となる。本書第2章第1節「国有企業と非国有企業との区分と先行研究の事例」1.補論「『中国統計年鑑』の企業の区分」を参照。

8）『中国統計年鑑』の「利潤総額」の数値。「利潤総額」には営業利益，投資収益，営業外収支等が含まれる。日本の経常利益に相当。

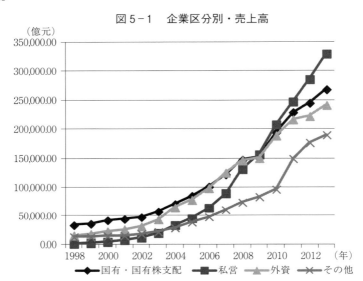

図5-1　企業区分別・売上高

出所）『中国統計年鑑』2013年版，2014年版より筆者が計算作成。

図5-2　企業区分別・利益額

出所）『中国統計年鑑』2013年版，2014年版より筆者が計算作成。

第5章　国有企業の労働生産性と資本の効率に関する考察　257

図5-3　企業区分別・売上高利益率

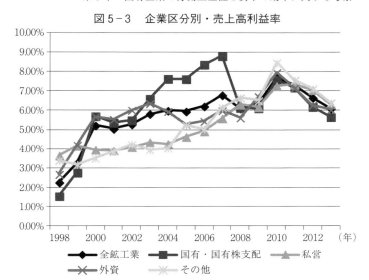

出所）『中国統計年鑑』2013年版，2014年版より筆者が計算作成。

図5-4　企業区分別・総資産額

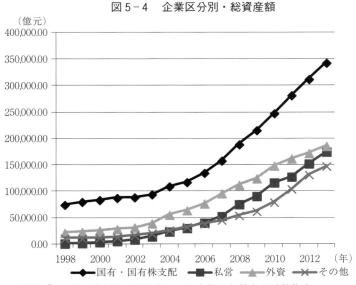

出所）『中国統計年鑑』2013年版，2014年版より筆者が計算作成。

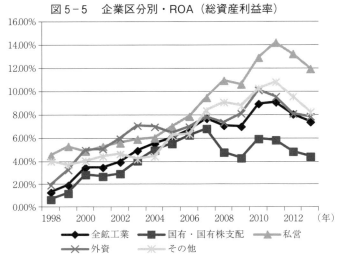

図5-5　企業区分別・ROA（総資産利益率）

凡例：全鉱工業／国有・国有株支配／私営／外資／その他

出所）『中国統計年鑑』2013年版，2014年版より筆者が計算作成。

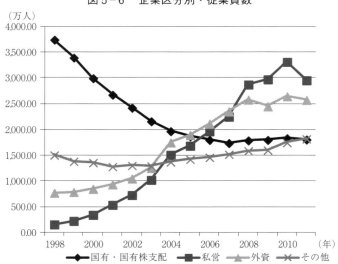

図5-6　企業区分別・従業員数

凡例：国有・国有株支配／私営／外資／その他

注）『中国統計年鑑』2013年版，2014年版の鉱工業部門データには企業区分別従業員数のデータの記載が無く，2012年版により2011年までのデータを示す。
出所）『中国統計年鑑』2012年版より筆者が計算作成。

第5章　国有企業の労働生産性と資本の効率に関する考察　259

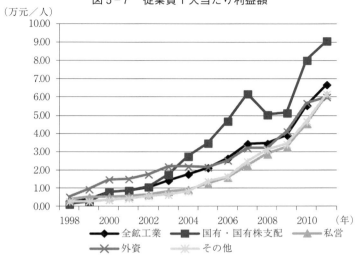

図5-7　従業員1人当たり利益額

注）『中国統計年鑑』2013年版，2014年版の鉱工業部門データには企業区分別従業員数のデータの記載が無く，2012年版により2011年までのデータを示す。
出所）『中国統計年鑑』2012年版より筆者が計算作成。

2009年に停滞，低下するが，それ以外は増加している。

　以上のように売上高利益率，ROAの伸びが2008年以降にマイナスに転じるが，売上高，利益額，総資産額，従業員数の各々は伸びが減速，横ばいに転じることはあってもマイナスになることは無い（但し，従業員数は国有企業が減少，私営企業が2011年に減少）。図5-8の通り，全鉱工業区分の売上高，利益額，総資産額，従業員数の各々の対前年比伸び率を見れば，従業員数は常に最も低い伸び率またはマイナスの伸び率を示しているが，それ以外の項目（売上高，利益額，総資産額）では伸び率の低下はあってもマイナスの伸び率にはなっていない，且つ，それらの伸び率も，利益額と売上高の伸び率が総資産額の伸び率を上回ってきた。しかしながら，2008年以降は総資産額の伸び率のなだらかな低下に対して利益額と売上高の伸び率の大きな低下が現れてきた。

　つまり，全企業とも生産量を増加させて売上高を増加させ続けているので，売上高の増加の程度と同程度に生産の原材料などは増加しても，生産設備およ

図5-8 全鉱工業／売上高，利益額，総資産額，従業員数の対前年比伸び率

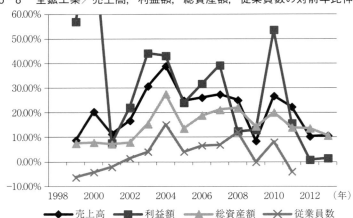

注）『中国統計年鑑』2013年版，2014年版の鉱工業部門データには従業員数のデータの記載が無く，従業員数については2012年版により2011年までのデータを示す。
出所）『中国統計年鑑』2012年版，2013年版，2014年版より筆者が計算作成。

び賃金総額が売上高の増加程度より低くもしくは同程度に増加していれば，売上高利益率やROAも増加もしくは横ばいになっていた可能性が高いであろうが，2008年以降に総資産額の中の固定資産額（生産設備など）並びに賃金総額の状態（図5-8では賃金総額の代替値として従業員数を表示）とが売上高の増加程度より低い程度の増加にはならなかったために売上高利益率やROAは以前のような右肩上がりの増加から減速して下降に転じている，と推定される。

　上記の売上高の推移は各年の実勢価格でありインフレ率を織り込んだ補正はしておらず，売上高の伸長が価格上昇による場合もある。売上高の伸長が価格上昇によってもたらされたとすれば，売上高は実質的に増加していない（または，売上の製品の物量は変化していない）状態であり，そのような状態の有無について，図5-9の通り，売上高利益率の傾向に変化が現れた数年前からの売上高と物価との推移により，確認する。また，従業員数の推移は，2008年以降は概ね横ばい傾向であるが，賃金が売上高の増加程度以上に大きく上昇していれば，賃金上昇が要因となって売上高利益率が減速さらに低下に転じる可能性があるので，図5-9の通り，売上高の増加傾向の程度と賃金の上昇傾向の程

図5-9　企業区分別売上高の推移と物価（鉱工業生産者工場出荷価格）・賃金（製造業就業者平均賃金）の推移

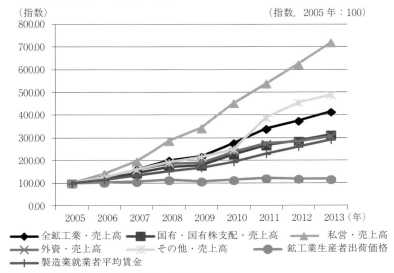

注1）鉱工業生産者出荷価格は，電力・水供給業を含む。
　2）製造業就業者平均賃金は，都市部地域の製造業全体（全企業区分の製造業）の年間平均賃金。「製造業」に鉱業，電力・水供給業は含まず。
出所）『中国統計年鑑』2013年版，2014年版より筆者が計算作成。

度との推移を確認する。さらに，図5-4に示した総資産額の増加も価格上昇によって引き起こされたのか，それとも総資産の実質的な内容（または総資産の物量）が増加しているのかについて，総資産と（図5-9の）物価との推移により，確認する。

　図5-9によれば，鉱工業生産者工場出荷価格は2005年から2013年までに1.16倍に上昇したが，同時期の各企業区分別売上高は，最も低い伸びの外資企業：3.07倍から，最も高い伸びの私営企業：7.20倍の伸びを示している。したがって，物価の上昇が売上高の伸長におよぼす影響度合は非常に小さいと判断でき，売上高は実質的に増加している，すなわち，売上の物量が増加している状況が確認できる。また，製造業就業者平均賃金は2005年から2013年までに2.91倍に上昇したが，同時期の各企業区分別売上高の増加程度以上には上昇し

ていない。ならびに図5-8より従業員数の推移は売上高の増加程度よりも低い増加または減少していることが確認されている。したがって，賃金の上昇が要因となって売上高利益率を減速さらに低下させたと確定するには至らない。さらに，図5-4の総資産額は2005年から2013年までに，最も低い伸びの外資企業：2.89倍から，最も高い伸びの私営企業：5.76倍の増加を示しているが，物価は上述の通り同時期に1.16倍の上昇である。したがって，総資産額は売上高の伸長と同様に，実質的に増加している状況が確認される。

　また，各企業区分別の剰余価値率の傾向について，上記の図5-7の通り1人当たり利益額が概ね右肩上がりに伸びているが，図5-9の通り平均賃金も上昇しているので，従業員1人当たり利益額の推移と平均賃金の推移とを合わせてみてみる（図5-10を参照）。

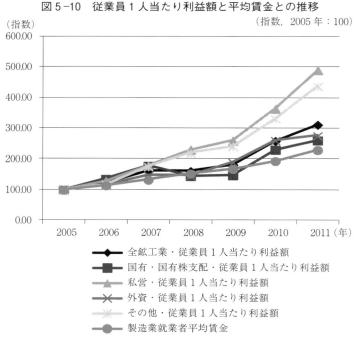

図5-10　従業員1人当たり利益額と平均賃金との推移

出所）「図5-7」「図5-9」のデータより筆者が計算作成。

図5-10によれば，いずれの企業区分においても従業員1人当たり利益額の伸びの方が平均賃金の伸びよりも概ね大きいので，利益額と労働力の比較，すなわち「M/V」（＝剰余価値率）は概ね上昇している模様である。この図5-10によれば，例えば全鉱工業・従業員1人当たり利益額の上昇程度は，2011年は2005年に比較して3.12倍であり，平均賃金の上昇程度は同様に2.30倍であるから，全鉱工業の剰余価値率の上昇程度は（3.12/2.30＝）1.36倍になる（なお，流動資本の回転数が2005年から2011年の間に増加していれば，「剰余価値の年率」の上昇程度はこの数値＝1.36倍よりも大きくなる）[9]。ただし，企業区分別の賃金に関するデータが『中国統計年鑑』に記載されていないために，剰余価値率の上昇の傾向は推定であり断定はできない。なお，上記は2005年以降の状況であるが，参考として，1998年以降の状況は図5-11の通りであり，各企業区分別の従業員1人当たり利益額と平均賃金の比率（M/V）は国有企業（国有・国有株支配）が最も大きく且つその上昇の程度も最も大きい模様である。

　以上の各データに限定して，労働の生産性，利潤，資本の効率（またはROA），について，各企業区分の2007年以前と2008年以後とではどのような変化があったのかを，確認，もしくは推定すると（なお，総資産額の推移と生産設備額の推移とは比例関係にあると推定すると），

　(1)　国有企業では，2007年以前の従業員を減じながら生産設備増強を図って生産量を増加させていた状態から2008年以後は生産設備の増強は継続するも従業員の減少には至らず横ばい状態での生産量増加に転じており，2008年頃を境にして労働の生産性の増加速度が鈍ってきていて，同じ時期に利潤量の伸びも低下してROAも低下している状況が示されている。

　(2)　私営企業では，2010年までは従業員も生産設備も増加させながら生産量を増加させており，その労働の生産性は，国有企業ほどには，または2008年以後の外資企業ほどには，その増加速度を高めて来ていない。2011年に従業員数が若干減少したが，生産設備と生産量を増加させており，若干の労働の生産性を増加させたように見られる。しかしながら，2011年以降に利潤量の伸びは減

9）「剰余価値の年率」については，本章第2節2.1「売上高利益率，総資産利益率，1人当たり利益額について」を参照。

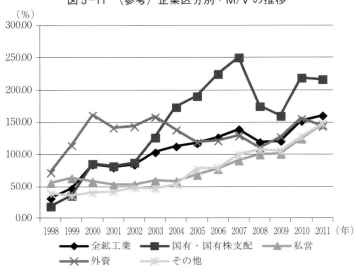

図5-11 (参考) 企業区分別・M/V の推移

注) (M/V) 算出式の分子は1人当たり (年間) 利益額, 分母は (年間) 平均賃金を使用。
『中国統計年鑑』2013年版, 2014年版の鉱工業部門データには企業区分別従業員数のデータの記載が無く, 2012年版により2011年までのデータを示す。
平均賃金は, 製造業の2002年以前のデータが無い為に全産業・都市部就業者のデータを使用。
出所) 『中国統計年鑑』2012年版より筆者が計算作成。

速してROAも低下している状況が示されている。

(3) 外資企業では, 2007年以前の従業員も生産設備も増加させて生産量を増加させていた状態から2008年以後は生産設備の増強は継続するも従業員の増加を止めて横ばい状態での生産量増加に転じており, 2008年頃を境にして労働の生産性の増加速度を高めてきている。しかしながら, 同じ時期に利潤量の伸びの減速が現れ, ROAの伸びも減速から低下へ変化している状況が示されている。

(4) その他企業では, 国有企業と外資企業との中間のような状況を示している。

(5) 各企業区分別の剰余価値率の傾向は, いずれの企業区分においても従業員1人当たり利益額の伸びの方が平均賃金の伸びよりも概ね大きいので, 剰余価値率は概ね上昇している模様である。ただし, 剰余価値率の上昇の傾向は推

定である。

　以上の状況から見れば，売上高も利潤も一貫して右肩上がりに，その上昇の程度の上下変動は有っても，伸びており，それは生産設備の増強によって労働の生産性を上昇させて実現してきた。一方，そのような状態の進展に伴い資本の有機的構成が高度化し，利潤率の傾向的低下の現象が現れてきたと推定される。しかし，利潤率の低下は一般的傾向であり，低下の現象は必ずしも現れるとは限らない，つまり上昇する場合もある。本章では，労働の生産性や資本の効率または利潤率に注目して企業の詳しい動向に立ち入って，上記のデータから見られた利潤率の低下の現象が，どのように現れているのか，または現れていない状況も存在するのか，そのような現象を引き起こす要因はなにか，を探る。そして，そのような現象の現れには，国有企業と私営企業との違いは存在するのか，を探る。それは個々の株式上場企業の財務データを取り上げて考察する。

第1節　中国の鉱工業企業の生産性に関わる先行研究

　中国の鉱工業部門の主な業種の生産性に言及した研究に，丸川知雄（2008）「自動車産業の高度化」，中屋信彦（2008）「鉄鋼業の高度化―その飛躍的成長と産業再編―」がある。[10][11][12]

　丸川（2008）は2006年頃までの中国の自動車産業を対象として労働生産性の向上，資本集約度の上昇，製品技術・生産技術や研究開発能力の向上などを考

---

10)　丸川知雄（2008）「自動車産業の高度化」今井健一・丁可編著『中国　産業高度化の潮流』アジア経済研究所，47-76頁。
11)　中屋信彦（2008）「鉄鋼業の高度化―その飛躍的成長と産業再編―」今井健一・丁可編著『中国　産業高度化の潮流』アジア経済研究所，77-116頁。
12)　『中国　産業高度化の潮流』の冒頭（4頁）で，今井健一は産業の高度化について，「産業構造の『高度化』とは，資本集約度や技術集約度が相対的に高い産業が急速な成長を遂げ，経済全体のなかでの比重を上昇させてゆくこと指す」，「個別の産業レベルの『高度化』は，産業を構成する各企業の資本蓄積や技術力の向上，あるいは集中度の上昇や集積の形成などの産業組織の再編によって，製品の高付加価値化や，開発・生産・流通の各段階の効率化が進み，産業全体の付加価値産出能力が向上してゆくことを意味する」と提示している。

察している。そのなかで労働生産性と資本集約度との考察では，まず労働生産性について，中国の自動車産業全体の1人当たり付加価値額の推移を示し，それによると，1990年代初頭に上昇，1990年代半ばに停滞，1999年以降に急上昇している，と述べている[13]。次に資本集約度については，資本集約度と労働生産性ならびに資本効率との関係について，2004年時点の完成車メーカーを調べた結果，対象119社の内の4社（上海GM，広州ホンダ，一汽VW，北京現代）は労働生産性が最も高く且つ資本効率が最も高い[14]，そして，この「4社は，119社のなかで最も資本集約度〔従業員当たり資産額〕が高い。つまり，資本集約度が最も高い企業が資本生産性も労働生産性も最も高いのである（〔　〕内筆者。以下同様）」[15]，との判定を示している[17]。

続いて丸川（2008）は，「資産と労働力の利用にはそれぞれコストがかかるので，同じ付加価値をより少ない労働力と資産とで生産できるメーカーはより高い利潤をあげることができる」ので，2004年時点の各メーカーの状態が今後

---

13) 丸川（2008）49頁および50頁の「図1　中国自動車産業の労働生産性」。
14) 丸川（2008）は51頁で「資産額／付加価値も最も小さい，つまり資本効率が最も高い」との表現を使用しているので，この場合の「資本」は「資産」に同じであると解釈できる。
15) 丸川（2008）は，52頁にグラフ「図2　中国の自動車メーカーの生産技術」を表示し，その横軸に「従業員数／付加価値（人／万元）」，縦軸に「資産額／付加価値（元／元）」を示し，各々，労働生産性と資本効率（資本生産性）とを表している。この図2の表示方法は，横軸の場合には「従業員数／付加価値（人／万元）」を表示するので，労働生産性が高くなればなるほど「従業員数／付加価値（人／万元）」の数値が小さくなり両軸の交点である「0」に近づく。縦軸の場合も同様に資本効率が高くなればなるほど「0」に近づく。すなわち，両軸の交点である「0」に近くなるほど労働生産性も資本効率も共に高くなる。ただし，このような丸川の図2の表示方法は労働生産性も資本効率も高くなるほどに，それらを表示する数値が逆に小さくなり，一見すると判り難さが感じられる。したがって，本章での叙述では，丸川の図2のような「従業員数／付加価値（人／万元）」，「資産額／付加価値（元／元）」による表示方法は使用せず，労働生産性が高ければ「付加価値／従業員数」の数値も高く，資本効率が高ければ「付加価値／資産額」の数値も高くなる，という一般的で判り易い方法により記述する。
16) 丸川（2008）の図2の表示方法では，資本集約度は「資産額／従業員数」であるから「縦軸の値／横軸の値」の数値となり，この数値は両軸の交点と個々の自動車メーカーの表示されている点とを結ぶ直線の「傾き」の程度を表し，この「傾き」が高くなるほど資本集約度が高くなる。
17) 丸川（2008）51-52頁。

も継続するならば，上記の4社またはそれに近い状態の10数社（その大部分は外資系メーカー）は利潤を再投資して拡大し，「その結果，資本集約的なメーカーだけが生き残るはずである」，と述べている[18]。さらに丸川（2008）は，「だが，現実には生産性が低いメーカーもしぶとく生き残っている」，1980年代以来，業界の集約化は必至だと言われていたが，メーカー数は減っておらず，その理由として考えられるのは，①「労働生産性が高いメーカーほど賃金も高い」，一方，「資本集約度が低く，労働生産性が低いメーカーはその分賃金が安いために，生き残りが可能になっていると考えられる」，②「利益率が低くても地方政府の保護によって存続している[19]」，「おそらくこの二つの理由が相まって」「〔資本集約的メーカーに〕業界が集約されていかないのであろう。資本集約的メーカーと労働集約的メーカーの並存が今後も続くとすれば，産業全体としての資本集約化はゆっくりとしか進まない」，と述べている[20]。

丸川（2008）は技術進歩について，中国で生産されている車種の製品技術と日本を含む先進国の（丸川が本論を著した2000年代半ばの時点の）製品技術とを比較して，中国が先進国に比べて何年遅れかを示している。その結論は，例えば最新モデルでは2006年にトヨタが中国でハイブリッド車「プリウス」を生産開始し，一方，上海ＶＷは1981年版「サンタナ」を生産している，さらに商用車はもっと古いモデルが生産されている，つまり，中国で生産されている自動車の技術は，最新技術と30年以上昔の技術とが併存している状態である。また研究開発については先進国に大きく遅れている，と述べている[21]。

以上のような丸川の分析について，資本集約度と生産性の関係，生産性の低

---

18) 丸川（2008）52-53頁。
19) 丸川が記す「利益率」は，売上高利益率なのか総資本利益率なのか，または他の利益率なのかが具体的に記されていない。しかし，丸川は「労働生産性（従業員数と付加価値の比率）」，「資本生産性（資産額と付加価値の比率）」を取り上げて論じているので，この「利益率」は総資本利益率（または総資産利益率）（ROA）または自己資本利益率（または株主資本利益率）（ROE）を表していると思われる（なお，負債が無ければ総資本と自己資本は一致し，ROAとROEは一致する）。そして，これらの「利益率」の高低の度合いは「資本生産性（資産額と付加価値の比率）」の高低の度合いに概ね一致すると判断して差し支えないだろう。
20) 丸川（2008）53頁。
21) 丸川（2008）53-64頁。

いメーカーが生き残っている状況について以下の通り確認と検討をする。

資本集約度と生産性の関係について，丸川は，(前述の通り) 2004年時点の完成車メーカーを調べた結果をグラフに表し，資本集約度が最も高い企業が資本生産性も労働生産性も最も高く，より少ない労働力と資産とで付加価値を生産するメーカーはより高い利潤をあげることができる，と述べている。言い換えれば，資本集約度が低い（労働集約度が高い）企業は資本生産性も労働生産性も低く，より低い利潤しかあげることができない，と述べている。なお，「高い利潤をあげる」との文言に関わって，少ない労働力で高い利潤，少ない資産で高い利潤をあげるとは，それぞれ従業員1人当たり利益額（または剰余価値率），ならびに総資産利益率（ROA）（または利潤率）が高いと解釈できるだろう。以上より，丸川の主張は，資本集約度が高い企業は剰余価値率とROAが高い，とも言える（表5-1参照）。また，丸川は「より少ない労働力」で高い利潤をあげる，と述べているが，丸川が分析で使用しているグラフの労働生産性の指標は「従業員数／付加価値」である[22]。そして，後述するように丸川は各メーカー間の従業員1人当たり賃金が同一でないことを示しているので，この「従業員数／付加価値」は直接には「労働力／付加価値」と一致しない。丸川の「より少ない労働力」で高い利潤をあげる（つまり剰余価値率が高い）との主張は証明されていないことを確認しておく。

一方，2004年時点の完成車メーカーを調べた結果のなかの労働集約的な企業

表5-1　丸川（2008）の主張する資本集約度と生産性との関係

資本集約度	労働集約度	具体的な企業事例	労働生産性	資本生産性		剰余価値率	ROA
高い企業	低い企業	上海GM，広州ホンダ，一汽VW，北京現代	⇒ 高い	高い	筆者コメント…左記は，右記に同様と解釈できる。	高い	高い
低い企業	高い企業	しぶとく生き残っているメーカー	⇒ 低い	低い		低い	低い

出所）丸川（2008），51-53頁より筆者が作成。

---

22) 丸川（2008）は労働生産性を表示する数値として，一般的で判り易い「付加価値／従業員数」ではなく，それとは逆転した「従業員数／付加価値」との表示方法を採用している（前述の注15を参照）。ここでは，丸川の原文通りの表示を記した。

第5章　国有企業の労働生産性と資本の効率に関する考察　　269

の生産性については，丸川は資本集約度の高い企業と同様の説明を記していないが，丸川が示した完成車メーカーを調べた結果を表すグラフによれば，資本集約度が低くなるほどに資本の生産性が高くなり，最も労働集約的な企業は，労働生産性も最も低いが，資本生産性の数値は資本集約度が最も高い4社（上海GM，広州ホンダ，一汽VW，北京現代）とほぼ同レベルの数値を示している事例が判明している。つまり，労働集約的な企業は，労働生産性（従業員数と付加価値の比率）は低いが，資本生産性（資産と付加価値の比率）は高い，すなわち，丸川の主張する上記の表5-1に当てはまらない事例が認められるので，丸川の主張の中には齟齬があるように思われる。

　次に，労働集約的なメーカーがしぶとく生き残っている理由を検討する。丸川は，（前述の通り）生産性の低いメーカーが生き残っている状況について，その理由として，①労働生産性が低いメーカーはその分賃金が安い，②（生産性が低いメーカーは）利益率が低くても地方政府の保護がある，の二つを示している。まず①の賃金の安さにより労働生産性，つまり「従業員数／付加価値（人／万元）[23]」の数値の格差を埋めることが出来るのかについて検討すると次の通りである。丸川は，2004年時点の自動車メーカーの労働生産性を「従業員数／付加価値（人／万元）」で数値化して数値の小さい順から（すなわち，労働生産性の高い順から）40社をグラフ上に示しているが[24]，その生産性が最高レベルの企業（上海GM，広州ホンダ，一汽VW，北京現代の4社）の数値は約0.005，生産性が最低レベルの企業の数値は約0.06であり，生産性の格差は約12倍になる。一方，中国の2004年時点の賃金状況は，最高レベルの「上海市の，（自動車に限らない，第1次から第3次産業までの）全業種の，外資企業（香港・マカオ・台湾系を除く）」の平均年間賃金が32,362元／人，最低レベルは「江西省の，（自動車に限らない，第1次から第3次産業までの）全業種の，その他企業（国有企業・集団企業を除いた全企業）」の平均年間賃金が11,569元／人であり[25]，その格差は約3倍弱（2.82倍）である。この賃金格差を労働生産性の格差に織

---

23)　丸川（2008）の原文通りの表示を記した（前述の注15を参照）。
24)　丸川（2008）52頁の「図2　中国の自動車メーカーの生産技術」のグラフにて表示。
25)　2004年の年間平均賃金のデータは，『中国統計年鑑』2005年版による。

り込むと，労働生産性の格差は約4倍となる。次に②の地方政府の保護について検討する。丸川によればしぶとく生き残っている企業は生産性の低い企業であり，その企業は労働生産性も低いレベルであり，その企業は賃金も低い企業である。中国で一般的には賃金が低い地域ほど地元の地方政府の資金力は小さいと推測できるし，さらに賃金が高い地域（例えば上海市など）の地方政府も企業への保護をしないとは限らないであろうから，地方政府の保護により低い利益率が克服されると断定できるかどうかには疑問があろう。すなわち，丸川は①，②の理由により生産性の低いメーカーがしぶとく生き残っている現象を十分に説明しきれてはいないようだ。そして，前述の検討の通り，労働集約的な企業のなかには，労働生産性（従業員数と付加価値の比率）は低いが，資本生産性（資産と付加価値の比率）は高い企業の存在がある。このような企業に賃金の安さが加われば（すなわち「労働力と付加価値の比率」の格差は「従業員数と付加価値の比率」の格差ほど大きくない），しぶとく生き残っている可能性があろう。しぶとく生き残っている理由としては，丸川の①，②の理由のほかに資本生産性が低くない事実を指摘する必要性があろう。

資本生産性については，本章第2節「生産性・利潤に関わる一般的な現象，法則」で詳細に示すが，資本集約度が高くなれば資本生産性（ROA）は低下する傾向がある。資本の蓄積および資本の蓄積に伴う資本の集積の進行に伴って不変資本に対して可変資本の相対的減少が生じ，資本の有機的構成が高度化する。そして，資本の有機的構成の高度化の結果，一般的に利潤率は低下する傾向がある。つまり，資本集約度が高くなる場合には，一般的に可変資本の増加の割合よりも不変資本の増加の割合が大きくなる（不変資本に対して可変資本の相対的減少が生じる）ので，一般的には利潤率またはROAは低下する。労働集約度が高くなれば（資本集約度が低くなれば），以上の資本集約度が高くなる場合とは逆に，一般的には利潤率またはROAは上昇する。丸川の指摘する「しぶとく生き残っている企業」は，労働集約的であるから資本の有機的構成の高度化が進まず，それゆえに資本生産性が高いのであろう。

本章第3節3.2「個別の企業の労働生産性・資本効率の特徴」で中国並びに高度成長期の日本企業の分析を行なうが，その結果，労働集約的な企業は資本集約的な企業よりもROAが高い傾向が一般的であると判明する。さらに資本集

約度が高くなる場合にも ROA が低下しない事例も判明する。低下しない事例は，それは，高度成長期の日本企業にも存在し，資本の有機的構成の高度化とともに労働の生産性が上昇して利潤率または ROA が低下しない場合である。すなわち，資本集約度が高くなれば資本生産性は一般的には低下するが，労働生産性も資本生産性も高くなる場合もある。丸川の述べている資本集約度が高い企業は労働生産性も資本生産性も高いという事例は，必然的に起きる事象ではなく，また中国の自動車産業にのみ現れた特異な事象でもない。

以上の検討より，丸川の示した中国の完成車メーカーの調査結果に表れた「しぶとく生き残っている企業」は，生産性が低い労働集約的な企業でも，労働集約的な企業であるがゆえに資本生産性が高くなって，しぶとく生き残っている可能性が高い。なお，丸川（2008）は以上のような記述以外には生産性の高い資本集約的な企業と生産性の低い労働集約的な企業との二つのタイプの企業の労働生産性と ROA との関連についての具体的な記述は無い。

また，丸川は利益，経営効率に関して丸川（2013）『現代中国経済』で次のように述べている。国有工業企業と非国有工業企業との総資産利潤率の推移（1981から2011年[27]）を示して，「国有企業は非国有企業よりも一貫して利潤率が低く，近年は差が開きつつある。国有企業がそれ以外の企業よりも経営効率が悪いのだとしたら，その国有企業に国家が発展させたい支柱産業やハイテク産業を任せると，かえって発展を鈍化させる結果になろう[28]」。そして，国有企業が支柱産業やハイテク産業の先導役を担うのが難しいことは自動車産業の例からわかる，と記して，上海汽車集団股份有限公司，東風汽車集団，中国第一汽車集団公司がフォーチュン誌・2012年版「世界の大企業500社」リストに入っ

---

26) 丸川（2013）『現代中国経済』有斐閣。
27) 丸川（2013）196頁の「図6-1 総資産利潤率の推移」。図6-1の国有企業，非国有企業の各々の区分に含まれる具体的な企業形態は明示されていないが，示されたグラフの数値と『中国統計年鑑』の鉱工業部門についての数値とからみれば国有企業には国有・国有株支配企業が含まれ，非国有企業には国有・国有株支配企業以外の全てである私営企業，外資企業，その他（有限会社，株式会社の内の国有株支配企業以外）が含まれていると判定される。
28) 丸川（2013）226頁。丸川の当該部分の記述の中の「経営効率が悪い」の経営効率は，当該文脈より丸川の図6-1の総資産利潤率を指すと判定される。

ているが，いずれのグループも生産の大部分は外資との合弁会社の生産による（2010年，上海汽車グループの生産台数の92％はVW，GMとの合弁会社による），つまり国有企業は外資に生産と販売の機会を与え合弁事業からの配当をもらう「大家さん」のような役割を演じている，と例示し，「このような実態をみると，国有企業が自動車産業や電子産業といった支柱産業やハイテク産業において主導的な役割を果たすことは無理だと言わざるをえず，これらの産業を国有企業に任せることでかえって効率の低下をもたらし，中国の成長にとって悪影響を及ぼしている可能性が高い」と述べている[29]。すなわち，丸川は，国有企業は一般的には非国有企業よりも総資産利潤率（ROA）が低く，経営効率が悪い，と述べている。丸川は企業の経営効率の良し悪しをROAの数値のみでもって判定していることが確認できる。

　以上の丸川の見解について，総資産利潤率（ROA）については，国有企業には資本集約型の産業が多く，非国有企業には労働集約型の産業が多いのであれば，一般的には国有企業と非国有企業とのROAを比較すれば，国有企業のROAの方が低くなる，つまり，重工業と軽工業とのROAを比較すれば軽工業は経営効率が高いとの判定に帰結されてしまうだろう。この点については，本書第2章（第3節「国有企業の実態」3.2「企業の収益性・成長性・生産性」3.2.5「業種別・企業規模別状況」）にて，国有企業の全体は私営企業の全体よりも資本効率が低い，そして，「重工業・規模大」の業種は国有企業に多く「軽工業・規模小」の業種は私営企業に多く存在する，すなわち国有企業と私営企業とは業種別に棲み分けている，さらに，従業員1人当り資産額は国有企業が私営企業よりも大きく，国有企業が私営企業よりも資本集約度が高くなっている状況を示した。このような状況を考慮すれば，全産業（または全業種）の国有企業のROAは全産業の非国有企業のそれよりも低くなるのは当然の帰結である。丸川のROAによる国有企業と非国有企業の比較は，各種産業間（または各種業種間）の形態の違い，特に生産の土台となる科学技術や設備の違いを無視した比較であり，適切な国有企業と非国有企業との比較とは言い難い。国有企業と非国有企業とのROAを比較する場合には，同一業種内での比較または重工

29）　丸川（2013）226－227頁。

業や軽工業などの同一部門のなかでの比較をする必要がある。また，丸川は経営効率をROAのみで評価・判定している。もしも丸川の主張に則りROAが高ければ経営効率が高いというのであれば，工業化を止めて手工業化すれば利潤額は縮小するがROAは格段に高くなり，手工業は重工業よりも格段に経営効率が高いという論理が導き出されてしまう。企業分析に際しては，一般にROAのみではなく売上高利益率や生産性などの指標をも用いて評価・判定されている。丸川の経営効率の判定は，①ROAのみを用いている，②そのROAも産業別（または業種別）の違いを無視する，という二重に適切さを欠いた評価方法による判定になっている。このような適切さを欠いた評価・判定によって，丸川は国有企業の経営効率は悪いとの結論を下しているのであるから，丸川の下した結論は適切さを欠いていると言わざるを得ない。

　国有企業と非国有企業（または民営企業，私営企業）との比較において，ROA（総資産利益率）（または総資本回転率）またはROE（自己資本利益率，株主資本利益率,）の数値のみにより，且つ，産業別の違いを無視して，企業の経営効率や収益性の評価を行ない，国有企業は非国有企業に劣る，というような判定を下している先行研究の事例は丸川以外にも散見されるので，そのような事例として今井健一，川井伸一の事例を以下に記す。

　今井健一（2003）は国有企業の株式会社・有限会社への改組を概観して，「国有企業の経営効率ははたして改善しているのだろうか」と課題を提示し，2000年の工業部門企業の総資本回転率を用いて評価し，①「国有部門〔国有及び国有株支配企業〕の総資本回転率は，民間企業や外資系企業を大幅に下回っている」。さらに，「総資本回転率の平均的な水準には，業種ごとにかなりのばらつきがある」と留意すべき点を示したうえで，②「国有部門（国家資本支配

---

30) 本書第2章（第3節「国有企業の実態」3.2「企業の収益性・成長性・生産性」における企業の評価は，ROAのみではなく，売上高利益率，付加価値，労働生産性をも用いた評価を行なっている。
31) 総資本回転率は「売上高／総資本（または総資産）」であるから，一般的には「重工業・規模大」の業種の総資本回転率は「軽工業・規模小」の業種のそれよりは低く，ROAと同様に業種別の違いが表れる。
32) 今井健一（2003）「中国国有企業の所有制度再編─大企業民営化への途─」『社会科学研究』第54巻第3号，2003年3月，37-60頁。

企業を含む)のシェアが比較的高い素材産業では，(中略)業種別に比較しても国有部門の総資本回転率は一部の例外を除いて他の企業形態を大きく下回っており(中略)国有部門の資本効率の低さは明らかである」と述べている。今井の①の評価は全工業企業を対象として，国有及び国有株支配企業の総資本回転率が民間企業(有限会社・株式会社形態の民間企業を含む)や外資系企業のそれよりも明らかに低いことがデータにより判定された。②の評価は，業種別の比較ではあるが，比較される企業は「国有及び国有株支配企業(今井は国有・国家資本支配と表記)」，「集団企業」，「外資企業」の3区分であり，①のような民間企業(有限会社・株式会社形態の民間企業を含む)が比較対象に無いままのデータにより判定された(なお，①の評価では「集団企業」は比較される区分として取り上げていない)。つまり，業種ごとのバラツキを考慮したものの，国有企業と比較される企業に民間企業が含まれていない。この今井の評価は，2000年時点の評価であるから，この時期は国有企業が大きく発展する直前の時期であり，国有企業の総資産回転率が民間企業や外資企業よりも低いレベルであるのは当然であるが，①と②の評価の企業区分が完全には一致していない。また，「国有企業の経営効率ははたして改善しているのだろうか」との課題に対して総資本回転率のみで評価している。もしも今井の主張に則り総資本回転率が高ければ経営効率が高いというのであれば，総資本回転率からは企業の損益は判らないのであるから，赤字企業であっても総資本回転率が高ければ経営効率が高い企業であるとの結論が出てしまう。今井はこのような評価方法に基づき，国有企業は「資本効率の低さには顕著な改善が見られない」との結論を下している。今井の評価・判定は，経営効率に関して適切になされたのかどうか疑問が残る。このような評価・判定によって，今井は国有企業の経営効率の改善に疑問を呈しているのであるから，今井の下した結論の適切性には疑問が残る。

　川井伸一(2003)は株式上場企業の株式所有構成と企業の収益性との関係を考察している。その考察は，1999年当時のデータに基づいて「筆頭株主の持

---

33)　今井(2003)43－44頁。
34)　今井(2003)43頁。
35)　今井(2003)44頁。
36)　川井伸一(2003)『中国上場企業―内部者支配のガバナンス』創土社，の第2章「上場

第5章　国有企業の労働生産性と資本の効率に関する考察　275

株比率と上場会社の収益性」の相関,「国家株の所有比率と上場会社の収益性」の相関,「法人株の所有比率と上場会社の収益性」の相関,「流通株の所有比率と上場会社の収益性」の相関,「大株主の所有支配類型と上場会社の収益性」の相関を分析しているが，その収益性を計る指標は全て「1株当たり収益」(EPS) 並びに「純資産収益率」(ROE)[37]を用いている (「筆頭株主の持株比率と上場会社の収益性」の分析についてのみ販売利潤率をも用いている)。すなわち，川井は収益性を EPS, ROE のみにより評価し，特に ROE には業種の違いによる差異があることを考慮せずに全ての業種の上場企業を一纏めにして評価しており，販売利潤率または売上高利益率などの指標を用いた評価をしていない。このような評価方法は，上記の丸川 (2013) の ROA についての事例と同様に，適切な評価方法とは言い難い。

　中国の鉄鋼業について，中屋 (2008) は，その発展の特徴を次のように示している。中屋 (2008) は中国の鉄鋼業は1990年代から飛躍的に成長したが，その状態は①大手鉄鋼メーカーが設備大型化・近代化を進めて高級鋼材の増産体制を整備した，一方，その対極に②膨大な数の中小鉄鋼メーカーが中小型設備の建造を進め，建築用鋼材をはじめとした汎用鋼材や比較的単純な部類に属する高級鋼材をゲリラ的に生産していた，それは，内包的発展 (質的向上を伴う成長を意味する) と外延的拡大 (質的向上を伴わない成長を意味する) が交錯する状態にあった，と述べている[38]。そして，そのような成長の結果，上位社のシェアが低下している (例えば十大製鉄所と称された大手国有鉄鋼メーカーのシェアは1993年：47％から2005年：30％に低下)，しかし，大手国有鉄鋼メーカーは高度な技術と大規模な設備投資を要する高級鋼材の生産において高いシェアを有している，と述べられている[39]。続いて中屋は，このような2つの方向へ発展

　　会社の所有構造」第3節「所有構造と会社の業績 (収益性)」66-76頁，にて考察している。
37)　ROE と EPS とについて，ROE＝純利益／自己資本，EPS＝純利益／株式数であり，いずれも利益と株主の所有する資本額または株式数との比率である。したがって，自己資本額と株式数とが所与の下では，ROE の変化並びに EPS の変化はともに同様の変化の傾向になる。一方，売上高利益率の変化は必ずしも ROE, EPS の変化と同様の変化の傾向にならない (例えば，ROE, EPS が高くなっても売上高利益率が高くなるとは限らない)。
38)　中屋 (2008) 77-78, 88-89頁。
39)　中屋 (2008) 90頁。

した企業の事例（大型としての宝山製鉄所と鞍山製鉄所，中小型としての青島製鉄所と沙鋼製鉄所の事例）を検討し，さらに中国政府が2004年以降，産業集中度を高める政策を打ち出して来ている状況を示しながら今後の業界再編について考察をしている[40]。

以上のような中国鉄鋼業の特徴である内包的発展と外延的拡大との成長について，中屋は，そのような成長状況が出現した要因や成長過程での大型鉄鋼メーカーと中小型鉄鋼メーカーとの企業の収益性や生産性の差異などについての，より立ち入った検討結果までは記載していない。

次節以降の筆者の生産性に関わる分析の対象は，主に1人当たり利益や生産のための投下資本（不変資本と可変資本とのトータル）と利益の比率（ROA，利潤率）を対象とする。更にその分析の対象産業は同じ産業毎に，且つ株式上場企業とする。また対象時期は，丸川（2008）や中屋信彦（2008）よりも以降の2000年代後半から2010年代初とし，また日本企業と中国の企業との比較はで日本の高度成長期を対象とする。

第2節　生産性・利潤に関わる一般的な現象，法則

次節以降で個々の株式上場企業を取り上げて，その生産性の変化の分析を通じて売上高利益率やROAの変化の要因を分析するが，それは個々の企業の「従業員1人当たり（営業）利益額」，「総資産（営業）利益率（ROA）」の推移，および「売上高（営業）利益率」の推移などを分析するので，本節では，次節以降の分析の前提として，「売上高（営業）利益率」，「総資産（営業）利益率（ROA）」，「従業員1人当たり（営業）利益額」と利潤率などとの関連，および資本主義的生産の発展に伴って現れる資本の有機的構成の高度化，一般的利潤率の傾向的低下，機械と労働の生産力について，『資本論』を参照しつつ確認，考察する。

---

40)　中屋（2008）106–112頁。

2.1　売上高利益率，総資産利益率，1人当たり利益額について

利潤率は，[41]

$$p' = \frac{m}{C} = \frac{m}{c+v} = m' \cdot \frac{v}{C} = m' \cdot \frac{v}{c+v}$$

である（これは可変資本または流動資本の回転が1回／年の場合である）。さらに，資本の回転を織り込むと，可変資本（または流動可変資本）の回転数：n回／年の場合（なお，流動不変資本は可変資本と同じ時間で回転すると見なして，可変資本回転数＝流動不変資本回転数＝流動資本回転数とする）[42]，年間剰余価値総量：$M = mn$，剰余価値年率：$M' = m'n$，年間労賃総額：$V = vn$，となり，利潤率は，

$$p' = \frac{M}{C} = M' \cdot \frac{v}{C} = m' \cdot \frac{V}{C} = m' n \cdot \frac{v}{c+v} = m' \cdot \frac{vn}{c+v}$$

である。

不変資本：c について生産過程での生産物への価値移転の形態に応じて，$c = c_1 + c_2 + c_3$，その各々は c_1：固定資本の内の当該年度内に摩滅されずに次年度以降に使用される部分，c_2：固定資本の内の当該年度内に摩滅される部分，c_3：不変資本の内の流動資本（当該年度内に消費される原材料など）とすると，

---

41) 『資本論』第3巻第1篇「剰余価値の利潤への転化と剰余価値率の利潤率への転化」第3章「利潤率と剰余価値率との関係」，第4章「回転が利潤率に及ぼす影響」，並びに『資本論』第2巻第2篇「資本の回転」第16章「可変資本の回転」第1節「剰余価値の年率」を主に参照。

42)　資本家によって可変資本に投下された資本も流動不変資本に投下された資本も，ともに生産物が売買されて貨幣形態でもって資本家に還流するので，その資本投下から還流までの時間は一般的には同じとみなすことができる。『資本論』第3巻第1篇第4章「回転が利潤率に及ぼす影響」では，回転数と利潤率の関係の事例を示すに際して「簡単にするために，以下のすべての例で流動不変資本は可変資本と同じ時間で回転することにするが，これは実際にもたいていそうなっていることであろう」と記されている。『資本論』第3巻第1分冊，92頁（独82）。なお，流動資本回転数は分子（売上高－c_2－mn）／分母（期初に投下された流動資本）であるが，企業の財務分析などで使用する流動資産回転数は，分子（売上高）／分母（流動資産の期中平均額または期末の額）であるので，これら双方の分母が同額であれば，流動資本回転数は流動資産回転数よりも低くなる。

$$p' = \frac{m}{(c1+c2+c3)+v} = m' \cdot \frac{v}{(c1+c2+c3)+v}$$

$$p' = \frac{M}{(c1+c2+c3)+v} = \frac{mn}{(c1+c2+c3)+v} = m' \cdot \frac{vn}{(c1+c2+c3)+v}$$

と表される（これは流動資本の回転がそれぞれ１回／年，n回／年の場合である）。

次に，売上高利益率，総資産利益率（ROA），１人当たり利益額と利潤率または剰余価値率とを比較してそれらの関係を確認するが，その比較がし易いように上記の利潤率の記述に用いた表記号を用いて表せば，次の通り。

(1) 売上高利益率は，利益(p)／売上高であり，pの量とmの量は同じである（p'とm'とは同率ではない）。売上高は，当該年度内に売上げられた生産物の原価（すなわち，生産物価値から剰余価値を引き去った部分，費用価格）と利益（または剰余価値）によって構成されるので，売上高＝c2＋c3＋v＋m，と表される。以上より，

$$売上高利益率 = \frac{m}{(c2+c3)+v+m} = m' \cdot \frac{v}{(c2+c3)+v+m}$$

と表される（これは流動資本の回転が１回／年の場合である）。さらに，流動資本の回転を織り込むと，年間消費流動不変資本：C3＝c3×n，となり，

$$売上高利益率 = \frac{M}{c2+C3+V+M} = \frac{mn}{c2+(c3+v+m)\cdot n}$$

$$= m' \cdot \frac{vn}{c2+(c3+v+m)\cdot n}$$

と表される。

(2) ROAは，利益／総資産であり，（総資産の全てが生産活動に投下されているとの前提条件の下では）総資産＝(c1＋c2＋c3)＋vと表される。流動資本の回転が１回／年の場合は，

$$ROA = \frac{m}{(c1+c2+c3)+v} = m' \cdot \frac{v}{(c1+c2+c3)+v}$$

流動資本の回転がn回／年の場合は，

$$ROA = \frac{M}{(c1+c2+c3)+v} = \frac{mn}{(c1+c2+c3)+v}$$

第5章　国有企業の労働生産性と資本の効率に関する考察　279

$$= m' \cdot \frac{vn}{(c1+c2+c3)+v}$$

と表される。

(3)　従業員1人当たり利益額は，剰余価値率と比較すると，

　　剰余価値率：$m' = \dfrac{m}{v}$，　従業員1人当たり利益額 $= \dfrac{m}{\text{従業員数}}$

流動資本回転数がn回／年の場合は，

　　剰余価値率：$m' = \dfrac{mn}{vn}$，　剰余価値の年率：$M' = m'n = \dfrac{mn}{v}$，

　　従業員1人当たり利益額 $= \dfrac{mn}{\text{従業員数}}$

　流動資本の回転数が1回／年のままで推移する状況下でvの変化と従業員数の変化とが，または流動資本の回転数がn回／年で変動する状況下でvn（＝V，年間労賃総額，従業員1人当たり平均年間労賃×従業員数）の変化と従業員数の変化とが正比例関係もしくは概ね同様の変化の傾向であれば，従業員数をvまたはvnの代替値とみなすことができ，剰余価値率の変化の傾向と従業員1人当たり利益額の変化の傾向とは同様の傾向の変化を表す。[43]

　以上の式より剰余価値率，利潤率，売上高利益率，ROAの関係を整理する。剰余価値の年率は利潤率，売上高利益率，ROAのいずれよりも大きい値になり，剰余価値率はm'＝mn/vnであるから，売上高利益率より大きい値になり，概ね利潤率，ROAよりも大きい値になるが，不変資本部分が小さい場合には分母のvnが利潤率，ROAの分母のc1+c2+c3+vよりも大きくなる可能性もあり，その場合にはm'の値は利潤率，ROAよりも小さくなる。

　次に，利潤率とROAとの関係は，上記の式から分かる通り一致する。但し，利潤率の分母は当該年度の期初に投下された資本であり，一方，ROAの分母は資本が当該年度中にn回転するのに伴い産出された剰余価値または利益が

---

43)　現実の世界では流動資本の回転数が1回／年のままで複数年間推移することは稀であり，一般的にはその回転数（n回／年）は常に変動している。なお，後述する本章第3節での企業の剰余価値率の変化を判定する方法として従業員1人当たり利益額の変化を分析するが，その際には従業員の変化をvn（＝V）の代替値とみなして分析をすすめる。

蓄積されて期末の総資産額は期初のそれよりも増加するので，期中の平均総資産額や期末の総資産額を分母にした場合は，そのROAは利潤率より低くなる。

さらに，売上高利益率とROA（または利潤率）との関係は，ROA＝（利益／売上高）×（売上高／総資本〔または総資産〕）＝（売上高利益率）×（総資本回転数）であり，総資本回転数が1回／年を上回ればROAは売上高利益率を上回る。一方，以上の式で用いた「n」は流動資本回転数であり総資本回転数より大きい。売上高利益率の分母は$c_2+(c_3+v+m)\cdot n$で，ROAの分母は$c_1+c_2+c_3+v$であり，分子は双方ともmnであるから，双方の分母が一致する場合（または総資本回転数が1の場合）は「売上高利益率＝ROA」となり，固定資本のc_1が小さく，流動資本回転数：nが大きくなって売上高利益率の分母がROAの分母を上回る（または総資本回転数が1を上回る）場合は「売上高利益率＜ROA」となり，c_1が大きく，nが小さくなってROAの分母が売上高利益率の分母を上回る（または総資本回転数が1を下回る）場合は「売上高利益率＞ROA」となる。

なお，『資本論』第3巻第3篇第13章「この法則そのもの」のエンゲルスによって補足された部分に利潤率（1年間に実現された剰余価値または利潤の総資本にたいする割合，p/Cと表記）と，商品1個当たりの利潤率（利潤／費用価格）（＝1年間に実現された利潤の1年間に生産されて売られた商品の費用価格の総計にたいする割合，または年間回転額にたいする利潤率，p/kと表記）との関係が，そして商品価格と費用価格との違いが記されている[44]。この商品価格，費用価格，回転について着目して，売上高利益率，年間回転額にたいする利潤率，総資産利益率（ROA）の関係を見てみる。

年間回転額にたいする利潤率と売上高利益率とは異なる。つまり，各々の率の算出式の分母は費用価格と商品価格＝売上高とであり，それらは異なる。上

---

44) エンゲルスによって補足された部分は，年間回転額と総資本が一致する場合は$p/k=p/C$，年間回転額が総資本より小さい場合は$p/C<p/k$，年間回転額が総資本より大きい場合は$p/C>p/k$となる。「商業上の慣行では回転の計算は不正確なのが普通である。実現された商品価格の総計が充用総資本の総額に達すれば，資本は1回転したものとみなされる。しかし，資本は，実現された商品の費用価格の総計が総資本の総額に等しくなるときに，はじめて完全な1回転を完了することができるのである」，と記されている。『資本論』第3巻第1分冊，285-287頁（独237-238）。

記の売上高利益率の式は,

$$売上高利益率 = \frac{M}{c2+C3+V+M} = \frac{mn}{c2+(c3+v+m)\cdot n}$$
$$= m'\cdot \frac{vn}{c2+(c3+v+m)\cdot n}$$

であるが,年間回転額にたいする利潤率の式は,

$$\boxed{年間回転額にたいする利潤率} = \frac{M}{c2+C3+V} = \frac{mn}{c2+(c3+v)\cdot n}$$

であり,これらは異なる。

そして,前述(「はじめに」)の中国の鉱工業のデータによる売上高利益率,年間回転額にたいする利潤率(利潤額／〔売上高－利潤額〕により算出),ROAの各々の推移を比較すると図5-12の通りである。それは,売上高利益率,年間回転額にたいする利潤率,ROAの算出式からも分かるように,利益がプラスでもマイナスであっても,売上高利益率の絶対値は年間回転額にたいする利

図5-12　全鉱工業／売上高利益率・年間回転額にたいする利潤率・ROAの推移

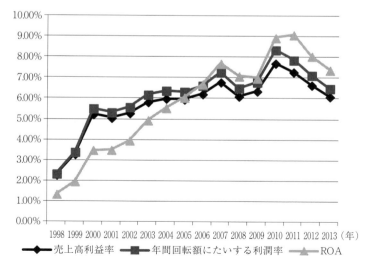

出所)『中国統計年鑑』2013年版,2014年版より筆者が計算作成。

潤率の絶対値よりも小さく，ROAの絶対値はROAの式の分母が売上高利益率の式の分母，並びに年間回転額にたいする利潤率の式の分母を上回る場合にそれぞれの絶対値より小さく，それぞれの分母を下回る場合はそれぞれの絶対値より大きくなる。

次節では個別企業について当該企業の財務データを用いての考察を行なうが，以上の利潤率とROAとの関係より，「利潤率＝ROA」として考察を進める。

2.2 利潤率の低下，利益率の低下について

利潤率の低下について，『資本論』では，『資本論』第1巻第7篇「資本の蓄積過程」第23章「資本主義的蓄積の一般的法則」第2節「蓄積およびそれに伴う集積の進行途上での可変資本の相対的減少」で労働の社会的生産力の増大，資本の加速的蓄積の進展とともに資本の有機的構成の高度化が生じることが示され，『資本論』第3巻第3篇「利潤率の傾向的低下の法則」第13章「この法則そのもの」で資本の有機的構成の高度化の結果は一般的利潤率の漸次的低下として表されることが示されている。

2.2.1 利潤率の低下の概要

『資本論』による利潤率の低下についての概要を確認するとそれは次の通り。『資本論』第1巻第23章で「生産手段に合体される労働力に比べての生産手段の量的規模の増大は，労働の生産性の増大を表わしている。だから，労働の生産性の増加は，その労働量によって動かされる生産手段量に比べての労働量の減少に，または労働過程の客体的諸要因〔＝生産諸手段〕に比べてのその主体的要因〔＝労働力〕の大きさの減少に，現われるのである。このような，資本の技術的構成の変化，すなわち，生産手段の量がそれに生命を与える労働力の量に比べて増大すると言うことは，資本の価値構成に，資本価値の可変成分を犠牲としての不変資本の増大に，反映する」[45]と記されている。すなわち，機械の使用が進むにつれて，1人の労働者が同じ時間に労働力の同じ緊張度でより多くの原材料を加工して生産物に転化させるようになる，つまり生産

---

45) 『資本論』第1巻第2分冊，812頁（独651）。

第5章　国有企業の労働生産性と資本の効率に関する考察　283

物に合体される労働力に比べて生産手段の量がより大きく増大する。したがって，このような資本の技術的構成の変化は資本の価値構成の変化（可変資本部分に比べて不変資本部分が増大して行く）に現れる，すなわち，資本の有機的構成の高度化がもたらされる。そして，このような資本の技術的構成の変化は，資本の蓄積と独自な資本主義的生産様式の発展との2つの経済的要因が互いに与えあう刺激に複比例して生みだされ，その2つの経済的要因は，資本の蓄積につれて独自な資本主義的生産様式が発展し，独自な資本主義的生産様式の発展につれて資本の蓄積が進展する関係である[46]。

また，資本の有機的構成の高度化について第3巻第13章では「不変資本に比べて，したがってまた総資本に比べて，可変資本が相対的にますます減少して行くということは，平均的に見た社会資本の有機的構成がますます高くなって行くということと同じである。それはまた，労働の社会的生産力がますます発展して行くということの別の表現でしかない[47]」と記されている。

そして，第3巻第13章で「資本主義的生産は，不変資本に比べての可変資本の相対的減少につれて，総資本のますます高くなる有機的構成を生みだすのであって，その直接の結果は，労働の搾取度が変わらない場合には，またそれが高くなる場合にさえも，剰余価値率は，絶えず下がってゆく一般的利潤率に表わされるということである。（中略）だから，一般的利潤率の漸進的な低下の傾向は，ただ，労働の社会的生産力の発展の進行を表わす資本主義的生産様式に特有な表現でしかないのである[48]」と記されている。すなわち，資本の有機的構成の高度化の結果，剰余価値率が変化しない限り，一般的利潤率はしだいに低下する傾向がある。利潤率の式を参照すれば，

$$p' = \frac{m}{(c_1+c_2+c_3)+v} = m' \cdot \frac{v}{(c_1+c_2+c_3)+v} ,$$

のm'が不変であれば，不変資本：$(c_1+c_2+c_3)$が可変資本：vよりも相対的に増大すれば，または可変資本：vが不変資本：$(c_1+c_2+c_3)$よりも相対的に

---

46)　『資本論』第1巻第2分冊，815頁（独653）。
47)　『資本論』第3巻第1分冊，267頁（独222）。
48)　『資本論』第3巻第1分冊，267頁（独223）。

減少すれば，p'は低下する。流動資本の回転を織り込むと，

$$p' = \frac{mn}{(c1+c2+c3)+v} = m' \cdot \frac{vn}{(c1+c2+c3)+v}$$

のm'が不変，さらに流動資本の回転数：nが不変であれば，不変資本が可変資本よりも相対的に増大すれば，または可変資本が不変資本よりも相対的に減少すれば，p'は低下する。

なお，資本の有機的構成はc/vで表されるが，それと，企業の総資産と（年間人件費/n）との比率とを比較すると，c/vの値は総資産／（年間人件費/n）の値よりも若干小さくなる。それは，総資産／（年間人件費/n）の分子である総資産にはvに相当する（年間人件費/n）が含まれているためである。そして，c/vの値の変化と総資産／（年間人件費/n）の値の変化とは，値の差異は有っても，同じ傾向の変化を表す。また，vに相当する（年間人件費/n）と従業員数とが正比例関係もしくは概ね同様の変化の傾向であれば，従業員数をvまたは（年間人件費/n）の代替値とみなして，資本の有機的構成の変化と従業員1人当たり総資産額の変化とは同様の傾向の変化を表す。

さらに，第3巻第13章で「利潤率の進行的低下の法則，すなわち，生きている労働によって動かされる対象化された労働の量〔＝不変資本の量〕に比べて取得される剰余労働が相対的に減少してゆくという法則は，社会的資本によって動かされ搾取される労働の絶対量，したがってまた社会的資本によって取得される剰余労働の絶対量が増大するということをけっして排除しないし，また，個々の資本家の指揮のもとにある諸資本の指揮する労働の量〔＝必要労働＋剰余労働〕，したがってまた剰余労働の量が増大し，しかも後者は資本の指揮する労働者の数が増大しなくとも増大するということをけっして排除しないのである」[49]，すなわち，利潤率が低下しても剰余価値量＝利潤量は増大する，と示されている。そしてこのような利潤率と利潤量との関係は必然の関係であり，それは次の通り，「このように，資本によって充用される労働者の数，つまり資本によって動かされる労働の絶対量，したがって資本によって吸い上げられる剰余労働の絶対量，したがって資本によって生産される剰余価値の量，

---

49) 『資本論』第3巻第1分冊，272頁（独226）。

したがって資本によって生産される利潤の絶対量は，利潤率の進行的低下にもかかわらず，増大することができるし，またますます増大してゆくことができるのである。ただそれができるだけではない。資本主義的生産の基礎の上では——一時的な変動を別とすれば——そうならなければならないのである」[50]と示されている。

2.2.2 中国鉱工業データから見る利潤率の低下

以上のような利潤率の低下の傾向，不変資本が可変資本よりも相対的に増大する状況は，まさに中国の鉱工業のデータからも見て取られる（図5-13参照）。

図5-13のROAは前述（2.1「売上高利益率，総資産利益率，1人当たり利益額について」）の通り利潤率に同等としてみられ，また生産手段充当資本部分は生産に投ぜられた資本のなかの不変資本に充当された部分（＝総資産額の内の生産手段に充当された部分）として，賃金充当資本部分は可変資本に充当された資本の部分（総資産額の内の賃金に充当された部分）として表されている，すなわち，前述（2.1）で示した式，

$$p' = ROA = \frac{mn}{(c_1+c_2+c_3)+v} = m' \cdot \frac{vn}{(c_1+c_2+c_3)+v}$$

の分母（＝総資産額）の（$c_1＋c_2＋c_3$）は生産手段充当資本部分，vは賃金充当資本部分として表示されている（賃金充当資本部分は年間賃金総額を流動資産回転数〔流動資本回転数の代替値として流動資産回転数を使用〕で除した値，すなわちv＝年間賃金総額／n。生産手段充当資本部分は総資産からvを減じた値である）。さらに，利潤額の推移は図5-14の通り2011年以降は増加傾向が減少しているがそれ以前は一貫して増加している。

以上より，この図5-13の状況には有機的構成の高度化，利潤率の低下の傾向が現れていると判断できるだろう。そして，利潤率が低下しても剰余価値量＝利潤量が増大する姿は図5-14の通りである。なお，図5-13，5-14は鉱工業の全体を表したが，国有・国有株支配企業について同様のデータを見れば，資本の有機的構成の高度化，利潤率の低下の傾向はより顕著に現れている（図

50）『資本論』第3巻第1分冊，273頁（独228）。

図5-13　全鉱工業／ROA・生産手段充当資本部分・賃金充当資本部分の推移

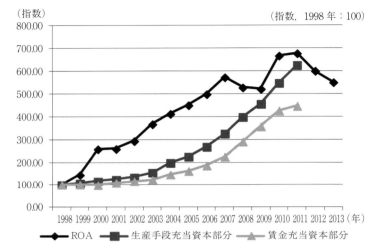

注1）生産手段充当資本部分＝総資産額－賃金充当資本部分。
　　　賃金充当資本部分＝年間賃金総額／流動資産回転数
　　　　　　　　　　＝（従業員数×全産業・都市部就業者平均賃金）／流動資産回転数。
　　　流動資産回転数（中国語：流動資産周転次数）は『中国統計年鑑』に記載あり。
　　2）『中国統計年鑑』2013年版，2014年版の鉱工業部門データには従業員数のデータの記載が無く，2012年版により2011年までのデータを示す。
出所）『中国統計年鑑』2012年版，2013年版，2014年版より筆者が計算作成。

5-15参照）。また，国有・国有株支配企業の利潤額の推移は前述（「はじめに」）の「図5-2　企業区分別・利益額」の通りであり，利潤額は2008年以降に単年度では低下，横ばいの状況が散見されるが，ROAはそれ以上に低下しており，利潤率の低下に比例しての利潤量の低下には至っていない。

2.2.3　利益率の低下・中国鉱工業データから見る利益率の低下

売上高利益率について整理，確認する。一般的に企業が拡大・発展する場合，生産設備など長期にわたって使用される労働手段が大規模化する，すなわち固定資本が増大する。同時に原材料，すなわち流動不変資本も増加して行く，すなわち，労働の生産性が上昇して可変資本に比べて不変資本が増大して

第5章　国有企業の労働生産性と資本の効率に関する考察　287

図5-14　全鉱工業・利潤額

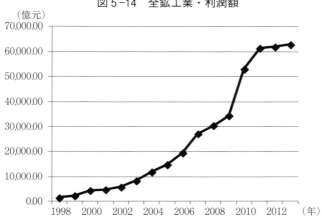

出所）『中国統計年鑑』2013年版，2014年版より筆者が計算作成。

図5-15　国有・国有株支配／ROA・生産手段充当資本部分・賃金充当資本部分の推移

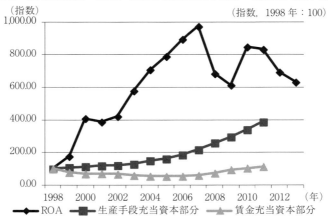

注1）生産手段充当資本部分＝総資産額－賃金充当資本部分，賃金充当資本部分＝年間賃金総額／流動資産回転数＝（従業員数×全産業・都市部就業者平均賃金）／流動資産回転数。流動資産回転数（中国語：流動資産周転次数）は『中国統計年鑑』に記載あり。
　2）『中国統計年鑑』2013年版，2014年版の鉱工業部門データには従業員数のデータの記載が無く，2012年版により2011年までのデータを示す。
出所）『中国統計年鑑』2012年版，2013年版，2014年版より筆者が計算作成。

行く，いわゆる労働集約的企業から資本集約的企業へ移行して行く。それは，①c1部分が増大，②c1の増大に伴ってc2が増大，③c3部分が増大，④労働の生産性が上昇するので，vはc3の増加より小さい増加，または絶対的に増加しない，さらには減少，となる。売上高利益率の式は，

$$売上高利益率 = \frac{mn}{c2+(c3+v+m)\cdot n} = m'\cdot \frac{vn}{c2+(c3+v+m)\cdot n}$$

であるから，企業が拡大・発展する場合，この式のc2, c3は増大，vはc3に比べて相対的に減少する，そしてm'が不変であるならば，さらに流動資本の回転数：nが不変であれば，売上高利益率の式の分母は分子に比べて相対的に大きくなり，売上高利益率は低下して行く。

このような売上高利益率の低下の現象は，前述（「はじめに」）の中国の鉱工業のデータからも見て取られ，それは「図5-3　企業区分別・売上高利益率」の通りである。

2.2.4　利潤率の低下に反対する作用の概要

以上の通り，利潤率（またはROA）や売上高利益率の低下の傾向を整理・確認したが，資本の有機的構成が高度化しても利潤率が低下しない現象またはこの低下を緩和する現象も現れる。このことは前述（2.1「売上高利益率，総資産利益率，1人当たり利益額について」）の利潤率の式からも分かるように，

$$p' = \frac{mn}{(c1+c2+c3)+v} = \frac{m'\cdot v\cdot n}{(c1+c2+c3)+v}$$

のp'の低下に反対の作用をするのは，分子を大きく，または分母を小さくすることである。例えば，利潤率の式のm'の値の上昇は利潤率の低下に対して逆の作用をする。そして，利潤率が低下しない現象も発生しうるゆえに一般的利潤率の低下は傾向的低下と呼ばれる。このようなp'の低下への反対の作用については，『資本論』では第3巻第3篇「利潤率の傾向的低下の法則」第13章「この法則そのもの」に続いて，第3篇第14章「反対に作用する諸原因」に示されている。第14章では一般的利潤率の低下に反対に作用する原因として，①労働の搾取度の増強（ことに労働日の延長，労働の強化による），②労働力の価値以下への労賃の引下げ，③不変資本の諸要素の低廉化，④相対的過剰人口，

⑤貿易，⑥株式資本の増加の6項目があげられている。

しかし，p'の低下に反対に作用する方法が施されても，p'の低下が単純に緩和され続けたり，p'が上昇し続けたりすることに帰着しない。例えば，労働の搾取度の増強について『資本論』では，剰余価値率：m'を大きくする方法によってp'が単純に大きくなるのではなく，その方法によってp'を低くする方向に作用することが示されている。それは，相対的剰余価値を生産するためのいろいろな方法は，だいたいにおいて，一方では与えられた労働量のうちからできるだけ多くを剰余価値に転化させ（m'を大きくする），他方では前貸資本に比べてできるだけわずかな労働一般を充用する（cに比べてvの相対的な減少）ということに帰着する。したがって，労働の搾取度（剰余価値率：m'）を高くすることを可能にするその同じ原因が，同じ総資本で以前と同量の労働を搾取することを不可能にするのである，と記されている[51]（括弧の部分は筆者による付記）。そして「これは互いに反対に作用する傾向であって，一方では剰余価値率を高くする方向に作用しながら，同時に，与えられた資本によって生産される剰余価値量，したがってまた利潤率を低くする方向に作用する傾向である[52]」と記されている。

さらに，第14章では特別剰余価値を生産する場合についても，「利潤率の低下を妨げながらも結局は絶えずそれ〔＝利潤率の低下〕を促進する諸原因のうちには，発明などが普及する前にそれを利用する資本家にとって一時的にではあるが絶えず繰り返しあれこれの生産部門に現われるような，一般水準を越える剰余価値の増大〔＝特別剰余価値の増大〕も含まれている[53]」と，つまり，利潤率の低下に反対に作用しながらも低下につながる原因の中に，特別剰余価値の増大がある，と記されている。この特別剰余価値の生産は，市場で競争し続ける個々の企業にとっては，自らの企業にのみ直接に利潤増をもたらし，他企業との競争に勝ち残るための特に重要な方法である。個々の企業は一時的にではあるが競争相手企業を上回るこの剰余価値を生みだす方法を，小さなカイ

---

51) 『資本論』第3巻第1分冊，292頁（独243）。
52) 『資本論』第3巻第1分冊，292頁（独243）。
53) 『資本論』第3巻第1分冊，293頁（独243-244）。

ゼンから大きな発明までを常に繰り返し，実施しようとしている。それは，企業同士により，他者を市場から駆逐し自らが生き残るまで常に繰り返される，特別剰余価値の生産の競争である。

そして，「剰余価値率の増大は（中略）一般的法則〔＝一般的利潤率低下の法則〕を廃棄するものではない。しかし，それ〔＝剰余価値率の増大〕は，この法則をむしろ傾向として，すなわち，反対に作用する諸事情によってその絶対的貫徹を妨げられ遅らされ弱められるような法則として，作用させるのである。しかし，剰余価値率を高くするその同じ原因が，与えられた一資本の充用する労働力を減少させる方向に作用するのだから，この同じ原因はまた利潤率を低下させる方向に作用すると同時にこの低下の運動を緩慢にする方向に作用するのである」，さらに，「利潤率が下がるのは，労働がより不生産的になるからではなく，労働がより生産的になるからである。剰余価値率の上昇と利潤率の低下とは，どちらも労働の生産性の増大が資本主義的に表現される特殊な形態でしかないのである」と記され，剰余価値率の増大が単純に１つの結果をもたらすのではなく，コインの表裏のように２つの相反する結果をもたらすことが示されている。労働の生産性を増大させようとすれば，それは利潤率を低下もさせれば，上昇をもさせる，また，上昇させてもいずれは低下に帰着するのである。

以上の通り，利潤率ならびに売上高利益率について確認，考察したが，次の2.3「機械と労働の生産力について」で利潤率に関連して不変資本（ｃ）と可変資本（ｖ）との関係，機械と労働の生産力との関係を確認，考察する。

2.3 機械と労働の生産力について

2.3.1 機械と労働の生産力の概要

機械は，労働の生産力を増大させて剰余価値を生産するための手段である。それは『資本論』を参照して整理，確認すると次の通り。労働の生産力の増

54）『資本論』第３巻第１分冊，294頁（独244－245）。
55）『資本論』第３巻第１分冊，301頁（独250）。
56）『資本論』第１巻第１篇「商品と貨幣」第１章「商品」第１節「商品の二つの要因　使用価値と価値（価値実体　価値量）」，第２節「商品に表わされる労働の二重性」，第２篇

第5章　国有企業の労働生産性と資本の効率に関する考察　291

大について,「われわれが労働の生産力の上昇と言うのは,ここでは一般に,1商品の生産に社会的に必要な労働時間を短縮するような,したがってより少量の労働により大量の使用価値を生産する力を与えるような,労働過程における変化のことである」[57]と示されている。そして労働の生産力が高くなることにより一定の生産物を生産する時間が以前より短くなれば,労働力の価値を規定する生産物を生産する時間が短くなり,労働力の価値が下がり,その労働力の生産または労働力の再生産に必要な労働時間(必要労働時間)が短縮し,所与の労働日の中での短縮した必要労働時間は剰余労働時間に転化して剰余価値を生産する(これは相対的剰余価値の生産である[58])。つまり,労働力の価値を下げて相対的剰余価値を生産するためには労働の生産力を高めなければならず,労働の生産力を高くするためには,資本は「労働過程の技術的および社会的諸条件を,したがって生産様式そのものを変革しなければならない」[59]と示されている。

さらに,労働力の価値と労働の生産力との関係について整理,確認すると,まず労働力の価値については,「労働力または労働能力というのは,1人の人間の肉体すなわち生きている人格のうちに存在していて,彼がなんらかの種類の使用価値を生産するときにそのつど運動させる肉体的および精神的諸能力の総体」[60]であり,労働力の価値は,「〔労働力の生産に必要な〕一定の総額の生活手段の価値に帰着する。したがってまた,労働力の価値は,この生活手段の価値,すなわちこの生活手段の生産に必要な労働時間の大きさにつれて変動する」[61]。この生活手段の質的構成には,労働力所持者本人の労働力の再生産費用,家族の生活養育費,労働力の養成費(教育訓練費,修業費)の3要素が含まれる。

「貨幣の資本への転化」第4章「貨幣の資本への転化」第3節「労働力の売買」,第4篇「相対的剰余価値の生産」第10章「相対的剰余価値の概念」,第13章「機械と大工業」を主に参照。

57) 『資本論』第1巻第1分冊,414頁(独333-334)。
58) 『資本論』第1巻第1分冊,413-415頁(独333-334)。
59) 『資本論』第1巻第1分冊,415頁(独334)。
60) 『資本論』第1巻第1分冊,219頁(独181)。
61) 『資本論』第1巻第1分冊,225頁(独186)。

つぎに，労働の生産力は，「つねに有用な具体的な労働の生産力であって，じっさい，ただ与えられた時間内の合目的的生産活動の作用程度を規定するだけである。それゆえ，有用労働は，その生産力の上昇または低下に比例して，より豊富な，またはより貧弱な生産物源泉になる。(中略) 労働は，同じ時間に違った量の使用価値を，すなわち生産力が上がればより多くの使用価値を，生産力が下がればより少ない使用価値を，与える」、また，労働の生産力は，「多種多様な事情によって規定されており，なかでも特に労働者の熟練の平均度，科学とその技術的応用可能性との発展段階，生産過程の社会的結合，生産手段の規模と作用能力とによって，さらにまた自然事情によって，規定されている」。

以上の，労働力の価値と労働の生産力との関係は，「1商品の価値の大きさは，その商品に実現される労働の量に正比例し，その労働の生産力に反比例して変動する」，つまり，労働の生産力が増大すれば，1商品の生産に必要な労働時間は小さくなり，その商品に結晶している労働量は小さくなり，その商品の価値は小さくなる（価値と労働量とは共に低下：正比例，生産力は上昇し価値・労働量は低下：反比例）。逆に生産力が縮小すれば，1商品の生産に必要な労働時間は大きくなり，その商品に結晶している労働量は大きくなり，その商品の価値は大きくなる（価値と労働量とは共に上昇：正比例，生産力は低下し価値・労働量は上昇：反比例）。このように，労働力の価値すなわち一定の総額の生活手段の価値は労働の生産力に反比例し，労働の生産力の増大により労働力の価値が下がる。

そして，労働の生産力の増大のためには，労働の生産力を規定する多種多様な事情の変化，労働過程における変化が必要であり，変化をもたらす様々な事情のうちの最大の手段は機械である。機械の目的は，資本主義的に使用される時には，人間の労働の苦しみの軽減ではない。「機械は，商品を安くするべきもの，労働日のうち労働者が自分自身のために必要とする部分〔＝必要労働の

---

62) 『資本論』第1巻第1分冊，62頁（独60-61）。
63) 『資本論』第1巻第1分冊，54頁（独54）。
64) 『資本論』第1巻第1分冊，55頁（独55）。

部分〕を短縮して，彼が資本家に無償で与える別の部分〔＝剰余労働の部分〕を延長するべきものなのである。それは，剰余価値を生産するための手段なのである」，と示されている。

つぎに，以上のような労働の生産力を増大させ，剰余価値を生産する手段である機械を，労働との関連で考察する。それは，労働の生産力が上がればより多くの使用価値が生産されるので，労働過程での機械の使用によって使用価値は量的に，質的にどのように生産されるかを注視する。

2.3.2 機械と量の生産性上昇の概要

『資本論』第１巻第４篇「相対的剰余価値の生産」第13章「機械と大工業」第１節「機械の発達」で，機械は原動機，伝動機構，道具機または作業機の三つの本質的に異なる部分によって構成され，機械の道具機または作業機こそは，「産業革命が18世紀にそこから出発するものである」，「〔道具機または本来の作業機は，〕手工業者やマニュファクチュア労働者の作業に用いられる装置や道具が再現するのであるが，しかし今では人間の道具としてではなく，１つの機構の道具として，または機械的な道具として再現するのである」と示されている。そして，人間が作業に使用する単なる道具の数は，人間自身の肉体の器官の数により限定されている，すなわち，両手両足で作業をするにとどまるが，道具機は，運動する力が伝えられると，以前に労働者が類似の道具で行なっていた作業を自分の道具で行なう１つの機構である，と示され，そのような事例としてジェニー紡績機が挙げられ，手工業では人間は１つの紡錘を付けた紡ぎ車で１本の糸を紡いだ，紡績の名手であれば２つの紡錘を付けた紡ぎ車で同時に２本の糸を紡いだが，ジェニー紡績機は，はじめから12-18個の紡錘で紡いだ，「同じ道具機が同時に動かす道具の数は，１人の労働者の使う手工業道具を狭く限っている有機体的な限界からは，はじめから解放されているのである」，と示されている。さらに，機械は産業革命の出発点であり，それは

---

65) 『資本論』第１巻第１分冊，485頁（独391）。
66) 『資本論』第１巻第１分冊，487-488頁（独393）。
67) 『資本論』第１巻第１分冊，488-489頁（独394）。

「ただ1個の道具を取り扱う労働者の代わりに1つの機構をもってくるのであるが，この機構は一時に多数の同一または同種の道具を用いて作業し，またその形態がどうであろうと単一な原動力によって動かされるものである。ここにわれわれは機械を，といってもまだ機械的生産の単純な要素として，もつのである」と示されている。なお，ジェニー紡績機の原動力は人間である。手工業道具では，人間が原動力であり，且つ人間が操作器である。手工業道具である紡ぎ車は，人間の足が原動力で人間の手が紡錘を操作する。この操作をする部分を人間から道具機または作業機に置き換えることこそが，産業革命の出発点であり[69]，「道具機の創造こそ蒸気機関の革命を必然的にした[70]」のである。このように，手工業の段階では1人の人間は同時に1本，名手であれば2本の糸を紡ぎ，産業革命の出発点であるジェニー紡績機では1人の人間が12－18個の紡錘で紡ぐ道具機を稼働させた。それらの大きな差異は，紡ぎ車もジェニー紡績機も共に原動力は人間であるから1本の糸を紡ぐ速度よりも同時に紡ぐ[71]糸の本数である。1人の人間が同時に紡ぐ糸の数は，紡ぎ車で1人の人間による1本からジェニー紡績機での12－18本に，12－18倍に拡大したのである。

　このような機械の導入によって生産される生産物，使用価値を量と質の面からみてみると，以上のジェニー紡績機の例でみれば，量については以上の通り飛躍的に拡大する，一方，質については，生産される「糸」は人間が道具である紡ぎ車を使用してもジェニー紡績機を使用しても，同じ「糸」である。生産される「糸」の強さなどの品質の面でジェニー紡績機は万能ではなく，細い糸しか紡ぐことができなかったが，細い糸を紡ぐという点に限れば，手工業の紡ぎ車による生産でもジェニー紡績機を使用した生産でも，生産物は同じ細い「糸」である。ジェニー紡績機のこのような欠点はその15年後つくられたミュ

---

68) 『資本論』第1巻第1分冊，491頁（独396）。
69) 『資本論』第1巻第1分冊，489頁（独395）。
70) 『資本論』第1巻第1分冊，490頁（独396）。
71) 『資本論』で機械紡績と手紡績との紡ぐ糸の量の比較が示されているが，そこでは，蒸気で運転される自動ミュール紡績機（450個の紡錘を付けている）の各1個の紡錘は60時間（10時間労働日の1週間）で13オンスの糸を紡ぎ，1人の手紡工が紡ぎ車で紡ぐ糸の量も60時間で13オンスとして，1本の糸を紡ぐ速度は同等として比較されている。『資本論』第1巻第1分冊，510頁（独412－413頁）。

ール紡績機によって克服される。機械の導入前後での生産の方法や生産物の最も大きな差異は，その数量である。

　以上のジェニー紡績機の例では，同時に動かす道具の数を飛躍的に拡大することにより，一定時間内での生産する量を拡大させたが，生産の量を増やす方法には生産の速度を飛躍的に速める（道具でも機械でも同時に生産する労働対象は同じ1単位であるが，機械はその生産する速度を速める）方法もある。例えば，鉄を削って平面を削り出す工作機械のフライス盤（原動力は，19世紀は蒸気，現在は電力）と手作業による加工とを比較してみる。この作業は手作業であれば，「やすり」を使って1個の鉄塊を少しずつ削って平面を作る。非常に高い技能を持った熟練労働者であれば，手作業で粗い目の「やすり」から極微細な目の「やすり」までを使って，機械による加工品と同等またはそれ以上の滑らかな平面度をもった加工を行なうことができる。しかし，その加工の時間は非常に長く数日に及ぶこともあるし，また，そのような熟練労働者が一般的に多数存在しない。フライス盤は1個の切削工具で1個の鉄塊を瞬く間に切削する。さらに研削盤や研磨機を使って平面を研磨すれば熟練工と同様な非常に滑らかな平面度をもった加工品が出来上がる。フライス盤・研削盤・研磨機も手工業も，一般的に1人の労働者が同時に加工する対象数量は1個の鉄塊である，その製品の品質も基本的には同等である，しかし，その加工速度が格段に異なる。このように，機械の導入前後での生産物の最も大きな差異は，製品の品質ではなく，数量である，この点ではジェニー紡績機と同じである。しかし，生産の量を増やす方法は生産の速度を飛躍的に速める方法によって実現されている。とは言え，ジェニー紡績機で18本の糸を紡ぐ時間と紡ぎ車で1本の糸を紡ぐ時間は同じであるから，ジェニー紡績機による1本の糸に割り当てら

---

72) 1764年に作られたジェニー紡績機の欠点は細い糸しか紡ぐことができなく，ジェニー紡績機で生産された糸は，細くてよわい糸だった。1769年に作られたアークライトの水力紡績機は太くてあらい糸を紡ぐことができた。1779年にクロンプトンはアークライトの機械とジェニー紡績機との長所をそれぞれ取り入れたミュール紡績機を作り，この機械は細くて丈夫な糸をつくることができた。中山秀太郎（1987）『機械発達史』大河出版，44－46頁。

73) 中山（1987）162－165頁，171－173頁，奥山繁樹・宇根篤暢・油井明紀・鈴木浩文（2013）『機械加工学の基礎』コロナ社，1－12頁，203頁，を参照。

れる紡ぐ時間は紡ぎ車によるそれの18分の1である．したがって，このような意味で，ジェニー紡績機も生産の速度を飛躍的に速めている．

以上のように，人間が生産する生産物の数量は人間の肉体によって限定されているが，機械が導入されると，その数量的な限界が打ち破られ，生産物の数量が飛躍的に拡大され（または単位当たり生産物の生産に要する時間が飛躍的に短縮され），すなわち労働の生産力が増大し，使用価値が増大し，生産物の価値は下がる．なお，このような機械の導入によって製品の品質ではなく製品の量が増える事象を本章では量の生産性上昇と呼称する．また，既に人間の手作業ではなく機械で多量の製品を生産しているが，その既存の使用中の機械で生産する数量を上回るより大量の製品を新しい技術に基づく新規機械によって生産する場合も，上述の人間と機械との関係と同様であり，このような事象も量の生産性上昇に該当する．

2.3.3　機械と質の生産性上昇の概要

『資本論』第1巻第4篇「相対的剰余価値の生産」第13章「機械と大工業」第1節「機械の発達」で，機械を使用することにより人間が道具を使っての手作業では作り出せない生産物を，量ではなく質の面でも作り出す例が示されている．それは，大工業が，機械による機械の生産によって，大工業にふさわしい技術的基礎をつくりだして自分の足で立つようになった事例のなかに示されており，その機械（Mother Machine）による機械の製造に関して，Mother Machineで生産される個々の機械部分には厳密に幾何学的な形状，すなわち線，平面，円，円筒，円錐，球などが要求され，その個々の機械部分の幾何学的な形状は，Mother Machineによって「『どんなに熟練した労働者の手のどんなに積み重ねた経験でも与えることができないほどの容易さと精確さと速さとで生産すること』に成功したのである」と示されている[74]．このような機械部分を手作業で熟練工が作れば，容易さと速さの面は，熟練工が苦労をして時間を掛ければ克服できるが，精確さの面はどんな熟練工でも作り出すことが出来ないかもしれない．さらに，「機械製作のために用いられる機械のうちで本

---

74)『資本論』第1巻第1分冊，501-502頁（独405-406）．

第5章　国有企業の労働生産性と資本の効率に関する考察　297

来の道具機にあたる部分を考察するならば，そこには手工業的な用具が再現するのであるが，しかし，それは巨大な規模で再現するのである。たとえば，中ぐり盤の工作部分は巨大な錐であって，この錐は蒸気機関で動かされるのであるが，また逆に，それがなければ大きな蒸気機関や水圧機のシリンダーを生産することはできないだろう」[75]とも示されている。この例は，Mother Machineである中ぐり盤による加工は錐と同じに穴をあける加工であるが，それは，鋼鉄に大きな直径の深い穴を容易に精確に速くあけるのであり，人間が道具を使って生産することは不可能である。なお，人間は道具を使用して最初の機械を作り，その機械を使用して次の機械を作り，と段階を経て中ぐり盤を作り，その中ぐり盤で鋼鉄に大きな深い穴をあけるのであるから，間接的にはまたは究極的には人間は鋼鉄に大きな深い穴を容易に精確に速くあけることが出来る。しかし，人間が道具を使って直接に鋼鉄に大きな深い穴をあけることはできない。このような意味で，人間が道具を使って生産することは不可能なのである。

　人間の手によって生産することが不可能な例は，20世紀最大の発明である半導体産業分野で，明瞭であろう。例えば半導体製造装置のなかの，半導体の材料であるシリコンの結晶体（高純度の単結晶シリコンのインゴット）は単結晶引上げ装置により製造されるが，その製造はアルゴンガス雰囲気中で千℃超の温度で高純度のシリコンを溶融させて，そこから単結晶インゴットを作るので，人間が直接に触れることは出来ないし，空気中でも製造できない。また，シリコン・ウエハー（シリコン薄板）に回路を転写する工程に縮小投影露光装置（ステッパと呼ばれる）があるが，この装置で描かれる線の幅は1マイクロメートル（千分の1ミリメートル）以下のナノメートル単位であり，人間の目と手によっては製造出来る微細さではない。[76]

　以上のように，人間が生産する生産物の質（または品質）は人間の肉体によって限定されているが，機械が導入されると，その質的な限界が打ち破られ，

---

75)　『資本論』第1巻第1分冊，502頁（独406）。
76)　前田和夫（1999）『はじめての半導体製造装置』工業調査会，単結晶引上げ装置については69-70頁，縮小投影露光装置については148-156頁を参照。

以前には存在しなかった新しい質の生産物が出来上がる，すなわち新しい質の使用価値が出来上がる。このような機械の導入によって人間の手作業では生産できない質の製品が生産される事象を本章では質の生産性上昇と呼称する。また，既に人間の手作業では生産できない質の製品を機械で生産しているが，その既存の使用中の機械では生産できない質の製品を新しい技術に基づく新規機械の導入によって生産する場合も，上述の人間と機械との関係と同様であり，このような事象も質の生産性上昇に該当する。

　前述の量の生産性上昇の例は，生産される生産物は，人間が機械を使用してもまたは人間が道具を使用しての手作業でも，同じ製品または同じ質の製品である。したがって，生産される数量や生産に要する費用または生産物の価値を問わなければ，機械によっても人間の手作業によってでも生産できる，すなわち，生産にあたって機械と人間とは相互に置換出来る。しかし，上述の質の生産性上昇の例は，人間によっては生産できず，機械によってでしか作れない生産物の生産であるから，生産にあたって機械と人間とは相互に置換出来ないのである。

　なお，ある質の生産性上昇を図る機械が導入されて使用中であるが，その機械を新規機械に更新する場合に，その新規機械は旧機械と同様の質の製品を，且つ単位時間当たりに同数の製品数量を製造するが，その機械を操作する人間の数を減らす，または操作をする技能の面で高度な熟練度を必要としなくなるような場合は，機械の操作をする労働の価値が下がる。したがって，旧機械も新規機械もともに人間によっては生産できない製品を生産するのではあるが，このような機械の更新は量の生産性上昇を図る行為である。または，新規機械が旧機械と同様の質の製品を生産し，且つその機械を操作する人間の人数も技能も同じではあるが，単位時間当たり製品数量が増加するような場合も，そのような機械の更新は量の生産性上昇を図る行為である。

　そして，このような質の生産性を上昇させる機械（または機械設備，装置）は概ねその価格が高価で，また機械の規模が大きいほうがその生産物の生産コスト（単位当たり製品の費用価格）が低くなり易い傾向がある場合が多い。したがって，質の生産性上昇を図る機械を導入する企業は，他社との競争に勝つために，機械の規模拡大，機械の稼働時間の増大（1日当たり24時間連続稼働が望

第5章　国有企業の労働生産性と資本の効率に関する考察　299

ましい）を行ない，他社よりも生産コストを下げて特別剰余価値を生み出そうとする。そして，この生産量の増大を遂行するためには，または，質の生産性上昇を図る機械の導入を拡大させる為には，その増大する生産量に見合った大きな需要が必要になるので，生産される製品の需要の規模，または市場の規模が，質の生産性上昇を図る機械導入（または機械使用）の限界を定める条件の1つになる。資本主義の市場では競争し合う企業各社が他社に勝つために新商品を開発・生産し，そのために機械の規模拡大，生産量の増大を遂行し続け，その結果，生産過剰に陥るケースがある。

　以上の量の生産性上昇も質の生産性上昇も，ともに機械の使用によって使用価値が増える，または新しい使用価値が出来る事例の説明であるが，機械の使用によって出来上がる生産物価値については，または機械使用の前後における生産物価値の変化（つまり機械を導入して労働の生産力を高めたことにより商品の価格は安くなるのか，安くならないのか）については立ち入っていない。次に，その機械の使用にともなう生産物価値について整理・確認する。

2.3.4　機械の生産性と機械使用の限界

　『資本論』第1巻第4篇「相対的剰余価値の生産」第13章「機械と大工業」第2節「機械から生産物への価値移転」で，機械の生産性について，次に機械を使用する際の資本にとっての限界が述べられている。機械の生産性については次の通り。「機械の生産性の程度」は，「機械の生産に必要な労働と機械によって省かれる労働との差」であり，この差は，「機械の労働費用，したがってまた機械によって生産物につけ加えられる価値部分が，労働者が自分の道具で労働対象につけ加えるであろう価値よりも小さいかぎり，なくならない」[77]，つまり，この差は，機械に含まれた価値は生産物の生産過程で少しずつ生産物に移転して行くが，その価値部分（これをAとする）と，この機械が導入されれば省かれる対象の手作業の労働過程で労働者が道具の価値といっしょに労働対象につけ加える価値（これをBとする）とを比較して，AがBよりも小さいかぎり，存在する。それゆえ，「機械の生産性は，その機械が人間の労働力にと

---

77)　『資本論』第1巻第1分冊，510頁（独412）。

って代わる程度によって計られる[78]」と規定されている。

そして，機械の使用の限界について，機械を，生産物を安くするための手段として見れば，機械の使用の限界はAがBより少ないことのうちに与えられている。手作業のBの内訳は，c（道具，労働手段）+ v（労働力，労賃）+ m（剰余価値）であるから（労働対象は，機械の使用の場合も手作業の場合も同量であるから，ここでは捨象する），機械導入後のAの価値がB（c+v+m）よりも少なければ，機械導入により労働の生産力は高められる。しかし，資本が機械を使用する場合は（資本主義の下で機械を使用する場合は），単純にAがBよりも少ないからといって機械は導入されない。資本は労働手段，労働対象，労働力を買うのであり，mを買わない，mは不払労働部分である。資本はc+vを支払うのであり，資本にとっては，AがBのc+vよりも小さい場合に，機械の価値が機械によって代わられる労働者の労働力と労働者が使う道具の価値との合計よりも小さい場合に，機械を導入する。すなわち，『資本論』第1巻第13章第2節で「資本は，充用される労働を支払うのではなく，充用される労働力の価値を支払うのだから，資本にとっては，機械の使用は，機械の価値と機械によって代わられる労働力の価値との差によって限界を与えられるのである[79]」と述べられているとおりである。

さらに，機械の導入による利潤率の変化は，先ず，機械導入以前の利潤率は次の通り，

$$\text{機械導入以前}: p' = m' \cdot \frac{v}{c_1+c_2+v}, \quad (c_1：労働手段, c_2：労働対象)$$

次に，機械導入によって増加する労働手段の価値と，機械導入によって代わられる労働力価値とが同じとすれば（その価値を「t」とする，また剰余価値率m'は不変とする），機械導入後の利潤率は次の通り，

$$\text{機械導入以後}: p' = m' \cdot \frac{(v-t)}{(c_1+t)+c_2+(v-t)} = m' \cdot \frac{(v-t)}{c_1+c_2+v}$$

となり，機械使用の限界点である「機械の価値と機械によって代わられる労働

---

78) 『資本論』第1巻第1分冊，510頁（独412）。
79) 『資本論』第1巻第1分冊，512頁（独415）。

力の価値」とが一致する点であっても，利潤率は機械導入以前よりも低くなる（上記の式の通り，機械導入前後で変化するのは分子の部分であり，機械導入後の分子は機械導入以前の分子よりも小さい）。したがって，生産に投下される資本の利潤率を下げない為には，機械によって代わられる労働力の価値よりも導入機械の価値を，機械使用の限界を大きく超えて，小さくする，または剰余価値率を上昇させなければならない。

以上の機械使用の限界や利潤率についての，事例を以下に示す（表5-2参照）。

表5-2の事例について，ケース1に対して，ケース2を超えたところからケース5までの範囲では，労働の生産力が上昇している（vは半減しても生産数量は維持され，商品価値は下がっている）。ケース2は機械の生産性が現れる限界であり，ケース3では商品価値は低下し，機械の生産性が現れている。ケース4はケース1と費用価格が同じ（機械の価値の増加分＝c_1の増加分：20と，機械によって代わられる労働力の価値＝vの減少分：20とが同量）で，且つ生産数量も同じであり，このケース4が資本にとっての機械使用の限界となる。利潤率はケース4，5でもケース1よりも小さく，また売上高利益率も同様の傾向である。

また，ケース2～5では，労働力と剰余価値率とが（したがって剰余価値額も）同じである。このような条件の下で，機械の生産性が大きくなるにつれて（ケース2からケース5に向かって），利潤率，売上高利益率が少しずつ上昇する。上述の通り，機械導入以後は導入以前に比較して，利潤率，売上高利益率が低下するが，その低下の程度は機械の生産性が大きいほど小さい。このような点は，次節において個々の企業の機械の生産性がどの程度に発揮され，労働の生産性がどの程度に上昇しているのかを分析する際の目安となる。

このような資本にとっての機械の使用の限界が存在するので，「労働力の価値よりも下への労賃の低落が機械の使用を妨げ」，その事例は，『資本論』第1巻第4篇第13章第2節の終わりの部分で，イギリスの川船を曳くのに馬の代わりに女性が使われている例が示されている。

---

80) 『資本論』第1巻第1分冊，513頁（独415）。
81) 『資本論』では，次のように記述されている。「イギリスでは川船をひいたりするには

表 5-2　機械使用の限界と利

			労働手段 (c1)	労働対象 (c2)	労働力 (v)	費用価格 (c1+c2+v)
ケース1	機械導入以前		20	40	40	100
ケース2	機械導入以後	機械導入により増加する労働手段の価値と、それによって代わられる（＝減少する）〔労働力価値＋剰余価値＝v＋m〕とが同じ。—機械の生産性が現れる限界—	60	40	20	120
ケース3		代わられる労働力価値＜労働手段増加価値＜代わられる〔労働力価値＋剰余価値＝v＋m〕	50	40	20	110
ケース4		代わられる労働力価値〔v〕＝労働手段増加価値 —資本にとっての機械使用の限界—	40	40	20	100
ケース5		労働手段増加価値＜代わられる労働力価値〔v〕	30	40	20	90

注1）機械導入により増加する労働手段の価値…新規導入機械の価値と，代わられる既存の道具または労働手段の価値との差（ケース1の労働手段の価値とケース2以降の労働手段の価値との差）とする。
　2）機械導入前後で，労働日や労働の密度（労働の緊張度）は変化しない，生産量は一定とする故に労働対象は一定，剰余価値率は100％と一定，商品価格は商品価値に一致，とする。
出所）筆者作成。

　表5-2では機械導入以前よりも機械導入以後には利潤率や売上高利益率が低下しているが，資本は機械導入以後も利潤率や売上高利益率を維持または低下の度合いを極力小さくすることを望む。それを実現するための方法には，例えば，剰余価値率を上昇させる，所与の期間内の機械の稼働時間を増大させる，などの方法がある（表5-3参照）。

　表5-3の事例について，ケース6は特別剰余価値を生産している事例である。ケース6の商品の社会的な価値（この商品の価格は価値通り）はケース5に

　　　今でも馬の代わりに女が使われることがあるが，そのわけは，馬や機械を生産するのに必要な労働は数学的に与えられる量であるが，これに反して，過剰人口の女を養うのに必要な労働は，どのようにでも計算できるからである。それだから，つまらないことに人力が恥知らずに乱費されることは，まさにこのイギリスで，この機械の国で，他のどの国でよりもひどいのである」『資本論』第1巻第1分冊，513頁（独416）。

潤率の変化の事例（その１）

剰余価値 (m)	商品価値 (c1+c2+v+m)	剰余価値率 (m')	利潤率 (p'=m/〔c1+c2+v〕)	売上高利益率 (m/〔c1+c2+v+m〕)	労働の生産性
40	140	100.0%	40.0%	28.6%	
20	140	100.0%	16.7%	14.3%	ケース１と同じ
20	130	100.0%	18.2%	15.4%	ケース２より高い
20	120	100.0%	20.0%	16.7%	ケース３より高い
20	110	100.0%	22.2%	18.2%	ケース４より高い

より生産される商品の110であるが，ある個別の資本であるケース６は他の資本に比較してより一層の労働の生産力を上昇させる機械を導入して商品を生産し，その商品をその個別的価値よりも高い社会的価値通りの商品価格110で販売して，特別剰余価値を生産している。この特別剰余価値によりケース６の資本はケース１と同様の利潤率：40％，売上高利益率：28.6％を確保している。

ケース７は，機械の導入によってではなく，機械の１日当たり稼働時間を２倍に変化させて機械の生産性を上昇させる事例である。ケース５の労働日が10時間／日で交代勤務の無い昼勤務の状態とすれば，ケース７は，労働者１人当たり労働時間は10時間／日とケース５に同じであるが，労働者数を２倍，労働対象量も２倍にして，２交代制の昼夜勤務として，１日当たりの生産量を２倍にする。機械の稼働時間は１日当たり２倍になるが，機械の摩滅はその稼働時間（または利用時間）に精確に数学的に対応しない[82]，むしろ，機械の所与の減

82）『資本論』第１巻第４篇第13章第３節「機械経営が労働者に及ぼす直接的影響」b「労働日の延長」を参照，「(機械の生産性は，)すでに見たように，機械から製品に移される価値成分の大きさに反比例する。機械が機能している期間が長ければ長いほど，機械につけ加えられる価値はそれだけ大きい生産物量の上に分けられることになり，機械が個々の商品につけ加える価値部分はそれだけ小さくなる。(中略)機械の摩滅は，けっし

304

表5-3 機械使用の限界と利

			労働手段 (c1)	労働対象 (c2)	労働力 (v)	費用価格 (c1+c2+v)
ケース1	機械導入以前		20	40	40	100
ケース4	機械導入以後	代わられる労働力価値〔v〕=労働手段増加価値 —資本にとっての機械使用の限界—	40	40	20	100
ケース5		労働手段増加価値＜代わられる労働力価値〔v〕	30	40	20	90
ケース6	ケース4，5に比し，p′, m′の値が上昇。	ケース5の剰余価値率を上昇させる（例えば，商品の社会的価値ならびに標準的な商品価格が110の場合，ある個別の資本が他とは異なる労働手段の革新により特別剰余価値を獲得する状態など）。 —利潤率が機械導入以前と同等—	30	40	8.57	78.57
ケース7		ケース5の労働日が10時間／日，機械稼働時間も10時間／日であれば，ケース7では2交代勤務（機械稼働時間は20時間／日），とする，労働対象，労働力とも2倍になる，剰余価値率は不変（100％）。 —剰余価値額が機械導入以前と同等—	30	80	40	150

注1）機械導入により増加する労働手段の価値…新規導入機械の価値と，代わられる既存の道具または労働手段の価値との差（ケース1の労働手段の価値とケース2以降の労働手段の価値との差）とする。
 2）機械導入前後で，労働日や労働の密度（労働の緊張度）は変化しない。
 3）ケース6は，ケース5に対して生産量は不変とする故に労働対象は不変，剰余価値率を上昇させて利潤率40％となる条件を設定する。
 4）ケース7は，ケース5に対して生産量は2倍とする故に労働対象並びに労働力は2倍，剰余価値率は100％と同じ，と条件を設定する。
出所）筆者作成。

価償却期間内に，ケース7はケース5の2倍の稼働をし，その機械の維持費用も大きくは変わらないだろう，もしくは稼働時間の差異に応じての2倍もの維

てその利用時間に精確に数学的に対応するものではない」『資本論』第1巻第1分冊，527頁（独426）。

第5章　国有企業の労働生産性と資本の効率に関する考察

潤率の変化の事例（その2）

剰余価値 (m)	商品価値 (c1+c2+v+m)	剰余価値率 (m')	利潤率 (p'=m/[c1+c2+v])	売上高利益率 (m/[c1+c2+v+m])	労働の生産性
40	140	100.0%	40.0%	28.6%	
20	120	100.0%	20.0%	16.7%	
20	110	100.0%	22.2%	18.2%	ケース4より高い
31.43	110	366.7%	40.0%	28.6%	ケース5より高い
40	190	100.0%	26.7%	21.1%	ケース5より高い

持費用はかからないだろう。ケース7とケース5の生産量当たりの労働手段（c1）の費用を比較すれば，ケース7はケース5の半分になる。つまり，ケース7はケース5と同量の商品を生産するのに，その労働手段の価値は30ではなく15となり，その商品価値は110ではなく95（=190／2）となる。このようにして，所与の期間のあいだに，ケース7はケース5の2倍の量の剰余労働を飲み込み，ケース5以上の利潤率を確保している。このように，ケース5からケース7への転換は，新たな機械の導入では無く，機械の使用の方法を変える（1日当たり機械稼働時間を長くする）ことによって機械の生産性を上昇させる事例である。このケース7の事例のとおり，機械や建物などの固定不変資本部分が拡大するほどに，利潤率の低下を緩和するために残業時間の増加や交代勤務などによる搾取可能時間の拡大と不変資本の節約が必須となる。

さらに補足として，個別の企業が他企業に先駆けて機械を導入して労働の生

産力を上昇させた場合の事例を示す。(この事例は表5-3のケース6の事例であるが)ある1つの産業部門のなかの或る1つの個別の企業において機械の導入により機械の生産性が発揮された場合は，生産される商品は当該産業部門の標準的な価格(この商品の価格は社会的価値通り)で販売され，当該個別企業はその商品の社会的価値と社会的価値よりも低い個別的価値との差額を特別剰余価値として手に入れる。このような特別剰余価値を獲得する事例は，市場で競合する各個別の企業において一般的に常に実施されている姿であるから，さらに少々詳しく考察するべく表5-2の各ケースにおいて各々のケースの個別企業が商品を個別的価値ではなく社会的価値で販売する場合の事例を示す(表5-4参照)。

表5-4のケース3の補足事例では投下資本額が増えて利潤額が低下してしまい，各個別資本はこのケースの受け入れを望まない。但し，このようなケースのままで規模を拡大することで利潤率は下がったままでも利潤額を増やすこ

表5-4 機械使用の限界と利潤率

			労働手段 (c1)	労働対象 (c2)	労働力 (v)	費用価格 (c1+c2+v)
ケース1	機械導入以前		20	40	40	100
ケース2の補足事例(ケース2に同じ)	機械導入以後	機械導入により増加する労働手段の価値と，それによって代わられる(=減少する)〔労働力価値+剰余価値=v+m〕とが同じ。—機械の生産性が現れる限界—	60	40	20	120
ケース3の補足事例		代わられる労働力価値<労働手段増加価値=代わられる〔労働力価値+剰余価値=v+m〕	50	40	20	110
ケース4の補足事例		代わられる労働力価値〔v〕=労働手段増加価値 —資本にとっての機械使用の限界—	40	40	20	100
ケース5の補足事例		労働手段増加価値<代わられる労働力価値〔v〕	30	40	20	90

注1) 機械導入により増加する労働手段の価値…新規導入機械の価値と，代わられる既存の道具または労働手段の価値との差(ケース1の労働手段の価値とケース2以降の労働手段の価値との差)とする。
  2) 機械導入前後で，労働日や労働の密度(労働の緊張度)は変化しない，生産量は一定とする故に労働対象は一定，とする。

とは可能である。しかし、その拡大により市場の需要を超えて過剰生産に陥り易いし、競合する他企業も同様の機械の導入と生産の拡大を実施すれば、特別剰余価値は消滅するとともに過剰生産はより大きくなり、商品価格と利潤との低下に陥る。現実にはそのような状況は多々発生している。ケース4の補足事例では投下資本額も利潤額もケース1と同額になり（ROA、売上高利益率がケース1と同レベル、1人当たり利益額、剰余価値率はケース1よりも高い）、各企業はこのケース4の補足事例よりも労働生産性の上昇をめざした機械の導入を図ろうとする。

以上のような事例でも、当然、機械の生産性が大きくなり、労働の生産性が高まれば、剰余価値率、利潤率、売上高利益率が上昇するので、このような点も、次節において個々の企業の機械の生産性がどの程度に発揮され、労働の生産性がどの程度に上昇しているのかを分析する際の目安となる。

の変化の事例（その1の補足事例）

剰余価値 (m)	商品価値 (c1+c2+v+m)	剰余価値率 (m')	利潤率 (p'=m/[c1+c2+v])	売上高利益率 (m/[c1+c2+v+m])	労働の生産性
40	140	100.0%	40.0%	28.6%	
20	140	100.0%	16.7%	14.3%	ケース1と同じ
30	140	150.0%	27.3%	21.4%	ケース2より高い
40	140	200.0%	40.0%	28.6%	ケース3より高い
50	140	250.0%	55.6%	35.7%	ケース4より高い

3）商品価格はケース1～5の全てが140、商品の社会的価値は140（ケース1の場合）でありケース3～5の場合は商品の個別的価値が商品価格より小さくなり、その個別的価値と社会的価値（商品価格）：140との差が特別剰余価値となる。

出所）筆者作成。

第3節　株式上場企業（国有，実質私営）の労働生産性・資本効率の特徴

　本章「はじめに」で，鉱工業部門の各企業区分の売上高，利益額，売上高利益率，総資産額，総資産利益率（ROA），従業員数，従業員1人当たり利益額の推移およびこれらのデータより労働の生産性，利潤，資本の効率（またはROA）について2007年以前と2008年以後とではどのような変化があったのかを確認もしくは推定した。本節では，鉱工業部門の製造業である鉄鋼，機械，紡織業などの幾つかの個々の株式上場企業（株式会社）を取り上げて，労働の生産性や利潤およびROAについて2007年以前と2008年以後とではどのような変化が起きているのかを分析する。それは，国有株式会社と実質私営株式会社[83]を比較して，さらに高度成長期の日本の個別企業との比較を通じて分析する。

3.1　労働生産性・資本効率を表すグラフ

　個別の企業の労働の生産性，資本の効率（または利潤率）の変化を分析するにあたっては，「従業員1人当たり利益（金額／人）」（「労働生産性」と呼称する），「ROA（％）」（「資本効率」と呼称する）の変動を表すグラフ（図5-16参照）を用いる。

　労働の生産力の上昇は，前述（2.3「機械と労働の生産力について」）で整理・確認したように，同じ時間により多くの使用価値を生産するので，労働の生産力の上昇により労働者1人当たりの生産する商品の物量が増大する。個別の資本にとっては所与の労働量により生産される商品の総量が増大すれば，総販売額の増大，さらに利潤の総量の増大が現れる場合が多いので，労働の生産性の変化を従業員1人当たり利益の変化の傾向およびその他のデータの変化を参考にして判定する。そして，前述（2.1「売上高利益率，総資産利益率，1人当たり

---

[83]　国有株式会社ならびに実質私営株式会社の支配株主との関係，統計で用いられる企業分類，呼称などについては，本書第3章第2節2.2「国有株式会社，親会社とその支配株主との関係図」を参照。

利益額について」）で整理・確認したように，労働者数を労働力の代替値とみなして，従業員1人当たり利益の変化により剰余価値率の変化を判定する。そして，剰余価値率の変化と流動資本の回転数〔(売上高－利益)／流動資産〕[84]の変化との傾向より剰余価値の年率の変化をも判定する。なお，本章「はじめに」の図5－9，図5－10で示したように本節の分析対象期間（2005～2012年）に賃金の上昇が見られるので，本節では労働者数を労働力の代替値として分析を進めるが，賃金の上昇をも考慮して個別の企業の剰余価値の年率，剰余価値率の変化を判定する。ただし，賃金の上昇については個別の企業毎のデータを把握できず，製造業または全産業の平均賃金の上昇程度（すなわち，当該時期の中国の一般的な賃金の上昇の状況）を考慮して判定するために，この判定は確実な判定結果ではなく，あくまで参考の判定とする。[85]

　機械の導入により機械の生産性が増大すれば，資産の増大（特に固定資産の増大）と，資産の増大に対する労働者の相対的な減少，すなわち資本の有機的構成の高度化がもたらされ，利潤率は低下する傾向があるが，前述（2.3「機械と労働の生産力について」2.3.4「機械の生産性と機械使用の限界」，表5－2）で整理したように，労働力と剰余価値率とが（したがって剰余価値額も）変化しないとすれば，機械の導入による機械の生産性が大きいほど，利潤率の低下の程度は小さい，また売上高利益率も同様の傾向であるから，利潤率（または

---

84) 前述（2.1「売上高利益率，総資産利益率，1人当たり利益額について」）の流動資本の回転を織り込んだ売上高利益率の式ならびに年間回転額にたいする利潤率の式により，

$$流動資本回転数：n = \frac{(売上高 － c2 － M)}{流動資本(= c3+v)}$$

となるが，c2の部分の数値を個別の上場企業の年度報告のデータから把握するのは困難であるから，流動資本回転数＝〔(売上高－利益)／流動資産〕とみなして，すなわち，分子の部分にc2が含まれた状態で流動資本回転数を求めて分析を進める。この結果，本分析で表す流動資本回転数は実際の流動資本回転数よりは大きい数値になる。

85) 製造業の都市部就業者平均賃金の推移ならびに全産業の株式会社の都市部就業者平均賃金の推移は，2005年～2007年の3年間（前期と称する）の単純平均額に比較して2010年～2012年の3年間（後期と称する）の単純平均額は，ともに約2倍になる（製造業の都市部就業者平均賃金は1.98倍，全産業の株式会社の都市部就業者平均賃金は2.05倍）（本書第3章第3節3.3「中国の経営者と従業員との収入格差」，表3－2ならびに本章「はじめに」の図5－9のデータより算出）。

ROA)，売上高利益率の変化に注目して，機械の生産性の変化を判定する。また，前述（2.3「機械と労働の生産力について」2.3.4「機械の生産性と機械使用の限界」，表5-3）で整理したように個々の企業が機械の生産性を発揮させて特別剰余価値を生み出して剰余価値率を上昇させれば，利潤率，売上高利益率の低下の程度は小さい，または低下しない場合もあるから，剰余価値率の変化を判定する材料である1人当たり利益の変化にも注目する。さらに，労働者の絶対数が一定で機械が導入されて機械の生産性が発揮されれば，生産量の増大，売上高の増大，利潤額の増大をもたらす場合が多いので，売上高，利潤額の変化をも確認する。機械の生産性の変化については，1人当たり利益，ROA，売上高利益率，従業員数，資産（特に固定資産），売上高，利潤額の変化の程度などを参考にして判定する。

そして，資本の効率の変化の程度は利潤率，すなわちROAの変化を参考にして判定する。

また，利潤率の低下が資本の有機的構成の高度化によってもたらされたかどうかについて，資産と従業員数との変化の程度を参考にして判定する。さらに，資本の有機的構成が高度化しても利潤率の低下が必ずしも現れるとは限らなく，そのような状態の存在は，利潤率と剰余価値率との変化により，すなわち，ROAと従業員1人当たり利益との変化により探る。

なお，労働の効率や資本の効率を調べる場合には，付加価値と従業員数の比率ならびに付加価値と資産額の比率を確認する方法があるが，個別の上場企業の年度報告（Annual Report）で公表されている財務データには付加価値額の記載が無いために，本章では営業利益を用いる[87]。

労働の生産性と資本の効率とを表すグラフの概要は図5-16の通り。

図5-16は，或る企業の従業員1人当たり営業利益と総資産営業利益率（ROA）とが，2005～2007年の平均値に比べて2010～2012年の平均値はどのような状態に変化しているのかを表す。

---

86) 本節の検討では，各企業のROAの分母である総資産は全て生産活動に投下されているると見なす。
87) 『中国統計年鑑』の鉱工業部門のデータでは，企業区分別付加価値のデータは，2008年以降は記載されていない。

図5-16の各々のケースの事象は，
- ケース1……2005～2007年に比べて2010～2012年には労働の生産性も資本の効率も上昇。
- ケース2……2005～2007年に比べて2010～2012年には労働の生産性は低下するが資本の効率は上昇。
- ケース3……2005～2007年に比べて2010～2012年には労働の生産性も資本の効率も低下。
- ケース4……2005～2007年に比べて2010～2012年には労働の生産性は上昇するが資本の効率は低下。

図5-16 労働生産性・資本効率の変動のモデル

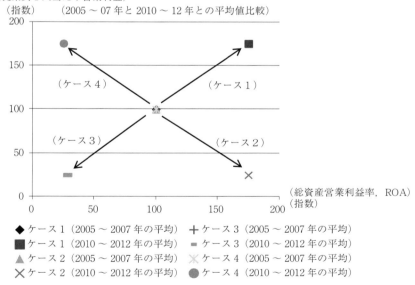

注）全てのケースの2005～2007年の平均値は，縦軸，横軸ともに指数100である。
出所）筆者作成。

3.2 個別の企業の労働生産性・資本効率の特徴

　分析対象の個別企業は，上場企業の中の鉱工業部門より国有株式会社と実質私営株式会社とを13社抽出し，それらは，重工業からは鉄鋼業３社（内，国有２社，実質私営１社），自動車製造業３社（内，国有２社，実質私営１社），建設機械製造業３社（内，国有２社，実質私営１社），軽工業からは紡織業２社（内，国有１社，実質私営１社），食品加工業１社（国有），プラスチック製品製造業１社（実質私営）とし，これら分析対象の13社は本書第４章第２節2.4「上場企業の国有企業と実質私営企業との利潤分配に関わる比較」の分析対象13社に同じ。[88] また，比較対象の日本の個別企業は同様の産業のなかの代表的な企業とした。分析対象のデータ，時期は，中国の企業については，「従業員１人当たり営業利益（金額／人）」，および「ROA（％）」のデータは，それぞれ2005年～2007年の３年間（前期と称する）の平均値，ならびに３年後の2010年～2012年の３年間（後期と称する）の平均値を用いて，この８年間の変化をみる。日本の企業についても同様に，同種のデータを，1961年～1963年の３年間（前期と称する）の平均値，ならびに1966年～1968年の３年間（後期と称する）の平均値を用いて高度成長期の８年間の変化をみる。[89]

3.2.1 鉄鋼業

　鉄鋼業の国有２社（宝鋼股份，河北鋼鉄），実質私営１社（南鋼股份），および比較参考として日本の「八幡製鉄株式会社」（略称：八幡）を取り上げて分析する。各社の状況は図５-17，表５-５の通り。

　中国企業は，前期に比して後期は，国有，実質私営の３社とも，従業員１人当たり営業利益，ROAともに低下している。一方，日本の八幡は，前期に比

---

[88] 分析対象13社の概要（含む，データの出所）については，本書第４章第２節2.4「上場企業の国有企業と実質私営企業との利潤分配に関わる比較」2.4.1「利益配当に関する分析方法と分析対象13社」，表４-９（その１，その２，その３）を参照。
[89] 中国の企業13社の財務データは連結ベース，日本の企業のそれは単独ベースを用いた。「従業員１人当たり利益」の算出に使用する従業員数，及び「ROA」の算出に使用する総資産額は，各年度の期末時点の数値による（分析対象の中国，日本の全ての企業とも）。

第5章 国有企業の労働生産性と資本の効率に関する考察

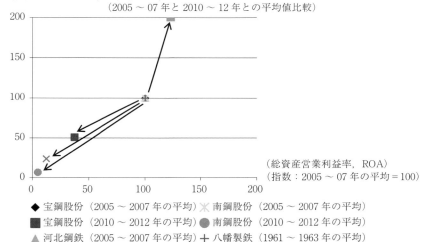

図5-17 鉄鋼業／労働生産性と資本効率の変動
（2005～07年と2010～12年との平均値比較）

- ◆ 宝鋼股份（2005～2007年の平均）　※ 南鋼股份（2005～2007年の平均）
- ■ 宝鋼股份（2010～2012年の平均）　● 南鋼股份（2010～2012年の平均）
- ▲ 河北鋼鉄（2005～2007年の平均）　＋ 八幡製鉄（1961～1963年の平均）
- × 河北鋼鉄（2010～2012年の平均）　= 八幡製鉄（1966～1968年の平均）

注）日本の企業は1961～1963年と1966年～1968年との平均値比較，指数：1961～1963年の平均＝100とする。

出所）第4章表4-9（その3）の出所，および，『八幡製鉄株式会社・有価証券報告書』各決算期版，社史編さん委員会（1981）『炎とともに　八幡製鐵株式会社史』，新日本製鉄株式会社，より筆者が計算作成。

して後期は，1人当たり営業利益，ROAともに上昇し，特に1人当たり営業利益の上昇が著しい。

　宝鋼股份は，前期に比して後期は，売上高は1.30倍に上昇しているが，営業利益は半減している。資産は1.37倍，内，流動資産は1.24倍に，固定資産は1.45倍に上昇し，人員は横ばいである。その結果，1人当たり売上高は1.31倍に上昇するも1人当たり営業利益は51.2％に，ROAは37.0％に，売上高営業利益率は39.2％にまで低下している。1人当たり営業利益が減少しているので剰余価値率は低下している模様であり，流動資本の回転数は，前期は2.39回／年，後期は2.70回／年となり，後期は前期比で1.13倍に若干上昇している程度なので剰余価値の年率も剰余価値率と同程度に低下している可能性がある。この剰余価

表 5-5　鉄鋼業／売上高・営業利益・総資産・従業員の変動

	宝鋼股份		河北鋼鉄		南鋼股份		八幡製鉄	
	(2005〜2007年の平均)	(2010〜2012年の平均)	(2005〜2007年の平均)	(2010〜2012年の平均)	(2005〜2007年の平均)	(2010〜2012年の平均)	(1961〜1963年の平均)	(1966〜1968年の平均)
売上高 (百万元),（百万円）	158,653	205,594	31,266	120,631	17,524	33,551	228,031	425,610
営業利益 (百万元),（百万円）	19,091	9,700	2,232	1,193	817	129	26,034	51,732
総資産 (百万元),（百万円）	160,473	220,507	29,590	133,588	9,502	34,591	400,579	666,693
内，流動資産 (百万元),（百万円）	58,444	72,493	14,396	49,263	5,714	15,282	128,403	233,938
固定資産 (百万元),（百万円）	102,029	148,014	15,194	84,324	3,788	19,309	272,176	432,755
従業員人員 (人)	39,218	38,942	23,690	53,084	5,033	11,307	46,235	46,315
1人当たり営業利益 (千元),（千円）	487	249	94	22	162	11	563	1,117
ROA (総資産営業利益率)(%)	11.9%	4.4%	7.5%	0.9%	8.6%	0.4%	6.5%	7.8%

出所）図 5-17に同じ。

　値率ならびに剰余価値の年率について中国の賃金上昇の事情を考慮するならば，剰余価値率，剰余価値の年率ともに低下している可能性は高いだろう。1人当たり営業利益，ROA，売上高営業利益率が低下している程度，人員を増やさずに資産が増加している状況と，売上高の伸び率が資産（特に固定資産）の伸び率を下回り，営業利益の伸び率が売上高の伸び率を下回る状況，ならびに剰余価値率の状況とを勘案すると，機械の導入による機械の生産性のレベルは低く，それは前述（2.3「機械と労働の生産力について」2.3.4「機械の生産性と機械使用の限界」）の表5-2，表5-3のケース3またはケース4のレベル，すなわちケース4の「資本にとっての機械使用の限界」に至っていない可能性があると推定される。人員と資産の状況から見れば，資本の有機的構成の高度化が進展している状況が見られ，この事がROA（または利潤率）の低下の要因の1つであると推定される。なお，資本の有機的構成の高度化に伴い利潤率は低下するが利潤の絶対額は増大するとの状態には至らず，利潤額も低下している。

　河北鋼鉄は，前期に比して後期は，売上高は3.86倍に上昇しているが，営業

利益は53.5％に低下している。資産は4.51倍，内，流動資産は3.42倍に，固定資産は5.55倍に上昇し，人員は2.24倍に上昇している。その結果，1人当たり売上高は1.72倍に上昇するも1人当たり営業利益は23.9％に，ROAは11.8％に，売上高営業利益率は13.9％にまで低下している[90]。1人当たり営業利益が大きく低下しているので剰余価値率は低下しており，流動資本の回転数は若干上昇（1.20倍に上昇）している程度なので剰余価値の年率も剰余価値率と同程度に低下している。この剰余価値率ならびに剰余価値の年率について中国の賃金上昇の事情を考慮するならば，剰余価値率，剰余価値の年率ともに低下していると判定できるだろう。1人当たり営業利益，ROA，売上高営業利益率が低下している程度，人員の増加の程度の2倍以上に資産が増加している状況と，売上高の伸び率が資産の伸び率を，特に固定資産の伸び率を大きく下回り，営業利益の伸び率が売上高の伸び率を下回る状況，ならびに剰余価値率の状況とを勘案すると，機械の導入による機械の生産性のレベルは低く，それは前述（2.3「機械と労働の生産力について」2.3.4「機械の生産性と機械使用の限界」）の表5-2，表5-3のケース4の「資本にとっての機械使用の限界」に至っていなく，ケース3に近い可能性があると推定される。人員と資産の状況から見れば，資本の有機的構成の高度化が進展している状況が見られ，この事がROA（または利潤率）の低下の要因の1つであると推定される。なお，資本の有機的構成の高度化に伴い利潤率は低下するが利潤の絶対額は増大するとの状態には至らず，利潤額も低下している。

　南鋼股份は，前期に比して後期は，売上高は1.91倍に上昇しているが，営業利益は15.8％に低下している。資産は3.64倍，内，流動資産は2.67倍に，固定資産は5.10倍に上昇し，人員は2.25倍に上昇している。その結果，1人当たり売上高は85.2％に低下し，1人当たり営業利益は7.0％に，ROAは4.3％に，売

90）　河北鋼鉄は，2010年1月に河北省国有資産監督管理委員会が大株主であり支配する唐山鋼鉄股份有限公司，邯鄲鋼鉄股份有限公司，承徳新新釩鈦股份有限公司の3社（いずれも河北省内に所在）が合併した企業。合併に当たり唐山鋼鉄股份有限公司が存続会社となり他2社を吸収合併し河北鋼鉄に社名変更した。河北鋼鉄の財務データは，2008年度までは唐山鋼鉄股份有限公司の数値，2009年度は3社を合算した数値，20010年以降は河北鋼鉄の数値。したがって，3社合併により売上や資産などの数値は，前期（2005年～2007年）に比して後期（2010年～2012年）は大きな値となる。

上高営業利益率は8.2％にまで低下している。1人当たり営業利益が大きく低下しているので剰余価値率は低下しており，流動資本の回転数はやや低下（74.8％に低下）[91]している程度なので剰余価値の年率は剰余価値率の低下と同程度に低下している。この剰余価値率ならびに剰余価値の年率について中国の賃金上昇の事情を考慮するならば，剰余価値率，剰余価値の年率ともに低下していると判定できるだろう。1人当たり営業利益，ROA，売上高営業利益率が低下している程度，人員の増加の程度以上に資産が増加している状況と，売上高の伸び率が資産（特に固定資産）の伸び率を下回り，営業利益の伸び率が売上高の伸び率を大きく下回る状況，ならびに剰余価値率の状況とを勘案すると，機械の導入による機械の生産性は発揮されていない模様であり，そのレベルは前述（2.3「機械と労働の生産力について」2.3.4「機械の生産性と機械使用の限界」）の表5－2のケース2のレベルに至っていない，すなわち，「機械の生産性が現れる限界」に至っていない可能性があると推定される。人員と資産の状況から見れば，資本の有機的構成の高度化が進展している状況が見られ，この事がROA（または利潤率）の低下の要因の1つであると推定される。なお，南鋼股份のこのような資産，特に，固定資産の大きな増加は，資本の蓄積による自己資本（株主資本，純資産）の増加によってではなく，借入の増加によって支えられている。負債額は，前期に比して後期は，4.4倍に，自己資本は2.5倍に伸びている。それは資本の蓄積・集積に伴う資本の有機的構成の高度化の進展だけではなく，資金の借り入れによる急速な固定資産の拡大，すなわち急速な生産設備の拡大による資本の有機的構成の高度化である。

---

91) 南鋼股份の流動資本の回転数の低下の要因のなかの大きなものに，受取手形，在庫の増大がある。流動資産の中では受取手形が，金額が大きく且つその増大（前期に比して後期は，4.72倍の伸び）が大きい，在庫はその増大は1.89倍だが，その金額の流動資産に占める割合は前期：50.2％，後期：35.5％と大きい。また，固定資産の伸び（5.10倍）は流動資産の伸び（2.67倍）を上回り，総資産回転数を低下させている（固定資産の中でも有形固定資産は金額が大きく且つ伸びが大きい。有形固定資産の伸びは4.56倍，その金額の固定資産に占める割合は前期：88.4％，後期：79.1％）。このような資産の増大の結果，2012年の営業利益は赤字に転落している。このような資産の伸びに対応して短期借入の増大（4.40倍の伸び），買掛金の増大（2.84倍の伸び），支払手形の増大（25.5倍の伸び）が見られ，これらによって資金繰りが行なわれている模様である。

第5章　国有企業の労働生産性と資本の効率に関する考察　317

　八幡は，前期に比して後期は，売上高は1.87倍の上昇し，営業利益は1.99倍に上昇している。資産は1.66倍，内，流動資産は1.82倍に，固定資産は1.59倍に上昇し，人員は横ばいである。その結果，1人当たり売上高は1.86倍に，1人当たり営業利益は1.98倍に，ROAは1.19倍に，売上高営業利益率は1.06倍に上昇している。1人当たり営業利益は大きく上昇しているので，剰余価値率は上昇しており，流動資本の回転数はほぼ横ばい（1.02倍に上昇）であるので剰余価値の年率も剰余価値率と同程度に上昇している。この剰余価値率ならびに剰余価値の年率について日本の賃金上昇の事情を考慮しても，剰余価値率，剰余価値の年率ともに上昇していると推定される。1人当たり営業利益，ROA，売上高営業利益率が上昇している程度，人員を増やさずに資産が増加している状況と，売上高の伸び率が資産の伸び率を上回り，営業利益の伸びが資産伸び率よりも且つ売上高の伸び率をも上回る状況，ならびに剰余価値率の状況とを勘案すると，機械の導入による機械の生産性は大きく発揮されており，そのレベルは前述（2.3「機械と労働の生産力について」2.3.4「機械の生産性と機械使用の限界」）の表5-2，表5-3のケース5のレベルを超えてケース6，7のレベルの様相を示していると推定される。人員と資産の状況から見れば，資本の有機的構成の高度化が進展しているが，ROA（または利潤率）は低下せずに若干上昇している。そして，資本の有機的構成が高度化しても利潤率が低下しない現象については，前述（2.2「利潤率の低下，利益率の低下について」）で特別剰余価値について述べたとおりであるが，八幡の以上のようなROAが上昇している要因にはこの特別剰余価値の生産があると推定されるので，次に八幡の状況を精査する。

　八幡の生産性や技術について立ち入って見てみると，特徴的な要因には，八

---

92)　大蔵省証券局資本市場課編（1976）『法人企業統計年報集覧（昭和35年度～49年度）上，下巻』大蔵省印刷局，1976年7月20日発行による従業員給料手当（給料，労務費，賃金，賞与，手当など，福利費は含まず）の推移は，1961年～1963年の3年間（前期と称する）の単純平均額に比較して1966年～1968年の3年間（後期と称する）の単純平均額は，1.65倍になる（本書第3章第3節3.3「中国の経営者と従業員との収入格差」，図3-5のデータより算出）。

93)　日本の鉄鋼業の生産性，技術についての記述は，米倉誠一郎（1991）「鉄鋼―その連続性と非連続性―」米川伸一・下川浩一・山崎広明編『戦後日本経営史　第1巻』東洋経済新報社，263-349頁，を参照した。

幡に限らず日本の鉄鋼業（鉄鋼一貫メーカー6社：八幡，富士製鉄，日本鋼管，川崎製鉄，住友金属，神戸製鋼）にあてはまる，1957年頃より始まった製鋼プロセスでのBOF（純酸素上吹き転炉，Basic Oxygen Furnace）導入がある。[94] BOFは製鋼プロセスでの従来の平炉に比較して，精錬時間が10分の1，設備費用も安い等の利点を持っている。また，1955年頃から導入が始まった製鋼プロセスと圧延プロセスの間の造塊・分塊プロセスを省略する連続鋳造設備の導入がある。この連続鋳造設備は従来の造塊・分塊プロセスに比較して，エネルギー・コスト，歩留まり，生産性において優れた利点を持っている。このような技術の日米における採用状況について，1970年のBOF普及率は日本が79.1％，米国が48.1％，1976年の連続鋳造普及率は日本が35.0％，米国が10.5％であった。[95] また，日本の製鉄所は，戦後の新規建設による工場が多く，その規模が大きいために，いわゆる規模の経済性を達成していた。例えば，1977〜1978年時点の米国の最大規模の製鉄所は当時の日本の第9位の製鉄所の大きさに位置する。このような技術革新の結果，日本の生産性は著しく向上し，生産性の日米比較は，「日米の鉄鋼一貫メーカーが熱間圧延薄板（シート）1トンを製造するのに要する労働時間（man hours per ton—MHPT）は，1958年段階で米：日＝9.16：27.03という3倍の格差があったものが，1964年の7.85：14.40を経て，1972年6.22：6.17と逆転し，1980年には5.36：4.42（中略）冷間圧延薄板でも，1958年の

　米倉は，Barnett, Donald F. and Louis Schorsch（1983）*Steel: Upheaval in Basic Industry*, Cambridge, Mass.: Ballinger Pub. Co., 55頁のBOF，連続鋳造設備の普及率データ，並びに同書119頁のMHPT日米比較データを参照している。

94）「転炉」は，Henry Bessemer（1813〜1898，英国）が発明，そのベッセマー法は酸素を炉の底から吹く方法（BOFは上吹きである）。

　『資本論』第2巻第2篇「資本の回転」第13章「生産期間」，293-294頁（独242）で，1780年頃に発明されたパドル法から近代的ベッセマー法への転換について，ベッセマー法により生産時間は非常に短縮されたが，それと同じ度合いで固定資本の投下額も増大した，と示されている。

95）Barnett and Schorsch（1983）55頁によれば，BOFの普及率は，（日本，米国，EEC，カナダの順に）1960年は11.9％，3.4％，1.6％，28.1％，1965年は55.0％，17.4％，19.4％，32.3％，1970年は79.1％，48.1％，42.9％，31.1％，連続鋳造普及率は，（日本，米国，EEC，カナダの順に）1971年は11.2％，4.8％，4.8％，11.5％，1976年は35.0％，10.5％，20.1％，12.0％，と記されている。

米：日＝11.58：35.64〔米倉は267頁の表5－1で35.65と記している。当該データの出所によれば35.65が正しい〕という同じく3倍の格差が1972年には8.07：8.21，1980年には7.21：5.84」[96]との状況になっている[97]。

そして，米倉（1991）では製造原価（または費用価格）には言及されていないが，日本のメーカーは新鋭設備であるから古い設備を使い続ける米国メーカーよりも設備の減価償却コストは高い可能性があるが，BOFは平炉よりも設備費用が安く，1971年以前の1ドル＝360円時代の日本の人件費は米国より低く，それらを勘案すると，上記のMHPTが同レベルの1970年代初には日本の製品原価は米国のそれを下回っていた可能性があろう。以上のような状況からは，日本の鉄鋼一貫メーカーが世界市場のなかで，他社との競争に競り勝って特別剰余価値を獲得している状況が見えてくる。図5-17，表5-5に示した八幡の労働生産性，資本効率の大きな伸びが達成された諸要因の中の大きな部分には，その特別剰余価値の獲得があると判定できる。

以上の日本の高度成長期の鉄鋼メーカーの状況を参考にして，中国の鉄鋼メーカーの生産設備の拡大を検討する。中国でのBOFの導入，連続鋳造設備の導入は，ともに1990年代に進展して2000年代初までに普及した。大型高炉（炉内容積2千m^3以上）の建設は2001年以降顕著に増え，その数は1993年：8基から2007年には52基に急増した（日本は同時期に26基から27基に増加）。但し，日本の高炉は27基中18基が4千m^3以上の超大型クラスであるが，中国では4千m^3以上の超大型クラスは52基中7基のみである，しかし，この7基という保有数は日本に次ぐ世界第2位である。宝鋼股份（宝山製鉄所）の場合は，1978年より建設が開始されたが，その4基の高炉は最初の1号高炉から全て4千m^3の超大型高炉である[98]。以上のような設備の状況からは，中国のトップ・ク

---

96) 米倉（1991）266-267頁。
97) Barnett and Schorsch (1983), 119-120頁によれば，このような日米の生産性（MHPT）の状況について，熱間圧延薄板，厚板，冷間圧延薄板，熱間圧延棒鋼，ワイヤーのいずれについても，1958年時点では米国が優位であり，1964年までにその優位性は縮小し，1972年までに優位性は消滅し，1980年までに完璧に優位ではなくなった，と。（なお，八幡は1956年に連続鋳造法の技術導入，1960年に初稼働を実施している。『炎とともに 八幡製鉄株式会社史』139頁より）
98) 中国並びに宝鋼股份の設備に関わる記述は，中屋信彦（2008）81-84，94-96頁を参照。

ラスの鉄鋼メーカーの設備は世界の先端レベルに追いついていると判定できる。設備に限ってみると，前述（2.3「機械と労働の生産力について」）の「質の生産性上昇」については，世界の平均レベルもしくはそれ以上のレベルに既に到達している。そして，質の生産性は，機械の価値と機械の導入によって省かれる労働との比較による機械使用の限界の課題は抱えておらず，世界の平均レベルの設備を保有する過程で，中国の当該 3 社（宝鋼股份，河北鋼鉄，南京鋼鉄）のみが世界の平均レベルの企業よりも必然的に労働生産性や資本効率が低下するわけではない。しかし，世界の平均レベルもしくはそれ以上の設備を導入したが，その設備を稼働させる技術は，日本の鉄鋼メーカーが高度成長期に世界のトップ・クラスであったようには高くない可能性がある。そうであれば，質の生産性上昇をもくろんだ設備導入が労働生産性や資本効率の低下を招いている可能性がある。一方，「量の生産性上昇」については，機械の価値と機械の導入によって省かれる労働との比較による機械使用の限界が存在するので，一般的には機械使用の限界に至らない状態での機械の導入はなされず，中国の企業でもこの点は同様であろう。中国の鉄鋼業の当該 3 社は，その設備拡大の過程で機械の生産性を上手く発揮できていない，つまり，「質の生産性上昇」を図るために世界の先端レベルの設備を導入したが上手く稼働させることができない，または市場の需要量がその設備の生産能力に合致するには未だ不足しているなどにより，労働生産性や資本効率の低下を招いている可能性がある。このような状況は特に河北鋼鉄と南鋼股份との 2 社において顕著である。中国の 3 社の状況からは日本の高度成長期の八幡のような生産性を発揮できていない状況が読み取れる。

　以上の通り，八幡に代表される日本の鉄鋼メーカーが高度成長期に労働生産性や資本効率を上昇させて世界のトップ・クラスに立って，特に特別剰余価値を生みだしていた姿に比較すると，中国の上位の当該 3 社・鉄鋼メーカー（特に宝鋼股份，河北鋼鉄はトップ，及びトップ・クラスである）の状況は労働生産性や資本効率を上昇させておらず，且つ，世界の市場の中で特別剰余価値を獲得する技術の革新はなされていない姿であると判定される。そして，中国の 3 社の状況からは，労働生産性や資本効率について，国有と実質私営との，企業の所有の違いに直接に起因しての差異は見られない。

3.2.2 自動車製造業

自動車製造業の国有2社（上汽集団，江淮汽車），実質私営1社（海馬汽車），および比較参考として日本の「トヨタ自動車工業株式会社」（略称：トヨタ）を取り上げて分析する。各社の状況は図5-18，表5-6の通り。

中国企業は，前期に比して後期は，上汽集団が1人当たり営業利益，ROAともに上昇し，江淮汽車，海馬汽車の2社は1人当たり営業利益，ROAともに低下している。一方，日本のトヨタは，前期に比して後期は，1人当たり営業利益，ROAともにほとんど変化していない。

上汽集団は，前期に比して後期は，売上高は8.70倍に上昇し，営業利益は12.74倍に上昇している。資産は4.26倍，内，流動資産は4.74倍に，固定資産は3.69倍に上昇し，人員は1.34倍に上昇している。その結果，1人当たり売上高は6.51倍に，1人当たり営業利益は9.53倍に，ROAは2.99倍に，売上高営業利益率は1.46倍に上昇している。この推移は，人員と固定資産の伸びに対して売上高と営業利益の伸びが非常に大きく，このような大きな伸びは他企業のそれと比べても異常なほどに大きい。このような事象の背景には外資との合弁事業がある。上汽集団は外資との製造合弁会社を持ち，それらの主要合弁会社は上汽集団の持分法適用会社である[99]。その結果，上汽集団の財務データには，①持分法適用会社からの投資収益が営業利益に反映され，営業利益に含まれる投資収益の割合が大きく，その投資収益が営業利益を押し上げている[100]，②製造

---

99) 上汽集団の傘下の上海大衆汽車有限公司（フォルクスワーゲンとの合弁会社，フォルクスワーゲン・ブランド製品を製造），上海通用汽車有限公司（ゼネラルモータースとの合弁会社，ゼネラルモータース・ブランド製品を製造）は上汽集団の連結決算では持分法適用会社であり，上汽集団の連結決算には当該2社の利益のみが反映されている（売上高や資産は反映されず，上汽集団は固定資産の拡大がほとんど無くとも利益の拡大が図れる）。（出所：図5-18に同じ）
100) 中国の会計規則では，営業利潤の算出方法が2006年の「企業会計準則」執行により，それまでの「営業利潤に投資収益を加えない」から「営業利潤に投資収益を加える」に変わり，2007年度財務データ以降は当該変更が反映されている（『中国工業統計年鑑』2013年版，下巻，667-669頁による）。
　図5-18，表5-6の前期の営業利益は各社の財務データの2005，2006年度営業利益に投資収益を加えて算出し，後期の営業利益と同じベースに補正した。
　表5-6の営業利益の中の投資収益の構成比は，上汽集団は前期：99.3％，後期：34.8

図 5-18　自動車製造業／労働生産性と資本効率の変動

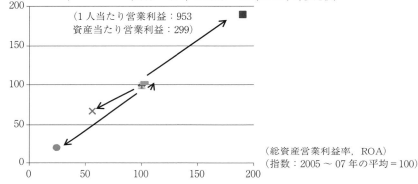

注）　日本の企業は1961～1963年と1966年～1968年との平均値比較，指数：1961～1963年の平均＝100とする。

出所）　第4章表4-9（その3）の出所，および，『トヨタ自動車工業株式会社・有価証券報告書』各決算期版，より筆者が計算作成。

合弁会社の製品を仕入れ販売することにより売上高，営業利益を大きく，且つ急速に拡大させている[101]，との事情がある。このような事情により，上汽集団

%，江淮汽車は前期：0.4%，後期：4.4%，海馬汽車は前期：57.2%，後期：2.3%，と上汽集団の前後期，および海馬汽車の前期の構成比が大きい。

　表5-6の上汽集団について，前期に比して後期は，固定資産は3.69倍の伸びであり，その固定資産の中の長期出資持分投資は3.88倍の伸びである（固定資産の中に占める長期出資持株投資の比率は，後期では，28.8%である。同時期の他社の同比率は，江淮汽車：2.2%，海馬汽車：2.0%と小さい）。

　なお，本章では自動車以外の産業でも自動車同様に前期の営業利益を補正した。そして，投資収益の構成比が大きい企業の場合は，当該企業の分析の中で，その旨を明示した。

101）上汽集団は，前期に比して後期は，生産の土台である設備などの有形固定資産は1.88倍，人員は1.34倍の伸びであるが，売上高は8.70倍であり，生産活動以外の部分によって売上

表5-6　自動車製造業／売上高・営業利益・総資産・従業員の変動

	上汽集団		江淮汽車		海馬汽車		トヨタ	
	(2005〜2007年の平均)	(2010〜2012年の平均)	(2005〜2007年の平均)	(2010〜2012年の平均)	(2005〜2007年の平均)	(2010〜2012年の平均)	(1961〜1963年の平均)	(1966〜1968年の平均)
売上高（百万元），（百万円）	47,092	409,720	11,320	29,769	5,307	9,953	155,038	408,263
営業利益（百万元），（百万円）	2,826	36,014	464	702	370	305	18,482	41,280
総資産（百万元），（百万円）	67,611	288,226	6,144	16,613	3,778	12,842	105,363	237,201
内，流動資産（百万元），（百万円）	36,985	175,310	2,116	8,285	2,406	7,399	53,145	117,989
固定資産（百万元），（百万円）	30,626	112,916	4,028	8,328	1,372	5,443	52,218	119,212
人員（人）	4,253	5,687	7,609	17,031	2,114	8,365	13,801	29,948
1人当たり営業利益（千元），（千円）	665	6,333	61	41	175	36	1,339	1,378
ROA（総資産営業利益率）（％）	4.2%	12.5%	7.6%	4.2%	9.8%	2.4%	17.5%	17.4%

出所）図5-18に同じ。

を製造企業として見なして他製造企業と比較分析するのは適切ではない。

　なお，以上のような上汽集団の姿をも含めた中国の国有自動車メーカーが合弁事業に依存している姿を，丸川（2013）は「中国政府が自動車業界再編の核として指名した4大グループ（第一汽車，東風汽車，上海汽車，長安汽車）が中国の自動車生産台数に占める割合は2005年の57％から10年には62％まで高まっ

　高を大きく押し上げている。また在庫の中の83.1％が完成品（完成車両）在庫（2012年12月末時点）（例えば，同時点の他社の同比率は，江淮汽車：58.2％，海馬汽車：45.7％，建設機械製造業の山推股份は50.0％）であり，他社よりも完成品在庫が多く，製造業の姿よりも流通業の姿を示している。また，資本金は有形固定資産の伸びとほぼ同じ1.91倍の伸びである。
　上汽集団の成長は製造業の分野ではなく仕入れ販売という商社機能の分野と外資合弁製造会社への投資に負うところが多い。このような上汽集団を自動車製造業として分析対象にするには適切さを欠くと判断する。（当該注ならびに上記の2つの注の出所は，図5-18に同じ）

ており，一見すると大手国有企業が自動車産業を引っ張っているようにみえるが，実際には，国有企業は中国への進出を求める外国企業の合弁事業の相手となることで彼らに生産と販売の機会を与え，それによって合弁事業からの配当をもらう，いわば『大家さん』のような役割を演じるのが主な仕事となっている」と的確に表している。

　江淮汽車は，前期に比して後期は，売上高は2.63倍に上昇しているが，営業利益は1.51倍の上昇に留まっている。資産は2.70倍，内，流動資産は3.91倍に，固定資産は2.07倍に上昇し，人員は2.24倍に上昇している。その結果，1人当たり売上高は1.17倍に上昇するも1人当たり営業利益は67.6％に，ROAは56.0％に，売上高営業利益は57.5％に低下している。1人当たり営業利益が低下しているので剰余価値率は低下している模様であり，流動資本の回転数は低下（68.4％に低下）[103]しているので剰余価値の年率は剰余価値率の低下程度より若干大きく低下している可能性がある。この剰余価値率ならびに剰余価値の年率について中国の賃金上昇の事情を考慮するならば，剰余価値率，剰余価値の年率ともに低下していると判定できるだろう。1人当たり営業利益，ROA，売上高営業利益率が低下している程度，人員の増加の程度を若干上回って資産が増加しているが，固定資産の増加程度（2.07倍）は人員の増加（2.24倍）よりも若干小さい（分析対象の中で，唯一，当該社は固定資産の上昇度合いが人員のそれよりも小さい）状況と，売上高の伸び率が資産の伸び率とほぼ同等（流動資産の伸び率を下回り，固定資産の伸び率を若干上回る）であり，営業利益の伸び率が売上高の伸び率と資産の伸び率とを下回る状況，ならびに剰余価値率の状況とを勘案すると，機械の導入による機械の生産性のレベルはやや低く，それは前述（2.3「機械と労働の生産力について」2.3.4「機械の生産性と機械使用の限界」）の表5-2，表5-3のケース4のレベルに至っていないと推定される。人員と

---

102) 丸川（2013）227頁。
103) 江淮汽車の流動資本の回転数の低下の要因のなかの大きなものに，受取手形の増大がある。流動資産の中では受取手形が，金額が大きく且つその増大（前期に比して後期は，9.32倍の伸び）が大きい，つまり，流通過程での資本の効率の低下が大きい。受取手形の伸びに対応して支払手形の増大（8.21倍の伸び）が見られ，これによって資金繰りが行なわれている模様。

資産の状況から見れば，資本の有機的構成の高度化があまり進展していない状況が見られる（「資産／人員」は若干上昇しているが，「固定資産／人員」は僅かに低下している）。前期に比して後期の売上高営業利益率の低下の要因には販売費用の増大があり，前期に比して後期のROAの低下の要因には受取手形の増大による資産の増大がある。このように，生産過程ではなく，流通過程での変化（販売費用の増大と受取手形の増大）が売上高営業利益率やROAの低下をもたらしている。

　海馬汽車は，前期に比して後期は，売上高は1.88倍に上昇しているが，営業利益は82.3％に低下している。資産は3.40倍，内，流動資産は3.08倍に，固定資産は3.97倍に上昇し，人員は3.96倍に上昇している。その結果，1人当たり売上高は47.4％に低下し，1人当たり営業利益は20.8％に，ROAは24.2％に，売上高営業利益率は43.9％にまで低下している。1人当たり営業利益が大きく低下しているので剰余価値率は低下しており，流動資本の回転数は低下（63.6％に低下）[104]しているので剰余価値の年率は剰余価値率の低下程度より若干大きく低下している。この剰余価値率ならびに剰余価値の年率について中国の賃金上昇の事情を考慮するならば，剰余価値率，剰余価値の年率ともに低下していると判定できるだろう。1人当たり営業利益，ROA，売上高営業利益率が低下している程度，人員の増加の程度が資産の増加の程度を上回る状況と，売上高の伸び率が資産（特に固定資産）の伸びを下回り，営業利益の伸び率が売上高の伸び率と資産の伸び率とを下回る状況，ならびに剰余価値率の状況とを勘案すると，機械の導入による機械の生産性は発揮されていない模様であり，そのレベルは前述（2.3「機械と労働の生産力について」2.3.4「機械の生産性と機械使用の限界」）の表5-2のケース2のレベルに至っていない可能性があると推定される。人員の伸びに比べて，資産の伸びは小さく（1人当たり資産は85.9％に

---

[104] 海馬汽車の流動資本の回転数の低下の要因のなかの大きなものに，（江淮汽車と同様に）受取手形の増大がある。流動資産の中では受取手形が，金額が大きく且つその増大（前期に比して後期は，2.71倍の伸び）が大きい，つまり，流通過程での資本の効率の低下が大きい。なお，固定資産も流動資産同様に増大しており，なかでも有形固定資産は金額が大きく且つその増大が大きい（4.84倍の伸び）。このような資産の伸びに対応して買掛金の増大（4.22倍の伸び）が見られ，これによって資金繰りが行なわれている模様である。

低下),固定資産の伸びは同等であり,資本の有機的構成の高度化が進展しているとは判定できず,生産と売上の増加は機械の生産性よりも人に頼る面が見られる。利益額が減少した要因は,売上高は1.88倍に上昇したが売上総原価も1.87倍に上昇し,売上による利益の増加は微小であり,一方,投資収益が大きく減少した結果である。つまり,資産と人とを増やして,その増加レベルよりも低い売上の増加であるから,労働の生産性も資本の効率も低下している。

　トヨタは,前期に比して後期は,売上高は2.63倍に,営業利益は2.23倍に上昇している。資産は2.25倍,内,流動資産は2.22倍に,固定資産は2.28倍に上昇し,人員は2.17倍に上昇している。その結果,1人当たり売上高は1.21倍に,1人当たり営業利益は1.03倍に上昇し,ROAは99.2％と横ばい,売上高営業利益率は84.8％に若干低下している。1人当たり営業利益が若干上昇しているので剰余価値率は上昇している模様であり,流動資本の回転数は若干上昇(1.21倍に上昇)しており,剰余価値の年率は剰余価値率の上昇程度より若干大きく上昇している可能性がある。この剰余価値率ならびに剰余価値の年率について日本の賃金上昇の事情を考慮すると,剰余価値率,剰余価値の年率ともに横ばいと推定される。1人当たり営業利益が若干上昇し,ROAが横ばいで,売上高営業利益率が若干低下しているそれらの変化の程度,人員の増加の程度を若干上回って資産が増加している状況と,売上高の伸び率が資産の伸び率(流動資産も固定資産も共に同レベルの伸び)を若干上回り,営業利益の伸び率が売上高の伸び率を若干下回り資産の伸び率とほぼ同等である状況,ならびに剰余価値率の状況とを勘案すると,機械の導入による機械の生産性が相当に発揮されており,そのレベルは(2.3「機械と労働の生産力について」2.3.4「機械の生産性と機械使用の限界」)の表5-2,表5-3のケース5のレベルまたはケース5のレベルを超えている様相を示していると推定される。人員と資産の状況から見れば,資本の有機的構成の高度化はあまり進展しておらず,ROA(または利潤率)は低下せずに横ばいである。

　日本の自動車生産台数は,特に1970年代に,1973年の第1次オイルショック,1979年の第2次オイルショックを機に大きく拡大し,それは輸出によって

支えられている。宇田川勝（2013）によると，1971年から1980年の10年間に日本国内販売台数は402万台から501万台へ99万台しか増加していないが，輸出は1970年に100万台を超えて1980年に596万台を記録した。なかでも米国においては，オイルショックを契機に米国政府は「エネルギー政策・節約法」を1975年に成立させ（1978年同法施行），自動車メーカーにガソリン多消費の大型車中心から低燃費の小型車中心の生産体制への切り替えを要請したが，米国メーカーはこの小型車生産への転換に後れを取って，その間に輸入車のシェアが拡大した。「こうしたアメリカ自動車産業の小型車供給不足を補った輸入車の圧倒的部分は日本の自動車メーカーによって賄われた。（中略）日本車は1974年には同国の輸入乗用車台数において西ドイツを抜いてトップに立って以後独走を続け，1980年には191万台の販売を記録し，同国の乗用車市場において21.3％のシェアを獲得した」と。

　このような日本車の輸出急増の要因について，宇田川（2013）は，オイルショックによって生じた需要構造の変化の間隙をついた一過性の現象とか，円安為替レートと労働力コストの安さであるとの意見があるが，そうした見方は正鵠を射ていない，日本車の欧米市場向け輸出の急増は競争上の優位に基づくものであった，と指摘し，1970年以前の日本の自動車メーカーにおける種々の経営施策，特に製造部面での施策・活動により競争力を獲得したと指摘している。宇田川は日本車の国際競争力について次のように詳述している。製造コストについて，第2次オイルショックの時点で，日米間で見れば，サブコンパクトカーで日本車はアメリカ車に比べて1,000〜1,500ドル下回る，サブコンパクトカーの車種1台を生産する所要時間は日本の15〜19時間に対して，アメリカは30〜40時間かかっていた，日欧間では，日本の労働者は年間1人当たり50〜55台生産するのに対して欧州の最も効率のよいメーカーの労働者でも12〜15台

105）宇多川勝（2013）『日本の自動車産業経営史』文眞堂．
106）宇田川（2013）162頁．
107）宇田川（2013）75頁．
108）日本車の価格の安さの原因には，後述される1台当たり生産所要時間や1人当たり生産台数の比較データから見れば，日本車の生産性が欧米車を上回っている点がある。この点は労働力の価格の高低とは直接に関係しない。日本車の価格の安さの原因を労働力の安さとするだけでは，宇田川の指摘通り適切でない。

しか生産できなかった，1台当たり生産コストで日本車は欧州車に比較して20～30％下回っていた，と[109]。また日本車を使っている米国人は，日本車はアメリカ車に比較して価格，燃費効率，デザインにおいて断然優れており，仕上がりの良さ，故障の少なさ，技術の良さの面でも日本車が勝っていると評価していた，と[110]。また，四宮（1998）[111]によれば，1989年のMIT産業生産性調査委員会の報告に基づき，1986～87年の組立工場の日米欧の比較において，生産性（普通車生産に必要な直接間接労働時間数）は，日本の平均：20.3時間，北アメリカの平均：24.3時間，欧州の平均：34.0時間，品質（購入後3カ月間の1台当たり欠陥箇所）は，日本の平均：0.47箇所，北アメリカの平均：0.81箇所，欧州の平均：0.92箇所，と示され，そして，「〔日米欧比較において〕明らかに大きな較差が生じていることがわかる。その要因について，従来の指摘の多くは，円安為替レートと日本における労働コストの安さに日本の競争力の源泉を求めるものであったが，アバナシー氏らの指摘以来，日本における生産工程の管理システムのパフォーマンスの良さにその主たる源泉を求めることが一般的になっている」と示されている[112]。

そして，宇田川（2013）は，このような国際競争力の伸長を可能にした要因

109）宇田川（2013）75頁。なお，宇田川の日米間の比較データの出所は不明。日欧間の比較は，EC委員会「欧州共同体（EC）委員会の対日報告（上）」『世界週報』1981年5月19日号，58頁による。

『世界週報』1981年5月19日号，58頁では，年間1人当たり車両生産台数について，欧州フォード社社長が述べた推定によると，日本の年間従業員1人当たり生産台数は平均50～55台，この数字は下請け企業のより大きな従業員数を考慮に入れた場合30～40台となるが，欧州でもっとも効率の良いメーカーでもわずか12～15台に過ぎない。フランス自動車製造業者組合会議所と西独製造業者組合会議所は別の分析法を採用したが，出てきた結果は似たようなものだった。日本の1台あたり生産コストは，フランス，西独両国で生産される車のコストを20～30％下回っている，と記されている。「欧州共同体（EC）委員会の対日報告」は同年（1981年）4月2日に報告。

110）宇田川（2013）75-76頁。宇田川は，日本長期信用銀行『調査月報』No.191，1983年4月，11頁を参照している。

111）四宮正親（1998）『日本の自動車産業―企業者活動と競争力：1918～70―』日本経済評論社。

112）四宮正親（1998）147頁。

アバナシー氏らの指摘……W. J. Abernathy, A. M. Kantrow, and K. B. Clark, *Industrial Renaissance*, Basic Book Inc. 1983.

として，戦後以降，オイルショック前までの時代の日本自動車産業の発展と企業経営活動を考察して，特に，日本型生産システムを挙げて，「わが国自動車産業が生み出した最大の革新は，今日，トヨタ生産方式あるいは『リーン』生産システムとしてつとに知られる，多品種少量生産，『ジャスト・イン・タイム』『自働化』などを内容とする日本型生産システムである」と述べている[113]。トヨタ生産方式について，大野（1978）[114]によれば，「トヨタ生産方式の基本思想は『徹底したムダの排除』である。しかも，次のようなそれを貫く2本の柱がある。(1)ジャスト・イン・タイム，(2)自働化」である，「『かんばん』方式は，トヨタ生産方式をスムーズに動かす手段なのである[115]」[116]。ジャスト・イン・タイムとは，組み付けに必要な部品が，必要なときにそのつど，必要なだけ，生産ラインのわきに到着することであり，在庫をゼロに近づける。自働化とは，自動化にニンベンが付いており，不良品の量産を防止する。つまり機械の故障を自動的にチェックするために機械に良し悪しの判断をさせる装置を組み込んでおり，不良品が生産されない。これをトヨタでは「自動停止装置付の機械」と呼称する。そして，「人は正常に機械が動いているときはいらずに，（中略）1人で何台もの機械が持てるようになり，工数低減が進み，生産効率は飛躍的に向上する[117]」。作業員は多工程を受け持つ「多能工」化が進んだ。つまり，1人が1つの工程に張り付く単能工から多能工に移行することで，人員の削減が可能になり作業員1人当たりの生産量が拡大する。

　さらに，以上のような生産システムの実施を可能にする企業内での活動として，品質管理活動が挙げられる。宇田川（2013）は品質管理活動について次のように述べている[118]。トヨタは，1950年代前半に統計的品質管理（Statistical Quality Control：SQC）の手法による品質管理活動を始め，1960年より全社的品質管理（Total Quality Control：TQC）活動を全社的規模で本格的に開始し

---

113) 宇田川（2013）81－82頁。
114) 大野耐一（1978）『トヨタ生産方式―脱規模の経営をめざして―』ダイヤモンド社。当該部分は，第1章「ニーズからの出発」1－32頁を参照した。
115) 大野（1978）9頁。
116) 大野（1978）12頁。
117) 大野（1978）15頁。
118) 宇田川（2013）81－93，107，130－156頁。

た。この時期に QC サークル活動も開始された。この QC サークルは，労使一体かつ従業員全員参加型の品質・作業改善活動であり，この活動により従業員が主体的に作業能率・品質の向上に取り組む施策である。また，QC サークルは，この活動を通して自動車産業のような組立加工型産業に不可避とされた労働疎外をかなりの程度緩和させる効果を持った。さらに同じ1960年代に，トヨタは協力部品メーカーに対しても TQC を普及させた。そして，戦後の日本に品質管理活動を根付かせた日本科学技術連盟（略称：日科技連）による審査の結果，1965年に「デミング賞実施賞」を受賞し，1970年には日科技連による日本で初の「日本品質管理賞」を受賞している。「トヨタはこの受賞を記念して，これまで推進してきたカンバン方式，TQC の考え方・手法などを体系化し，それを『トヨタ生産方式』と命名した」[119]。

以上のようなトヨタの施策は，例えば，生産工程における作業時間の短縮にみられるように労働の生産性を上昇，機械の稼働率を上昇，多能工の事例のような労働密度の上昇，等々を果たし，上述の通り，日本車は欧米車に対して競争力が上回った。そして，1970年代に，トヨタのみならず日本メーカーは欧米の同業メーカーに比較して大いに特別剰余価値を生産していた。1970年代の状態の基礎を作っていた時期である1960年代には，トヨタは特別剰余価値を既に獲得し始めていた可能性があるだろう。このような1960年代のトヨタの状況は，その利潤率の推移状況に表され，この点は江淮汽車，海馬汽車とトヨタとの大きな差異であり，労働の生産性と資本の効率の差異の表れであろう。

なお，トヨタが1960年代に特別剰余価値を生産していたとするならば，その状況と，前述のトヨタの1人当たり営業利益が（前期に比して後期は）1.03倍の上昇であり剰余価値率が上昇していない可能性があるとの分析結果との間には乖離を感じざるをえない点もある。この点の解明には，製品の販売価格と商品価値との関係，1960年代の生産部面での設備の稼働率や従業員の増加に対応した従業員の技能の練度，等々を詳細に分析する必要があるが，それについては本章では立ち入らない。

---

119) 宇田川（2013）148頁。

3.2.3 建設機械製造業

前述の自動車製造業の事例では,国有の上汽集団の業態は,外資合弁の子会社からの投資収益に頼る持株会社的な部分,並びに流通業の部分が大きく,一般的な製造業とは言い難い状態であった。建設機械製造業は,その生産工程の方式や販売,アフター・サービスの方法が自動車製造業に似ており,この建設機械製造業の分析は自動車製造業の分析の補足としての役割もある。建設機械製造業の国有２社(山推股份,柳工),実質私営１社(三一重工),および比較参考として日本の「株式会社小松製作所」(略称:コマツ)を取り上げて分析する。各社の状況は図５-19,表５-７の通り。

中国企業は,前期に比して後期は,山推股份,柳工の２社は１人当たり営業

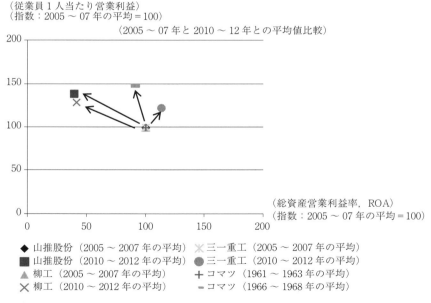

図５-19　建設機械製造業／労働生産性と資本効率の変動

注)日本の企業は1961～1963年と1966年～1968年との平均値比較,指数:1961～1963年の平均＝100とする。

出所)第４章表４-９(その３)の出所,および,『株式会社小松製作所・有価証券報告書』各決算期版,より筆者が計算作成。

表 5-7　建設機械製造業／売上高・営業利益・総資産・従業員の変動

	山推股份		柳工		三一重工		コマツ	
	(2005～2007年の平均)	(2010～2012年の平均)	(2005～2007年の平均)	(2010～2012年の平均)	(2005～2007年の平均)	(2010～2012年の平均)	(1961～1963年の平均)	(1966～1968年の平均)
売上高（百万元），（百万円）	3,264	12,862	5,615	15,291	5,419	43,854	53,699	110,880
営業利益（百万元），（百万円）	339	554	447	1,174	999	7,614	6,697	12,336
総資産（百万元），（百万円）	3,025	12,604	3,354	21,310	7,285	49,036	72,489	152,157
内，流動資産（百万元），（百万円）	1,818	8,826	2,552	14,657	5,264	31,368	59,349	119,822
固定資産（百万元），（百万円）	1,207	3,779	802	6,653	2,021	17,668	13,140	32,335
人員（人）	3,273	3,858	6,389	13,013	6,921	43,027	10,862	13,481
1人当たり営業利益（千元），（千円）	103	144	70	90	144	177	617	915
ROA（総資産営業利益率）（％）	11.2%	4.4%	13.3%	5.5%	13.7%	15.5%	9.2%	8.1%

出所：図 5-19に同じ。

利益が上昇し，ROAが低下している。三一重工は1人当たり営業利益，ROAともに上昇している。なお，前述の鉄鋼業，自動車製造業では（上汽集団を除く全てが）1人当たり営業利益は低下しているが，建設機械製造業では3社とも上昇している。このような建設機械製造業と，鉄鋼業，自動車製造業との違いの大きな要因は，2008年以降のリーマン・ショック対策の大規模インフラ建設投資などによる需要の急拡大，いわゆる特需が建設機械製造業にもたらされたことによると推定できる。したがって，1人当たり営業利益の上昇の要因を各企業の中での労働の生産性上昇にのみ求めることはできない。日本のコマツは，前期に比して後期は，1人当たり営業利益は上昇し，ROAは若干低下している。

　山推股份は，前期に比して後期は，売上高は3.94倍に上昇しているが，営業利益は1.64倍にしか上昇していない。資産は4.17倍，内，流動資産は4.86倍に，固定資産は3.13倍に上昇し，人員は1.18倍に上昇している。その結果，1人当たり売上高は3.34倍に上昇するも1人当たり営業利益は1.39倍にしか上昇

せず，ROAは39.3％に，売上高営業利益率は41.5％にまで低下している。1人当たり営業利益が上昇しているので剰余価値率は若干上昇している模様であり，流動資本の回転数は若干低下（86.6％に低下）しているので剰余価値の年率は剰余価値率より若干小さく上昇している，または横ばいの可能性がある。この剰余価値率ならびに剰余価値の年率について中国の賃金上昇の事情を考慮するならば，剰余価値率，剰余価値の年率ともに低下している可能性があるだろう。1人当たり営業利益が上昇し，ROA，売上高営業利益率が低下しているそれらの変化の程度，人員が若干の増加であるが資産は大きく増加している状況と，売上高の伸び率が資産の伸び率とほぼ同等（流動資産の伸び率を下回り，固定資産の伸び率を若干上回っている）であり，営業利益の伸び率が売上高の伸び率を下回る状況，ならびに剰余価値率の状況とを勘案すると，機械の導入による機械の生産性のレベルはやや低く，それは前述（2.3「機械と労働の生産力について」2.3.4「機械の生産性と機械使用の限界」）の表5－2，表5－3のケース4のレベル，もしくはケース4に至っていない可能性があると推定される。人員と資産の状況から見れば，資本の有機的構成の高度化が進展している状況が見られ，この事がROA（または利潤率）の低下の要因の1つであると推定される。なお，資本の有機的構成の高度化に伴い利潤率は低下したが利潤の絶対額は増大する状態になっている。

　柳工は，前期に比して後期は，売上高は2.72倍に，営業利益は2.63倍に上昇している。資産は6.35倍，内，流動資産は5.74倍に，固定資産は8.29倍に上昇し，人員は2.04倍に上昇している。その結果，1人当たり売上高は1.34倍に，1人当たり営業利益は1.29倍に上昇し，ROAは41.3％に，売上高営業利益率は96.4％に低下している。1人当たり営業利益が上昇しているので剰余価値率は若干上昇している模様であり，流動資本の回転数は低下（47.6％に低下）しているので剰余

120）山推股份の流動資産の中では売掛金，在庫，現預金が，金額が大きく且つその増大（前期に比して後期は，売掛金：4.56倍，在庫：4.00倍，現預金：6.67倍の伸び）が大きい，なかでも売上高の伸びを上回る売掛金の増大は，流通過程での資本の効率の低下を表している。これらの伸びに対応して短期借り入れ，支払手形，買掛金の増大（各々，8.50倍，倍，7.63倍，3.97倍の伸び）が見られ，これによって資金繰りが行なわれている模様。
121）柳工の流動資産の中では売掛金，在庫，現預金が，金額が大きく且つその増大（前期に比して後期は，売掛金：4.85倍，在庫：3.24倍，現預金：9.53倍の伸び）が大きい，なか

価値の年率は横ばい,もしくは低下している可能性がある。この剰余価値率ならびに剰余価値の年率について中国の賃金上昇の事情を考慮するならば,剰余価値率,剰余価値の年率ともに低下している可能性が高いだろう。1人当たり営業利益が上昇し,ROAが低下し,売上高営業利益率が若干低下しているそれらの変化の程度,人員の増加の程度の3倍以上に資産が増加している状況と,売上高の伸び率が資産の伸び率を,特に固定資産の伸び率を大きく下回り,営業利益の伸び率が売上高の伸び率を若干下回る状況,ならびに剰余価値率の状況とを勘案すると,機械の導入による機械の生産性のレベルは低く,それは前述(2.3「機械と労働の生産力について」2.3.4「機械の生産性と機械使用の限界」)の表5-2,表5-3のケース3またはケース4のレベル,もしくはケース4のレベルに至っていない可能性があると推定される。人員と資産の状況から見れば,資本の有機的構成の高度化が進展している状況が見られ,この事がROA(または利潤率)の低下の要因の1つであると推定される。なお,資本の有機的構成の高度化に伴い利潤率は低下するが利潤の絶対額は増大する状態になっている。

　三一重工は,前期に比して後期は,売上高は8.09倍に,営業利益は7.62倍に上昇している。資産は6.73倍,内,流動資産は5.96倍に,固定資産は8.74倍に上昇し,人員は6.22倍に上昇している。その結果,1人当たり売上高は1.30倍に,1人当たり営業利益は1.23倍に,ROAは1.13倍に上昇し,売上高営業利益率は94.1％に低下している。人員の伸びと資産の伸びとを比較すると,1人当たり資産はほぼ横ばい(1.08倍に上昇)であり(内,1人当たり流動資産は0.96倍に低下,1人当たり固定資産は1.41倍に上昇),これは1人当たり売上高の1.30倍の上昇度合いを下回っており,また,1人当たり固定資産の伸び率は,山推股份,柳工のそ

でも売上高の伸びを上回る売掛金の増大は,流通過程での資本の効率の低下を表している。また,固定資産の伸び(8.29倍)は流動資産の伸び(5.74倍)を上回り,総資産回転数を低下させている(固定資産の中では,長期未収金は前期:ゼロ,後期:固定資産の40.9％を占めるに至っている。この長期未収金の内容はファイナンス・リースの受取リース料である。)。このような資産の増大の結果,2012年の営業利益は2010年のそれの10.9％に低下している(営業利益推移……2010年:1,813百万元〔この営業利益は2005～2012年の間の最高益〕,2011年:1,512百万元,2012年:197百万元)。これらの資産の伸びに対応して短期借り入れ,その他未払い金が増大(各々,17.09倍,16.46倍の伸び)し,これによって資金繰りが行なわれている模様。

れ（山推：2.66倍，柳工：4.07倍）よりも小さい。一方，三一重工の売上高の伸び率（8.09倍）は山推股份，柳工のそれ（山推：3.94倍，柳工：2.72倍）よりも大きい。これら，人員，資産，売上高の推移を勘案すると，三一重工の生産高・売上高の増加は人員の増加に頼る面が相当に大きい模様である。そして，人員増に頼った生産増・売上増を実施した結果，ROAが上昇していると推定される。1人当たり営業利益が上昇しているので剰余価値率は上昇している模様であり，流動資本の回転数は上昇（1.38倍に上昇）しているので剰余価値の年率は剰余価値率の上昇程度より大きく上昇している可能性がある。この剰余価値率ならびに剰余価値の年率について中国の賃金上昇の事情を考慮するならば，剰余価値率は低下，剰余価値の年率は横ばいの可能性があるだろう。1人当たり営業利益，ROAが上昇し，売上高営業利益率が低下しているそれらの変化の程度（なお，1人当たり営業利益と売上高営業利益率の変化の程度を柳工と比較すると，柳工よりも1人当たり営業利益は若干小さい上昇，売上高営業利益率は若干大きい低下となっている），人員の増加程度と資産の増加程度とが同等である状況と，売上高の伸び率が資産の伸び率を上回り（流動資産の伸び率を上回り，固定資産の伸びを下回る），営業利益の伸び率が売上高の伸び率を若干下回り，資産の伸び率を若干上回る状況，ならびに剰余価値率の状況とを勘案すると，機械の導入による機械の生産性のレベルはやや低く，それは前述（2.3「機械と労働の生産力について」2.3.4「機械の生産性と機械使用の限界」）の表5-2，表5-3のケース4のレベル，もしくはケース4のレベルに至っていない可能性があると推定される。人員と資産の状況から見れば，資本の有機的構成の高度化が進展しているとは

---

122) なお，本節での分析は労働者数を労働力の代替値とするという前提のもとで行なっているが，もしも労働者数の変化に賃金の変化をも加味するとすれば，前期と後期との間に賃金は上昇しており，賃金の上昇は約2倍程度と推定されるので，三一重工の後期の「資産／（労働者数×1人当たり平均賃金）」の比率は前期のそれに比較して低下していることになる。すなわち，三一重工は前期から後期に向かって資産の伸びよりも労働力の伸びが大きくなった，または労働集約的な方向に変化した可能性があると推定されるが，本分析に使用しているデータからだけでは断定はできない。賃金の上昇については，前述（3.1「労働生産性・資本効率を表すグラフ」）の脚注に示した通り，製造業の都市部就業者平均賃金の推移ならびに全産業の株式会社の都市部就業者平均賃金の推移が，ともに後期の単純平均額は前期の単純平均額の約2倍になる（本書第3章第3節3.3「中国の経営者と従業員との収入格差」，表3-2ならびに本章「はじめに」の図5-9のデータより算出）。

判定できず，ROA（または利潤率）は若干上昇しており，資本の有機的構成の高度化による利潤率の低下は現われていないと推定される。

なお，三一重工は山推股份，柳工に比べて，売上高の伸びが大きいだけではなく人員の伸びが大きい点が特徴的である。このような状況を作り出す背景，要因は，次のとおりである。建設機械の生産工程は，主に「原材料＝鋼材の投入→鋳造工程→機械加工工程／溶接工程→組立工程→生産完了＝完成車出来上がり」から成り立ち，各工程の生産設備と人員の比率（労働手段の価値と労働力の価値の比率）は，組立工程が最も人員の比率が高い。次に溶接工程が人員の比率が高いが，溶接工程は溶接ロボットを多用して自動化を図れば設備の比率が高くなる。しかし，溶接工程での溶接ロボットを使用する目的は，いわゆる（前述，2.3「機械と労働の生産力について」で示した）「量の生産性上昇」を図る場合が多く，「質の生産性上昇」を図る工程は多く無い。したがって，労働力の価格が安ければ溶接ロボットよりも人員を多用する方が，生産コストが低くなる。すなわち，資本にとっての機械使用の限界が高い（機械の使用が出来難い）（日本に比較して中国では，溶接ロボットの価値に対して相対的に労働力の価値が低く，日本よりも人員を多用するほうが生産コストを低くする）。逆に，鋳造工程や機械加工工程では，設備導入の目的はいわゆる「質の生産性上昇」（または，質の生産性上昇と共に量の生産性上昇を図る）が多く，生産設備の比率が高い。例えば，建設機械のなかの重要な装置である油圧機器部品[123]は人間の手では生産できない工程が多く，その生産工程では「質の生産性上昇」を図る設備導入が必要である。山推股份，柳工は，その生産する製品の種類が多く[124]，それら製品の油圧機器部品はじめ多くの部品を自前で生産する傾向が大きい。この結果，生産拡大時期には人員の増加よりも固定資産の増大が顕著になる傾向があり，また，新技術を織り込んだ新製品（例えば，新しい性能を有する油圧

---

123) 油圧機器部品（油圧装置）は，『資本論』第１巻第13章第１節「機械の発達」（第１分冊，487−488頁，独393）で記されている「伝動機構」であり，それは制御機構を含む伝動機構である。

124) 山推股份はブルドーザ（中国内で同社のシェアは圧倒的な１位）を主製品として，各種建設機械を生産。柳工はホイール・ローダ（中国内で同社のシェアはトップ・クラス），油圧ショベルを主製品として，その他，ブルドーザ等の幾つかの種類の建設機械を生産。三一重工は，油圧ショベルを主製品として，その他いくつかの製品を生産。

第5章　国有企業の労働生産性と資本の効率に関する考察　337

機器部品）を生産する際にはその生産のための技術を織り込んだ（いわゆる「質の生産性上昇」を図るための）新規生産設備を導入するか否かの選択肢はなく，導入が必須になる。一方，三一重工は，主製品の油圧ショベルに組み込む油圧機器部品を日本のメーカーより購入しており[125]，新しい且つ高い性能を有する油圧機器部品を生産する必要が無くその部品を生産するための新規生産設備導入の必要もない。また，生産拡大時期には組立工程と溶接工程の拡大が中心になるために人員の増加が固定資産の増加よりも顕著になる傾向がある。こうして，三一重工は人員の伸びが大きい，逆に，生産縮小の時には（雇用に関わる法的な制限が無ければ）設備の減少よりも人員の減少が大きくなり，例えば，売上高の減少があった2012年は対前年比・売上高は92.2％，同じく固定資産は140.3％，同じく人員は67.3％に変化している[126]。以上の状況から，山推股份，柳工と三一重工を比較すれば，山推股份，柳工は資本集約的であり，三一重工は重工業部門でありながら労働集約的な経営を実施している。そして，この労働集約的な状態であることにより，山推股份，柳工の2社に比較して資本の有機的構成の高度化を招かず，利潤率の低下を防いでいる，と言える。また，三一重工のように鋳造工程や機械加工工程を少なくすれば，自社内での材料購入から完成車出来上がりまでの生産の時間は，山推股份や柳工よりも短くなり，

125）三一重工は中国製よりも品質が高い日本製の油圧機器部品，エンジンなどのコンポーネントを組み込んだ製品であることをセールス・ポイントにしている。完成車製品の販売価格は他の中国資本メーカーの同種の製品より高い。中国での建設機械販売価格は，日・米系外資メーカー→三一重工→韓国系外資メーカー→その他の中国資本メーカーの順に高→低価格になっている（出所：『日中経済産業白書　2011／2012—復興とともに拓け日中協力の新次元—』日中経済協会，2012年7月1日発行，150頁）。日本でも油圧ショベルを生産する建設機械メーカー各社には，油圧機器部品を自前で生産する場合と，油圧機器専門メーカーより購入する場合の2通りがあり，いずれの方法を採用するかの判断の条件の1つには，個々の建設機械メーカーの生産数量がある（生産数量が相当に大きくならない限り，購入する）。
126）2008年〜2011年の売上高の伸びが大きく，この期間の初めには設備よりも人員の増加割合が大きいが，2010年頃からは，人員の増加では生産増が難しくなり，「量の生産性上昇」を図る設備増を行なった模様であり（2010年より建設仮勘定が急拡大している），固定資産の増加割合が大きくなる。そして，設備の拡大には時間が掛かるため，2012年の売上が減少に転じた時期にも設備の拡大を止めることが出来ずに有形固定資産の増加が止まらず，固定資産が対前年比140.3％になっている模様である。

流動資本の回転は速くなる可能性が大きい。

　コマツは，前期に比して後期は，売上高は2.06倍に，営業利益は1.84倍に上昇している。資産は2.10倍，内，流動資産は2.02倍に，固定資産は2.46倍に上昇し，人員は1.24倍に上昇している。その結果，1人当たり売上高は1.66倍に，1人当たり営業利益は1.48倍に上昇し，ROAは87.8％に，売上高営業利益率は89.2％に低下している。1人当たり営業利益が上昇しているので剰余価値率は上昇しており，流動資本の回転数はほぼ横ばい（1.04倍に上昇）であるので剰余価値の年率も上昇している。この剰余価値率ならびに剰余価値の年率について日本の賃金上昇の事情を考慮すると，剰余価値率，剰余価値の年率ともに上昇，または横ばいと推定される。1人当たり営業利益が上昇し，ROA，売上高営業利益率が若干低下しているそれらの程度，人員の増加の程度以上に資産が増加している状況と，売上高の伸び率が資産の伸び率とほぼ同等（流動資産の伸び率を若干上回り，固定資産の伸び率を若干下回る）であり，営業利益の伸び率が売上高の伸び率を若干下回る状況，ならびに剰余価値率の状況とを勘案すると，機械の導入による機械の生産性は発揮されており，そのレベルは（2.3「機械と労働の生産力について」2.3.4「機械の生産性と機械使用の限界」）の表5-2，表5-3のケース4のレベルを超えている様相を示していると推定される。人員と資産の状況から見れば，資本の有機的構成の高度化は進展し，ROA（または利潤率）は若干低下している。なお，資本の有機的構成の高度化に伴い利潤率は低下するが利潤の絶対額は増大する状態に至っている。

　1960年代のコマツの経営施策の重要事項は，米国資本による日本国内での建設機械生産に対抗するための品質管理活動である。1965年に米国・キャタピラー社と日本・新三菱重工との合弁会社によるブルドーザの生産・販売が始まるが，それに対抗して，コマツは自社製品の品質を一新してキャタピラー社製品に匹敵する品質のブルドーザを開発・生産する施策（「マルA対策」と称するキャタピラー社対策）を1961年から開始した。この対策では品質管理（QC）の手

---

127) キャタピラー社とコマツの比較について，「当社〔コマツ〕のブルドーザがキャタピラー社製品に対抗して行く場合，販売力と生産力については当面問題はなかった。当社は当時すでに，全国120ヵ所の販売拠点による直販システムを確立し，各工場の設備増強によって生産力も拡充していたので，ブルドーザのシェアは飛び抜けて大きかった。懸念

法を導入している。品質管理の手法は統計的品質管理（Statistical Quality Control：SQC）のみならず総合的品質管理または全社的品質管理（Total Quality Control：TQC）を実施している。この施策の結果，コマツは1963年に品質レベルを一新したブルドーザを発売開始し，その後，現在に至るまで日本国内市場での売上高は常にキャタピラー社を上回っている。そして，1964年にはトヨタと同様に日本科学技術連盟が設けた「デミング賞実施賞」を受賞している[128]。また，1960年代は生産能力の拡大が大きく，生産設備の増強が続いている。それは，ブルドーザの月産台数は1959年：165台→1965年：約600台，全工場の月生産額は1959年：1,470百万円→1965年：5,800百万円に上昇し，1961～1965年の5年間に年平均2,400百万円の設備投資（1958～1959年のレベルに比して数倍化した設備投資）をし，1966～1970年の5年間に年平均10,000百万円の設備投資（1961～1965年のレベルに比して4倍以上の規模の設備投資）を実施するに至った[129]。このような施策の結果，前期に比して後期には，品質管理の対策は1人当たり営業利益の上昇（1.48倍）に表れ，生産設備の増強は固定資産の上昇レベルが流動資産の上昇レベルの1.22倍になって表れ，資本の有機低構成の高度化とROAの低下（87.8％に低下）に表れていると判定できる。

　以上のようなコマツの状況に対して，同じく素材から完成車までの自社内での生産体系を備えた山推股份，柳工は，現在の製品の品質レベルが現在の外資メーカーのレベルにまでは完全に到達しておらず，また中国国内のメーカー同士の競合も激しく，1960年代当時のコマツの状態には至っていない。1960年代のコマツは「マルA対策」と称する品質管理の施策に代表される経営施策により，労働の生産性，機械の生産性，利潤率の面で山推股份，柳工とは異なる状況を獲得していたのであろう。

　のあったのは肝心の品質であり，なかでも信頼性・耐久性の点ではキャタピラー社製品に及ばなかった。たとえばキャタピラー社のブルドーザは5000時間までオーバーホールを必要としないのに，当社のブルドーザは3000時間が限度であるといわれていた。また過酷な作業下では故障が多発した」と。（『小松製作所50年の歩み―略史―』1971年，株式会社小松製作所，139頁より）
128）キャタピラー社対策については，『小松製作所50年の歩み―略史―』137－159頁による。
129）『小松製作所50年の歩み―略史―』181－182，231頁。

(補足) 鉄鋼と建設機械との営業利益の変動についての比較

中国の鉄鋼3社と建設機械3社との2005～2012年の状態を見てみると、ともに人員は増加または横ばい（宝鋼股份は横ばい）であり、ともに固定資本は増加して1人当たり固定資本も増加している。一般に、人員が減少せずに機械が導入されれば、ROAの低下は発生しても営業利益の絶対額は増加すると推定される。しかし、同じ重工業部門でありながら鉄鋼3社は営業利益が低下し、建設機械3社は営業利益が上昇し、この相違点により、鉄鋼3社と建設機械3社とは1人当たり営業利益の変動傾向が反対方向に動いている。

その営業利益が低下と上昇とに異なる傾向の数値を表した要因を確認するべく、重工業部門の鉄鋼3社（宝鋼股份、河北鋼鉄、南鋼股份）と建設機械2社（山推股份、柳工。三一重工は山推股份、柳工とは異なる経営施策で営業利益を生んでいるので比較分析の対象から外す[130]）とについて、以下の通り比較分析する。

2005年以降の鉄鋼3社の状況は、図5-20を参照。

3社とも売上高は2011年、または2012年に低下が始まるまで（宝鋼股份、南鋼股份は2009年に一時低下するものの2010年には再び上昇している）上昇傾向であるが、営業利益は2008年に低下が始まる（宝鋼股份、南鋼股份は2010年に一時上昇するものの2011年には再び低下している）。そして、営業利益が低下を始める時期の前後に売上原価や費用（管理費用と財務費用）の売上高に占める割合が増勢に転じて、営業利益の減少を引き起こしている。

宝鋼股份は対売上・売上原価比率（売上原価／売上高）が上昇し続け、対売上・管理財務費用比率（〔管理費用＋財務費用〕／売上高）は低下しており、売上原価の上昇が営業利益の低下を引き起こしている。宝鋼股份の売上原価比率の2000年代以降の推移は、2003、2004年頃までは低下し続け、2005年以降上昇に

---

130) 重工業8社（中国の重工業9社から上汽集団を除いた8社）のうち、1人当たり固定資本が上昇している6社（1人当たり固定資産が江淮汽車は低下、海馬汽車は横ばいであり、比較対象から除く）のなかの、営業利益と1人当たり営業利益ともに低下した鉄鋼3社と営業利益と1人当たり営業利益ともに上昇した建設機械3社の中の三一重工を除いた2社とを比較分析する。三一重工については、資本の有機的構成を高めずに人員の大きな増加で営業利益を生んでおり、その詳細は3.2.3「建設機械製造業」の当該企業の分析で記した通り。

第5章　国有企業の労働生産性と資本の効率に関する考察　341

図5-20　鉄鋼3社の売上高，営業利益，対売上・売上原価比率，対売上・管理財務費用比率の推移（その1：宝鋼股份，その2：河北鋼鉄，その3：南鋼股份）

その1　　　　　　　　　　宝鋼股份

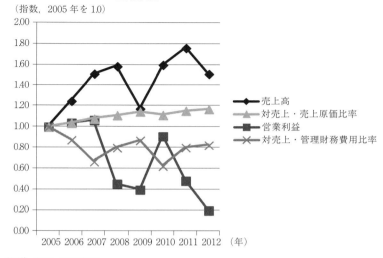

出所）図5-17に同じ。

その2　　　　　　　　　　河北鋼鉄

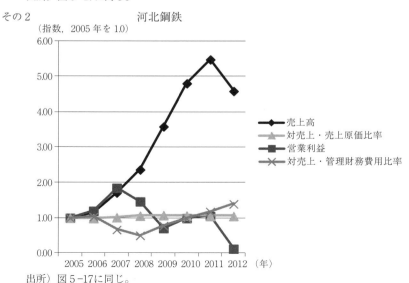

出所）図5-17に同じ。

その3　　　　　　　　　南鋼股份

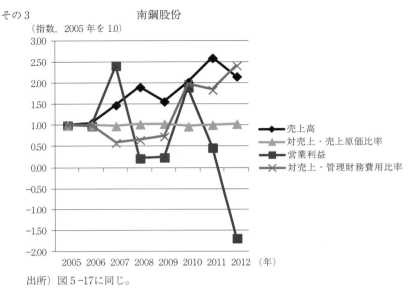

出所）図5-17に同じ。

転じている。この比率の変化の要因は，2005年および2008年に有形固定資産が大きく増加したことによると推定される。つまり，有形固定資産の大半は生産設備であると推定されるので，その生産設備の増加による減価償却費用（それは，年々の機械設備の摩滅分に相当し，費用価格に織り込まれる）が増加し，一方，その生産設備の導入による機械の生産性の発揮度合いが低く労働の生産性が上昇しないならば（一般に新規機械設備を狙い通りに効率よく稼働させるには，その機械設備の運転に見合う技術を習熟するためのある程度の時間がかかる，並びにその機械設備の生産能力に見合う生産量を確保できる販売能力や需要の存在が必要である），それは売上原価比率の上昇の大きな要因になる。[131]

　河北鋼鉄は対売上・売上原価比率が2007年までは横ばいであったが2008年に上昇し，その上昇したレベルが続き，対売上・管理財務費用比率が2009年以降上昇し続けており，2008年の売上原価の上昇と2009年以降の管理財務費用の上昇が

131）有形固定資産の増加のうちの生産設備ではない（直接に生産に関係しない），例えば事務所建屋などの増加は管理費用の増加に反映される。

2008年以降の営業利益の低下を引き起こしている。河北鋼鉄は「受取手形・売掛金」ならびに「在庫」が2003年以降増加し続け，受取手形・売掛金は2009年に，在庫は2007年並びに2009年に大きく増加している。これらの増加が管理財務費用の上昇の主要因であると推定される。なお，有形固定資産も2005年以降増加を続けており，その内の生産設備の増加は売上原価の増加に反映されていると推定されるが，有形固定資産の規模の売上高に対する比率は，宝鋼股份のそれよりも小さく営業利益額の減少への影響の度合いは宝鋼股份よりは小さい。

南鋼股份も河北鋼鉄に似ており，対売上・売上原価比率が2007年までは横ばいであったが2008年に上昇して2010年以外はその上昇したレベルが続き，対売上・管理財務費用比率が2008年以降上昇し続け，2008年の売上原価の上昇と2008年以降の管理財務費用の上昇が2008年以降の営業利益の低下を引き起こしている。南鋼股份は「受取手形・売掛金」ならびに「在庫」が2006年以降増加し続け，受取手形・売掛金は2009，2010年に大きく増加している。これらの増加が管理財務費用の上昇の主要因であると推定される。なお，有形固定資産も2007年以降増加を続けており（2009年に若干低下し2010年に大きく増加している），その内の生産設備の増加は売上原価の増加に反映されていると推定されるが，有形固定資産の規模の売上高に対する比率は，宝鋼股份のそれよりも小さく営業利益額の減少への影響の度合いは宝鋼股份よりは小さい。

　一方，2005年以降の建設機械2社の状況は，図5-21を参照。

　2社とも売上高は2012年に低下が始まるまで上昇傾向であり，営業利益は2008，2009年に一時低下するが（山推股份は2009年に，柳工は2008年に一時低下する），各々とも翌年には再び上昇し，2011年に低下が始まるまで上昇傾向である。そして，営業利益が低下を始める2011年に費用（管理費用と財務費用）の売上高に占める割合がそれまでの低下または横ばい傾向から増勢に転じて，営業利益の減少を引き起こしている。

　山推股份は対売上・売上原価比率が2008年までは横ばいであったが2009年に上昇してその上昇したレベルが続き，対売上・管理財務費用比率が2011年より上昇に転じており，一方，売上高の上昇の程度が2011年に弱まり，これらの結果，2011年より営業利益が低下している。山推股份は「受取手形・売掛金」が2009年より増加し，「在庫」が2007年より増加し特に2008，2010年に大きく増

図 5-21 建設機械 2 社の売上高，営業利益，対売上・売上原価比率，対売上・管理財務費用比率の推移（その 1：山推股份，その 2：柳工）

その 1　　　　　　　　　山推股份

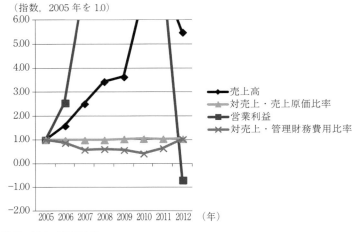

出所：図 5-19 に同じ。

その 2　　　　　　　　　柳工

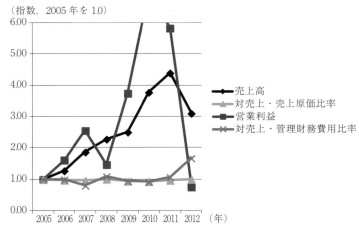

出所：図 5-19 に同じ。

加している。これらの増加が管理財務費用の上昇の主要因であると推定される。なお，有形固定資産も2000年代初より増加し続けて，特に2007，2009，2011年に増加が目立っているが，有形固定資産の規模の売上高に対する比率は2004，2005年当時よりも低いレベルで推移し続け，2012年に2004，2005年当時のレベルを若干超えている状況であり，その有形固定資産の内の生産設備の増加は売上原価の増加に反映されていると推定されるが，有形固定資産の規模の売上高に対する比率は，鉄鋼3社のそれよりも小さく営業利益額の減少への影響の度合いは鉄鋼3社よりは小さい。

　柳工は対売上・売上原価比率が横ばいまたは若干低下の傾向であったが（2008年に上昇し翌年から低下に戻った）2011年，2012年ともに上昇し，対売上・管理財務費用比率が若干低下傾向であったが（2008年に上昇し翌年から低下に戻った）2011年以降上昇し続けており，一方，売上高の上昇の程度が2011年に弱まり，これらの結果，2011年より営業利益が低下している。柳工は「受取手形・売掛金」が2005年頃から増加を続けているが特に2009，2011年に大きく増加し，「在庫」も同様に増加し続けているが特に2010年に大きく増加している。これらの増加が管理財務費用の上昇の主要因であると推定される。なお，有形固定資産も2007年以降増加しているが，有形固定資産の規模の売上高に対する比率は2005年当時と同レベルで推移し続け，2011年に2005年当時のレベルを若干超えている状況であり，その有形固定資産の内の生産設備の増加は売上原価の増加に反映されていると推定されるが，有形固定資産の規模の売上高に対する比率は，鉄鋼3社のそれよりも小さく（山推股份のそれを僅かに下回る），営業利益額の減少への影響の度合いは鉄鋼3社よりは小さい。

　以上の状況より，各社とも資産の増加が原価や費用を増大させて売上高が上昇過程の中で営業利益を低下させている事象が見られる。鉄鋼3社は2005年前後に資産の目立った増加が始まり2008年に営業利益の減少が始まる。建設機械2社は2008年頃から資産の目立った増大が始まり2011年に営業利益の減少が始まる，建設機械2社は鉄鋼3社の推移を3年遅れで追いかけて，同様の推移を見せている。すなわち，前述（3.2.1「鉄鋼業」，3.2.3「建設機械製造業」）の2005～2007年の営業利益の平均値と2010～2012年のそれとの比較では，後期の営業利益の平均値は前期のそれに対して鉄鋼3社は低下が現れ，建設機械2社では

上昇が現れていたが，建設機械2社も3年後には鉄鋼3社と同様の傾向を見せるだろう。既に建設機械2社の2007～2009年と2012～2014年との比較では，その営業利益額は低下し，1人当たり営業利益も低下している[132]。

鉄鋼3社と建設機械2社との営業利益が低下と上昇とに異なる傾向の数値を表した要因は，資産を増大させた時期の違いに応じて営業利益の変動の時期が異なったことに起因していたのであり，鉄鋼3社の営業利益の変動の姿と要因も建設機械2社のそれもともに同じであると確認できる。

3.2.4 紡織業

紡織業の国有1社（申達股份），実質私営1社（江蘇陽光），および比較参考として日本の「鐘淵紡績株式会社」（略称：鐘紡）を取り上げて分析する。各社の状況は図5-22，表5-8の通り。

中国企業は，前期に比して後期は，申達股份は，1人当たり営業利益が上昇し，ROAも上昇している。江蘇陽光は1人当たり営業利益，ROAともに低下している。日本の鐘紡は，前期に比して後期は，1人当たり営業利益は上昇し，ROAは低下している。

申達股份は，前期に比して後期は，売上高は1.32倍に上昇し，営業利益は1.51倍に上昇している。資産は1.23倍に上昇し，内，流動資産は1.55倍に上昇し，固定資産は90.4％に低下し，人員は65.1％に低下している。その結果，1人当たり売上高は2.03倍に上昇し，1人当たり営業利益は2.31倍に上昇し，ROAは1.22倍に上昇している。この推移は，人員の減少と固定資産の若干の減少に対して

---

[132] 山推股份の営業利益は2012，2013，2014年とも赤字に陥っている。柳工の営業利益の2012～2014年の平均値は2007～2009年の平均値の33.6％に，2005～2007年の平均値の50.5％に低下し，1人当たり営業利益の2012～2014年の平均値は2007～2009年の平均値の24.0％に，2005～2007年の平均値の27.3％に低下している。なお，三一重工のそれらは，営業利益の2012～2014年の平均値は2007～2009年の平均値の1.54倍に，2005～2007年の平均値の3.19倍になり，2010～2012年の平均値が2005～2007年の平均値の7.62倍に上昇したのに比べると大きく伸びが縮小している。1人当たり営業利益の2012～2014年の平均値は2007～2009年の平均値の69.3％に，2005～2007年の平均値の79.7％に低下している。（出所は中国金融証券情報サイト『証券之星』(http://stock.quote.stockstar.com) の中の各企業別データ，ならびに深圳証券交易所（http://www.szse.cn/）の中の各企業の各年度報告，2015年6月参照）。

第5章 国有企業の労働生産性と資本の効率に関する考察   347

図5-22 紡織業／労働生産性と資本効率の変動

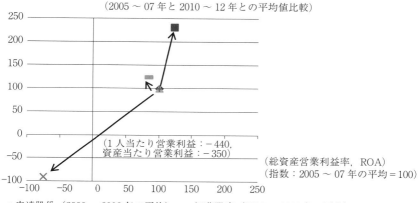

注）日本の企業は1961～1963年と1966年～1968年との平均値比較，指数：1961～1963年の平均＝100とする。

出所）第4章表4-9（その3）の出所，および，『鐘淵紡績株式会社・有価証券報告書』各決算期版，より筆者が計算作成。

売上高と営業利益の伸びが非常に大きく，このような大きな伸びは他企業のそれと比べても異常なほどに大きい。このような事象は前述の上汽集団に似ており，申達股份は，①投資収益が大きい[133]，②紡織業以外，例えば，服飾の仕入れ販売などの流通業や不動産事業，物流管理業などの事業を手掛けている[134]。この

---

[133] 表5-8の申達股份の営業利益の中の投資収益の構成比は，前期：59.6％，後期：47.1％と大きい。また，前期に比して後期は，固定資産は90.4％に低下しているが，その固定資産の中の長期出資持分投資は1.08倍の伸びである（固定資産の中に占める長期出資持株投資の比率は，後期では，34.3％である，この比率は上汽集団の28.8％よりも高い）。

[134] 申達股份は，前期に比して後期は，生産の土台である設備などの有形固定資産は72.1％に低下，人員は65.1％に低下しているが，売上高は1.32倍であり，生産活動以外の部分によって売上高を大きく押し上げている。また，資本金は，前期に比して後期は，低下する有形固定資産の推移とは異なって1.33倍に伸びている。申達股份の成長は製造業の分野ではなく仕入れ販売という商社機能の分野と関係会社からの収益を含む投資先からの収

表5-8 紡織業／売上高・営業利益・総資産・従業員の変動

	申達股份		江蘇陽光		鐘紡	
	(2005〜2007年の平均)	(2010〜2012年の平均)	(2005〜2007年の平均)	(2010〜2012年の平均)	(1961〜1963年の平均)	(1966〜1968年の平均)
売上高（百万元），(百万円)	4,888	6,473	2,662	3,269	90,094	150,741
営業利益（百万元），(百万円)	143	216	108	-427	6,616	9,031
総資産（百万元），(百万円)	2,622	3,226	4,630	5,237	78,334	136,731
内，流動資産（百万元），(百万円)	1,315	2,044	2,611	1,334	48,224	83,469
固定資産（百万元），(百万円)	1,307	1,182	2,019	3,903	30,110	53,262
人員（人）	3,238	2,109	5,699	5,134	23,414	25,519
1人当たり営業利益（千元），(千円)	44	102	19	-83	283	354
ROA（総資産営業利益率）(%)	5.5%	6.7%	2.3%	-8.1%	8.4%	6.6%

出所）図5-22に同じ。

ような事情により，申達股份を製造企業として見なして他製造企業と比較分析するのは適切ではない。また，申達股份の投資収益に大きく依存する姿は，上汽集団のような姿である。

　江蘇陽光は，前期に比して後期は，売上高は1.23倍に上昇しているが，営業利益は大幅に低下して後期は赤字に転落している。資産は1.13倍に上昇し，内，流動資産は51.1％に低下し，固定資産は1.93倍に上昇し，人員は90.1％に低下している。その結果，1人当たり売上高は1.36倍に上昇しているが，1人当たり営業利益，ROA，売上高営業利益率とも大幅低下して，後期の損益は赤字に転落している。1人当たり営業利益が赤字に転落しており，剰余価値の年率は大幅に低下して，後期は剰余価値が無い状態に至っている。1人当たり

益に負うところが多い。このような申達股份を紡織業として分析対象にするには適切さを欠くと判断する。(当該注ならびに上記注の数値の出所は，図5-22に同じ)

売上高が上昇し，1人当たり営業利益は大きく低下している状況と，売上高の伸び率が資産の伸びを若干上回り（固定資産の伸びを下回り），営業利益のマイナスの伸び率が売上高の伸び率と資産の伸び率とを大幅に下回る状況とを勘案すると，機械の導入による機械の生産性は無く，マイナスになっている。人員の減少と資産（特に固定資産の上昇）の状況から見れば，資本の有機的構成の高度化が進展している状況が見られ，この事がROA（または利潤率）の低下の要因の1つであると推定される。なお，資本の有機的構成の高度化に伴い利潤率は低下し，利潤の絶対額も低下してマイナスに至っている。すなわち，利潤が発生しない要因の一つには機械の導入と人員の減少があり，労働の生産性も資本の効率も低下している。

なお，江蘇陽光は流動資産と人員とを低下させているにも拘わらず売上高を上昇させており，且つ，後期には営業利益が赤字に転じる不自然な状況が現れている。このような状況が発生している要因は，①流動資産の低下については，前期（2007年）の流動資産の中に新工場建設費用を前払いしている大きな金額が計上されている。この金額は，翌年以降は流動資産から有形固定資産に移動して計上され，流動資産が低下した。②損益の低下（マイナスへの転落）については，後期（2012年）に子会社の，特に有形固定資産を減価し，それにより損が発生した。これは子会社（国内の他社との合弁事業，江蘇陽光が株式の65%を所有していた）の事業の範囲が縮小した為に有形固定資産を減価させたことによる[135]。このような一時的に発生した要因を除けば，江蘇陽光は，資産（流動資産，固定資産とも）を上昇させながら売上高を上昇させていたと推定される。以上のような経緯からみて，江蘇陽光の本業である紡織業の生産部門では，上記のように労働の生産性も資本の効率も低下しているとは一概に言えない可能性があり，江蘇陽光を分析の対象とするには，少々適切でない点がある。

鐘紡は，前期に比して後期は，売上高は1.67倍に上昇し，営業利益は1.36倍

---

135) ①の新工場建設，②の子会社の資産の減価は，ともに寧夏回族自治区における（半導体用）多結晶シリコン生産の子会社に関わる事象。なお，2013年には損益はプラスに転じている。（出所は第4章表4-9（その3）の上海証券交易所のhttp://www.sse.com.cn の中の「江蘇陽光股份有限公司公告」の項の「江蘇陽光股份有限公司2013年年度報告」による）

に上昇している。資産は1.75倍，内，流動資産は1.73倍に，固定資産は1.77倍に上昇し，人員は1.09倍と横ばいである。その結果，1人当たり売上高は1.54倍，1人当たり営業利益は1.25倍に上昇し，ROAは78.2％に，売上高営業利益率は81.6％に低下している。1人当たり営業利益が上昇しているので剰余価値率は上昇している模様であり，流動資本の回転数は横ばい（98.1％に低下）であるので剰余価値の年率は剰余価値率と同程度に上昇している模様である。この剰余価値率ならびに剰余価値の年率について日本の賃金上昇の事情を考慮すると，剰余価値率，剰余価値の年率ともに横ばいと推定される。1人当たり営業利益が上昇し，ROA，売上高営業利益率が若干低下しているそれらの変化の程度，人員が横ばいで資産が増加している状況と，売上高の伸び率が資産の伸び率（流動資産も固定資産も共に同レベルの伸び）を若干下回り，営業利益の伸び率が売上高の伸び率を若干下回る状況，ならびに剰余価値率の状況とを勘案すると，機械の導入による機械の生産性は発揮されており，そのレベルは前述（2.3「機械と労働の生産力について」，2.3.4「機械の生産性と機械使用の限界」）の表5-2，表5-3のケース4のレベルを超えている様相を示している。人員と資産の状況から見れば，資本の有機的構成の高度化は進展し，ROA（または利潤率）は若干低下している。なお，資本の有機的構成の高度化に伴い利潤率は低下するが利潤の絶対額は増大する状態に至っている。

　鐘紡[136]は戦前の「三大紡績」（東洋紡，鐘紡，ユニチカ）の1つであり，1960年代には他の綿紡績企業と同様に，合成繊維部門に新規参入する。また，この時期は日本の労働力が逼迫する時期でもあり，紡績業の基幹労働力である女子中学卒業者の確保が困難になる時期であり，「綿紡績産業が伝統的に有していた労働集約的産業の強みも失われていった[137]」。鐘紡の合成繊維への参入は，1963年のナイロン生産から始まり，その後，1968年にポリエステルの生産を開始する。合繊産業は装置産業であるから設備の規模が生産コストを決める。当時の合繊産業では先発企業（東レ，日本レーヨン，帝人）が，鐘紡などの後発企業に

---

136) 紡織業についての記述は，米川伸一（1991）「綿紡績」米川伸一・下川浩一・山崎広明編『戦後日本経営史　第1巻』東洋経済新報社，55-116頁，および，鈴木恒夫（1991）「合成繊維」米川他『戦後日本経営史　第1巻』東洋経済新報社，117-184頁を参照した。
137) 米川（1991），57頁。

対抗して，後発企業の生産が最小最適規模に達する前にプラントを拡張してコストを低下させた。このため，鐘紡も合繊部門では巨額な資金を費やすが，利益の点では苦労が続いている。一方，綿紡績では，鐘紡は1日当たり機械稼働時間を上昇させている。1962年に2交代16時間連続操業を導入開始し，1967年より3交代連続操業を開始する。「その結果，品質の向上，労働の節減がみられ，実番手綿糸1梱当たり所用人員は，1950年と比較すると3分の1以下に減少した」[138]。このような施策の結果は，合繊部門の設備拡大が1人当たり固定資産の上昇（後期は前期の1.62倍に上昇）に，綿紡績での機械稼働時間の向上が1人当たり営業利益の上昇に，表れていると判定できる。つまり，合繊部門では先発企業との競合により特別剰余価値は獲得できなかったと推定されるが，綿紡績では機械稼働時間の向上による流動資本の回転数の上昇，剰余価値の年率の上昇，機械使用の節約によって利潤を生みだし，利潤獲得のマイナスの効果をプラスの効果で埋め合わせていたと判定でき，それは鐘紡が軽工業の紡績業から化学工業の合成繊維業へ移行する時代に起きていた事象である。

以上のように当時の鐘紡は繊維産業のなかで経営を続けて利潤を生みだしているが，申達股份は2005, 2006, 2007年頃から製造業としての姿が減少して来ており[139]，繊維産業を脱して商業資本，金融資本の分野へシフトしている様相を見せている。繊維産業に留まる江蘇陽光は2008年以降，売上高が増加している下で営業利益が低下していることから，商品価格相場の低下，等々が推定されるが，技術革新の余地が少ない成熟産業である繊維産業において，人員の増加程度の2倍もの程度での固定資産（有形固定資産の固定資産に占める割合は200年代前半より一貫して80％台と高い）の増加による資本効率の低下に起因する面もあるだろう。

3.2.5 食品加工業・プラスチック製品製造業

食品加工業の国有1社（光明乳業），プラスチック製品製造業の実質私営1

---

138) 米川（1991）92頁。
139) 固定資産に占める有形固定資産の割合は，2006年より低下が続いている。流動資産の総資産に占める割合は，2007年以降上昇が続いている。

社（金発科技）を取り上げて分析する。各社の状況は図5-23，表5-9の通り（参考データとして鐘紡のデータを併記する）。

中国企業は，前期に比して後期は，光明乳業は1人当たり営業利益が上昇し，ROAは低下している。金発科技も1人当たり営業利益は上昇し，ROAは低下している。

光明乳業は，前期に比して後期は，売上高は1.57倍に上昇し，営業利益は1.52倍に上昇している。資産は1.94倍，内，流動資産は2.04倍に，固定資産は1.84倍に上昇し，人員は1.18倍に上昇している。その結果，1人当たり売上高は1.33倍に，1人当たり営業利益は1.29倍に上昇し，ROAは78.4％に，売上高営業利益率は96.6％に低下している。1人当たり営業利益が上昇しているので剰余価値率は上昇している模様であり，流動資本の回転数は低下（77.2％に低下）[140]しているので剰余価値の年率は剰余価値率より小さく上昇している可能性がある。この剰余価値率ならびに剰余価値の年率について中国の賃金上昇の事情を考慮するならば，剰余価値率，剰余価値の年率ともに低下している可能性があるだろう。1人当たり営業利益が上昇し，ROA，売上高営業利益率が低下しているそれらの変化の程度，人員の増加の程度以上に資産が増加している状況と，売上高の伸び率が資産の伸び率を若干下回り，営業利益の伸び率が売上高の伸び率を若干下回るまたは同等である状況，ならびに剰余価値率の状況とを勘案すると，機械の導入による機械の生産性は発揮されている模様であり，そのレベルは前述（2.3「機械と労働の生産力について」，2.3.4「機械の生産性と機械使用の限界」）の表5-2，表5-3のケース4のレベル程度の様相を示している。人員と資産の状況から見れば，資本の有機的構成の高度化は進展し，ROA（または利潤率）は若干低下している。なお，資本の有機的構成の高度化に伴い利潤率は低下するが利潤の絶対額は増大する状態に至っている

金発科技は，前期に比して後期は，売上高は2.34倍に上昇し，営業利益は2.29倍に上昇している。資産は2.95倍，内，流動資産は2.60倍に，固定資産は

---

140) 光明乳業の流動資産の中では現預金，売掛金，在庫が大きな割合を占めており，各々が流動資産合計と同様の上昇傾向を示している（特定の費目が目立って上昇している状況ではない）。

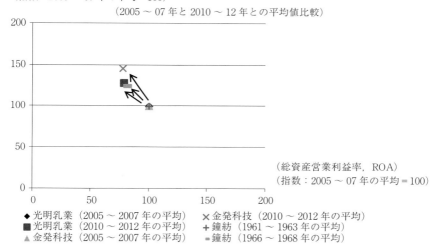

図 5-23 食品加工業・プラスチック製品製造業／労働生産性と資本効率の変動

（従業員1人当たり営業利益）
（指数：2005～07年の平均＝100）
（2005～07年と2010～12年との平均値比較）
（総資産営業利益率，ROA）
（指数：2005～07年の平均＝100）

◆ 光明乳業（2005～2007年の平均）　　✕ 金発科技（2010～2012年の平均）
■ 光明乳業（2010～2012年の平均）　　＋ 鐘紡（1961～1963年の平均）
▲ 金発科技（2005～2007年の平均）　　＝ 鐘紡（1966～1968年の平均）

注）日本の企業は1961～1963年と1966年～1968年との平均値比較，指数：1961～1963年の平均＝100とする。
出所）第4章表4-9（その3）の出所，および，『鐘淵紡績株式会社・有価証券報告書』各決算期版，より筆者が計算作成。

4.83倍に上昇し，人員は1.57倍に上昇している。その結果，1人当たり売上高は1.50倍に，1人当たり営業利益は1.46倍に上昇し，ROAは77.5％に，売上高営業利益率は97.8％に低下している。1人当たり営業利益が上昇しているので剰余価値率は上昇している模様であり，流動資本の回転数は低下（90.3％に低下）[141]しているので剰余価値の年率は剰余価値率の上昇よりも小さく上昇している可能性がある。この剰余価値率ならびに剰余価値の年率について中国の賃金上昇の事情を考慮するならば，剰余価値率，剰余価値の年率ともに横ばい，または低下している可能性があるだろう。1人当たり営業利益が上昇し，

141）金発科技の流動資産の中では現預金，売掛金，在庫が大きな割合を占めており，それらは流動資産合計と同様の上昇傾向を示している。

354

表5-9 食品加工業・プラスチック製品製造業／売上高・営業利益・総資産・従業員の変動

	光明乳業		金発科技		鐘紡	
	(2005〜2007年の平均)	(2010〜2012年の平均)	(2005〜2007年の平均)	(2010〜2012年の平均)	(1961〜1963年の平均)	(1966〜1968年の平均)
売上高 （百万元），（百万円）	7,441	11,712	4,843	11,343	90,094	150,741
営業利益 （百万元），（百万円）	168	255	334	764	6,616	9,031
総資産 （百万元），（百万円）	3,902	7,563	3,634	10,738	78,334	136,731
内，流動資産 （百万元），（百万円）	1,930	3,940	3,051	7,923	48,224	83,469
固定資産 （百万元），（百万円）	1,972	3,623	583	2,815	30,110	53,262
人員 （人）	2,252	2,658	1,680	2,630	23,414	25,519
1人当たり営業利益 （千元），（千円）	74	96	199	291	283	354
ROA （総資産営業利益率）(%)	4.3%	3.4%	9.2%	7.1%	8.4%	6.6%

出所：図5-23に同じ。

ROA，売上高営業利益率が低下しているそれらの変化の程度，人員の増加の程度以上に資産が増加している状況と，売上高の伸び率が資産の伸び率を若干下回り，営業利益の伸び率が売上高の伸び率を若干下回るまたは同等である状況，ならびに剰余価値率の状況とを勘案すると，機械の導入による機械の生産性は発揮されている模様であり，そのレベルは前述（2.3「機械と労働の生産力について」，2.3.4「機械の生産性と機械使用の限界」）の表5-2，表5-3のケース4のレベル程度の様相を示している。人員と資産の状況から見れば，資本の有機的構成の高度化は進展し，ROA（または利潤率）は若干低下している。なお，資本の有機的構成の高度化に伴い利潤率は低下するが利潤の絶対額は増大する状態に至っている

以上の2社は食品加工とプラスチック製品製造とで産業分野は異なるが，上記の売上高・営業利益・総資産・従業員の変動の傾向が似ている。また，両社

ともに営業利益のなかの投資収益の構成比は小さく（2012年末の構成比は，両社とも1％台），純粋な製造業の姿である。但し，流動資本の回転数が，光明乳業の方が高く（光明乳業の後期は2.9回転／年，金発科技の後期は1.3回転／年），これは業態の違いに起因していると思われる。そして，両社とも資本の有機的構成は高度化しているものの，重工業の各社に比較して，ROA（利潤率）の低下の程度は小さい。このように両社の姿は軽工業の典型的な姿である可能性があるだろう。

3.3 小 括

本章「はじめに」で，中国の鉱工業部門の全般について，2008年頃以降は，資産も売上高も上昇しているにも拘らず，利益が上昇傾向から横ばい傾向さらには低下傾向に変化し，売上高利益率やROAも変化している状況を確認したが，本節（3.2「個別の企業の労働生産性・資本効率の特徴」）で株式上場の個々の企業の状態を分析確認した結果，それら個々の企業でも概ね同様の傾向が確認された。但し，個々の産業部門や企業では，鉱工業全般の傾向とは異なる傾向も確認された。

本節での分析対象の中国企業13社の内の2社（分析対象から外した上汽集団，申達股份）を除く11社（重工業部門8社，軽工業部門3社）に関する前期（2005～2007年）から後期（2010～2012年）への変化についての分析確認結果は，次の通りに纏められる。

(1) 売上高，資産とも11社が上昇し，1人当たり売上高は南鋼股份，海馬汽車の2社を除く9社が上昇し，1人当たり資産額は海馬汽車，三一重工（三一重工はほぼ横ばい）の2社を除く9社が上昇している。

(2) 営業利益は，重工業部門8社のなかでは鉄鋼，自動車の5社のうち江淮汽車を除く4社が低下し，建設機械3社全てが上昇している。そして，鉄鋼，自動車の5社は1人当たり営業利益が低下し，建設機械3社は1人当たり営業利益が上昇している。軽工業部門3社の営業利益は，紡績の江蘇陽光を除く食品加工の光明乳業，プラスチック製品製造の金発科技の2社が上昇してい

---

142) 江蘇陽光の営業利益が赤字に転じた原因については，3.2.4「紡織業」にて記述した通り。

る。そして，この2社は1人当たり営業利益も上昇している。

 (3) 売上高営業利益率は，重工業部門8社とも低下，但し，建設機械の柳工，三一重工の2社の低下の程度は小さい。軽工業部門3社はともに低下，但し，光明乳業，金発科技の低下の程度は小さい。

 (4) ROAは，重工業部門8社のなかでは建設機械の三一重工[143]を除く7社が低下している。軽工業部門3社はともに低下，光明乳業，金発科技の2社の低下の程度は重工業部門の低下に比較すると小さい。

 以上の(1)から(4)までの状況は，「はじめに」にて確認した鉱工業部門全体の状況とほぼ一致する。なお，鉄鋼は調査分析対象3社の全てが，営業利益と1人当たり営業利益とが低下しており，鉱工業全体の推移とは違った姿であるが，このような状況が現れた要因については前述（（補足）「鉄鋼と建設機械との営業利益の変動についての比較」）で明らかにした通りである。

 次に，売上高営業利益率やROAが低下した要因，営業利益と1人当たり営業利益との変動の要因について，前述（3.2「個別の企業の労働生産性・資本効率の特徴」）での分析結果を踏まえ，さらに少し立ち入った分析を補足して示す。

 (5) 資本の有機的構成は，11社のうち江淮汽車，海馬汽車，三一重工の3社を除く8社でその高度化の進展がみられ，江淮汽車（江淮汽車は進展度合いが小さい），海馬汽車，三一重工の3社は横ばい状態である。なお，資本の有機的構成の値の代替値として「従業員1人当たり総資産額（＝総資産額／人員）」を用いて，その推移を表した図5-24を参照（なお，「固定資産／人員」の数値を用いた推移は，大半の企業が図5-24の上昇の程度以上に上昇する）。

 (6) ROA（利潤率）の低下については，11社のうち，三一重工を除く10社が低下しており，資本の効率の低下が認められる。この低下の主な要因の1つは上記(5)の資本の有機的構成の高度化であると判定できる。

 (7) 売上高営業利益率の低下については，11社とも低下しており，売上高営業利益率の変動の傾向とROAの変動の傾向は似ている。第2節（2.1「売上高利益率，総資産利益率，1人当たり利益額について」）にて示したように，「ROA

---

143) 三一重工のROAが上昇している要因については，3.2.3「建設機械製造業」にて記述した通り。

第 5 章 国有企業の労働生産性と資本の効率に関する考察　357

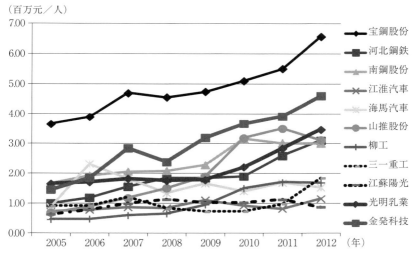

図 5-24　従業員 1 人当たり資産額（上汽集団，申達股份を除く11社について）

（百万元／人）

凡例：宝鋼股份，河北鋼鉄，南鋼股份，江淮汽車，海馬汽車，山推股份，柳工，三一重工，江蘇陽光，光明乳業，金発科技

出所）第 4 章表 4-9 （その 3 ）の出所より筆者が計算作成。

=（利益／売上高）×（売上高／総資本〔または総資産〕）=（売上高利益率）×（総資本回転数）」であるから，「売上高利益率の変動＝ROAの変動／総資産回転数の変動」となり，総資産回転数の変動が無ければ「売上高利益率の変動＝ROAの変動」となる。また，同様に第 2 節（2.1「売上高利益率，総資産利益率，1 人当たり利益額について」）で示したように，売上高利益率を求める算式とROAを求める算式とは，それらの分子は同一（mn）であり，分母は売上高利益率が「$c_2+(c_3+v+m) \cdot n$」でROAが「$(c_1+c_2+c_3)+v$」であるから，流動資本の回転数：nの変動が小さく，mの変動比率とc_1の変動比率とが同じような状況になれば，売上高利益率の変動とROAの変動とは同じようなレベルになる[144]。

　11社のROAの変動，総資産回転数の変動，売上利益率の変動については，

---

[144] 2.1「利潤率，剰余価値率と売上高利益率，総資産利益率（ROA）とについて」で示した「図 5-12　全鉱工業／売上高利益率・年間回転額にたいする利潤率・ROAの推移」からも，売上高利益率の変動とROAの変動とが同じような傾向であることが分かる。

表5-10 ROA，総資産回転数，売上高利益率の変動状況

会社名 (略称)	ROA (%)			総資産回転数 (回／年)			売上高利益率 (%)		
	前期	後期	対前期 比変動	前期	後期	対前期 比変動	前期	後期	対前期 比変動
宝鋼股份	11.9%	4.4%	0.370	0.99	0.93	0.943	12.0%	4.7%	0.392
河北鋼鉄	7.5%	0.9%	0.118	1.06	0.90	0.855	7.1%	1.0%	0.139
南鋼股份	8.6%	0.4%	0.043	1.84	0.97	0.526	4.7%	0.4%	0.082
江淮汽車	7.6%	4.2%	0.560	1.84	1.79	0.973	4.1%	2.4%	0.575
海馬汽車	9.8%	2.4%	0.242	1.40	0.78	0.552	7.0%	3.1%	0.439
山推股份	11.2%	4.4%	0.393	1.08	1.02	0.946	10.4%	4.3%	0.415
柳工	13.3%	5.5%	0.413	1.67	0.72	0.429	8.0%	7.7%	0.964
三一重工	13.7%	15.5%	1.132	0.74	0.89	1.202	18.4%	17.4%	0.941
江蘇陽光	2.3%	-8.1%	-3.505	0.58	0.62	1.086	4.0%	-13.1%	-3.228
光明乳業	4.3%	3.4%	0.784	1.91	1.55	0.812	2.3%	2.2%	0.966
金発科技	9.2%	7.1%	0.775	1.33	1.06	0.793	6.9%	6.7%	0.978

注）対前期比変動は指数表示，前期を1とする。
出所）第4章表4-9（その3）の出所より筆者が計算作成。

表5-10の通り。表5-10によれば，ほとんどの企業が総資本回転数の変動幅が小さく（対前期指数が1に近い），売上高利益率の変動の傾向はROAに近い変動の傾向を示している[145]。以上の状況や売上高利益率の算式とROAの算式とから，売上高利益率の低下の主要な要因の1つは，ROAの変動と同じ要因である，すなわち，資本の有機的構成の高度化であると判定できる。

---

145) 11社の内，南鋼股份，海馬汽車，柳工の3社の総資本回転数が大きく低下しているために売上高利益率の変動幅とROAの変動幅とは，他8社よりも大きく乖離している。3社とも，売上高は上昇するもそれを大きく上回って資産が増大しているために総資産回転数が大きく低下したのだが，資産の中のどのような費目が大きく増大したのかについては，3.2「個別の企業の労働生産性・資本効率の特徴」の中のこれら3社の流動資本回転数に関わる注記に，流動資産，固定資産の増大について示した。

これら3社に共通な増大の傾向は，流動資産の中では受取手形，売掛金，在庫，固定資産の中では有形固定資産の増大が大きい。一般に，受取手形，売掛金，在庫の増大は流通過程で資本の循環が停滞することの表れであり資本の効率が低下する。有形固定資本の増大がその増大に見合う売上の増加に結びつかなければ，機械設備は過剰な規模になり生産性の低下に陥る。そして3社のうち，南鋼股份は2012年に営業利益が赤字に陥り，柳工は2012年の営業利益が2010年の10.9％にまで縮小している。

第5章　国有企業の労働生産性と資本の効率に関する考察　359

（8）１人当たり営業利益を手掛かりにした機械の生産性の発揮の程度，労働の生産性の上昇についての分析結果は，前述（3.2「個別の企業の労働生産性・資本効率の特徴」）の分析で示した通りである。それは，１人当たり営業利益が低下した６社（鉄鋼３社，自動車２社，紡績１社）は，江淮汽車を除く５社（宝鋼股份，河北鋼鉄，南鋼股份，海馬汽車，江蘇陽光）が営業利益をも低下させた。一方，１人当たり営業利益が上昇した５社（建設機械３社…山推股份，柳工，三一重工，食品加工他２社…光明乳業，金発科技）は，いずれも営業利益をも上昇させており，前者の５社の機械の生産性の発揮度合い，労働の生産性上昇の度合いは，後者の５社のそれよりも低いとの分析結果に至っている。

しかしながら，１人当たり営業利益が上昇した５社のなかの建設機械２社（山推股份，柳工）については，前述（（補足）「鉄鋼と建設機械との営業利益の変動についての比較」）で明らかにしたように，鉄鋼３社の営業利益と１人当たり営業利益との推移に，３年遅れで同様の推移（営業利益と１人当たり営業利益とが低下）を表しているので，建設機械２社の機械の生産性の発揮度合い，労働の生産性上昇の度合いも３年遅れで鉄鋼３社と同様に低下しているだろう。

おわりに

本章では2008年頃を境に中国の企業に現れた変化，すなわち，右肩上がりの企業の発展・拡大傾向が抑制される傾向に変化している現象の要因を，労働の生産性，資本の効率の視点から探り，このような変化について社会主義市場経済における株式上場企業のなかの国有株式会社と実質私営株式会社とでは差異があるのかを考察した。また，それら中国の企業と日本の高度成長期の同業の企業との比較によりどのような差異があるのかを確認した。その結果，このような変化の実情は株式上場企業の中の重工業企業と軽工業企業との間には差異が，つまり業種の違いに応じた差異が見られるが，国有株式会社と実質私営株式会社との所有の違いに応じた差異は認められない。そして，国有株式会社，実質私営株式会社とも，それら企業の実情には資本主義経済の幾つかの特徴が確認された。以下，考察結果の主な点の概要を記す。

(1) 先行研究へのコメント

　資本の集約度と生産性との関係について，丸川（2008）は，自動車メーカーの状況を示したうえで，資本集約度（＝資産額／従業員数）が高い企業は労働生産性も資本生産性（ROA）も高く，資本集約度が低い企業は労働生産性も資本生産性も低い，と述べている。第3節での分析確認結果からは，3.3「小括」に記した通り，分析対象11社中の9社の資本集約度が上昇しているが，11社中10社の資本生産性（ROA）が低下している事象が確認され，資本集約度が高くなれば資本生産性（ROA）は低下する傾向があるが，低下しない場合もあることが確認された。資本集約度が高くなっても資本生産性が高くなるケースが存在する事例の典型は前節の日本の鉄鋼業の八幡についての分析で確認されている。労働生産性を1人当たり営業利益でみれば，3.3「小括」に示した通り，資産が増大する中で1人当たり営業利益は高くなる企業と低くなる企業とが存在し，その高低を左右する要因は資産の増大とその資産の中の機械設備の生産性の兼ね合いである，すなわち機械の生産性を多いに発揮すれば労働生産性が上昇することも確認した。資本集約度が高くなれば労働生産性も資本生産性（資本効率）も高くなる場合もあれば，低くなる場合もある。丸川の示した自動車メーカーの事例は，高くなる事例である。これらの資本の集約度または資本の有機的構成と労働生産性，資本の効率（またはROA，利潤率）との関係については，その仕組みを第2節「生産性・利潤に関わる一般的な現象，法則」でも示した通りである。以上の通り，丸川の述べている資本集約度が高い企業は労働生産性も資本生産性も高いという事例は，中国の自動車産業にも高度成長期の日本企業にも存在するが，必然的に起きる事象ではない。

　また，中国の自動車産業の中の労働集約的な企業が賃金の安さと地方政府の保護とにより生き残っているとの丸川の主張についても，労働集約的であるがゆえに資本生産性が高い可能性がある。一概に丸川の主張する理由により労働集約的な企業が生き残っているとは言い難いだろう。

　丸川（2013）は，本章第1節で示したとおり，1981から2011年までの統計データに基づき国有工業企業は非国有工業企業よりも総資産利潤率（ROA）が低く，近年は差が開きつつあるとの事実を示し，国有企業が非国有企業よりも経営効率が悪いのであれば，国有企業に国家が発展させたい支柱産業やハイテク

産業を任せると，その発展を鈍化させる結果になるだろうと述べている[146]。しかしながら，鉱工業部門の国有企業と非国有企業との特徴は，国有企業に資本集約型の産業（重工業・規模大）が多く，非国有企業には労働集約型の産業（軽工業・規模小）が多いので，一般的にはROAは資本集約型＝国有企業では低くなる[147]。したがって，鉱工業全業種における企業のROAの比較だけで，国有企業の経営効率は悪いとは判定できない。第3節における個別企業の分析結果では，後述する「(2)重工業企業と軽工業企業との比較」の通り軽工業のROAの低下のレベルは重工業よりも小さい。また，同業種のなかでは実質私営株式会社のROAが必ずしも国有株式会社のそれに比べて上位の値を示していない。つまり，国有企業と非国有企業とを比較する場合に，比較の対象を同一の業種，同じく企業規模も企業形態も似ている株式上場企業に限定すれば，国有株式会社のROAは必ずしも非国有株式会社のそれよりも低いとの結果にはならない。そして，ROAのみでの評価であって，売上高利益率や1人当たり利益額（または人件費当たり利益額）を評価方法に取り入れないことにより労働者（人間）の創りだす価値の量が判り難くなっている。すなわち，ROAやROE，資本の回転率などによる企業の評価では資本の効率は判り易くとも労働の生産性は判り難く企業の全体像または実態を把握でき難い[148]。本章第1節で記した通り，丸川（2013）の経営効率についての企業評価は，①ROAのみ

---

146) 丸川（2013）226頁。
147) 2010年における鉱工業部門39業種の内の重工業および資産の大きな典型的な6業種と軽工業および資産の小さな典型的な6業種との各々の売上高に占める国有企業（国有及び国有株支配企業）の比率は，重工業・規模大の6業種では47％，軽工業・規模小の6業種では7％である。本書第2章，3.2「企業の収益性・成長性・生産性」3.2.5「業種別・企業規模別状況」を参照。
148) 本章「はじめに」の「図5-5　企業区分別・ROA（総資産利益率）」では私営が最上位の数値を示し，国有・国有株支配は最下位の数値を示しているが，「図5-7　従業員1人当たり利益額」や「図5-11　（参考）企業区分別・M/Vの推移」では国有・国有株支配が最上位の数値を示し，私営が最下位の数値を示している。このように，ROAによる評価結果と従業員1人当たり利益額やM/Vの評価結果は相反する結果になるので，どちらか一方の評価方法のみにより評価の結論を下せば，企業の全体像や実態を正しく把握できない。なお，このような利益額が大きくなるのに応じてROAが小さくなる事象は，本章第2節で示した資本の有機的構成の高度化に伴う一般的利潤率の漸次的低下の表れである。

を用いている，②そのROAも産業別の違いを無視する，という二重に適切さを欠いた評価方法による判定になっている。

また，丸川（2013）以外にも適切とは言い難い方法で企業を評価している事例として，本章第1節では今井（2003）の総資本回転率のみによる国有企業と比較する対象企業が的確でないままでの企業の経営効率の評価，ならびに川井（2003）のEPS，ROEのみによる，そしてROEについては業種の特性を無視した全業種の企業間での企業の収益性の評価の事例を示した。そして，丸川，今井はこのような評価方法に基づき国有企業の経営効率は非国有企業よりも劣る，との結論を下している。しかしながら，このような，適切とは言い難い評価方法で，企業の実態を的確に表さない評価結果に基づき，国有企業は経営効率が悪いという結論は正しい結論とは言い難い。さらに，このような結論は本書「序章」で示した新制度派の主張と同様な主張になってしまっている。丸川や今井が新制度派の主張を支持しているのか否かは判らないが，丸川や今井の国有企業の評価判定結果は新制度派の主張を正当化するような役割を果たしている。

(2) 重工業企業と軽工業企業との比較

前節の重工業企業の鉄鋼3社は，前述（3.3「小括」の(8)ならびに（補足）「鉄鋼と建設機械との営業利益の変動についての比較」）で明らかにした通り，売上高が上昇している状況の下で売上原価や費用（管理費用と財務費用）の売上高に対する割合が上昇に転じて営業利益の低下を引き起こし，売上高の上昇の程度が緩くなるまたは低下に転じる時に営業利益は一層の低下に転じている。そして，1人当たり営業利益とROAとを低下させている。そのような推移を引き起こす主な要因に，資産（有形固定資産，受取手形，売掛金，在庫）の増加がある。一方，軽工業2社（申達股份と営業利益が赤字に転じた江蘇陽光とを除く光明乳業，金発科技の2社）は，前述（3.2.5「食品加工業・プラスチック製品製造業」）で示したように営業利益を上昇させ，1人当たり営業利益も上昇し，ROAの低下のレベルは重工業（上汽集団，三一重工を除く7社）よりも小さい。

このような重工業と軽工業との推移の違いを引き起こす要因を，売上高と資産との増加の推移を分析して次の通り示す。売上高に対する資産の比率を鉄鋼

第5章 国有企業の労働生産性と資本の効率に関する考察　363

図5-25　対売上高・資産比率推移（その1：有形固定資産の比率，
　　　　その2：受取手形，売掛金，在庫の比率）

その1

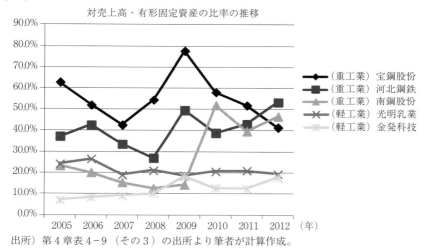

出所）第4章表4-9（その3）の出所より筆者が計算作成。

その2

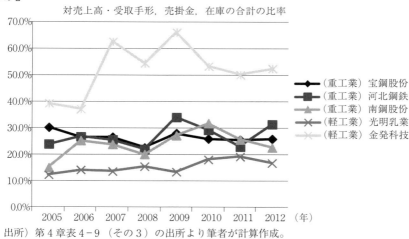

出所）第4章表4-9（その3）の出所より筆者が計算作成。

3社と軽工業2社とで比較した状況は図5-25の通り。

対売上高・有形固定資産比率は、鉄鋼3社は概ね40～60％レベルで推移し、一方、軽工業2社は10～20％レベルで推移している。対売上高・受取手形、売掛金、在庫比率（すなわち、流通過程における売上金の回収または売上金の現金化を遅らせている資産）は、鉄鋼3社は20～30％レベルで推移し、軽工業の光明乳業は10～20％レベルで推移している。但し、軽工業の金発科技のそれは50～60％レベルで推移しており、このレベルは他企業に比べて高すぎる。金発科技の総資産に占める流動資産の比率は、2005～2012年の平均値が76.8％、その流動資産に占める受取手形、売掛金、在庫の合計の比率は、2005～2012年の平均値が75.8％（特に在庫の割合が大きい）[149]。このように流動資産が大きな状態になる要因としては、生産工程の中での外注企業への委託生産が大きい、または（上汽集団や申達股份のように）完成品を仕入れ販売する流通業部分が大きい等が推定されるが、当該社に関わるデータからは確定できない。

この金発科技を除外して鉄鋼と軽工業の状態を比較すれば、軽工業は鉄鋼業よりも売上高に対する資産の比率が低いレベルであり、その結果として営業利益ならびに1人当たり営業利益が上昇し、ROAが鉄鋼業ほどに低下しない推移が、すなわち重工業と異なる推移を引き起こしている。そして、このような状態は一般的な重工業（資本集約的産業）と軽工業（労働集約的産業）との姿の差異でもある。

また、以上の軽工業の推移に限れば、対売上高・売上原価比率の推移は僅かではあるが低下傾向を示している。その姿から見れば、資産の過剰な増大が見られず、すなわち生産能力の増大に見合った売上が確保され、または過剰生産に陥らず、そして、過剰な資産の増大を引き起こさないような機械の生産性を発揮しての労働生産性の上昇が図られているとも言えるだろう。

---

149) 金発科技以外の軽工業3社の総資産に占める流動資産の比率は、2005～2012年の平均値が光明乳業：51.1％、江蘇陽光：37.4％、流通業部門が拡大している申達股份：57.4％、流動資産に占める受取手形、売掛金、在庫の合計の比率は、2005～2012年の平均値が光明乳業：53.2％、江蘇陽光：35.6％、申達股份：27.4％。

(2)の補足：重工業企業と軽工業企業との比較に関わっての機械設備の導入について

中国の重工業企業と軽工業企業との生産技術，開発技術など技術の面を先進国のそれらと比較してみると，成熟産業である軽工業よりも技術革新が激しく行なわれている重工業のほうが先進国との差異が大きい。中国の重工業部門の企業は，例えば株式会社を形成して活動を始めた1990年代末の時点でも，その機械設備や生産方式などが先進国の企業に比較して遅れている面が多く存在していた。そして，その遅れを取り戻すために先進国の最先端の生産設備を導入する事例が多い。本章第1節や第3節の3.2.1「鉄鋼業」で示した中屋（2008）の鉄鋼業の発展の特徴により，中国の大手鉄鋼メーカーが世界の先端レベルの設備を導入して設備の大型化・近代化を進め，それまで中国では生産されていなかった高級鋼材を増産してきた実情が分かる。中国にとっては国内の高級鋼材需要を満たすためには先進国より高級鋼材を輸入するか，もしくは最先端レベルの大型設備（例えば4千m^{3}以上の超大型高炉）を導入（その設備の基幹技術は概ね先進国より輸入せざるを得ない）して自国メーカーで生産するかの二者択一となり，自国で生産する方法を選択したのだ。しかしながら，そのような最先端レベルの大型設備を中国の複数の大手鉄鋼メーカーが導入しても，その設備の生産能力に見合う中国内の高級鋼材需要が存在していなければ，大手鉄鋼メーカー各社はその設備の生産能力を十分に発揮させることができずに労働生産性や資本の効率を低下させる事態を招く。3.2.1「鉄鋼業」の分析から実際にそのような事態が発生していると推定できるだろう。このような事例は鉄鋼業に限らず重工業企業で発生した[150]，または発生する可能性が高いだろう。一方，軽工業部門は成熟産業であり，先進国と中国との間に差異は小さい，または無いだろうから，新製品を生産するための設備導入は少ないだろう。したがって，鉄鋼業のような事態も発生しない可能性が高い。

重工業企業で発生することが多い上記のような新製品生産に伴う設備導入について，機械使用の限界と併せて検討するモデルを表5-11の通り示す。

表5-11の先進国・ケース1は利潤率が0％であり，一方，後進国は先進

---

150) 第3節の3.2.3「建設機械製造業」で示した，新製品（例えば，新しい性能を有する油圧機器部品）生産に関する「山推股份，柳工の2社」と「三一重工」との違いの事例を参照。

表 5-11 機械の生産

		労働手段 (c1)	労働手段 (c2)	労働対象 (c3)
先進国・ケース1		生産設備＝1,000,000,000円 生産設備は5年償却		製品単位当たり原材料等 ＝50,000円
	製品単位当たり	160,000	40,000	50,000
	年間合計	800,000,000	200,000,000	250,000,000
先進国・ケース2		生産設備＝2,000,000,000円 生産設備は5年償却		製品単位当たり原材料等 ＝50,000円
	製品単位当たり	213,333	53,333	50,000
	年間合計	1,600,000,000	400,000,000	375,000,000
後進国・ケース1		生産設備＝500,000,000円 生産設備は5年償却		製品単位当たり原材料等 ＝50,000円
	製品単位当たり	142,857	35,714	50,000
	年間合計	400,000,000	100,000,000	140,000,000
後進国・ケース2		生産設備＝1,000,000,000円 生産設備は5年償却		製品単位当たり原材料等 ＝50,000円
	製品単位当たり	160,000	40,000	50,000
	年間合計	800,000,000	200,000,000	250,000,000
後進国・ケース3		生産設備＝2,000,000,000円 生産設備は5年償却		製品単位当たり原材料等 ＝50,000円
	製品単位当たり	320,000	80,000	50,000
	年間合計	1,600,000,000	400,000,000	250,000,000

注) 金額単位は先進国，後進国とも日本円建て。
　　先進国・ケース1並びに後進国・ケース1，ケース2の商品（または製品）は共に同じ性能・機能を有する同一製品であり，その販売価格も同一価格（先進国から後進国へ輸出された当該製品も100千円／個）。

国・ケース1と同じ設備を導入して後進国・ケース1から後進国・ケース2に移行すると，生産設備金額は倍増するが機械の生産性が発揮されて利潤率が0％から2.4％に上昇し，資本にとっての機械使用の限界を超える設備導入となる（この後進国・ケース1から後進国・ケース2への移行では，生産される製品の質には変化が無く，生産数量増，人員減が図られる。第2節2.3.2「機械と量の生産性

第 5 章　国有企業の労働生産性と資本の効率に関する考察　367

性と機械使用の限界

労働力 （v）	費用価格 （c2＋c3＋v）	剰余価値 （m）	商品価値， または商品価格	剰余価値率 （m'）	利潤率 （p'）
年間労賃＝5,000,000円／人 人員＝10人			商品価格＝100,000円 商品生産販売数量＝5,000／年		
10,000	100,000	0	100,000	0.0%	0.0%
50,000,000	500,000,000	0	500,000,000	0.0%	0.0%
年間労賃＝5,000,000円／人 人員＝10人			商品価格＝120,000円 商品の寿命はケース1の1.5倍 商品生産販売数量＝7,500／年		
6,667	110,000	10,000	120,000	150.0%	3.1%
50,000,000	825,000,000	75,000,000	900,000,000	150.0%	3.1%
年間労賃＝2,000,000円／人 人員＝20人			商品価格＝100,000円 商品生産販売数量＝2,800／年		
14,286	100,000	0	100,000	0.0%	0.0%
40,000,000	280,000,000	0	280,000,000	0.0%	0.0%
年間労賃＝2,000,000円／人 人員＝10人			商品価格＝100,000円 商品生産販売数量＝5,000／年		
4,000	94,000	6,000	100,000	150.0%	2.4%
20,000,000	470,000,000	30,000,000	500,000,000	150.0%	2.4%
年間労賃＝2,000,000円／人 人員＝10人			商品価格＝120,000円 商品の寿命はケース1の1.5倍 商品生産販売数量＝5,000／年		
4,000	134,000	−14,000	120,000	−350.0%	−3.1%
20,000,000	670,000,000	−70,000,000	600,000,000	−350.0%	−3.1%

　c1，c2，c3は，本章第2節2.1「売上高利益率，総資産利益率，1人当たり利益額について」にて規定した通り。
出所）筆者作成。

上昇の概要」のいわゆる「量の生産性上昇」が図られる）。この状態では，先進国は当該製品の生産を止めて後進国での生産に転換する，または後進国から輸入する。つぎに，先進国・ケース2は既存の製品と同一の機能を有するがその製品寿命を1.5倍にした新製品を開発して，その生産のための新規設備を導入し設備金額は2,000百万円に倍増するが，新製品の価格は既存の製品の1.2倍とす

る。そして，市場では新製品の性能と価格の兼ね合いが考慮されて既存製品の需要は新製品に移行する。但し，新製品の生産販売で利益を生み出すために，設備金額の増加に見合う生産数量・販売数量の増加が求められ，先進国のメーカーは当該新製品を世界市場で販売するので，その生産数量・販売数量の増加は達成できる。一方，後進国のメーカーは当該製品の生産活動を継続するために，先進国・ケース2と同様の新規設備を導入（一般的には先進国から輸入）して新製品を生産せざるを得ない，高額な設備だからと言って導入を止める選択肢はない（後進国・ケース3へ移行せざるを得ない）（このケース2からケース3への移行では，生産される製品の性能が上昇し，生産数量と人員数が変化しない。第2節2.3.3「機械と質の生産性上昇の概要」のいわゆる「質の生産性上昇」が図られる）。後進国内の複数のメーカーがケース3に移行し，各メーカーともその販売は未だに自国内に留まっているために生産販売数量が拡大せずに，生産人員の労賃が先進国メーカーよりも安くとも設備の金額が大きく増加し，当該新製品の生産では利潤を生み出せなくなる[151]。このような事態の中で後進国のメーカーが生きてゆくためには，新製品の販売増のために国内の競合メーカーと需要の取り合いに勝ち残る，輸出を図る，または，当該メーカーが当該新製品以外にも別な製品の生産活動を行なっている場合は，新製品生産を中止して別の製品の生産に集中する等の方策を採らざるを得ないのだが，それらは容易なことではない。

　中国の重工業部門のメーカーや技術革新の速い電子機器部門のメーカーでは，上記の後進国・ケース3のような設備導入をせざるを得ない事態が発生していると推定されるし，第3節で分析した鉄鋼業や建設機械製造業の事例からもそのような事態が発生している可能性が高いと推定できる。一方，軽工業では中国と先進国との間に技術的な差異は概ね無いので，後進国・ケース3のような事態は発生しない可能性が高いと推定される。このような先進国との技術の面での差異に起因しての先端技術の高額な生産設備導入が，中国の重工業企業が軽工業企業に比較して，その営業利益の推移，売上高営業利益率の推移，1人当たり営業利益の推移，ROAの推移において上昇の程度が小さいまたは低下の程度が大きいと

151）後進国・ケース3の場合，商品生産販売数量が6,000／年になれば，利潤率が0％になる。

いう低いレベルにとどまっている要因の一つになっていると推定される。

(3) 国有株式会社と実質私営株式会社との比較

　第3節の個別の企業の分析結果からは，実質私営株式会社が必ずしも国有株式会社に比べて1人当たり営業利益でもROAでも上位の値を示していない。鉄鋼業では，実質私営・南鋼股份は1人当たり営業利益の推移もROAの推移もともに国有2社に比べてより大きく低下し，また後期（2010〜2012年）の1人当たり営業利益の値もROAの値もともに国有2社よりも低いレベルである。自動車製造業では，実質私営・海馬汽車は1人当たり営業利益の推移もROAの推移もともに国有・江淮汽車に比べてより大きく低下し，また後期の1人当たり営業利益の値もROAの値もともに江淮汽車よりも低いレベルである。建設機械製造業では，実質私営・三一重工は後期の1人当たり営業利益の値もROAの値もともに国有2社よりも高いレベルであり，ROAの推移も上昇している（国有2社は低下）。一方，三一重工の1人当たり営業利益の推移は上昇しているが，その上昇程度は国有2社を上回る上昇には至っていない。紡織業では，実質私営・江蘇陽光は後期の営業利益が赤字に転落している。食品加工・プラスチック製品製造業では，実質私営・金発科技は後期の1人当たり営業利益の値もROAの値も光明乳業よりも高いレベルであり，1人当たり営業利益の推移は国有・光明乳業よりも若干上回って上昇しているが，ROAの推移は光明乳業よりも若干下方に低下している。また，光明乳業，金発科技ともにそのROAの推移が低下しているが，その低下の程度は重工業各社（除く，上汽集団，三一重工）の低下の程度よりも小さい。

　このように国有または実質私営のどちらかが必ずしも上位の値を示す状況には至っていない。これら分析対象11社（除く，上汽集団，申達股份）のなかで明瞭に差異が表れている数値は，ROAの推移である。実質私営株式会社の重工業・三一重工はROAの推移が上昇し，軽工業の国有・光明乳業と実質私営・金発科技の2社の推移は前期に比して後期は各々78.4％，77.4％に低下している。一方，その他の各社（三一重工を除く国有ならびに実質私営の重工業各社と実質私営・軽工業の江蘇陽光）のROAの推移は，50％以下のレベル（江淮汽車は56.0％）にまで低下している。三一重工は重工業分野の企業でありながら，第

3節3.2.3「建設機械製造業」の分析で示したとおり，労働集約的な経営手法によって同業の国有2社よりも上位の値を示しているので，言わば，労働集約的なまたは軽工業のような状態の企業であり，それによって他の企業よりも上位のROAの値を示していると判定できる。以上のとおり，国有株式会社と実質私営株式会社とを比較すると，その両者の間の違いよりも，重工業と軽工業との間の違いがROAの推移に明瞭に表れている。このように，株式上場企業の中の幾つかの企業に限って分析した結果，国有と実質私営という所有に基づく性格の違いによる差異は見られないと判定できる。もしも国有と実質私営との間に差異があるように見えるとすれば，それは，国有に重工業企業が多く，実質私営に軽工業企業が多い為に，重工業企業と軽工業企業との間の差異が，国有と実質私営との間の差異のように見えてしまうのであろう。

そして，国有，実質私営のいずれの企業も資本を投下して利潤を，その大きさの多少はあるが利潤を生みだしている，すなわち，資本主義的生産方法により剰余価値，または利潤を生産している。

(4) 高度成長期の日本企業と中国企業との比較

高度成長期の日本企業の事例では，いずれの企業も資本の有機的構成を高度化させ，1人当たり営業利益を増加させている，すなわち労働生産性を上昇させており，その上昇の程度は同業の中国企業（除く，上汽集団，申達股份）よりも大きい。資本の効率については，八幡が上昇しているほかは低下または横ばいであるが，その低下の程度は同業の中国企業の多くの企業よりも小さい。

重工業の日本企業3社（八幡，トヨタ，コマツ）は，第3節の個別の企業の分析結果から判るように，同業の競合する欧米企業，特に米国企業に対して後発の企業という立ち位置に在ったが，高度成長期を経て行くなかで特に開発・生産部面での技術の革新を図り，製品の品質も製品の生産性も向上させた結果，欧米企業を凌駕する，または欧米企業に負けない商品を生産するに至った。つまり，後発の企業が他企業に先行する位置または同等の位置に移行した。この過程では，生産設備の革新に大きな投資をしているが，それでも後発の位置に居た中国の企業に現れて来ている資産の増加による利潤率の低下や利潤額の低下を引き起こさずに，むしろ特別剰余価値を生みだしていた。

高度成長期の日本企業は後発の位置から先行する位置に移行する「技術の革新」を行ない，中国企業はそのような「技術の革新」を未だ実現していない模様である。その「技術の革新」が実現されていない理由は，単純に個々の中国企業の能力によるとは断定できないだろう。高度成長期の日本国内ならび世界の工業や経済一般の発展状況，日本政府の施策など種々の企業を取り巻く環境と現在の中国の企業を取り巻くそのような環境とは違っているので，そのような企業を取り巻く種々の環境などの事情をも考慮したうえで「技術の革新」が実現していない理由を探る必要があろう。

　以上の通り株式上場企業の分析を通じて中国の鉱工業部門における2008年頃を転換点にしての売上高利益率やROAの上昇基調から横ばい・低下への変化の要因を探ってきた。その結果，売上高利益率やROAの変化の要因の土台には資本の有機的構成の高度化が存在し，それに伴って売上高利益率やROAが低下する傾向が大きい。しかし，そのような傾向に反して売上高利益率やROAが低下しない場合も当然あり，その低下しない要因には労働生産性の上昇が存在する。これらの事象が確認された。また，これらの事象は第2節「生産性・利潤に関わる一般的な現象，法則」で『資本論』を参考に確認，考察した結果に合致している。

　そして，鉱工業部門の中の製造業の幾つかの業種に限っての，且つ，株式上場企業に限っての，その企業の年度報告に基づく分析ではあるが，国有株式会社と実質私営株式会社との間では，労働生産性，資本の効率，資本の有機的構成の高度化などの状態の大きな違いは確認されない。つまり，国有株式会社も実質私営株式会社も経営状態の表れである財務報告には同様の様相，推移が示されており，それは経営の方策，手法が同様であることを示している。

　本章の分析を通じて，公有制経済の国有株式会社も実質私営株式会社も，それらの企業の実情には，資本主義経済の幾つかの特徴が現れていることが確認され，それは，企業が資本主義的生産方法を採っているがゆえに現れている実態であると判定される。

終章　中国経済の総括と見通し

　本章では，本書での内容を総括し，残された課題を整理する。
　中国の国家権力を掌握する中国共産党は自国の経済を「社会主義市場経済体制」と称するが，「社会主義」という表現も「市場経済」という表現も有り，どちらかに比重が置かれているわけではない。しかしながら，序章で示した通り，市場経済化，国有企業の民営化をめぐる中国国論を二分する「新制度派」と「新左派」による論争を惹き起こすことになった。どちらが優勢なのか，どちらへより重点をもって進むのか，が判りにくい。同様に，中国共産党は，社会主義市場経済は「公有制経済」を主体とすると示しているが，「公有制経済」も「非公有制経済」も併存する中で，「公有制経済」と「非公有制経済」とのどちらが優勢なのか，どちらへより重点をもって進むのか，が判然としない。将来の経済発展の動向，趨勢を見通すためには，現在到達された中国の「社会主義市場経済」と称される経済構造がどのような実情にあるのかを現実に即して客観的に認識することが不可欠の課題である。このような問題関心をもって，本稿は，中国の近年の経済構造についてその実態を掘り下げる視角から，社会主義市場経済の性格規定を再考したものである。なお，本稿は，上部構造に立ち入らないという限定の下での論述である。その限りで暫定的結論を導き出したものである。

　第1章「中国の社会主義市場経済についての諸見解の検討」では，中国の現状を考察する基礎認識のために，公有制 vs. 私有制，計画経済 vs. 市場経済という基本的対立点をめぐる予備的検討を行なった。呉敬璉は，計画経済は選択不可能であり市場経済のみが実現すると主張し，中兼和津次は，計画制度から市場制度へ，公有制度から私有制度への移行が標準的であると主張している。これら両者の見解を取り上げて検討した。
　その結果，呉の見解の中にはマルクス，エンゲルスの理論を歪めての論理展

開が存在していることが明らかになった。また，両名の見解は，計画経済と市場経済の基本的対立点の比較方法が適切ではなく，呉の市場経済が，ならびに中兼の私有制と市場経済が優位に立つとは断定できないことが明らかになった。呉や中兼は，計画経済と市場経済を比較する場合に，計画経済は膨大な情報を処理する必要があるが，市場経済は市場という情報処理メカニズムにより政府の処理する情報は少ない，と述べ，この情報に関わるコストの点で，計画経済の実現可能性は無いと主張する。これは，市場経済では，市場の価格情報に商品の需給以外の情報も現れる，各企業の内部では膨大な情報コストが潜在している，という点を考慮しない適切さを欠く比較である。同様に，中兼の公有制と私有制を比較する場合についてもいくつかの適切でない比較の存在を明らかにした。この検討により，私有制と市場経済とが両名の主張通りに優位に立つと断定することは妥当でないことが明らかになった。

第2章「国有企業の地位の再評価—鉱工業部門に関する考察—」では，国有企業または国有経済部門（または，広義の国有企業，国有及び国有株支配企業）の実態を把握するために，中国の鉱工業部門について統計データに基づいて分析した。

分析にあたって，まず，国有経済と私営経済の概要および区別の仕方を整理するとともに，その区別の仕方が適切でない研究者の見解を摘出した。適切でない区分・分類に拠り国有経済部門が実態よりも縮小して見える（非国有経済部門は実態よりも拡大して見える）事例を確認した。すなわち，中国の企業は，企業登記上の組織形態による分類では，非会社制の国の所有が100%の企業が「国有企業」であるが，一方，所有形態から見た分類では，上記の非会社制の国の所有が100%の「国有企業」に加えて，会社制の国の所有が100%の企業を「国有企業」とし，会社制の国の所有が100%未満であるが筆頭所有である企業を「国有株支配企業（中国名：国有控股企業）」とし，それらを合わせて「国有及び国有株支配企業」という区分にしている。適切でない区別の事例は，「国有企業または国有経済部門」という範疇を，組織形態による区分の国有企業にとどめ，国有株支配企業は私営なりその他の範疇に含めるものである。こうした区別によって，国有経済部門を過小に，非国有経済部門を過大に評価してしまう諸見解の不当性を摘出した。これに対して筆者の見解は，企業の所有

や支配という視点でみた分類により，国有株支配企業は国有経済部門に含めなければならないとの見方に立つものであり，この見方によって実情を考察した。

考察の結果は，中国経済の中での国有経済部門と非国有経済部門とを比較すれば，工業総産値は非国有経済部門が優勢である。しかしながら，収益性や成長性，労働生産性などを売上高利益率，ROA，付加価値生産量，従業員1人当たり付加価値生産量，などの諸指標により考察した結果，その発展の趨勢は国有経済部門が優勢であることを明らかにした。さらに，それらの諸指標を企業規模の大きい重工業と規模の小さい軽工業との別によって確認しても，その発展の趨勢は国有経済部門が優勢であることを明らかにした。特に，国有経済部門のなかで，中国経済を主導している主要企業は，国有株支配企業であるという実情が判明した。その国有株支配企業には資本構成の高度化と利潤率低下の様相の存在を確認した。

また，資本の集中の進展では，製造業の営業収入を考察し，その上位企業のシェアが拡大し，その中核は国有株支配企業であることを明らかにした。賃金と剰余価値の上昇の比較では，賃金の伸び以上に剰余価値が伸び，特に国有及び国有株支配企業の剰余価値率の伸びが顕著である。これらのことが明らかになった。

これらの明らかになった実情により，中国の経済を主導する企業群は，組織・設置形態では国が所有する「国有及び国有株支配企業」でありながら，企業の経営・支配の実態では資本主義的生産方法によって顕著に発展していることが明らかになった。すなわち，中国経済は，強力な生産力増進の手立てとして，実質的に資本主義的生産方法を発展させて来ている，という実情が明らかになった。

第3章「国有企業の企業統治―所有者・経営者・労働者に関する考察―」では，国有企業の企業統治，すなわち国有企業の所有・支配・経営の関係，所有者（株主，出資者），経営者，労働者（従業員）の関係を考察した。

社会主義建設の根本的任務は，公有制を主体とする基本的経済制度を堅持することであると中国共産党規約で規定されている 。このように，もし公有制が，中国が社会主義であることの証左であるとするならば，公有制企業の中核

である国有企業には私有経済部門や資本主義国の企業とは異なる何らかの事象や特徴が存在する筈であろう。それゆえ国有企業と私営企業とには，その所有者の違いによって，企業の所有・支配・経営について，また株主，経営者，従業員の関係について何らかの違いが存在するのか否かを考察した。考察にあたっては，初めに川井伸一の中国の株式上場企業，その中心である国有株式会社の支配を「大株主支配と内部者支配との重合」（親企業，その多くは国が所有・支配する企業，による「大株主支配」と国有株式会社の経営者と従業員による「内部者支配」とが重なり合う）とみなす見解 やバーリー＆ミーンズの「経営者支配」論など企業の支配に関わる見解などをも取り上げて，「所有と支配の分離」，「所有と経営の分離」について検討した。それらの検討を踏まえて中国の株式上場企業のなかの国有株式会社の組織形態や株主・経営者・従業員の関係や性格を取り上げて，同じ株式上場企業のなかの実質私営株式会社（私人である株主がコントロールしている会社）のそれらと比較・分析を行なった。

第3章での考察を通じて，国有株式会社の所有・支配・経営の，また株主・経営者・従業員の関係や性格は，次の通り明らかになった。資本の所有者＝株主＝国と，資本を所有しない経営者＝企業の高級幹部との関係は所有と経営は分離されているが，所有と支配は分離されていない，内部者による支配はなされていない。また，従業員が生産する剰余価値＝利潤は，その額の多少はあっても国有株式会社から株主（国有株式会社の親会社である国有株支配企業）へ配当され，さらにその親会社の所有者である政府はその親会社へ利益配当を求めていることが明らかになった。さらに国有株式会社の経営者と従業員の収入の格差は日本の高度成長期のそれらの格差よりも大きい実情も明らかになった。

以上の通り，株式上場企業である国有株式会社の所有・支配・経営の関係には，所有と経営の分離は存在するが所有と支配の分離は存在せず，実質私営株式会社や資本主義経済の一般的な株式会社と大きな違いはなく，国有株式会社の株主・経営者・従業員の関係や性格にも，実質私営株式会社や資本主義経済の一般的な株式会社の株主・経営者・労働者の関係が成立している，という実情が明らかになった。そして近い将来広範囲にこの関係が出現する可能性があると見通すことができた。

第4章「国有企業の利潤分配に関する考察」では，株式上場企業の国有株式

会社の利潤分配を取り上げて，その実情には社会主義経済であることに起因する，または大株主が国であることによって，同じ株式上場企業のなかの実質私営株式会社の利潤分配とは異なるような事象が存在するのか否かを考察した。

第4章での考察を通じて，中国の株式上場企業全体の姿は，上場企業数，発行済株式総数の増加は1996年～2001年が第1次増加期，2006年～2010年代初が第2次増加期と言える傾向であり，その利潤配当の傾向は第1次増加期に比較して第2次増加期は無配当企業が減少し，（無配当企業をも含めた）上場企業全体の配当性向のレベルは高くなったが，第2次増加期の期間中の配当性向は漸減傾向を示している。すなわち配当を実施する個々の企業レベルでは利潤分配面で配当部分よりも内部留保への充当部分の割合を増加させている状況が確認された。なお，上場企業に占める国有株式会社の割合は，2000年代後半において6，7割のレベルにあるので，上場企業全体の傾向は国有株式会社の傾向でもある。

そして，2000年代後半以降の時期における，鉱工業部門の幾つかの産業部門の株式上場企業の中の個別の国有株式会社と実質私営株式会社とを対象に（13社を分析対象に取り上げ，その13社に限定された下での判断であるが），利益配当に関わる国有株式会社と実質私営株式会社との比較分析をした。その分析結果は，国有株式会社は実質私営株式会社以上に内部留保への利益の配分の拡大傾向を続けており，この比較結果は重工業と軽工業，重工業の中の国有と実質私営との比較結果に似ている。国有株式会社と実質私営株式会社との間には，配当や内部留保への充当の大小の違いは有っても，利潤分配の性質や仕組みに差異は無いことが明らかになった。

また，この13社の中の国有株式会社グループ（8社）と1960年代の高度成長期の同業種の日本企業との比較では，中国の国有株式会社グループの利潤分配の姿は日本企業の利潤分配の姿に似ているばかりではなく，内部留保に利潤から配分する大きさは相対的に中国のこれらの企業の方が日本の株式上場企業よりも大きい状況であることが判明した。さらに，中国の国有株式会社といえども，1960年代の日本企業や実質私営株式会社に比較して特段に高い配当金額を支払う姿や，1960年代の日本企業以上に利益の変動に応じずに一定額を配当する姿は，第4章での国有株式会社の配当金に関する分析に限れば，認められな

終章　中国経済の総括と見通し　377

い。

　このように，国有株式会社の利潤分配には，実質私営株式会社の利潤分配との違いは見出せず，日本の高度成長期の株式上場企業で見られないような特徴も見つからず，中国の国有株式会社の利潤分配には資本主義経済における利潤分配との差異を見出すのは困難であることが明らかになった。

　第5章「国有企業の労働生産性と資本の効率に関する考察」では，2000年代後半から2010年代初までの時期の株式上場企業を分析した。2000年前後より高い経済成長を示していた中国経済は，2008年頃を境に変化を見せ，それは，企業の売上高や総資産は依然として増加しているにも拘わらず，売上高利益率や総資産利益率が低下傾向を示すようになって来ている。このような変化は国有企業のみならず全企業に現れている。

　このような変化が発生した要因を探るために，第4章の個別の株式上場企業の分析対象の13社と同じ会社を分析対象として，労働の生産性と資本の効率（または利潤率）についての国有株式会社と実質私営株式会社との実情の比較分析を通じて，上述の変化の要因について考察を行なった。また，参考として，日本の高度成長期の同業種の個別企業の状況との比較も行なった。

　その比較分析の結果，売上高利益率やROAの変化には以下の事情が横たわっていることが明らかになった。変化の要因の土台には資本の有機的構成の高度化が存在し，それに伴って売上高利益率やROAが低下する傾向が大きいが，そのような傾向に反して売上高利益率やROAが低下しない，または低下の程度が小さい場合も当然あり，その低下しないまたは小さな低下の要因には労働生産性の上昇が存在する。これらの事象が確認された。また，高度成長期の日本企業の事例は，いずれの企業も資本の有機的構成を高度化させているが，1人当たり営業利益をも増加させている，すなわち労働生産性を上昇させており，その上昇の程度は同業種の中国企業よりも大きいことが確認された。そして，第5章での考察は鉱工業部門の中の幾つかの業種に限って，且つ，株式上場企業に限っての，その企業の年度報告に基づく分析ではあるが，国有株式会社と実質私営株式会社との間では，労働生産性，資本の効率，資本の有機的構成の高度化など基本的な諸指標に関して大きな違いは確認されない。つまり，国有株式会社も実質私営株式会社も経営状態の表れである財務報告には同

様の様相，推移が示されており，それは経営の方策，手法が同様であることを示していることが明らかになった。さらに，国有株式会社と実質私営株式会社との別によるのではなく，重工業企業と軽工業企業とを比較すれば，売上高利益率やROAの変化に明らかな違いがあることが明らかになった。

また，考察の結果，社会主義市場経済の主体である公有制経済のなかの国有株式会社と，実質私営株式会社とは，ともに労働生産性，資本の効率，資本の有機的構成の高度化などの諸指標には，『資本論』に記されている資本主義経済の特徴が表れていることが確認された。

以上の通り第2章から第5章までの考察により，国有企業または国有経済部門（または，広義の国有企業，国有及び国有株支配企業），特にその範疇の中核を担う株式上場されている国有株式会社をも含む国有株支配企業は，資本主義的生産方法によって顕著に発展し，中国の経済を主導していることが明らかになり，且つ，国有株式会社は実質私営株式会社や資本主義（日本の高度成長期）の株式会社と同様の様相を現していることが確認された。つまり，序章で示した「現在の中国の経済構造は，資本主義的生産方法による生産活動が主流をなすとすれば，現在の経済・社会の諸問題は資本主義的生産方法に起因して現れる現象であると性格付けることができるだろう」との仮説は，事実であることが確認された。

この事実と序章で示した「新左派」や「新制度派」の主張とを合わせて整理してみると，次の通りであろう。新左派の目標は，国有企業の民営化や株式制導入など国有企業改革の必要性を認めた上で，公平性の観点から市場経済化の行き過ぎを抑制，法制度が整備されないままの行き過ぎた民営化の中止であり，そのために国有企業を維持・改革しようとする。しかしながら，その国有企業は資本主義的生産方法によって中国経済を牽引しているのであるから，新左派の主張通りにその国有企業を維持しようとすれば，国有企業の資本主義的生産方法という手段が限度を超えて"独り歩き"をして国有企業を支配・統制することが困難になる可能性が生じ得よう。つまり新左派の主張する国有企業の維持が，彼らの目標である「結果の平等」の実現を促す方向に帰結するとは言えない，むしろその意図や主張とは裏腹に，「結果の平等」の達成に寄与できない虞が大なのではなかろうか。

終章　中国経済の総括と見通し　379

　一方，新制度派の目標は，生産力の発展を促進するために，自由放任の市場経済，市場での資本の自由活発な活動，私有財産権の確立と市場経済に基づいた所得分配，を促進する。そのために経営効率の低い国有企業の民営化を促進する，である。そして，国有企業の民営化を主張する土台となる国有企業は経営効率が低いという認識・評価は，第2章や第5章で指摘した適切でない企業の評価によって導き出された結果である。すなわち，新制度派の主張の土台は，第2章で示した計画経済を否定して市場経済のみが実現すると主張する呉敬璉や，計画制度・公有制度から市場制度・私有制度への移行が標準的であると主張する中兼和津次による適切でない企業区分に基づく国有企業を過小に評価する事例，また第5章で示した丸川知雄のROAのみに基づき産業別（または業種別）の違いを無視しての企業の経営効率を評価する適切とは言い難い企業評価の事例に表れている適切でない企業の評価によって作られた土台なのである。第5章で示したように資本の効率（ROA）の高い企業を求めるのならば，工業化を止めて手工業化を進めればROAは高くなる。新制度派が求める国有企業の改革は，手工業化ではないことは言うまでもなく，経営効率が低い，資本の効率が低いというデータを利用しての国有企業の民営化，すなわち私有財産権を確立した上での私有化である。つまり，新制度派は自身の主張に合致する，適切に導き出されたとは言い難い企業評価データのみを利用し，中国経済の実態を認識せずに，国有企業の私有化を求めているのである。そして，このような新制度派の主張する私有化を促進することは，自由放任の無計画な市場経済を促進することであり，その結果は，先進資本主義国で発生している経済・社会の諸問題を中国経済においても発生，増加させる可能性が高くなるだろう。

　新左派，新制度派ともに，それらの見解は国有企業（国有及び国有株支配企業）が資本主義的生産方法を採用して中国経済を主導し牽引しているとの認識が希薄もしくは欠如したまま，国有企業はその性格の如何に拘わらず，社会主義に適合する企業ないしは生産性・効率水準の低い企業であるとの，ある種先入見にとらわれた見方に立つ見解であり，適切さを欠く見解である。

　中国経済の今後の見通しについては，中国経済を主導して，精鋭の資本主義的生産方法の採用により生産効率を高め多くの富を生み出している国有企

（国有及び国有株支配企業）は，国力増進の牽引車であるが，両刃の剣でもある。すなわち，生産力向上の切り札である一方で，その資本主義的生産方法によって国家や公的制御を乗り越えて，社会主義の理念も「外皮」をも破砕してしまう虞を，しかもいまや単なる杞憂ではない現実の諸矛盾の累積，噴出という切迫したリスクを，孕むものである。つまり，経済的富の分配構造すなわち第一次分配機構も，資本主義的生産方法を採用して中国経済を主導する国有企業の資本主義的な分配諸法則によって規定されざるをえなく，資本主義的な格差問題等の制約を免れることは出来ないのである。

社会主義市場経済の改革開放路線が当面のあいだ揺るぎないとすれば，社会諸矛盾の解決改善策の照準は，直接的生産領域に向けられるのではなくて，流通過程および総過程の領域における分配の仕組みの是正だろう。つまり，社会主義市場経済のもとで富の分配の公正をはかるとしたら，第一次分配機構ではなく，再分配機構の領域で，それを追求することが見通されてくる。富の公正公平な再配分の制度の強化は切実な要請となるであろう。公正な再配分は，すなわち「結果の平等」の実現に一歩一歩接近する途である。例えば，国家の徴税機能を抜本的に強化する等の政策を通じて，所得の公正な再配分により「結果の平等」の実現に近づくことができるはずである。

したがって，政府の財政政策や市場を通じての経済政策に対する公的管理規制を実質強化する方向によって，経済・社会の諸問題解決の実現可能性が決定的に左右されるだろう。

本章冒頭でも記した通り，本稿の考察，検討の結論は，上部構造に立ち入らないという限定の下での論述であり，その限りで暫定的結論である。したがって，今後の課題は社会主義市場経済体制の経済の面だけではなく政治の面についての考察，検討が求められている。

刊行によせて

宮 川　彰
（首都大学東京名誉教授）

　待ちにまった村上裕さんの中国経済研究が集大成され，博士学位請求論文に稔って公刊されるはこびとなった。出会って足かけ8年，感慨ひとしおのよろこびである。

　本研究は，現代中国の「社会主義市場経済」の評価をめぐって百花斉放の観のある論壇の渦中に，斬新な研究方法と一次資料の駆使によって学術的な新機軸新知見を打ち出し一石を投じることとなった。現代中国経済への『資本論』適用の試みと特徴づけうる労作である。

　村上論文は，社会主義市場経済の中核的担い手である国有企業に照準をおく。そのリアルな実情を理論的実証的に明らかにする課題に向けて，本書は類書に例をみない以下の特色を発揮した。

　第一に【国有企業の統計区分の再構築】『中国統計年鑑』や財務諸表等一次資料の批判的活用によって，国有企業に関する統計区分の基準を独自に改めて再評価を施し，過少評価に傾きがちな国有セクターについての通説的評価の再考を迫った点である。テコとなったのは，組織形態別の区分と所有形態別の区分のうち後者の区分に着眼重視して，「国有控股企業」（すなわち国有株支配企業）を国が「所有し」経営を実質「支配する」国有部門に含めて区分し直したことである。こうして実情に即した実証分析から，鉱工業発展を主導する企業が国有および国有株支配企業であることが明らかにされる。〔本書第2章〕

　第二に【国有企業統治のあり方】　企業統治のあり方，とりわけ企業の「所有・経営・支配」をめぐって，また所有者（株主）・経営者・労働者（従業員）の関係について，実証データに照らして従前の議論を再検討した点である。結果，国有株式企業が，比肩しうる国内私営株式企業や先進国の株式会社企業と類似した分配状況〔＝諸階級の生産関係ならびに力関係の直接の反映像〕にあ

るという実情を明らかにした。このことによって，所有・経営・支配をめぐる議論の曖昧さを払拭するとともに，先行研究で提示されていた，中国特有の「内部者（経営者・従業員）による企業支配」仮説をも批判して，自説を対置した。〔第3・4章〕

　第三に【国有企業業績の事例分析】　売上高利益率，ROA（総資産利益率），資本収益率（利潤率），労働生産性等についての規範的指標を適用して，中国企業の業績現況について克明で精密な事例研究を行なった点である。この企業分析でのカギは，諸指標の変化の基礎に，資本生産力にとって最奥最大の要因である「資本の有機的構成の高度化」（＝資本装備率〔機械化率〕）をとらえ，したがってまた構成高度化による「利潤率低下傾向の法則」を見据えたことにある。これによって，売上高利益率やROAと労働生産性とのあいだには，相乗の関係はもとより，競争条件次第では相殺や相反さえもあり得るじつに多様な変化の組合せ関係があり，したがって例えば類似パターンへの収斂ということが有意である，ということへの洞察が拓かれもしよう。こうして，先行研究がのこした諸指標をめぐる評価の混迷や曖昧さを取り除くとともに，「高度成長」相当期における中・日双方の代表的企業の業績比較分析を展開しえたこと，である。〔第4・5章〕

　これらの考察から著者は帰結する。国有株式企業と実質私営株式企業とのあいだで労働生産性，資本効率など基本的指標に関して有意な差異は確認されず，また，マクロ的にみた社会主義市場経済の公有セクターと実質私営セクターともに同様の事象が見いだされ，企業統治を標榜する資本主義大企業の生産－分配の方式の特徴が色濃く表れている。国有部門は，典型的な資本主義的経営方法を推進，実現しながら，中国指導部の目指す生産力増強の切り札的役割を牽引し主導しているという実情である，と。〔終章〕

　本研究のこの結論は，最近十余年間の「新制度派」と「新左派」とによる国有企業民営化改革をめぐる論争に係わって，国有企業＝「不効率」というほぼ両派に共有されたところのネガティブ評価と見方とにたいし抜本的見直しを提起することになる。また，同根のイメージの延長にあると考えられるのだが，中国経済の生産力発展の将来展望にとって国有企業は適応できず担い手たりえないという謂われなき消極的通念にたいして，本研究は実証的批判を対置する

意義をもつであろう。

　ちなみに，以上の考察の主要論点は相互に有機的に結びあっている。上記〔第二の〕現代「中国企業統治論」仮説と〔第三の〕企業分析事例研究とは，相互に補完しあうと同時に，異なる角度からの実証的裏付けで相互に支えあう。また，〔第二〕〔第三の〕考察は相俟って，中国経済の構造理解をただす礎となるはずの，上記〔第一の〕『中国統計年鑑』データの組替え再編を試みた新機軸仮説である「企業区分の再構築」にたいして，内容的裏付けと実証データの提示をなす，という具合に。あたかも一編の交響詩のようにこだましあって合流し，村上仮説を学術的新知見に打ち固めている趣きである。

　そして，これら主要点の依りどころの論拠もしくは想源の土壌となっているのは，著者による『資本論』造詣の深みであることは言うをまたない（『資本論』第1巻「剰余価値論」および同第7篇「資本蓄積論」，第2巻「再生産論」＝社会的分業論，第3巻「利潤論」および同第5篇「株式会社論」）。たとえば，「経営効率」や「競争力」という人口に膾炙した用語で"資本の通信簿"をかたる場合，ROA（総資産利益率）またはROI（投資利益率〔総資本利益率〕）に依るか，それとも，労働生産性（従業員一人当たり利益率〔または付加価値率〕）を意味させるのか。評価に齟齬が生じるのである。それらの指数の諸因子成分が異なるのだから変化の向きも大きさも違ってくるのは自明だし，はなはだしきはROI（すなわち≒利潤率）と労働生産性（すなわち≒剰余価値率）とが同時に逆の動きを呈しさえするからである。またたとえば，資本の「所有」と「機能」との分離という近代株式会社に現れる原理的関係（『資本論』第3巻第5篇）を踏まえてこそ，企業統治をめぐる「所有・経営・支配」を俯瞰しそれらの相互関連を適切に把握できるし，また，「国有株支配企業」の実態に即した区分再編の必至性を見抜くこともできよう。経済理論と用語を究めその使い方をわきまえた練達の師の手際が，本研究には縦横に示されている。

　著者村上さんは，考察対象を限定して，中国の国家機構や法政制度等の上部構造は捨象し，経済的土台の中核的担い手である「鉱工業部門・国有企業」に照準をしぼった。そこで導き出した帰結は，現代中国の国有株式会社が，企業業績・分配状況の点でも企業統治の点でも，「実質私営株式会社や資本主義経済圏の一般的な株式会社と大きな差異はない」こと，資本主義的生産方法によ

って生産力を顕著に発展させ中国経済を主導している，ということである。それはただたんに先行研究や通説通念に対する再検討の武器となったにとどまらない。「株式会社」企業形態のもつ，マルクスが見通すところの，歴史過渡的な普遍的意義を浮き彫りにする。すなわち，「資本主義的生産の最高度の発展の帰結」であると同時に，「資本主義的生産様式そのもののなかでの，資本主義的生産様式の止揚，…新たな生産形態への〔必然的な〕過渡点」(『資本論』第3巻第5篇，新日本新書訳 (10) 757, 760頁／ MEW, S.453, 454)，その現代中国版の具現形態の実情を，あらわに物語るものにほかならない。

　読者は，その帰結の重い含蓄を汲みあげ広い射程を慮りつつ，「中国社会主義市場経済」の行く末のみならず，人類史21世紀の未来社会論の手がかりとして，想いを馳せることもできるのであるまいか。

＊

　私はお隣の中国とは，1990年代半ばから学術交流や留学生研修生の受け入れを通じて交流を深めるなか，同じ時期に激しく立ちあがってきた「社会主義市場経済」なるものの国づくりの動向にも，経済学者として少なからず関心を寄せてきた。『資本論』視点でその実態の把握にすこしでも近づくことは長年願い続けてきた夢であった。その大きな一端を，研究室に舞い込んできた村上裕さんの研究成果と著作によって見届けることができたことは，私にとって無類の慶びである。

　振り返れば2010年4月，本書「あとがき」にも記してあるとおり，縁あって村上さんは首都大学東京大学院の私の研究室に入学してきた。定年後の社会人院生の博士誕生噺など世上さほど珍しくもなくなっていたころだが，私には初めての受け入れのケース，快く歓迎し，若い留学生たちと分け隔てない応対を心がけようと構えていた。ところが村上裕さんは勝手が違っていた。

　柔道部OBの体育会系武闘派肉体派と自称しながら，その経済学素養と理論的センスの切れ味・感度は群を抜いていた。そして加えるにそのキャリアである。新たな国づくりに邁進するロシア，中国のユーラシア大地を股にかけ駆け巡って建設機械を売りまくったという敏腕辣腕のビジネス経験の持ち主である。文献相手の辛気な私ども研究室にあっては，現場感覚の染み着いた体験とデータに基づく彼のコメントや（ときにはキワモノ）逸話はひときわ異彩を放

ち，いつもおもしろくタメになり説得力あるものだった。

　修士課程2年目2012年1月に村上さんは修士論文「中国の社会主義市場経済についての一考察—国有経済部門の実情—」〔本書第2章の原型〕を提出した。『中国統計年鑑』の企業種類の分類・区分とその従来解釈とを取りあげて問題視し，統計・情報データの未整備な中国にあって金科玉条とされた『統計年鑑』に異議申し立てをしたのだから，驚きであり，インパクトは大きかった。修論の「第2章　中国社会主義市場経済の実情—統計から見た国有経済部門—」こそは，独創的な新機軸の村上仮説の嚆矢だった。最高評点を得て彼は博士課程に進学し，4年間の刻苦精励の歳月を費やして大論文〔本書〕を書き上げ，仮説の立証をみごと成し遂げることができた。

＊

　忘れ得ぬ出来事を一つ記しておきたい。

　2012年8月25〜30日に私は村上裕さんと6日間の中国北京の講演旅行に出張した。教え子の劉鋒博士による現地行程の総手配と通訳随行，そして（当時博士課程在籍1年目のピカピカの）村上裕博士生を"カバン持ち"に同伴した。論題は，宮川彰「日本におけるマルクス主義の受容—日本資本主義論争：野呂を事例として」，村上裕「中国・国有企業の地位の再検討」をおのおの準備し，ふたり揃いで，まず26／27日の清華大学政治経済学研究センター主催「第六回マルクス経済学の発展とイノベーション国際研究会」シンポジウムのパネリストないし報告者として〔主持人：蔡継明　清華大学政治経済学研究センター長〕，翌28日には中央編訳局学術セミナー〔主持人：魏海生　同局副局長・李其慶　同元副局長〕，そして最後に29日には中国社会科学院当代中国研究所報告会〔主持人：武力　同研究所長〕，というハードな報告プログラムをこなした。宮川報告は，日本近代化とマルクス経済学の伝播普及の記念碑的画期として，戦前期日本資本主義論争での野呂栄太郎による「地代」／「小作関係」をめぐる試行錯誤をたどった『資本論』の創造的適用の事例を紹介。村上報告は，修士論文でまとめあげたばかりの『統計年鑑』の企業区分の再構築に基づいた国有経済部門の再評価を提起するとともに，その主導的発展が「両刃の剣」のように，国力増進と同時に格差等の市場矛盾を増幅するだろうと，今後の見通しに警鐘を鳴らすものであった。「新左派」と「新制度派」の長老論客らが耳そば

だてている本場での，これが村上裕博士生の堂々たる論壇初陣デビューだった。

"カバン持ち（秘書）"付きだなどとは，生涯あとにも先にもない贅沢な旅だったが，ほんとうのところは，もっとも心強い知恵袋ナビゲーターを連れ添った心持ちであったし，実質にも私たち「二人三脚」の講演パフォーマンスだった。"国情に即した"とはご当地好みの常套句であるが，世界じゅうどこにも引けをとらぬ最高質で最新の，日中それぞれの国情に即した〈『資本論』の具体的適用〉の研究成果を，村上さんは現代中国経済の髄にまで切り込んだ分析でもって，また私は戦前期日本への伝播・具体化のひと駒について，おのおの報告する機会に恵まれたことである。

私にとって定年退職を控えた最後の年に，もっとも内容の充実した講演旅行を実現できたのも，最高の知恵袋ナビ・村上裕さんを同道できたお蔭であった。

言葉につくせぬ感謝の念と希有な邂逅のしあわせの思いを胸に刻んでいる。

あとがき

村 上　裕

　本書は2016年3月に首都大学東京大学院社会科学研究科を終了するにあたって提出した博士論文に若干の字句などの手直しを加えたものであり，章，節のみならず小見出しまで，また文章はもとより図表も字句のミスなどを手直しした以外は博士論文と同じである。本書の序章，第1章，第2章は，同大学院における修士論文の中心を占める部分を加筆修正した。本書の第3章以降の部分は博士後期課程在学中に執筆した。しかし，第3章以降の内容は，修士論文執筆中より関心を持ち，いずれは解明したいと考えていたテーマであったので，それらは博士後期課程在学中において取り扱ったテーマであるとはいえ，修士論文の延長上に存在していた問題であった。そのような次第であるから，本書は修士論文を発展させた論文である。第1章は先行研究を批判的に検討した部分であり，その呉敬璉の著書の一部分に関する検討は，修士論文では私自身としては明解な検討結果を提示しきれていない弱点があると思っていたが，博士論文の段階で修正を行ない，その弱点は克服され，正確かつ明解な検討結果を記すことが出来た。さらに第2章はその結論も，その結論を得るに至る解明の方法も，修士論文から本書執筆に至るまで一貫して変わっていない。そして，この第2章が本書の基礎になっている部分でもある。なお，第2章は「中国・国有経済部門の地位の再評価―鉱工業部門に関する分析―」(『経営と制度』第11号，2013年3月，首都大学東京経営学会)，第3章は「中国・国有企業の所有者・経営者・労働者の考察」(『マルクス・エンゲルス・マルクス主義研究』第56/57号，2015年3月，マルクス・エンゲルス研究者の会) として初出した論文に加筆修正した。

　以上のような経緯を経て出来上がった本書は，私の首都大学東京大学院における6年間の研究成果である。この成果を書籍として出版するにあたり，このような研究に取り組むに至った事情，私自身の研究生活や経済学に関わる出来

ごとを紹介しておくことは，本書の内容の理解にとって僅かでも資すると思われるので，僭越ではあるが，これまでの足跡を振り返ることをお許し頂きたい。

＊

　私は1973年に福島大学経済学部を卒業し，当時の一般的な学生と同様に，ごく普通に会社に入社してサラリーマン生活を始めた。そして，その会社では，30歳代以降は中国や旧・ソ連邦の国々に関わる業務を担当し続けた。特に，1990年代後半から2000年代初の時期は中国が社会主義市場経済を発展させながら，また国有企業改革を進めながら，WTOに加盟する時期であり，この時期には中国での駐在員生活もあり，中国をより身近に直視する機会に恵まれた。そのような経験を踏まえてみて，2000年頃以降，中国経済に関するいくつかの書物やメディアの発信する内容に，私はなにかしら違和感を感ずるようになった。例えば，今から30年前に見学したまともな機械設備もない小さな郷鎮企業の工場が20年前にはすでに立派な工場に発展していた姿を見て，民営企業の発展を実感したのだが，それと同様に，30年前に見た国営工場も変化していて，2000年当時には，旧・国営工場が既に有限会社や株式会社形態に衣替えして確実に成長している姿を認識させられた。しかし，日本の中国経済に関する書物やメディアでは，国有企業は民営企業に比べて，いわゆる経済効率が悪い，中国の経済発展の足を引っ張ると言われ，その論調は現在に至っても基本的に変わっていない。そのような論調と私が感じた中国の企業の姿との間にギャップを感じても，中国経済をどのように理解すれば違和感が解消するのかが解らず，この疑問を解決するには経済学を勉強する必要があると考え，大学院へ入学しようと思い立った。

　会社の定年退職まで残り1年となった頃に本書の出版社である八朔社の片倉和夫氏に大学院進学の希望を相談したところ，私の希望に最適であり且つこの先生に勝る先生は居ないと，首都大学東京・宮川彰名誉教授（当時・教授）を紹介された。当時，宮川先生は大学院を目指す研究生達に対して学部の宮川ゼミを開放し，さらに補習ゼミを開講しておられ，私も先生のご好意によりそれらのゼミに，いわゆる"もぐり"で参加させて頂いた。先生の指導を受けた甲斐あって私は定年退職の直前，2010年4月に首都大学東京大学院へ入学し，宮

川先生のもとで研究を開始した。

　宮川先生は折に触れ，「経済学は何の為に学ぶのか？　経済学に騙されない為に学ぶ」と話されるが，2010年4月の最初の宮川ゼミでも，この点について数点の資料を示しながら研究の目的，姿勢などを説明されていた。私の修士論文，博士論文が経済学に騙されていないレベルに一歩でも二歩でも近づいたとすれば，それは先生の薫陶を得た成果である。そして6年間にわたる大学院生生活を経て，入学以前に抱いていた違和感は氷解し，博士論文を提出するに至った。学部卒業後37年を経ての学生となった私にとって宮川ゼミでの『資本論』の学習は全くの一からの出直しであったが，そのような私がこのように本書を上梓するまでに到達出来たのは宮川先生のご指導を受けることが出来た賜物であり，その学恩は到底返せるものではない。

＊

　中国経済の解明に取り組もうと思い立つに至った土台は40有余年前の学部時代に教えを受けた指導教官の福島大学元学長・名誉教授（当時，経済学部教授）山田舜先生のゼミで形成されていたようだ。山田ゼミで勉強した内容のほとんどは忘れたが，忘れられない唯一の出来事は1971年8月15日のドル・ショックの後，夏休み明けの最初のゼミでの先生によるドル・ショックと将来の見通しについての解説である。先生の見通しについて不勉強の私は半信半疑で聴いていたが，その後の1970年代，80年代の歴史の推移を体験して，先生の見通しが正鵠を射ていた事を明確に認識するはめになり，経済学の力，とりわけ経済史の力を，改めて思い知らされたのである。この体験があったればこそ，中国経済の疑問の解決には経済学を学び直す以外に道は無いと思い至った。そして，60歳を過ぎてからの再びの学生生活では，折に触れて励ましの言葉を掛け続けてくれた福島大学元学長・名誉教授（当時，経済学部助教授）吉原泰助先生のご配慮は掛け替えのないものであった。

　そして，これらの私の3人の恩師たち，宮川先生，山田先生，吉原先生が指導を受けた先生について触れることをお許し頂きたい。宮川彰先生はその著『再生産論の基礎構造―理論発展史的接近―』（八朔社，1993年）の「まえがき」で，恩師東京大学名誉教授故横山正彦先生への敬愛を込めての謝意と，故山田盛太郎先生への謝意を記されている。山田舜先生はその著『日本封建制の構造

分析』（未来社，1956年）の「はしがき」で，東京大学経済学部在学中の演習指導教官であられた山田盛太郎先生，横山正彦先生の名前を挙げて謝意を記されている。そして，吉原泰助先生はご自身の退官記念講演で，ご自分の本籍は山田盛太郎ゼミ，現住所は横山正彦ゼミであると話されている（「退官記念講演 経済学と私」『商学論集』第70巻第4号，2002年3月）。宮川先生，山田先生，吉原先生はともに山田盛太郎先生と横山正彦先生の高弟であり，このような3人の高弟の先生方の謦咳に接することが出来た私は，研究者冥利に尽きる思いである。それと同時に本書が，3人の高弟の先生方の名前に傷を付けるようなことが無い事を願って止まない。

＊

最後になったが，宮川先生を紹介してくれた，福島大学経済学部の同期の八朔社・片倉和夫氏には厚く御礼を申し上げなくてはならない。片倉氏がいなければ私は宮川先生に出会うこともなく，研究生活に入れたかどうかも定かではない。そして，片倉氏は私の大学院入学前から現在に至るも不断から私の研究生活を励ましてくれている。本書は宮川先生と片倉氏の勧めが有り刊行の運びとなった次第だが，私のようなアマチュアの研究者が執筆した書の刊行を快く引き受けてくれたことをただただ感謝している。

首都大学東京大学院の先生方，職員の方々には快適な研究環境を与えて頂き，この場を借りて御礼申し上げたい。特に岩間俊彦教授には宮川先生退官後の指導教官を引き受けて頂いた。また若森みどり先生（現・大阪市立大学教授）には私の不得手な分野を懇切丁寧に指導して頂いた。そして，経営学系図書室や社会科学研究科事務担当の職員の皆様に大変お世話になり御礼申し上げたい。

末筆であるが，再度，改めて3人の恩師への感謝をこめて筆を擱きたい。

（2016年8月）

参考文献

青木昌彦（1995）『経済システムの進化と多元性』東洋経済新報社
EC委員会「欧州共同体（EC）委員会の対日報告（上）」『世界週報』1981年5月19日号，時事通信社
伊丹敬之（1987）『人本主義企業－変わる経営　変わらぬ原理－』筑摩書房
今井健一（2003）「中国国有企業の所有制度再編－大企業民営化への途－」『社会科学研究』第54巻第3号，2003年3月
今井健一（2008）「中国　産業高度化の潮流」今井健一・丁可編著『中国　産業高度化の潮流』アジア経済研究所
今井健一・渡邉真理子（2006）『シリーズ現代中国経済4　企業の成長と金融制度』名古屋大学出版会
宇多川勝（2013）『日本の自動車産業経営史』文眞堂
遠藤浩他編（2003）『民法（2）　物権〔第4版増補版〕』有斐閣
王東明（2001）「中国上場企業の株式所有構造とコーポレート・ガバナンスの実態」『証券経済研究』第23号，日本証券経済研究所，2001年1月
『大月　経済学辞典』大月書店，1979年
大蔵省証券局資本市場課編（1976）『法人企業統計年報集覧（昭和35年度～49年度）上，下巻』大蔵省印刷局，1976年7月
大野耐一（1978）『トヨタ生産方式－脱規模の経営をめざして－』ダイヤモンド社
大橋英夫・丸山知雄（2009）『叢書　中国的問題群6　中国企業のルネサンス』岩波書店
小川和夫（2002）『日本・ロシア経済関係の新展開』ジェトロ（日本貿易振興会）
奥村宏（1984）『法人資本主義－「会社本位」の体系－』御茶の水書房
奥山繁樹・宇根篤暢・油井明紀・鈴木浩文（2013）『機械加工学の基礎』コロナ社
落合孝彦（1997）「日本企業の配当政策の特質－1960年代を中心として－」『経営論集』第44巻第3・4合併号，明治大学経営学研究所，1997年3月
加藤弘之（2008）「中国の資本主義はどこに向かうか－『新西山会議』をめぐって－」西村成雄・許衛東編『現代中国の社会変容と国際関係』汲古出版
加藤弘之（2013）『「曖昧な制度」としての中国型資本主義』NTT出版
加藤弘之・久保亨（2009）『叢書　中国的問題群5　進化する中国の資本主義』岩波書店
川井伸一（1998）『中国私営企業と経営－概説と資料－』愛知大学経営総合科学研究所
川井伸一（2003）『中国上場企業－内部者支配のガバナンス』創土社
川井伸一（2008）「中国の会社の歴史的性格：法人の二重性の視点から」『中国経済研究』第5巻第1号，中国経済学会，2008年3月
川井伸一（2010）「中国における会社支配の歴史的検討」中兼和津次編『歴史的視野からみた現代中国経済』ミネルヴァ書房
関志雄（2007）『中国を動かす経済学者たち』東洋経済新報社
『小松製作所50年の歩み－略史－』株式会社小松製作所，1971年
財務省・財務総合政策研究所編『財政金融統計月報』（法人企業統計年報特集）No.604（2002年8月），No.616（2003年8月），No.628（2004年8月），No.641（2005年9月），No.653（2006

年9月),No.665(2007年9月),No.677(2008年9月),No.689(2009年9月),No.702(2010年10月),No.714(2011年10月)財務省

酒井正三郎(2001)「旧ソ連諸国とロシアにおける市場経済化,第1節　旧ソ連諸国における市場経済化」林昭・門脇延行・酒井正三郎編著『体制転換と企業・経営』ミネルヴァ書房

坂根正弘(2011)『ダントツ経営』日本経済新聞出版社

佐藤経明(2009)「ブルス:『現存した社会主義』経済体制批判における『修正主義』」『比較経済研究』第46巻第2号,2009年6月,http://www.jstage.jst.go.jp/article/jjce/46/2/2_11/_pdf/-char/ja/,20011年9月13日参照

四宮正親(1998)『日本の自動車産業－企業者活動と競争力:1918～70－』日本経済評論社

柴田努(2009)「日本における株主配分の増加と賃金抑制構造－M&A法制の規制緩和との関わりで」『季刊経済理論』第46巻第3号,経済理論学会,2009年10月

柴田努(2014)「経済のグローバル化と国内経済への影響」高橋弦・竹内章郎編著『なぜ,市場化に違和感をいだくのか？』晃洋書房

柴田努(2016)「経営者支配の構造変化と株式配分の増加」(学位論文,一橋大学,2016年3月)『一橋大学機関リポジトリ』,https://hermes-ir.lib.hit-u.ac.jp/rs/handle/10086/27895,2016年5月12日参照

社史編さん委員会(1981)『炎とともに　八幡製鉄株式会社史』新日本製鉄株式会社

自由民主党・公式Web Site,http://www.jimin.jp/aboutus/declaration/,2011年9月16日参照

徐涛(2009)「中国鉱工業企業公表統計データの吟味」『アジア経済』第50巻第2号,アジア経済研究所,2009年2月

新日鉄住金株式会社,「2015年3月期決算短信」,http://www.nssmc.com/ir/library/pdf/20150428_500.pdf,2015年9月3日参照

鈴木恒夫(1991)「合成繊維」米川伸一・下川浩一・山崎広明編『戦後日本経営史　第1巻』東洋経済新報社

竹内昭夫,弥永真生補訂(2001)『株式会社法講義』有斐閣

ドーア,ロナルド(2006)『誰のための会社にするか』岩波書店

中兼和津次(1999)『中国経済発展論』有斐閣

中兼和津次(2002)『シリーズ現代中国経済1　経済発展と体制移行』名古屋大学出版会

中兼和津次(2009)「今日の時点から見たブルスとコルナイ:偉大なる社会主義経済研究者の理論に対する批判的検討」『比較経済研究』第46巻第2号,2009年6月,http://www.jstage.jst.go.jp/article/jjce/46/2/2_25/_pdf/-char/ja/,20011年4月18日参照

中兼和津次(2010)『体制移行の政治経済学』名古屋大学出版会

中村平八(1997a)「市場経済と計画経済(1)」『商経論叢』第32巻第4号,神奈川大学,1997年5月

中村平八(1997b)「市場経済と計画経済(2)」『商経論叢』第33巻第1号,神奈川大学,1997年7月

中村平八(1999)「市場経済と計画経済(3)」『商経論叢』第34巻第2号,神奈川大学,1999年1月

中村平八(2003)「市場経済と計画経済(4)」『商経論叢』第38巻第3号,神奈川大学,2003年3月

中村平八（2006）『ソ連邦からロシアへ－ロシアはどこに行くのか－』白桃書房
中屋信彦（2008）「鉄鋼業の高度化－その飛躍的成長と産業再編－」今井健一・丁可編著『中国　産業高度化の潮流』アジア経済研究所
中山秀太郎（1987）『機械発達史』大河出版
西山忠範（1975）『現代企業の支配構造－株式会社制度の崩壊』有斐閣
西山忠範（1980）『支配構造論－日本資本主義の崩壊－』文眞堂
西山忠範（1992）『日本企業論』文眞堂
『中国経済データハンドブック』2005，2011年版，日中経済協会，2005，2011年
『日中経済産業白書　2011／2012－復興とともに拓け日中協力の新次元－』日中経済協会，2012年7月
日中経済協会，http://www.jc-web.or.jp/jcea/publics/index/568，2015年12月19日参照
『日本統計年鑑』総務省統計局，2012年
日本長期信用銀行『調査月報』No.191，1983年4月
ハスビリギ・竹康至（2009）「中国上場企業の資金調達構造」『アジア経済』第50巻第9号，アジア経済研究所，2009年9月
広瀬雄一（1963）『株式会社の支配構造』日本評論新社
広瀬隆（1991）『赤い楯：ロスチャイルドの謎（上）』集英社
古山徹（1997）「赤字企業の配当政策」日本証券経済研究所編『現代企業と配当政策』日本証券経済研究所
前田和夫（1999）『はじめての半導体製造装置』工業調査会
牧田修治（2006）「わが国上場企業の配当政策変更の決定要因に関する実証分析」『証券経済研究』第54号，日本証券経済研究所，2006年6月
丸川知雄（2008）「自動車産業の高度化」今井健一・丁可編著『中国　産業高度化の潮流』アジア経済研究所
丸川知雄（2013）『現代中国経済』有斐閣
『マルクス＝エンゲルス全集』第19巻「空想から科学への社会主義の発展」大月書店，1968年
『マルクス＝エンゲルス全集』第20巻「反デューリング論」大月書店，1968年
『資本論』（マルクス＝エンゲルス全集刊行委員会訳）大月書店，1968年
宮彗杰（2002a）「中，日，米国の株価動向の国際比較」『立命館経営学』第40巻第5号，立命館経営学会，2002年1月
宮彗杰（2002b）「中国証券市場の問題点の分析」『立命館経営学』第41巻第4号，立命館経営学会，2002年11月
宮川彰（2010）「中国のマルクス経済学研究はどうなっているか－『新左派』（マルクス経済学）vs.『新制度派』（西方経済学）の論争再燃－」『季刊中国』第101号（2010年夏季号），『季刊中国』刊行委員会，2010年6月
森田道也（2004）『サプライチェーンの原理と経営』新世社
諸井勝之助（1984）「配当政策を通じて見たわが国企業財務の特質」日本経営財務研究会編『経営財務研究双書〈6〉経営財務制度の新展開』中央経済社
諸井勝之助（1989）『経営財務講義［第2版］』東京大学出版会
諸井勝之助（1990）「配当政策と内部留保」水越潔編『財務制度の現状と課題』中央経済社
『株式会社小松製作所・有価証券報告書』各決算期版

『トヨタ自動車工業株式会社・有価証券報告書』各決算期版
『八幡製鉄株式会社・有価証券報告書』各決算期版
『鐘淵紡績株式会社・有価証券報告書』各決算期版
トヨタ自動車，http://www.toyota.co.jp/investors/stock/shareholders.shtml，2013年9月5日参照
米川伸一（1991）「綿紡績」米川伸一・下川浩一・山崎広明編『戦後日本経営史　第1巻』東洋経済新報社
米倉誠一郎（1991）「鉄鋼－その連続性と非連続性－」米川伸一・下川浩一・山崎広明編『戦後日本経営史　第1巻』東洋経済新報社
凌星光（2006）「新自由主義論を巡る中国での論争（上，下）」『世界経済評論』第50巻6号，7号，世界経済研究協会，2006年6，7月
渡邉真理子（2011）「金融の制度と運用」加藤弘之・上原一慶編『シリーズ・現代の世界経済2　現代中国経済論』ミネルヴァ書房
Berle, A. and Means, G.（1932）*The Modern Corporation and Private Property*, The Macmillan Company.（北島忠男訳『近代株式会社と私有財産』文雅堂銀行研究社，1958年初版，1966年4版）
Berle, A. and Means, G.（1932）*The Modern Corporation and Private Property*, The Macmillan Company.（森杲訳『現代株式会社と私有財産』北海道大学出版会，2014年）
Friedrich von Hayek（1945）"Use of Knowledge in Society", *The American Economic Review*, Vol.35, No.4.（「社会における知識の利用」嘉治元郎・嘉治佐代訳『ハイエク全集』第3巻，春秋社，1990年）
Paul Milgrom & John Roberts（1992）*Economics, Organization & Management*, Prentice Hall, Inc.（奥野正寛・伊藤秀史・今井晴雄・西村理・八木甫訳『組織の経済学』NTT出版，1997年）
Ronald Harry Coase（1998）*The Firm, The Market, and The Law*, The University of Chicago Press, Chicago and London.（宮沢健一・後藤晃・藤垣芳文訳『企業・市場・法』東洋経済新報社，1992年）
『北京週報』日本語版 2003年第21号，2003年5月22日，http://www.bjreview.cn/jp/jp/2003.20/200320-jj2.htm，2013年8月30日参照
『北京週報』日本語版 2011年3月3日，http://japanese.beijingreview.com.cn/2011liaghui/2011-03/03/content_337421.htm，2014年9月20日参照
『北京週報』日本語版 2013年5月29日，http://japanese.beijingreview.com.cn/jj/txt/2013-05/29/content_545295.htm，2014年9月19日参照
呉敬璉（1992）『通向市場経済之路』北京工業大学出版社（凌星光・陳寛・中屋信彦訳『中国の市場経済』サイマル出版会，1995年）
呉敬璉（2004）『当代中国経済改革』上海遠東出版社（青木昌彦監訳，日野正子訳『現代中国の経済改革』NTT出版，2007年）
「社会主義市場経済体制を確立するうえでの若干の問題についての中国共産党中央委員会の決定（1993年11月14日，中国共産党第14期中央委員会第3回総会にて採択）」『北京週報』日本語版　第31巻第47号，1993年11月23日，別冊付録文献（5）
「社会主義市場経済体制整備の若干の問題に関する党中央の決定（2003年10月14日，中国共産党第16期中央委員会第3回総会で採択）」『北京週報』日本語版　第46巻第49号，2003年12

月4日，http://www.bjreview.cn/jp/jp/2003.49/200349-wx1.htm，2011年11月17日参照
「中国共産党規約－中国共産党第17回全国代表大会で一部改正のうえ，2007年10月21日に採択－」，『チャイナネット（中国網日本語版）』http://japanese.china.org.cn/politics/archive/17da/2007-10/26/content_9129717.htm，2011年12月19日参照
「中国共産党規約－中国共産党第18回全国代表大会で一部改正のうえ，2012年11月14日に採択－」，『チャイナネット（中国網日本語版）』2012年11月16日，http://japanese.china.org.cn/politics/18da/2012-11/16/content_27137902.htm，2013年5月1日参照
「中国共産党第14回全国代表大会における報告（1992年10月12日）」『北京週報』日本語版 第30巻第43号，1992年10月27日，別冊付録文献（5）
「中国共産党第15回全国代表大会における報告（1997年9月12日）」『北京週報』日本語版 第35巻第40号，1997年10月7日，文献（4）
「中国共産党第16回全国代表大会における報告（2002年11月8日）」『北京週報』日本語版，第45巻第48号，2002年11月28日，http://japanese.beijingreview.cn/zt/dahui/2007-08/23content_73613.htm，2011年7月6日参照
「中国共産党第17回全国代表大会における報告（2007年10月15日）」『北京週報』日本語版，2007年11月1日，http://japanese.beijingreview.com.cn/wxzl/txt/2007-11/01/content_84185.htm，2011年7月6日参照
「中国共産党第18回全国代表大会における報告（2012年11月8日）」『チャイナネット』日本語版，2012年11月20日，http://japanese.china.org.cn/politics/18da/2012-11/20/content_27168866.htm，2013年3月15日参照
俞可平著，末浪靖司・徳永淳子訳（2009）『中国は民主主義に向う』かもがわ出版
SAMSUNG ELECTRONICS（サムソン電子），「2014 SAMSUNG ELECTRONICS ANNUAL REPORT」，http://www.samsung.com/us/aboutsamsung/investor_relations/ financial_information/downloads/2015/SECAR2014_Eng_Final.pdf，2015年9月3日参照
Barnett, Donald F. and Louis Schorsch（1983）*Steel: Upheaval in Basic Industry*, Cambridge, Mass.: Ballinger Pub. Co.
Garnaut, Ross, Ligang Song, Stoyan Tenev, anf Yang Yao（2005）*China's Ownership Transformation: Process, Outcomes, Prospects*, International Finance Corporation.
Huang, Yasheng（2008）*Capitalism with Chinese Characteristics*, Cambridge University Press.
藍発欽（2001）『中国上市公司股利政策論』華東師範大学出版社
魏剛（2001）『中国上市公司股利分配問題研究』東北財形大学出版社
呉敬璉（1999）『当代中国経済改革』上海遠東出版社
呉敬璉（2004）『当代中国経済改革』上海遠東出版社
呉敬璉（2010）『当代中国経済改革教程』上海遠東出版社
南鋼股份，http://www.600282.net/gsgd.asp の中の「2012年12月31日，南京鋼鉄股份有限公司　株主状況」，2013年9月27日参照
河北鋼鉄，http://www.hebgtgf.com/index.php?id=127の「河北鋼鉄股份有限公司2012年年度報告」の頁，2014年7月15日参照
河北鋼鉄集団有限公司，http://www.hebgtjt.com/main.jsp，2013年12月27日参照
海馬汽車，http://www.haima.com/dqggの「海馬汽車集団股份有限公司2011年年度報告」，

2013年10月16日参照

光明食品（集団）有限公司，http://www.brightfood.com/cn/about.aspx?Class_ID=11，2013年10月29日参照

江淮汽車，http://www.jac.com.cn/investor－relations/periodic-reports/ の「安徽江淮汽車股份有限公司2012年年度報告」，2013年10月16日参照

三一集団有限公司，http://www.sanygroup.com/company/japan/about/jtjieshao.htm の「三一集団の紹介」，2013年11月11日参照

山推股份，http://www.shantui.com/about/shantuijianjie.htm の「山推工程機械股份有限公司2012年年度報告」，2013年10月31参照

上海牛乳（集団）有限公司，http://www.dairy-business.com/page/dairygroup/index.htm，2013年10月29日参照

上海紡織（集団）有限公司，http://www.shangtex.biz/InfoList/M56241333.shtml，2013年10月23日参照

上汽集団，http://www.saicgroup.com/chinese/tzzgx/ggb/dqbg/2012ngg/index.shtml の「上海汽車集団股份有限公司2012年年度報告」，2013年10月16日参照

宝鋼股份，http://www.baosteel.com/plc_e/06culture/ShowArticle.asp?ArticleID=1255の「BAOSTEEL 2012 Annual Report」の頁，2013年7月5日参照

柳工，http://www.liugong.cn/cn_cn/about/report.jsp の「柳工2012年年度報告」，2013年10月30日参照

『証券之星』，http://stock.quote.stockstar.com，2013年5〜10月参照，2014年6月参照，2015年6月，12月参照

上海証券取引所，http://www.sse.com.cn，2013年10〜12月参照，2014年7月参照，2015年1〜6月参照

上海証券取引所編『上海証券取引所統計年鑑』1998，1999，2006年版，上海人民出版社

上海証券年鑑編集部編『上海証券年鑑』各年版，上海社会科学院出版社

深圳証券取引所，http://www.szse.cn，2013年10〜12月参照，2014年7月参照，2015年1〜6月参照

中華人民共和国国家統計局工業統計司編『中国工業統計年鑑』2013年版，下巻，中国統計出版社

中華人民共和国財政部主管『中国財政年鑑』2008年版，中国財政雑誌社

中華人民共和国中央人民政府，http://www.gov.cn/zwgk/2007-12/17/content_836608.htm，2013年10月2日参照

中華人民共和国財政部，http://www.yss.mof.gov.cn/2015czys/201503/t20150324 126236.html，2015年12月20日参照

中華全国工商業聯合会・中国民（私）営経済研究会主編『中国私営経済年鑑』各年版，中華工商聯合出版会

中華全国工商業聯合会編（2007）『1993－2006．中国私営企業大型調査』中華工商聯合出版社

中国企業聯合会・中国企業家協会編『中国500強企業発展報告』2008〜2012年版，企業管理出版社

中国企業聯合会・中国企業家協会編『中国企業発展報告』2006年版，企業管理出版社

中国企業聯合会編『中国企業発展報告』2001, 2003～2005, 2007年版, 企業管理出版社
中国国家統計局編『中国統計年鑑』各年版, 中国統計出版社
中国証券監督管理委員会編『中国証券期貨統計年鑑』2004年版, 百家出版社, 同2005年版, 学林出版社（2005年版以降は学林出版社）, 同2008年版, 同2009年版, 同2012年版
百度百科, http://baike.baidu.com/link?url=dOojp5djk-QRzdbtiiDQT_QU12l7d60A7MGxfcjUFZi02QMVwZeTDMnpUCuQi6K7XvYIWQd4gh-kfvLSquxDsK, 2013年10月2日参照。

索　引
（中国語語彙も日本語読み）

あ行

1国家-1工場　24
売上原価　340, 343, 345
売上高利益率, 売上高営業利益率　10, 15, 18, 113-114, 119-121, 128, 252-253, 255, 257, 259-260, 262-263, 267, 273, 275-282, 285, 286, 288, 290, 301-303, 305, 307-310, 313-317, 321, 324-326, 333-335, 338, 348, 350, 352-358, 361, 367-368, 371, 374, 377-378, 382
大株主支配　16, 61, 131-133, 135-141, 143, 145-146, 153, 158-159, 168, 185, 375

か行

会社法　85, 102, 132, 136, 193, 195-196
外資, 外資企業　81-82, 84-86 88, 90-93, 95, 98-100, 102-110, 112-120, 122-124, 126-127, 154-155, 188, 254-259, 261-264, 269, 271-272, 274, 321, 323, 331, 337, 339
外資系, 外資系企業　82, 84, 100, 103, 109, 126-127, 154, 267, 273-274
外資経済　1-2, 15-16, 20
株式配当　170, 172, 190, 197, 202, 205-206, 241
株式有限公司　81-82, 84, 86, 93, 102-110, 124, 126-127, 131, 154-155, 204, 222, 255
貨幣価値　45
貨幣資本家　149, 171-172, 174-175, 217
管理財務費用　340-345
機械使用の限界　299-307, 309-310, 314-317, 320, 324-326, 333-336, 338, 350, 352, 354-367
機械の生産性　299, 301-303, 305-307, 309-310, 314-317, 320, 324-326, 333-335, 338-339, 342, 349-350, 352, 354, 359-360, 364, 366
企業国有資産法　248-249
企業者利得　13, 149, 170-171, 174-175
機能資本家　149, 170-172, 174-175, 217
ＱＣサークル　330
協業　25-27, 30, 32-34
経営者支配　16, 132, 134, 138, 141, 143-153, 167-168, 185
計画経済　3-4, 7, 12-14, 19-21, 24, 29-30, 40-43, 46-47, 49-53, 55-61, 71, 75-76, 372-373, 379
軽工業　15, 80, 97, 119-123, 178, 219-220, 222, 230, 232-235, 240-241, 243-245, 247, 254, 272-273, 312, 351, 355-356, 359, 361-365, 368-370, 374, 376, 378
現金配当企業　205-207
建設機械製造業　178, 220, 312, 323, 331-332, 340, 345-356, 365, 368-370
工場内分業　30-37, 76
公司法　84-85, 102-103, 132
合成繊維, 合繊　350-351
公有制　1, 3-6, 9-10, 12-14, 16, 18-21, 23, 25, 27-29, 32, 52-54, 56-58, 61-62, 65-66, 70-71, 74-79, 109, 130-131, 187, 253, 371-374, 378-379
国有株式会社　16-18, 108, 130-133, 136-138, 140-141, 143, 153-155, 158-163, 166-168, 178, 184-185, 187-189, 191-192, 194, 196-197, 201, 203-205, 207,

索　引　399

209, 219-222, 235-236, 241, 243, 246-248, 250-252, 254, 308, 312, 359, 361, 369-371, 375-378, 383
国有株支配，国有株支配企業　14-16, 81-82, 84, 86, 88, 90-93, 96-98, 100-101, 103-131, 136, 153-154, 187-189, 201, 203-205, 207, 209, 218, 222, 248-249, 252, 254-259, 261-264, 271, 273-274, 285-287, 361, 373-375, 378-381, 383
国有企業　1-2, 5-10, 12, 14-16, 18, 21, 39, 63-66, 68-75, 77-82, 84, 90-93, 96-114, 124, 126-134, 136-137, 140, 153-154, 162-165, 176, 178, 184-185, 187-191, 194-195, 203, 208, 218, 220, 225, 247-252, 254-255, 259, 263-265, 269, 271-275, 312, 324, 360-362, 372-375, 377-383, 385, 387-388
国有経済部門　5, 14-15, 79-81, 107-110, 127-131, 187
国有控股，国有控股企業　14, 81-82, 84, 88, 92, 98, 100-101, 103-106, 108-109, 114, 127, 131, 154, 203, 205, 207, 209, 222, 252, 254, 373, 381
国有資産監督管理委員会　154-155, 158, 161-168, 185-186, 224, 248-249, 315
股份有限公司　81-82, 84, 86, 92-93, 102, 132, 154-157, 178-180, 182, 188-189, 204, 208, 220, 222-223, 226, 250, 255, 271, 315, 349

さ行

再分配機構　18, 380
私営，私営企業　10, 15-16, 82, 84-86, 94, 97, 102-103, 105-129, 131, 155, 160, 187, 189, 191-196, 203, 218, 254-259, 261-265, 271-273, 275, 373, 381
私営経済　1-2, 4, 15-16, 91, 160, 191, 195,
373
市場経済　1-14, 17-21, 29, 38, 41-43, 47, 49-61, 66, 74-78, 80, 97, 101, 129-131, 164, 187, 252, 359, 372-373, 378-382, 384-385, 388
実質私営，実質私営株式会社　16-18, 154-157, 159-160, 168, 178-180, 182, 184-189, 196-198, 209, 218-222, 228, 230, 232-236, 238-244, 247-248, 250-252, 254, 308, 312, 320-321, 331, 346, 351, 359, 361, 369-371, 375-378, 382-383
自動車製造業　178, 220, 225, 312, 321-323, 328, 331-332, 369
資本金純利益率　198, 209, 211-214, 219, 221, 228, 232-236, 242-244, 246-247
資本金配当率　198, 210-217, 219, 221, 228, 230, 232-236, 242-244, 246-247
資本効率，資本の効率，資本生産性，資本の生産性　8, 18, 79-80, 97, 99, 101, 113, 118-119, 121, 123, 128, 208, 220, 247, 252, 263, 265-266, 269-272, 274, 308, 310-313, 319-320, 322, 324-326, 330-331, 333-335, 347, 349, 351, 353, 355-356, 358-361, 365, 370-371, 377-379, 382
資本主義的生産方法　11-12, 16, 18, 80, 129, 187, 252, 370-371, 374, 378-380, 383
資本の集積・集中　13, 28, 30, 33, 36-37, 39, 52-53, 76, 209, 270
資本の集中　15, 20, 24, 29, 35, 37-39, 53, 80, 110, 124, 128-129, 374
資本の蓄積　35, 128, 265, 385
資本の有機的構成　119, 265, 270, 288, 310, 340, 355-356, 360, 370, 377
資本の有機的構成の高度化　18, 119, 123, 254, 270-271, 276, 282-283, 285, 309-310, 314-317, 325-326, 333-350, 352, 354, 356, 358, 361, 371, 377-378, 382

社会主義市場経済（体制）　1, 4-6, 17, 77-78, 130, 164, 372, 380
社会的分業　22, 28, 30, 32, 34-37, 76, 383
重工業　15, 80, 97, 119-123, 178, 219-220, 222, 230, 232-235, 240-247, 254, 272-273, 312, 337, 340, 355-356, 359, 361-365, 368-370, 374, 376, 378
私有制　3, 9, 12-14, 19-21, 23, 54, 56, 60-62, 65-66, 71, 74-76, 372-373, 379
集団公司　124, 136-137, 153-154, 158, 161, 163, 166-168, 182-185, 190, 201, 223, 243, 248, 250, 271
商品価格　45-46, 280, 302-304, 307, 351, 367
商品価値　45, 301-303, 305, 307, 330, 367
剰余価値　15, 31, 34-37, 50, 79-80, 125-126, 128-129, 171, 174-175, 187, 252-253, 262-264, 268, 277-280, 283-285, 289-291, 293, 296, 299-303
剰余価値年率，剰余価値の年率　263, 277, 279, 309, 313-317, 324-326, 333-335, 338, 348, 350-353
剰余価値率　304-307, 309-310, 313-317, 319-320, 324-326, 330, 334-335, 338, 348, 350-354, 357, 367, 370, 374-375, 383
食品加工業　178, 220, 240, 312, 351, 353-354, 362
所有権　9, 20, 23, 25, 43, 49-52, 56-57, 69, 71, 96, 130, 134, 138, 140, 143-146, 149-153, 156-158, 160-161, 167, 171, 185
所有と経営の分離，所有と機能の分離　13, 16-17, 67, 138-139, 143-149, 151, 159-160, 166-168, 174, 183, 185, 375
所有と支配の分離　16-17, 139, 143-145, 147-149, 151, 153, 167-168, 185, 187, 375
所有の3つの要素（使用，収益，処分）　150, 152
新左派　5-6, 8-10, 12, 77, 129, 372, 378-379, 382, 385
新制度派　5-10, 12-13, 19, 77, 129, 362, 372, 378-379, 382, 385
生産の社会化　20-26, 28, 30-37, 52, 75-76
全社的品質管理，総合的品質管理　329, 339
増加値　98, 113, 116, 121, 125, 128
総資産回転数，総資本回転数，総資本回転率　97, 273-274, 280, 316, 334, 357-358, 362
総資産利益率，総資本利益率，ROA　15, 18, 79, 113, 115-116, 119, 121, 162, 237, 252-255, 258-260, 263-264, 267-268, 270-273, 275-282, 285-288, 307-317, 321, 323-326, 331-336, 338-340, 346-350, 352-358, 360-362, 364, 367-371, 374, 377-379, 382-383

た行

第1次分配機構　18, 380
鉄鋼業　178, 220, 265, 275-276, 312-314, 317-318, 320, 332, 345, 360, 364-365, 368-369
統計的品質管理　329, 339
特別剰余価値　289-290, 299, 302-304, 306-307, 310, 317, 319-320, 330, 351, 370
トヨタ生産方式　329-330

な行

内部者支配　16, 61, 131-141, 143, 145-146, 149-153, 158-159, 167-168, 185, 189, 195, 274
内部留保　162, 169-170, 187-189, 196-199, 207, 210-211, 215-216, 218-220, 236-243, 247-248, 376
年間回転額にたいする利潤率　264, 280-282, 309, 357

索　引　401

は行

配当性向　189-191, 194, 197-198, 205-219, 221, 228, 232-236, 242-247, 250, 376
BOF（純酸素上吹き転炉, Basic Oxygen Furnace）318-319
非会社制　14, 77-78, 81, 84, 102, 108-109, 114, 154, 189, 195, 248-249, 373
非公司制　81, 84, 102, 108, 154
非公有制経済　4, 77-79, 372
非国有企業　8, 12, 14, 65-66, 69-70, 78-80, 98-99, 101, 108, 110, 203, 225, 248, 252, 255, 271-273, 360-362
非国有経済部門　15, 80, 108, 110, 373, 374
1人当たり利益額　255, 259, 262-264, 268, 277, 279, 285, 288, 307-309, 356-357, 361, 367
費用価格　45, 50, 278, 280, 301-302, 304, 306, 319, 342, 367
付加価値　15, 39, 79, 96, 110, 124, 172-173, 176, 265-270, 273, 310, 374, 383
プラスチック製品製造業　178, 220, 312, 351, 353-354, 362, 369
分業　13, 22-23, 25-28, 30-37, 42, 52-53, 76, 383
紡織業　350-351

ま行

未流通株　201-202, 205
民営企業，民間企業　10, 15, 63-65, 88, 93, 97, 110, 203-204, 218, 273-274, 388
無配当企業　205-207, 247, 376
綿紡績　350-351

や行

有限責任公司　81-82, 84-86, 92-93, 102-110, 124, 126-127, 132, 154-155, 180, 182, 193, 195-196, 220, 255

ら行

利益配当　153, 167, 169-170, 173, 178, 187-188, 192, 196-198, 218-219, 221, 229, 235-236, 241-243, 250-251, 312, 375-376
利益分配　135, 165, 184, 189, 242, 248-250
利子　13, 149, 170-172, 174-175, 216-218, 246
利潤分配　17, 63, 133, 135, 137-138, 140, 169, 172, 174-175, 178, 183-184, 187-189, 191-198, 205, 209, 217-220, 241-242, 244-248, 250-251, 312, 375-377
利潤率　18, 44, 47, 79, 99, 119, 252, 268, 270-272, 275-286, 288, 290, 300-310, 314-317, 326, 330, 333-334, 338-339, 349-350, 352, 354-357, 360-361, 363, 366-368, 377, 382-383
利潤率低下，利潤率の低下　15, 123, 265, 282, 285-286, 288-290, 305, 309-310, 317, 336-337, 370, 374
利潤率の傾向的低下　254, 265, 276, 282, 288
流通株　201-202, 205, 275
流動資産回転数　277, 285-287
流動資本の回転，流動資本の回転数，流動資本回転数　263, 277-280, 284-285, 288, 309, 313, 315-317, 324-326, 333, 335, 338, 350-353, 355, 357-358
連続鋳造　318-319
労働生産性，労働の生産性　18, 113, 118-119, 121, 123, 128, 220, 252-253, 263-271, 273, 282, 286, 288, 290, 301, 303, 305, 307-308, 310-313, 319-320, 322, 326, 330-332, 335, 339, 342, 347, 349, 353, 355-356, 358-361, 364-365, 370-371, 374, 377-378, 382-383

［著者紹介］

村上　裕（むらかみ・ひろし）

1950年　福島県福島市に生まれる
1973年　福島大学経済学部卒業
1973年　株式会社小松製作所に勤務（～2010年）
2016年　首都大学東京大学院社会科学研究科博士課程修了
　　　　博士（経済学）学位取得
現　在　首都大学東京非常勤講師

論　文
「中国・国有経済部門の地位の再評価―鉱工業部門に関する分析―」『経営と制度』（首都大学東京経営学会）第11号，2013年3月。
「中国・国有企業の所有者・経営者・労働者の考察」『マルクス・エンゲルス・マルクス主義研究』（マルクス・エンゲルス研究者の会）第56/57号，2015年3月。

中国・社会主義市場経済と国有企業の研究
――鉱工業部門についての考察――

2017年2月10日　第1刷発行

著　者　村　上　　裕
発行者　片　倉　和　夫

発行所　株式会社　八　朔　社
東京都新宿区神楽坂2-19 銀鈴会館内
Tel 03-3235-1553　Fax 03-3235-5910
E-mail：hassaku-sha@nifty.com

Ⓒ村上裕, 2017　　　　組版・アベル社／印刷製本・藤原印刷
ISBN978-4-86014-081-6